U0709896

全本全注全译丛书

中华经典名著

杜　斌◎译注

岁时广记 上

中华书局

图书在版编目（CIP）数据

岁时广记/杜斌译注. —北京：中华书局，2025.6. —（中华经典名著全本全注全译丛书）. —ISBN 978-7-101-17181-5

Ⅰ. K892.18

中国国家版本馆 CIP 数据核字第 202509N9P8 号

书　　名　岁时广记（全三册）
译 注 者　杜　斌
丛 书 名　中华经典名著全本全注全译丛书
责任编辑　张　敏　张彩梅　周梓翔
装帧设计　毛　淳
责任印制　陈丽娜
出版发行　中华书局
　　　　　（北京市丰台区太平桥西里 38 号　100073）
　　　　　http://www.zhbc.com.cn
　　　　　E-mail：zhbc@zhbc.com.cn
印　　刷　北京中科印刷有限公司
版　　次　2025 年 6 月第 1 版
　　　　　2025 年 6 月第 1 次印刷
规　　格　开本/880×1230 毫米　1/32
　　　　　印张 60⅞　字数 1400 千字
印　　数　1-8000 册
国际书号　ISBN 978-7-101-17181-5
定　　价　158.00 元

总目

上册

中册

下册

目录

上册

前言

　　岁时，指一年中的季节、节令及时序变化，既包含自然规律（四季、节气），又融合人文活动（节日、习俗），是我国古人根据自然规律划分的时间体系，其核心功能是指导农业生产与日常生活。我国古代以农业为立国之本，强调"农为邦本，本固邦宁"，通过对二十四节气的划分，精准指导播种、灌溉、收获等农事活动。在此过程中产生大量与岁时相关的活动与文字记载，南宋末年陈元靓编撰的《岁时广记》，即是一部以岁时节令为核心的综合性民俗类书，更是南宋以前集大成的岁时专书，是当今学者研究中国古代岁时文化的必备之书。

一、《岁时广记》的作者与成书

　　《岁时广记》题"广寒仙裔陈元靓编"。陈元靓，史无传，据卷端朱鉴、刘纯二人序引仅能推断为"理宗时人"。晚清著名藏书家陆心源据原书自署"广寒仙裔陈元靓"以及《福建通志》所载，考证广寒先生姓陈，不知其名，福建崇安人，为陈希夷的弟子，尸解后墓在建阳县三桂里水东源。崇安有仙亭峰、白塔、仙洞，皆以广寒得名。广寒先生之子陈逊，为绍圣四年（1097）进士，官至侍郎。元靓，应为陈逊裔孙。刘纯《〈岁时广记〉引》："龟峰之麓，梅溪之湾，有隐君子，广寒之孙，涕唾功名，金玉篇籍。"刘纯所言陈元靓为"广寒之孙"似为不确，当为裔孙更妥。北宋亡于1127年，元靓为陈逊裔孙，当为南宋时人，是否入元，尚不得而知。由上述信息，可得知陈元靓自署"广寒仙裔"，福建崇安（今福建武夷山）人，他一生未入仕途，终日以隐居著书为乐。

朱鉴《〈岁时广记〉序》有称"今南颍陈君，蒐猎经传，……题其篇端曰《岁时广记》，求予文而序之"等语，王珂《陈元靓家世生平新证》一文中认为陈元靓郡望河南颍川，似不确。"南颍"，当指南颍川郡。南朝宋景平元年（423）侨置，治召陵县（今河南郾城东三十里召陵寨）。北魏太和六年（482）移治奇頟城（今河南郾城东南）。辖境相当今河南漯河市及郾城、临颍二县地。因在郑州颍川郡南，故称南颍川郡。由此怀疑陈元靓籍贯为南颍川郡（今河南郾城），后迁至福建崇安（今福建武夷山）。

《岁时广记》成书时间可从朱鉴、刘纯二人仕历及为之作序的时间推断。据陆心源《重刊足本〈岁时广记〉序》曰："朱鉴字子明，朱子长子塾之子。少颖敏，读书一目数行，朱子钟爱异于诸孙。以荫补迪功郎，官至户部郎中、湖广总领。宝祐六年卒，年六十九。"以朱鉴"宝祐六年卒，年六十九"和他应当年长于陈元靓推算，则元靓求其作序也就是此书之成当在理宗宝祐六年（1258）之前或更早。李裕民《四库提要订误》考证刘纯仕历，刘纯在绍定二年（1229）之前调湖北帐行，监和剂局又在其前，当在宝庆二年（1226）。《岁时广记》引书最晚则是谢深甫撰《嘉泰事类》，后者在宁宗嘉泰二年（1202）上表。由此推算，《岁时广记》约撰于宋宁宗嘉泰二年（1202）至宋理宗宝庆二年（1226）之间。陈元靓编著丰富。除本书外，尚有《博闻录》十卷、《事林广记》四十二卷以及《上官拜命玉历大全》等。

二、《岁时广记》的内容

《岁时广记》四十二卷。今存本缺第六卷，存卷首图说、末卷总载各一卷，正文三十九卷。本书以岁时为中心，全方位收录南宋以前各大节日文字资料记载，真实地再现了我国古代人民衣食住行、农业生产、市井生活等多个方面的社会生活场景,展现了那个时代独特的社会风貌。

卷首图说,通过历代相传岁时图表从不同角度显示古人对于天时运行的总体理解,并各有文字解说,为以下正文三十九卷之概括。图表依次是《月令主属大全图》《春悉备图》《夏悉备图》《秋悉备图》《冬悉备图》《尔雅岁阳》《岁名之图》等20幅。每图配文说明,涉及天象、气候、四季、日月推移交会、星转斗移、阴阳变合消长,以及律吕音声变化等主要内容,是有关天象与岁时图文并茂的显示与概括。

正文第一至第四卷,为春、夏、秋、冬四季,每季一卷,每卷首列"孟""仲""季"三月,次列本季有关时令相应名目,各以三字标目。四季共166目,其中春令有"花信风"等46目,夏令有"黄梅雨"等50目,秋令有"仙掌露"等32目,冬令有"一色云"等38目。第五至第四十卷,依次分列元旦、立春、人日、上元、正月晦、中和节、二社日、寒食、清明、上巳、佛日、端五、朝节、天贶节、三伏节、立秋、七夕、中元、中秋、重九、小春、下元、冬至、腊日、交年节、岁除等节日相关名目,并给予引证解说,主要内容有以下十一类:

(一)岁时仪式。如:元旦"燃爆竹",立春"鞭春牛",上元"三夜灯""四夜灯""结彩楼""缚山棚""观灯山",人日"立义楼",七夕"乞巧棚"等。

(二)饮食服饰。饮食如元旦"食索饼",立春"作春饼",人日"食煎饼",端五"为枣糕",七夕"为果食";服饰如元旦"造华胜",立春"为春鸡",上元"火杨梅",端午"赐公服""赐时服""插艾花",重九"簪菊花"等。

(三)岁时祭祷。如人日"上君寿",端五"祭天神",上巳"祭蚕神",立秋"祭白帝",寒食"祭西郊",七夕"祭机杼",中元"祭父母",社日"立社稷"等。

(四)农桑种养。如元旦"嫁枣李",正月晦"种冬瓜",二社日"种社瓜",重九"种罂粟",冬至"试谷种",上元"变蚕种",立春"辟蚰蜒",端五"浴蚕种",三伏节"制器皿"等。

（五）游戏宴乐。如上元"打簇戏"，寒食"山戎戏"，清明"戏拔河"，端五"竞龙舟""斗草戏"，上元"宴元老""宴近臣""与民乐"，中和节"游曲江"，上巳"出临水"，中秋"置赏会"，重九"籍野饮"等。

（六）进补食疗。如元旦"五辛盘"，上巳"食乌芋"，寒食"服强饧"，端五"沥神水""相念药""相爱药"，立秋"服赤豆"等。

（七）岁时宜忌。如元旦"忌针线"，二社日"宜外甥"，上巳"忌果菜"，端五"讳盖屋""绝妖怪""服金丹"，三伏节"忌迎妇"等。

（八）岁时卜筮。如元旦"占日干"，立春"占气候"，人日"占禽兽"，上元"视月人"，佛日"占果实"等。

（九）奇闻怪事。如立秋"猫饮水"，七夕"结万字"，端五"相念药""相爱药""相喜药""不忘药"，中秋"兔多少"等。

（十）神话传说。如寒食"妒女庙"，端五"寻父尸"，上巳"降真圣"，七夕"乘浮槎""架鹊桥""驾羽车""授宝玉"，中秋"游广寒"等。

（十一）诗文典故。诗文如季春月"踏春歌""梦春草"，上元"张神灯""题丸扇""作俗诗"，二社日"祈豫盛""撰祝文"，七夕"驾香车""洒泪雨""乘浮槎"，中秋"讽水利"，重九"使茱字"等。典故如季秋月"思莼鲈"，人日"送穷鬼"，上元"尚公主"，寒食"介子推""后庭戏"等等。也有谈诗论艺的，如上元"和御制""赏佳词""作句法""使故事""挝叠鼓""观乐舞"，二社日"撰祝文"等等。

此外，还收录了一些当时少数民族如契丹、周边如朝鲜等国家的节日习俗，以及对节日不同的称呼，如元旦之"妳捏离"、上巳之"淘里化"、端午之"讨寒离"、中秋之"担褐奶"、重九之"必里迟"等。

末卷《总载》，为一年中各不同时段特殊禁忌及占候。如"寅午戌月""正五九月"等等。

综上所述，《岁时广记》内容丰富广泛，具有以下重要价值：

其一，全面广泛反映了宋代及其以前华夏民族丰富多彩的节令习俗，是各时代有关地域岁时习俗系统集中的展示，堪称中国节令文化文字版的"清明上河图"。书中详细记载了上至朝野,下至民间的岁时风俗,于今则可为研究岁时文化的重要指南。

其二,岁时习俗涉及不同时代、地域及有关人物,客观上显示了其在时间、地点、人物上的区别与联系,所以从此书的记载虽难得见一朝一代或某一地域岁时之概,但易于比较历代和各地域间习俗生成、变迁的具体情况和历史轨迹,展现了中国岁时习俗的多元性与延续性。

其三,记载了大量奇风异俗。如卷二十五《立秋》载:"猫饮水　《岁时记》:'立秋后,猫饮水,则子母不相识。'"卷二十六《七夕上》:"结万字　唐《金门岁节》:'七夕乞巧,使蛛丝结万字。'"卷三十一《中秋上》"兔多少　《岁时杂记》:'世传中秋月圆则兔多,阴则兔少。'"等等,种种奇风异俗,让人难以置信,但也由此可想见古人丰富的想象力。

其四,保存了某些后来成为佚书的资料。《岁时广记》引用了大量已散佚的古籍文献,这些资料也都成为研究宋以前社会习俗的重要依据。李裕民《四库提要订误》"时令类·《岁时广记》"也指出:"大量征引说部书正是此书优点所在。此书所引颇多佚书,如《王直方诗话》《古今诗话》《漫叟诗话》《蔡宽夫诗话》《艺苑雌黄》,均可补《宋诗话辑佚》之不足。"此外《岁时广记》还征引了已亡佚的《岁时杂记》《博闻录》《水衡记》《开元别纪》《卫生必用》《治生要术》《天师二十四化记》《灵宝朝修图》《三仙杂录》《道经应验》《清台杂占》等书。

当然,《岁时广记》内容也有时代或编者的局限,如卷一《春》:"随蝶幸　《开元遗事》:'开元末,明皇每春时,且暮宴于宫中,使嫔妃彩插艳花,帝亲捉粉蝶放之,随蝶所止幸之。后贵妃专宠,遂不复此戏。'"这在皇权时代是为宣扬"天子"之乐,但实为荒淫无道之举;又如卷四《冬》:"作妓围　《天宝遗事》:'申王每冬月苦寒之际,令宫女密围于坐侧,以御寒气,谓之妓围。'""选肉阵　《开元遗事》:'杨国忠选婢妾肥大者,行列于前,令遮风,谓之肉阵。'"都不过显示王侯将相以虐待婢女为享乐的丑恶无聊,又不过仅与夏热冬寒相关而已,并非"岁时"必不可缺之内容。至于如卷十二《上元下》之《偿冤鬼》《拔鬼嫔》《偿前冤》等皆鬼怪迷信之类,也绝无推广赓续的价值。

三、《岁时广记》的编纂特点和版本流传

《岁时广记》是一部笔记,更是一部类书。类书即类事而编之书。《四库全书总目》子部《类书类》小序指出,"类事之书,兼收四部,而非经非史非子非集,四部之内,乃无类可归",不得已乃沿袭《隋书·经籍志》归入子部。《岁时广记》就是这样一部被归为"子部"的类书。但其类事之体裁,以时令为纲,以时俗人情礼仪事务等等为目,广引时贤、前人记载排比为文,形成自己的编纂和文本特点:

其一,有总有分,总分结合。这一特点体现于三个层面。一是《图说》为总,全书正文和末卷《总载》为分;二是《图说》中《月令主属大全图》为总,其下诸图文为分;正文中卷一至卷四春夏秋冬四季中各季先有关当季总说,次当月(孟、仲、季)及各节令类事为分。三是当月(孟、仲、季)及各节令类事下先有关于当月及本节令之总说,其下乃当月及各节令所含节仪品物为分。如此三层总分,便纲举目张,从岁时节令的宏观到每一具体时日的节仪品物内容越百千年而遥能相对看,读者省翻检之劳,而启鉴别之思,古今之想。

其二,类分品第,编排有序。至于节仪品物之叙录,则先天时,后人事。人事之中先中原汉人,后夷族或外国。于中原汉人岁时则先帝王将相,后士农工商、三教九流、神鬼妖异等。其秩序亦以类相从,题目及内容相近者连续,如卷八《立春》中含"牛"的题目连续有十二种;卷十七《清明下》题含"新火"的题目连续有六种,又包括"新泉""新茶"在内,称"新"的题目连续有八种;又卷二十二《端午中》含朝廷之"赐"物题目连续有八种,然后是官民之事;卷三十四《重九》含"茱萸"的题目连续有七种,后又有"茱萸酒",同节含"菊花"的题目连续有九种。如此等等,由此可见本书编纂之原则。

其三，引录原文，证以诗文。岁时类目皆列出处原文，引经史子书以证，尤多征引诗歌小说。如卷二《夏》："暴冻雨　　《尔雅》：'暴雨谓之冻。'郭璞注云：'江东呼夏月暴雨为冻雨。'《离骚经》云：'令飘风兮先驱，使我冻雨兮洒尘。'"又："芷蔓水　　《水衡记》：'黄河水，五月名芷蔓水，芷生蔓也。'东坡诗云：'河水芷蔓流。'"从而文极简短，但叙事完整，可读性强，易于给读者留下深刻印象。

早在《岁时广记》之前，经史子书中即已多有涉及岁时之内容，自《礼记·月令》开汇编岁时节令记载之先河，后来《史记》乃有《历书》《天官书》，《汉书》有《律历志》《五行志》，《后汉书》有《律历志》《天文志》等等，世间相沿也兴起岁时月令之书。即《岁时广记》所引，就有《三统历》《荆楚岁时记》《周书时训》《唐辇下岁时记》《秦中岁时记》《四民月令》《历书》《摄生月令》《四时纂要》《金门岁记》《皇朝岁时记》《岁时杂记》《杂五时书》《删定月令》《齐人月令》等等，而似以录吕希哲（原明）《岁时杂记》为最多。正是在此类著作的基础和影响下而有陈元靓《岁时广记》之作。甚至其"岁时＋广记"的命名，就取自当时流行的题名"岁时"之书和《太平广记》，虽然这整体上也由于宋人好编类书风气的带动，但毕竟书有各自的命运，南宋藏书家尤袤所撰《遂初堂书目》以及《宋史·艺文志》均曾收录的南唐徐锴同名作《岁时广记》，在宋代就失传了，而陈元靓这部《岁时广记》却经受住历史的考验而传留至今。

《岁时广记》问世后先以抄本流传未广，故宋元二代官私书目均无著录。明清时渐为人所知，但流传亦仅两种版本：一为四卷本，先后见诸明徐𤊹《徐氏家藏书目》和清黄虞稷编撰《千顷堂书目》著录，明胡文焕《格致丛书》和清曹溶《学海类编》以及《四库全书》收录了此本；一为明天一阁藏四十二卷抄本，缺第六卷，清陆心源得自丁月河旧藏，刊入《十万卷楼丛书》，此后1935年上海商务印书馆《丛书集成初编》和2002年上海古籍出版社《续修四库全书》收载此书，也均据《十万卷楼丛书》本，是此书目前通行的版本。

　　本书注译即以陆心源《十万卷楼丛书》本为底本，参考许逸民先生的《岁时广记》点校本（中华书局2022年版），注释力求简当，译文则取直译。涉及佛道经典、卜筮、术数、本草等知识，则主要据工具书诠释，在保证正确中力求通俗易懂。本人才疏学浅，书中难免存在不足和谬误之处，敬祈读者批评指正。感谢张彩梅、张敏、周梓翔诸位责编的悉心指导和多所匡正！希望此注译本的问世能为继承和弘扬中国岁时文化有所助益。

　　　　　　　　　　　　　　　　　　　　　　　　杜斌

　　　　　　　　　　　　　　　　　　　　　2025年4月2日

重刊足本《岁时广记》序

　　《岁时广记》四十二卷,题广寒仙裔陈元靓编①。前有宣教郎、特差知无为军巢县事、兼理武民兵军正总辖屯戍兵马、借绯朱鉴序②,文林郎、新和剂局监门刘纯序③。《读书敏求记》所著录④,只前四卷,《四库》著录本同⑤。此从天一阁藏抄本传录⑥,尚是全书,惜缺第六卷耳。

【注释】

① 广寒仙裔陈元靓:陈元靓,自号广寒仙裔。南宋理宗(1224—1264)时人,福建崇安(今福建武夷山)人。

② 宣教郎:官名。北宋政和四年(1114)改宣德郎置,为从八品文臣寄禄阶官。特差:即添差。宋制,凡授正官,皆作计给禄俸的虚衔,实不任事。内外政务则于正官外另立他官主管,称"差遣"。凡于差遣员额外增添的差遣,叫"添差"。无为军:北宋太平兴国三年(978)以巢县无为镇置,治今安徽无为县。因"思与天下安于无事,取'无为而治'之意名之"。武民兵:不详待考。军正:军中执法官。总辖:官名。建炎元年(1127),南宋乡兵忠义巡社,曾规定如有两都社,则另设都总辖和副都总辖。屯戍兵马:即兵马都

监。宋代诸路分都监及诸府、州、军、监,以至县、镇、城、寨、关、堡都监,均称兵马都监,掌屯戍、边防、训练政令。借绯(fēi):唐宋时规定官员的服色,四五品服绯,未至五品者特许服绯,称为"借绯"。绯,大红色。朱鉴(1190—1258):字子明,徽州婺源(今属江西)人。南宋经学家朱熹之孙。以荫补迪功郎,官至湖广总领。著有《朱文公易说》《诗传遗说》。

③文林郎:官名。隋置,取北齐征文学之士充文林馆之义。掌撰录文史、检讨旧事,从八品。和剂局:官署名。宋置。属太府寺,掌配制药品出卖。监门:官名。守门的小吏。刘纯:字君锡,崇安(今福建武夷山)人。

④《读书敏求记》:四卷,清钱曾撰。该书是我国第一部版本目录专著。钱曾(1629—1701),字遵王,号也是翁,江苏常熟(今属江苏)人。明末清初藏书家。另撰有《也是园藏书目》《述古堂书目》等。

⑤《四库》:即《四库全书》。清乾隆三十八年(1773)开始纂修,经十年编成。共收书三千五百零三种,七万九千三百三十七卷,分经、史、子、集四部,因各部类分库储藏,故名四库。

⑥天一阁:明嘉靖间浙江鄞县范钦藏书阁名。取"天一生水,地六成之"意命名,一说因得元揭傒斯所书吴道士龙虎山天一池石刻而取名。抄本:抄写的书本。习惯上,唐以前称写本,唐以后称抄本。传录:即传抄。

【译文】

《岁时广记》四十二卷,题署广寒仙裔陈元靓编。前面有宣教郎、特差知无为军巢县事、兼理武民兵军正总辖屯戍兵马、借绯朱鉴序文,文林郎、新和剂局监门刘纯序文。《读书敏求记》所著录,只有前四卷,《四库全书》著录本与之相同。这是从天一阁所藏抄本抄录,尚且是全书,只可惜缺第六卷。

广寒先生姓陈氏，不知其名，福建崇安人①，陈希夷弟子②，后尸解③，墓在建阳县三桂里水东源④。崇安有仙亭峰、白塔、仙洞，皆以广寒得名。子逊⑤，绍圣四年进士⑥，官至侍郎。尝构亭于墓所⑦，名曰望考⑧。后朱子尝居其地⑨，故学者又称曰考亭先生。元靓，盖逊之裔也⑩。

【注释】

①崇安：即崇安县。北宋淳化五年（994）升崇安场置，治今福建武夷山。

②陈希夷：即陈抟（tuán，？—989），字图南，号扶摇子，赐号"白云先生""希夷先生"，亳州真源（今河南鹿邑）人。五代宋初道士、道教学者。陈抟在思想上融儒、释、道三教学说于易学之中，创立了"先天易学"。著有《无极图》《先天图》《易龙图序》《贯空篇》等。

③尸解：谓道徒遗其形骸而仙去。

④墓在建阳县三桂里水东源：（嘉靖）《建宁府志》："广寒先生墓在三桂里水东源，子侍中陈逊构亭望之，扁曰望考亭。"建阳县，西晋太康中改建平县置，治今福建建阳东北。

⑤子逊：即陈逊。

⑥绍圣四年：1097年。绍圣，宋哲宗赵煦年号（1094—1098）。

⑦构：构造。

⑧考：对死去父亲的称呼。

⑨朱子：即朱熹（1130—1200），字元晦，一字仲晦，号晦庵、晦翁、考亭、紫阳等，徽州婺源（今属江西）人，乔居建州建阳（今属福建）。南宋理学家、教育家、文学家。著有《四书章句集注》《周易本义》《诗集传》《楚辞集注》等。

⑩裔：后代子孙。

【译文】

广寒先生姓陈，不知道他的名字，福建崇安人，陈抟的弟子，后来尸解而去，墓在建阳县三桂里水东源。崇安有仙亭峰、白塔、仙洞，都以广寒先生得名。广寒先生的儿子陈逊，绍圣四年进士，官至侍郎。曾在广寒先生墓地建造亭子，名叫望考亭。后来朱熹曾在此地居住，因此学者又称其为考亭先生。元靓，则是陈逊的后裔。

　　朱鉴字子明，朱子长子塾之子①。少颖敏②，读书一目数行，朱子钟爱异于诸孙③。以荫补迪功郎④，官至户部郎中、湖广总领⑤。宝祐六年卒⑥，年六十九。见《福建通志》⑦。其为巢县，则《通志》失载，可补其缺。

【注释】

①朱子长子塾：即朱熹的长子朱塾（1153—1191），字受之，徽州婺源（今属江西）人。

②颖敏：聪慧。

③钟爱：特别喜爱。

④荫补：犹荫叙。谓因先世荫庇补官。迪功郎：文散官名。宋元丰改制前又称将仕郎，为从九品，元丰三年（1080）废。崇宁二年（1103）复置，政和六年（1116）又改为迪功郎。

⑤户部郎中：官名。唐、宋为户部头司的主官，金、元六部不分司，户部尚书、侍郎之下仅置郎中一二人，称为户部郎中。湖广总领：（宋）总领湖广江西财赋、京湖军马钱粮省称。负责供应鄂州诸军钱粮，并有权予以监视。宋李心传《建炎以来系年要录·绍兴十一年五月辛丑》："曾惇为太府卿，总领湖广江西财赋、京湖军马钱粮，置司鄂州，各专一报发御前军马文字，诸军并听节制，盖使

之与闻军事，不独职馈饷云。总领官正名自此始。"

⑥宝祐六年：1258年。宝祐，宋理宗赵昀年号（1253—1258）。

⑦《福建通志》：六十四卷，清金鋐修，郑开极、陈迁燨纂。该志乃承袭
《闽书》而作，仿照《通志》和《一统志》体例，以事为纲，隶以八
府一州。内容较丰富，较《闽书》有较多增补。

【译文】

朱鉴字子明，朱熹长子朱塾的儿子。年少聪慧，读书一目数行，朱
熹于本家孙辈中特别喜爱他。朱鉴因先世荫庇补官迪功郎，官至户部郎
中、湖广总领。宝祐六年去世，享年六十九岁。见《福建通志》。朱鉴在
无为军巢县的事情，《福建通志》缺乏记载，这可以补其漏缺。

纯字君锡，崇安人。以父荫授沙县主簿①，调袁州分宜
县丞②，寻入监和剂局③。绍定中④，闽寇晏头陀等啸聚汀
郡⑤，连犯南剑、建宁⑥，纯调湖北帐干⑦。闻贼迫近邻里，辞
归，散家财，招义勇讨之⑧。邵武守王遂青于朝⑨，以纯知邵
武县。讨贼被执，不屈，死之，谥义壮，亦见《福建通志》。
则元靓亦理宗时人也。

【注释】

①沙县：隋开皇中改沙村县置，治今福建沙县东古县，中和四年
（884）移治今福建沙县。主簿：官名。汉代中央及郡县官署多置
之。其职责为主管文书，办理事务。唐宋时皆以主簿为初事之官。

②袁州：隋开皇十一年（591）置，因境内袁山得名，治今江西宜春。
分宜：本为宜春县之安仁镇，宋雍熙间析置县，以分自宜春而得名。

③寻：不久。监：主管。

④绍定：宋理宗赵昀年号（1228—1233）。

⑤晏头陀：即晏梦彪（？—1231），又名晏彪。南宋福建农民起义军
　首领。绍定二年（1229），率盐贩百余人在汀州（治今福建长汀）
　起义，攻克汀州、邵武军（治今福建邵武）、南剑州（治今福建南
　平）各属县，后战败投降被杀。啸聚：呼啸聚集。多指盗匪或贼
　寇以呼啸声聚众集合。汀郡：即汀州。唐开元二十四年（736）分
　福州、抚州置，因州内长汀溪得名。治今福建长汀。

⑥南剑：即南剑州。北宋太平兴国四年（979）置，治所在剑浦县
　（今福建南平）。建宁：即建宁县。北宋建隆二年（961）南唐置，
　治今福建建宁。

⑦帐干：推官的别称。

⑧义勇：指为抗暴而自愿组织的武装力量。

⑨邵武守王遂：即邵武郡守王遂（约1182—约1252），字去非，一字
　颖叔，谥正肃，金坛（今属江苏）人。嘉泰二年（1202）进士及第，
　绍定三年（1230）知邵武军兼福建招捕司参议官，以龙图阁直学
　士致仕。南宋文学家，著有《诸经讲义》《奏议》《实斋文集》等。
　邵武，西晋太康三年（282）避司马昭名讳改昭武县置，治今福建
　邵武。

【译文】

　　刘纯字君锡，崇安人。因父亲荫庇授沙县主簿，后调袁州分宜县丞，
不久主管和剂局。绍定年间，福建贼寇晏头陀等在汀州呼啸聚集，接连
侵犯南剑州、建宁，刘纯调任湖北推官，听说贼寇逼近乡里，于是辞官回
家，散尽家产，招募义勇征讨贼寇。邵武郡守王遂奏请朝廷，任命刘纯为
邵武县令。刘纯因讨贼被捉，宁死不屈，被杀，谥义壮，事迹也见《福建
通志》。据此可知陈元靓也是宋理宗时代的人。

　　所著尚有《博闻录》《事林广记》①。《广记》，余有永乐
刊本②。《博闻录》见《绛云楼书目》③，今不传，惟见于此书

所引而已。

　　诰授荣禄大夫、二品顶戴、前分巡广东高廉兵备道陆心源叙④。

【注释】

①《博闻录》：十卷，宋陈元靓撰。久佚。《事林广记》：又名《新编群
　　书类要事林广记》《新编纂图增类群书类要事林广记》，42卷，宋
　　陈元靓编撰。该书为日用百科全书型旳民间类书，内容涉及天
　　文、历候、节序、农桑、人事、帝系、纪年、儒教、佛道、官制、刑法、
　　医学、器用、文艺、地舆、郡邑等，内容丰富，门类齐全，以便日常
　　生活取用。

②永乐：明成祖朱棣年号（1403—1424）。

③《绛云楼书目》：四卷，明钱谦益撰。绛云楼，藏书室名。该书为
　　一部私家藏书目录。钱谦益（1582—1664），字受之，号牧斋，晚
　　号蒙叟，常熟（今属江苏）人。清文学家、藏书家。另著有《牧斋
　　初学集》《牧斋有学集》《投笔集》等。

④诰授：朝廷用诰命授予封号。荣禄大夫：金朝始置，为文散官，以
　　授从二品下文官。元朝沿置，改从一品，宣授。明朝文、武散官
　　均置，为从一品之初授。清朝为文职从一品之封赠。顶戴：也称
　　“顶子”“顶带”。清代用以区别官员等级的帽饰。依顶珠品质、
　　颜色的不同而区分官阶大小。高廉：乾隆三年（1738）高州府、廉
　　州府，更名高廉道。兵备道：官名。为“整饬兵备道”简称。明清
　　道员之一，主治兵备事宜。陆心源（1834—1894）：字刚甫，号存
　　斋，晚号潜园老人，归安（今浙江湖州）人。清咸丰九年（1859）
　　乡试中举，并被推荐为道员。同治四年（1865），任广东南韶兵备
　　道，六年调高廉道，送部引见。清藏书家、金石学家、文学家。著
　　有《仪顾堂文集》《仪顾堂题跋》《金石萃编续》《金石学补录》

《邲（bì）宋楼藏书志》《穰黎馆过眼录》《唐文拾遗》《吴兴诗存》《归安县志》等。叙：指写序。

【译文】

陈元靓所著还有《博闻录》《事林广记》。《事林广记》，我有永乐年间刊本。《博闻录》详见《绛云楼书目》，今已失传，仅见于本书所引而已。

诰授荣禄大夫、二品顶戴、前分巡广东高廉兵备道陆心源序。

《岁时广记》序

　　有天之时①,有人之时②。寒暑之推迁③,此时之运于天者也,历书所载④,盖莫详焉。至于因某日而载某事,此时之系于人者,端千绪万⑤,非托之纪述⑥,则莫能探其源委耳⑦。噫!庆道长于一阳之生⑧,谨履端于一岁之始⑨,是盖天时人事之相参⑩,尤有可据。彼仲夏之重五⑪,季秋之重九⑫,岂天之气候然也,而人实为之。使微考订⑬,就知竞渡之繇楚灵均⑭,登高之因费长房乎⑮?引类而伸⑯,若此者众。

【注释】

①有天之时:即天时。指天道运行的规律。

②有人之时:即人时。指有关人类生产、生涯、耕获的时令节气。亦指历法。《尚书·尧典》:"乃命羲和,钦若昊天,历象日月星辰,敬授人时。"蔡沈集传:"人时,谓耕获之候,凡民事早晚之所关也。"

③推迁:推移变迁。陶潜《荣木》诗序:"日月推迁,已复九夏,总角闻道,白首无成。"

④历书:依一定历法编制的记载年、月、日、时、节候等的专书。

⑤端千绪万:即千头万绪。形容事物纷杂,头绪繁多。

⑥纪述:记载叙述。

⑦源委:事情的本末。

⑧庆道长于一阳之生:天地之道从冬至这一天开始,阳气开始发生,
白天一天比一天长。一阳之生,古人认为天地之间有阴阳二气,
每年到冬至日,阴气尽,阳气又开始发生,春天又到来了。

⑨履端:年历的推算始于正月朔日,谓之"履端"。《左传·文公元
年》:"先王之正时也,履端于始,举正于中,归余于终。"杜预注:
"步历之始,以为术之端首。"孔颖达疏:"履,步也,谓推步历之初
始,以为术历之端首……历之上元,必以日月全数为始,于前更无
余分,以此日为术之端首,故言履端于始也。"后因以指正月初一。

⑩相参:相互参和。

⑪重五:农历五月五日,即端午节,又称重午。

⑫重九:农历九月九日,即重阳节。

⑬考订:考据订正。

⑭竞渡之繇(yóu)楚灵均:《荆楚岁时记》:"五月五日竞渡,俗为屈
原投汨罗日,伤其死所,故命舟楫以拯之。"竞渡,划船比赛。繇,
通"由"。楚灵均,即屈原。因其为楚人,字灵均,故称。

⑮登高之因费长房:《续齐谐记》云:"汝南桓景随费长房游学累年,
长房谓曰:'九月九日,汝家中当有灾,宜急去,令家人各作绛囊,
盛茱萸以系臂,登高,饮菊花酒,此祸可除。'景如言,齐家登山。
夕还,见鸡犬牛羊一时暴死。长房闻之曰:'此可代也。'"费长
房,汝南(今河南上蔡)人。东汉方士。据《后汉书·方术列传》
称,费长房得异人传道,"能医疗众病,鞭笞百鬼,及驱使社公",
"后失其符,为众鬼所杀"。《神仙传》又载费长房有缩地术,称为
地仙。

⑯引类而伸:指由某件事或某种思想推行到其他有关的意义,并进
一步加以发挥。

【译文】

天有天道运行的规律，人有耕获的时令节气。冬夏的推移变迁，这是由天道运行的规律所致，历书上的记载，已非常详细了。至于因某日而记载某事，这是关联到人的时令节气，事物纷杂，头绪繁多，不依赖记载叙述，就不能探究事情的本末。噫！庆贺从冬至这一天阳气开始生发，年历的推算从正月初一开始，是由天时人事相互参和，尤其有依据。那仲夏的端午，季秋的重阳，难道仅因自然气候而形成，实则更多源自人类文化创造。如果稍微考查核实，就知道端午竞渡是因为纪念屈原投江而划船拯救，重阳登高是因为费长房教人登高避祸。通过类比延伸，类似的例子还有很多。

虽然，《荆楚岁时》之记善矣①，惜乎失之拘也②。秦、唐岁时之所记多矣，惜乎未之备也。今南颍陈君③，蒐猎经传④，以至野史异书，凡有涉于节序者⑤，萃为巨帙⑥，殆靡一遗⑦，仰以稽诸天时⑧，俯以验之人事，题其篇端曰《岁时广记》，求予文而序之。予惟陈君尝编《博闻三录》⑨，盛行于世，况此书该而不冗⑩，雅而不俚⑪，自当与并传于无穷云。

宣教郎、特差知无为军巢县事、兼理武民兵军正总辖屯成兵马、借绯新安朱鉴撰。

【注释】

①《荆楚岁时》：一卷，南朝梁宗懔撰。该书记述古荆楚地区时俗风物，注文则引用经典俗传，辨证某一时俗的源流。宗懔(lǐn，约501—565)，字元懔，江陵(今湖北荆州)人。南朝梁文学家。善矣：非常完备。

②拘：拘泥。

③南颍（yǐng）：疑为南颍川郡。南朝宋景平元年（423）侨置，治召
　陵县（今河南郾城东三十里召陵寨）。

④蒐（sōu）猎：搜求，猎取。蒐，同"搜"。经传：儒家典籍经与传的
　统称。传是阐释经文的著作。

⑤节序：节令，节气。

⑥萃：草丛生、茂盛的样子。引申为聚集，聚拢。巨帙（zhì）：大的书
　套。因以为大部头书籍的代称。

⑦殆靡一遗：几乎没有遗漏。

⑧稽：考核，查考。

⑨《博闻三录》：即《博闻录》。

⑩该：全，都。冗：杂乱。

⑪俚：粗俗。

【译文】

　　虽然，《荆楚岁时记》记载非常完备，可惜失之拘泥。秦、唐关于岁
时的记载众多，可惜都不完备。如今南颍陈元靓先生，搜求经传，以至于
野史异书，凡有牵涉节令、节气的，整理为巨著，几乎没有遗漏，抬头查考
天时，俯身验证人事，文章开篇题为《岁时广记》，要求我为此书写序文。
我因为陈元靓先生曾编《博闻录》，盛行于世，何况此书内容丰富而不杂
乱，高雅而不粗俗，自然应当与其一并流传于当世。

　　宣教郎、特差知无为军巢县事、兼理武民兵军正总辖屯戍兵马、借绯
新安朱鉴撰。

《岁时广记》引^①

识贵乎博^②，书患乎略^③。故入邓林^④，则知杞梓之良^⑤；窥武库^⑥，则识甲兵之富^⑦。此太平时祖所以广其记也^⑧。然或记录虽详，而采择之未精；或条目虽备，则颠末之多舛^⑨，览者病焉^⑩。龟峰之麓^⑪，梅溪之湾^⑫，有隐君子^⑬，广寒之孙^⑭，涕唾功名^⑮，金玉篇籍^⑯，采九流之芳润^⑰，撷百氏之英华^⑱，辅以山经海图^⑲，神录怪牒^⑳，穷力积稔^㉑，萃成一书，目曰《岁时广记》。

【注释】

①引：本义拉弓、开弓，至唐代始用为文体名，似序而短，今或称"引子""引言"等。

②识贵乎博：见识之贵在于广博。识，所见与所识。博，广博。

③书患乎略：书籍之患在于简略。略，简略。

④邓林：古代神话传说中的树林。《山海经·海外北经》："夸父与日逐走，入日。渴欲得饮，饮于河渭，河渭不足，北饮大泽。未至，道渴而死。弃其杖，化为邓林。"

⑤杞（qǐ）梓之良：杞和梓。两木皆良材。

⑥武库：储藏兵器的仓库。

⑦甲兵：铠甲和兵械。泛指兵器。

⑧太平时祖：指太平盛世的先贤或文化传承者。

⑨颠末：本末。前后经过情形。舛（chuǎn）：差错。

⑩病：本义是困苦。这里引申指为难、困扰。

⑪龟峰：即武夷山五夫里的龟山。

⑫梅溪：即武夷山东部有名的溪流。因它发源于梅岭，因此叫梅溪。

⑬隐君子：犹隐士。《史记·老子韩非列传》："老子，隐君子也。"

⑭广寒之孙：指本书作者陈元靓，自号广寒仙裔，故称。

⑮涕唾功名：视功名为涕唾。表对功名富贵的蔑视。涕，鼻涕，泪水。唾，口水，唾沫。功名，旧指科举称号或官职名位。

⑯金玉：比喻珍贵和美好。篇籍：书籍，典籍。《汉书·艺文志》："汉兴，改秦之败，大收篇籍，广开献书之路。"

⑰九流：先秦的九个学术流派。泛指各学术流派。《汉书·叙传下》："刘向司籍，九流以别。"颜师古注引应劭曰："儒、道、阴阳、法、名、墨、从横、杂、农，凡九家。"芳润：芳香润泽。亦用以喻文辞之精华。

⑱撷（xié）：采摘。百氏：犹言诸子百家。英华：精华。

⑲山经海图：指《山海经》一书及其《图赞》。书中记述各地山川、物产、部族、祭祀、原始风俗等，其中多杂怪异及神话传说。

⑳神录怪牒：泛指各种杂记神鬼怪异之书。

㉑积稔（rěn）：犹多年，积年。

【译文】

见识之贵在于广博，书籍之患在于简略。因此进入邓林，才知杞、梓皆为良材；观察武库，可知其兵器储备之丰。这是太平盛世的先贤，广泛记录、编撰典籍的原因。但某些记录虽然内容详细，但材料选择不够精当；某些条目看似完备，但事件始末记载混乱错漏，这种编撰缺陷导致读者阅读困难。在龟峰的山脚，梅溪之湾，有一位隐士，他是广寒先生之孙，蔑视功名富贵，珍视书籍经典，汲取各学术流派的精髓，采撷诸子百家的精华，辅以《山海经》一书和《图赞》，以及各种杂记神鬼怪异之书，耗费多年心力，编撰成一书，书名为《岁时广记》。

搜节物之异闻①，考风俗之攸尚②，手编心缉③，博而不烦，补白孔之或遗④，续晏曾之未备⑤，亦后来杂家者流之奇书也⑥。诚使操觚之士得之⑦，非特可施于竿牍之贶⑧，抑且具助于江山之咏⑨。至于芳辰丽景，怀古感今，江心镜之征⑩，敷于散之辨⑪，随叩随应⑫，取之不穷，当有发"久不见异人，必有得异书"之叹者矣⑬。其有询故实则笔阁而不书⑭，质异闻则口呿而不对⑮，此记问不广之由⑯。故书不负人，而人负书。

文林郎、新得行在太平惠民和剂局监门、道山居士刘纯君锡撰⑰。

【注释】

①节物：季节物象，应节物品。

②攸尚：悠远，长久。攸，所。

③手编心缉：用心编撰。

④白孔：即《白孔六帖》，亦称《唐宋白孔六帖》。唐白居易辑三十卷，名《白氏六帖》，又名《白氏经史事类》。宋孔传续撰三十卷，名《后六帖》。南宋末，两书合编为一百卷，称为《白孔六帖》。采择各书中成语、典故，供作文选录词藻之用。

⑤晏曾：即晏殊与曾慥。晏殊（991—1055），字同叔，谥元献，抚州临川（今江西抚州）人。北宋政治家、文学家。诗词与欧阳

修并称"晏欧"。编撰类书《类要》，存宋以前古书极富。曾慥
（zào，？—1155），字端伯，号至游居士，泉州晋江（今属福建）人。
两宋之际道教学者、文学家。编有《类说》五十卷。

⑥杂家：先秦学派，为九流十家之一。代表著作有《吕氏春秋》和
《淮南子》。

⑦操觚（gū）之士：指文士。操觚，指执笔作文。《文选·陆机〈文
赋〉》："或操觚以率尔，或含毫而邈然。"李善注："觚，木之方者，
古人用之以书，犹今之简也。"

⑧非特：不仅，不只。竿牍（dú）：书札。《庄子·列御寇》："小夫之
知，不离苞苴竿牍。"陆德明释文引司马彪曰："竿牍，谓竹简为
书，以相问遗。"贻：赠送。

⑨抑且：而且。江山之咏：诗文或绘画清雅、豪放、超拔，是受到山水
秀丽景色的熏陶、感染。此指为描绘江山胜景的诗词歌赋提供素
材与灵感。

⑩江心镜之征：关于江心镜的考证。见本书卷二十三《端午下·进
龙镜》。

⑪数于散之辨：关于数于散的辨析。数于散，魏晋时期的一味中药
名。本书卷五《元旦上》有辨析。相传用柏子仁、麻仁、细辛、干
姜、附子等调和而成。

⑫随叩随应：原指随着敲击或呼唤而立即响应。此指能及时回应各
类问题。

⑬当有发"久不见异人，必有得异书"之叹者矣：自苏轼《和陶答庞
参军》诗"我见异人，且得异书。挟书从人，何适不娱"四句脱化
而来。大意为：我见有奇异本领的人，且得世间少见的书籍。带
着书籍随从，到哪里不欢娱。此指当人们长期缺乏杰出人物的指
引时，往往会转而寻求蕴含非凡智慧的书籍，并为此发出感慨。

⑭故实：指出处，典故，以往的有历史意义的事实。阁：搁，放置。

⑮口呿（qū）：张口结舌，无言以对。清方苞《狱中杂记》："主者口呿舌挢，终不敢诘。"

⑯记问：原谓记诵诗书以待问询或资谈助。此指知识学问。

⑰道山：即今福建福州西侧乌石山。《方舆纪要》卷九二六福州府：乌石山，"唐天宝八载改曰铜山。宋熙宁间，郡守程师孟改曰道山"。

【译文】

广泛搜集与岁时节令相关的奇异传说，考察不同地域、时代的风俗习惯及其演变渊源，亲手整理，用心辑录，内容广博而不杂乱，补充《白孔六帖》的遗漏，完备晏殊《类要》、曾慥《类说》的缺略，也是后世杂家中的奇书。若使执笔为文的士人得到此书，不仅可将其用于书信往来的撰写，更能为描绘江山胜景的诗词歌赋提供素材与灵感。至于当面对美好的时节与壮丽景致，追忆往昔感慨当下时，如关于江心镜的考证，敷于散的辨识，能及时回应各类问题，知识储备取之不尽，应当有人会发出"久不见异人，必有得异书"的感慨。当有人询问典故出处时，因知识储备不足而无法下笔；当有人质疑奇异传闻时，因见识有限而无言以对，以上问题的根源在于知识学问不够广博。书籍本身不会辜负人，但人会因未能善用书籍而辜负其价值。

文林郎、新得行在太平惠民和剂局监门、道山居士刘纯君锡撰。

首卷

图说

【题解】

首卷《图说》，为全书开篇，为全书正文四十卷之总概括。岁时本于天地阴阳交合转运之气，故分列《月令主属大全图》等二十图并各配以文字，以图文结合形式展现古代天时运行观念，包含阴阳五行、节气物候、农耕时序等理论体系。这种图文并茂的形式，使读者便于对天地、日月、阴阳、五行、气候、音律等等互相影响、交合变化、推迁变易关系的理解，虽不尽科学，但反映了我国古人对岁时这种天人关系的探讨与把握。

《月令主属大全图》，配以《礼记·月令》文字解说，以五行为基准，按照"木"德、"火"德、"金"德、"水"德对四季进行了划分，"土"德居中央附于夏秋中间。把以天象、气象、物候为主的自然变化和以政令、农事、祭祀等人类社会活动结合在一起，其主旨就是协调天人关系，即人类社会活动遵从自然律令，以使自然时节与人类社会活动处于一个自然和谐的状态。春、夏、秋、冬四季气数悉备图，配以梁元帝《纂要》中"春夏秋冬"文字解说，详尽介绍了四季不同阶段和各种景物的雅称。

《尔雅》十干岁阳、十二岁名、十干月阳、十二月名图，配以《尔雅疏》文字解说，详尽介绍了岁阳、岁名、月阳、月名之说的由来。《气候循环易见图》，配以《尚书正义》文字解说，讲述二十四节气的划分。《日出日没永短之图》，配以《淮南子》文字解说，详尽介绍了太阳每天升起直到日落的整个过程。《月生月尽盈亏之图》，配以《尔雅·释名》《尚书》部分文字解说月亮周期变化（朔、弦、望、晦），体现月相盈亏规律。《玉衡随斗指建图》中，玉衡为北斗七星中第五星，古人通过观测玉衡（北斗）的方位变化，结合星象与气候特征，确定节气节点。配以《孝经纬》文字解说，通过玉衡的指向，结合太阳黄经度数，形成二十四节气。《招摇逐月推移图》中，招摇星即北斗七星的斗柄之末，北斗围绕北极星旋转，古人就以斗柄的指向来确定月份和季节。配以《淮南子》文字解说，每年农历正月（孟春），斗柄指向寅位；二月（仲春）指向卯位，此后每月顺时针移动一个地支方位，形成完整的十二地支循环。《律管浅深候气图》，二十四节气是由太阳在黄道上位置（黄经）决定，必须依据二十四节气才能进行农事活动。"律管"，指乐器律管，原本与气候无关，但后来"邹衍吹律（管），寒谷可种"的传说使古人把"律管"与气候联系起来。《隋书·天文志》记载的"候气之法"，则融合了音律、历法与地气观测。尽管其科学原理存争议，但反映了古人通过器物与自然现象互动，探索时空规律的智慧。《律吕损益相生图》，配以《荆璞集》文字解说，讲述十二律吕按特定顺序排列后，每隔八个位置相生一次，形成闭环。例如：黄钟→林钟→太簇→南吕→姑洗→应钟→蕤宾→大吕→夷则→夹钟→无射→仲吕→黄钟。

月令主属大全图

《礼记·月令》注云①："仲春之月②，盛德在木③，故所主皆木属也④。仲夏之月⑤，盛德在火⑥，故所主皆火属也。仲秋之月⑦，盛德在金⑧，故所主皆金属也。仲冬之月⑨，盛德在水⑩，故所主皆水属也。惟土居中央而分旺四时⑪，故所主皆土属也。"

祭先心　神后土　帝黄帝　辰丑未　日戊巳　德在土
　　　　　　　　　　　　（中）
其祀霤　其臭香　其味甘　其數五　其音宫　其蟲倮

神句芒　帝太皞

神祝融　帝炎帝

神蓐收　帝少皞

神玄冥　帝颛顼

【注释】

①《礼记》：这里指西汉礼学家戴圣编《小戴礼记》，又称《小戴记》。今本四十九篇，《月令》为第六，按夏历分一年为四季，即春、夏（含季夏即六月末"中央土"日）、秋、冬以配木、火、土、金、水五行，而以每季分为孟、仲、季三月，逐月记载三代王上所主当行不当行事之政令，故名"月令"。

②仲春之月：春季的第二个月，即农历二月。因处春季之中，故称。

③盛德在木：指四时的盛气属于木。盛德，四时之盛气。木，五行之首。《礼记》以木、火、土、金、水为五行之序。这里指草木。孔颖达《疏》："四时各有盛时，春则为生，天之生育，盛德在于木位，故

　　云盛德在木。"

④主：掌管。

⑤仲夏之月：夏季的第二个月，即农历五月。仲，第二。

⑥火：五行之一。

⑦仲秋之月：秋季的第二个月，即农历八月。

⑧金：五行之一。

⑨仲冬之月：冬季的第二个月，即农历十一月。

⑩水：五行之一。

⑪土：五行之一。中央：这里指四时居中的一天。《月令》以四时配五行，以春为木，夏为火，秋为金，冬为水。因火生土、土生金之故，以土在火、金之间，居于四时之中，即夏历六月的最末一日。四时：春、夏、秋、冬四季。

【译文】

　　《礼记·月令》注解说："仲春二月，四时的盛气在木，因此所主都属于木位。仲夏五月，四时的盛气在火，因此所主都属于火位。仲秋八月，四时的盛气在金，因此所主都属于金位。仲冬十一月，四时的盛气在水，因此所主都属于水位。只有土位居四时的中间而分有四时之兴旺，因此所主都属于土位。"

春悉备图

　　梁元帝《纂要》①："春曰青阳②，气清而温阳。亦曰发生、芳春、青春、阳春、三春、九春③。天曰苍天④。万物苍苍而生。风曰阳风、春风、暄风、柔风、惠风⑤。景曰媚景、和景、韶景⑥。时曰良时、嘉时、芳时⑦。辰曰良辰、嘉辰、芳辰⑧。节曰嘉节、韶节、淑节⑨。草曰芳草、弱草、芳卉⑩。木曰华木、

华树、芳树、阳树⑪。林曰茂林、芳林⑫。鸟曰阳鸟、时鸟、候鸟、好鸟⑬。禽曰阳禽、时禽、好禽⑭。"

【注释】

① 梁元帝《纂要》：一卷，梁元帝萧绎撰。萧绎（508—555），字世诚，小名七符，号金楼子，南兰陵郡兰陵县（今江苏常州武进区）人。南朝梁第四位皇帝（552—555年在位），好著书，另著有《孝德传》《怀旧志》《金楼子》等。

② 青阳：指春天。春季阳气发动，气候清和，故称。

③ 发生、芳春、青春、阳春、三春、九春：均指春天。发生，以春天植物生长故称。唐钱起《春郊》诗："东风好作阳和使，逢草逢花报发生。"芳春，以春天繁花盛开故称。晋陆机《长安有狭邪行》："烈心厉劲秋，丽服鲜芳春。"青春，以春天草木始青绿故称。《楚

辞·大招》:"青春受谢,白日昭只。"王逸注:"青,东方春位,其色青也。"阳春,以春天气候返阳回暖故称。《管子·地数》:"至阳春,请籍于时。"三春,以春季共三个月故称。分别即夏历正月孟春、二月仲春、三月季春,合称"三春"。唐孟郊《游子吟》:"谁言寸草心,报得三春晖。"九春,以春季三个月共九十天故称。《文选·阮籍〈咏怀诗之四〉》:"夭夭桃李花,灼灼有辉光。悦怿若九春,磬折似秋霜。"张铣注:"春,阳也;阳数九,故云九春。"

④苍天:这里指青天。《尔雅·释天》:"春为苍天,夏为昊天。"郭璞注:"万物苍苍然生。"苍,青色,包括绿、蓝色。

⑤阳风、春风、暄(xuān)风、柔风、惠风:均指春风。阳风,三国魏曹植《感节赋》:"愿寄躯于飞蓬,乘阳风而远飘。"暄风,晋陶渊明《九日闲居》:"露凄暄风息,气澈天象明。"柔风,《文选·陆机〈葵园诗〉》:"时逝柔风戢,岁暮商飙飞。"吕延济注:"柔风,春风也。"惠风,王羲之《兰亭诗序》:"天朗气清,惠风和畅。"

⑥媚景、和景、韶景:均指春景。媚景,唐罗虬《比红儿诗》:"年年媚景归何处,长作红儿面上春。"媚,美好。和景,南朝宋鲍照《谢假启》:"叹息和景,掩泪春风。"和,温和。韶景,唐欧阳詹《小苑春望宫池柳色》:"东风韶景至,垂柳御沟新。"韶,美。

⑦良时、嘉时、芳时:均指春时。良时,《文选·颜延年〈秋胡诗〉》:"良时为此别,日月方向除。"良,吉祥。嘉时,《汉书·外戚传下·班婕妤》:"既过幸于非位兮,窃庶几乎嘉时。"嘉,美,善。芳时,南朝宋颜延之《北使洛》诗:"游役去芳时,归来屡徂愆。"芳,花,引伸指美。

⑧良辰、嘉辰、芳辰:均指春辰。良辰,三国魏阮籍《咏怀》之九:"良辰在何许,凝霜沾衣襟。"嘉辰,南朝梁王筠《五日望采拾》:"长丝表良节,命缕应嘉辰。"芳辰,南朝梁沈约《反舌赋》:"对芳辰于此月,属今余之遭暮。"

⑨嘉节、韶节、淑节：均指春天的节日。嘉节，三国魏曹植《冬至献袜颂表》："千载昌期，一阳嘉节。"淑节，南朝宋谢惠连《代悲哉行》："羁人感淑节，缘感欲回辙。"

⑩芳草、弱草、芳卉：均指春草。芳草，汉班固《西都赋》："竹林果园，芳草甘木。郊野之富，号为近蜀。"芳，花、香。弱草，南朝齐谢朓《奉和随王殿下诗十六首》之十六："新萍时合水，弱草未胜风。"弱，这里指草初生的样貌。芳卉，晋潘岳《登虎牢山赋》："仰荫嘉木，俯藉芳卉。"

⑪华木、华树、芳树、阳树：均指春天的树木。芳树，三国魏阮籍《咏怀》之十三："芳树垂绿叶，青云自逶迤。"

⑫茂林、芳林：均指春天的树林。茂，繁盛。芳，花。

⑬阳鸟、时鸟、候鸟、好鸟：均指春天的鸟。阳鸟，《尚书·禹贡》："彭蠡既猪，阳鸟攸居。"孔传："随阳之鸟，鸿雁之属。"孔颖达疏："此鸟南北与日进退，随阳之鸟，故称阳鸟。"时鸟，三国魏曹植《节游赋》："凯风发而时鸟谨，微波动而水虫鸣。"时，应时。候鸟，晋陆云《赠郑曼季往返》诗之三："潜介渊跃，候鸟云翔。"候，季节。好鸟，南朝齐谢朓《和王长史卧病诗》："香风蕊上发，好鸟叶间鸣。"好，可爱的。

⑭阳禽、时禽、好禽：指春天的禽类。阳禽，指鸿雁。唐张说《岳州九日宴道观西阁》诗："北风嘶代马，南浦宿阳禽。"时禽，晋陆机《悲哉行》："目感随气草，耳悲咏时禽。"时，随节候来去。好禽，《全唐诗》第六三四卷司空图诗残句："官路好禽声，轩车驻晚程。"

【译文】

梁元帝《纂要》："春称为青阳，春气清朗而温和。也称为发生、芳春、青春、阳春、三春、九春。春天称为苍天。春天万物复苏，草木丛生。春风称为阳风、春风、暄风、柔风、惠风。春景称为媚景、和景、韶景。春时称为良时、嘉时、芳时。春辰称为良辰、嘉辰、芳辰。春节称为嘉节、韶节、淑节。春草称为芳草、弱草、芳卉。春木称为华木、华树、芳树、阳树。春天的树林称为茂林、芳林。春鸟称为阳鸟、时鸟、候鸟、好鸟。春禽称为阳禽、时禽、好禽。"

夏悉备图

"夏曰朱明[1]，气赤而光明。亦曰长赢、朱夏、炎夏、三夏、九夏[2]。天曰昊天[3]。言气浩汗[4]。风曰炎风[5]。节曰炎节[6]。草曰茂草、杂草[7]。木曰蔚林、茂林、密树、茂树[8]。"

【注释】

①朱明：夏季。

②长赢、朱夏、炎夏、三夏、九夏：均指夏天。长赢，北齐刘昼《新

论·履信》："夏之得炎。炎不信,则卉木不长;卉木不长,则长赢之德废。"朱夏,三国魏曹植《槐赋》:"在季春以初茂,践朱夏而乃繁。"三夏,以夏季共三个月故称。即夏历四月为孟夏、五月为仲夏、六月为季夏,合称"三夏"。九夏,因夏季有九十天故称。晋陶潜《荣木》诗序:"日月推迁,已复九夏。"

③昊天:《尔雅·释天》:"夏为昊天。"昊,元气博大貌。

④浩汗:形容广博。

⑤炎风:称夏天的热风。南朝梁萧统《锦带书十二月启·蕤宾五月》:"炎风以之扇户,暑气于是盈楼。"

⑥炎节:称夏天的节日。唐钱起《送薛判官赴蜀》:"单车动凤夜,越境正炎节。"

⑦茂草:丰茂的草。

⑧蔚林、茂林、密树、茂树:均指夏天的树木。

【译文】

梁元帝《纂要》:"夏称为朱明,夏气炎热而光明。也称为长赢、朱夏、炎夏、三夏、九夏。夏天称为昊天。说天象广博。夏风称为炎风。夏节称为炎节。夏草称为茂草、杂草。夏树称为蔚林、茂林、密树、茂树。"

秋悉备图

"秋曰白藏①,气白而收藏万物。亦曰收成、万物成而皆收敛。三秋、九秋、素秋、素商、高商②。天曰旻天③。旻,愍也④,愍万物之凋零⑤。风曰商风、素风、凄风、高风、凉风、悲风、激风、清风⑥。景曰朗景、澄景、清景⑦。时曰凄辰、霜辰⑧。节曰素节、嘉节⑨。草曰衰草⑩。木曰疏木、衰林、霜柯⑪。"

【注释】

①白藏：指秋天。秋于五色为白，序属归藏，故称。

②收成、三秋、九秋、素秋、素商、高商：均指秋天。收成，《尔雅·释天》："春为发生，夏为长赢，秋为收成，冬为安宁。"郭璞注："此亦四时之别号。"三秋，以秋季共三个月故称。分别即夏历七月称孟秋、八月称仲秋、九月称季秋，合称"三秋"。九秋，因秋季有九十天，故称。素秋，古代五行之说，秋属金，其色白，故称素秋。素商，《礼记·月令》孟、仲、季三秋皆云"其音商"。又五行以金配秋，其色尚白，故称秋为素商。高商，高秋，深秋。

③旻天：特指秋天。

④愍（mǐn）：怜悯。

⑤凋零：凋谢零落。

⑥商风、素风、凄风、高风、凉风、悲风、激风、清风：均称秋风。商

风，《楚辞·东方朔〈七谏·沉江〉》："商风肃而害生兮，百草育而不长。"素风，三国魏阮籍《咏怀》之二五："日月径千里，素风发微霜。"凄风，《左传·昭公四年》："春无凄风，秋无苦雨。"杜预注："凄，寒也。"高风，指秋八月之风。唐杜甫《奉送郭中丞充陇右节度使三十韵》："斜日当轩盖，高风卷旆旌。"师尹注："高风，八月风也。"凉风，《礼记·月令》："孟秋之月凉风至，白露降，寒蝉鸣。"悲风，《文选·潘岳〈悼亡诗〉》："床空委清尘，室虚来悲风。"激风，唐孟郊《投赠张端公》："咏惊芙蓉发，笑激风飙秋。"激，猛烈。清风，《诗经·大雅·烝民》："吉甫作诵，穆如清风。"毛传："清微之风，化养万物者也。"

⑦朗景、澄景、清景：均指秋景。朗，清朗。澄景，唐韦应物《登澄玄寺阁》："时暇陟云构，晨霁澄景光。"澄，清明状。清景，唐韩愈《新竹》："何人可携玩，清景空瞪视。"清，空明状。

⑧凄辰、霜辰：均指秋日的时光。凄辰，因秋天肃杀无情，故称。霜辰，唐韦应物《送王卿》："况复岁云暮，凛凛冰霜辰。"霜，入秋后水蒸气冷凝于物表的细小冰粒。

⑨素节、嘉节：均指秋天的节日。素节，晋张协《七命》："若乃白商素节，月既授衣。"素，白色。嘉节，三国魏曹植《冬至献袜颂表》："千载昌期，一阳嘉节。"嘉，佳，好。

⑩衰草：指秋草。衰，此指秋草枯萎状。

⑪疏木、衰林、霜柯：均指秋天的树木。疏木，唐贾岛《宿山寺》："流星透疏木，走月逆行云。"疏，不密。衰林，这里指秋天树木落叶。衰，枯萎。霜柯，宋曾巩《橙子》："鲜明百数见秋实，错缀众叶倾霜柯。"

【译文】

梁元帝《纂要》："秋称为白藏，秋气白而收藏万物。也称收成、即万物长成而先后收获。三秋、九秋、素秋、素商、高商。秋天称为旻天。旻，怜悯，怜悯万物凋谢零落。秋风称为商风、素风、凄风、高风、凉风、悲风、激风、清风。秋景称为朗景、澄景、清景。秋时称为凄辰、霜辰。秋节称为素节、嘉节。秋草称为衰草。秋树称为疏木、衰林、霜柯。"

冬悉备图

"冬曰玄英、气黑而清英①。三冬、九冬②。天曰上天③。言时无事,在上临下。风曰寒风、劲风、严风、厉风、哀风、阴风④。景曰冬景、寒景。时曰寒辰⑤。节曰严节⑥。鸟曰寒鸟、寒禽⑦。草曰寒卉、黄草⑧。木曰寒木、寒柯、素木、寒条⑨。"

【注释】

①清英:清洁明净。

②玄英、三冬、九冬：均指冬天。玄英，《尔雅·释天》："冬为玄英。"三冬，以冬季共三个月故称。分别即夏历十月称孟冬、十一月称仲冬、十二月称季冬，合称"三冬"。唐杨炯《李舍人山亭诗序》："三冬事隙，五日归休。"九冬，冬季共九十日，故名。南朝梁沈约《夕行闻夜鹤》诗："九冬霜雪苦，六翮飞不任。"

③上天：指冬天。

④寒风、劲风、严风、厉风、哀风、阴风：均称冬风。严风，南朝宋袁淑《效古》诗："四面各千里，从横起严风。"厉风，大风，烈风。《庄子·齐物论》："泠风则小和，飘风则大和，厉风济，则众窍为虚。"成玄英疏："厉，大也，烈也。"哀风，悲凄哀凉之风。东汉崔琦《七蠲》："再奏致哀风。"阴风，南朝宋颜延之《北使洛》诗："阴风振凉野，飞雪瞀穷天。"

⑤寒辰：寒冷的日子。

⑥严节：指冬至节。南朝梁任昉《赠徐徵君诗》："何以表相思，贞松擅严节。"

⑦寒鸟、寒禽：均指冬天的鸟。寒鸟，三国魏阮籍《咏怀》诗："回风吹四壁，寒鸟相因依。"寒禽，南朝宋谢灵运《苦寒行》："浮阳减清晖，寒禽叫悲壑。"

⑧寒卉、黄草：均指冬天的草。寒卉，《文选·左思〈蜀都赋〉》："百药灌丛，寒卉冬馥。"张铣注："寒卉，冬生草也。"黄草，因冬天草色发黄，故称。宋左纬《避贼书事十三首》其一："朔风吹黄草，飞去将何如。"

⑨寒木、寒柯、素木、寒条：均指冬天的树木。寒木，南朝梁简文帝《登城诗》："靡靡见虚烟，森森视寒木。"寒柯，晋陶潜《饮酒》诗之八："提壶抚寒柯，远望时复为。"素木，汉刘桢《失题诗》之一："昔君错畦畤，东土有素木。"寒条，晋陶潜《归鸟》诗："翼翼归鸟，戢羽寒条。"

【译文】

梁元帝《纂要》:"冬称为玄英、冬气黑而清洁明净。三冬、九冬。冬天称为上天。说冬季农事停歇,上天居高临下,监察万物。冬风称为寒风、劲风、严风、厉风、哀风、阴风。景色称为冬景、寒景。冬时称为寒辰。冬节称为严节。冬鸟称为寒鸟、寒禽。冬草称为寒卉、黄草。冬木称为寒木、寒柯、素木、寒条。"

《尔雅》岁阳

岁名之图

《尔雅疏》释曰[①]:"此别太阳在日在辰之名也[②]。早至癸为十日,日为阳。寅至丑为十二辰,辰为阴。《汉书·律历志》[③]:'乃以前历《上元泰初》四千六百一十七岁[④],至元

封七年⑤，复得阏逢摄提格之岁⑥，中冬⑦。'孟康曰⑧：'言复得者，上元泰初时亦是阏逢之岁。岁在甲曰阏逢，在寅曰摄提格，此谓甲寅之岁也。'然则乙卯之岁曰旃蒙单阏⑨，丙辰之岁曰柔兆执徐⑩，丁巳之岁曰疆圉大荒落⑪，戊午之岁曰著雍敦牂⑫，己未之岁曰屠维协洽⑬，庚申之岁曰上章涒滩⑭，辛酉之岁曰重光作噩⑮，壬戌之岁曰玄黓阉茂⑯，癸亥之岁曰昭阳大渊献⑰，甲子之岁曰阏逢困敦⑱，乙丑之岁曰旃蒙赤奋若⑲。推此，周而复始可知也。"

【注释】

①《尔雅疏》：十卷，北宋真宗咸平二年（999）邢昺等奉诏修撰，是一部专门注释《尔雅》的著作。邢昺（bǐng，932—1010），字叔明，曹州济阴（今山东曹县）人。北宋训诂学家。另撰有《孝经注疏》《论语注疏》等。

②在日：在十天干中的位置。在辰：在十二地支的位置。

③《汉书·律历志》：东汉班固《汉书》十志之一。班固（32—92），字孟坚，扶风安陵（今陕西咸阳东北）人。东汉史学家、文学家，与司马迁并称"班马"。另撰有《白虎通义》等。

④乃以前历《上元泰初》四千六百一十七岁：于是以前历《上元太初历》距今四千六百一十七年为历法推算的起算点。《上元泰初》，即《上元太初历》，相传为伏羲所创。

⑤元封七年：由于汉武帝在元封七年（前104）更改历法，此年也称太初元年。

⑥阏（yān）逢：亦作"焉逢"。十天干中"甲"的别称，用以纪年。《尔雅·释天》："太岁在甲曰阏逢。"摄提格：省称"摄提"。十二地支中"寅"的别称，用以纪年。《尔雅·释天》："太岁在寅曰摄提格。"

⑦中冬：指冬季的第二个月。

⑧孟康：字公休，三国魏安平广宗（今河北威县）人。曾任散骑常侍、中书监，封广陵亭侯。著有《汉书音义》《老子注》。

⑨旃（zhān）蒙：亦作"端蒙"。十天干中"乙"的别称，用以纪年。《尔雅·释天》："太岁在乙曰旃蒙。"单阏（chán yè）：十二地支中"卯"的别称，用以纪年。《尔雅·释天》："太岁在卯曰单阏。"

⑩柔兆：亦作"游兆"。十天干中"丙"的别称，用以纪年。《尔雅·释天》："太岁在丙曰柔兆。"执徐：十二地支中"辰"的别称，用以纪年。《尔雅·释天》："太岁在辰曰执徐。"

⑪强围（yǔ）：亦作"强梧"。十天干中"丁"的别称，用以纪年。《尔雅·释天》："太岁在丁曰强围。"大荒落：亦作"大芒落"。十二地支中"巳"的别称，用以纪年。《尔雅·释天》："太岁在巳曰大荒落。"

⑫著雍：十天干中"戊"的别称，用以纪年。《尔雅·释天》："太岁在

戊曰著雍。"敦牂（zāng）：十二地支中"午"的别称，用以纪年。《尔雅·释天》："太岁在午曰敦牂。"

⑬ 屠维：亦作"祝犁"。十天干中"己"的别称，用以纪年。《尔雅·释天》："太岁在己曰屠维。"协洽：亦作"汁洽"。十二地支中"未"的别称，用以纪年。《尔雅·释天》："太岁在未曰协洽。"

⑭ 上章：亦作"商横"。十天干中"庚"的别称，用以纪年。《尔雅·释天》："太岁在庚曰上章。"涒（tūn）滩：十二地支中"申"的别称，用以纪年。《尔雅·释天》："太岁在申曰涒滩。"

⑮ 重光：十天干中"辛"的别称，用以纪年。《尔雅·释天》："太岁在辛曰重光。"作噩：亦作"作鄂"。十二地支中"酉"的别称，用以纪年。《尔雅·释天》："太岁在酉曰作噩。"

⑯ 玄黓（yì）：亦作"横艾"。十天干中"壬"的别称，用以纪年。《尔雅·释天》："太岁在壬曰玄黓。"阉茂：亦作"淹茂"。十二地支中"戌"的别称，用以纪年。《尔雅·释天》："太岁在戌曰阉茂。"

⑰ 昭阳：十天干中"癸"的别称，用以纪年。《尔雅·释天》："太岁在癸曰昭阳。"大渊献：十二地支中"亥"的别称，用以纪年。《尔雅·释天》："太岁在亥曰大渊献。"

⑱ 困敦：十二地支中"子"的别称，用以纪年。《尔雅·释天》："太岁在子曰困敦。"

⑲ 赤奋若：十二地支中"丑"的别称，用以纪年。《尔雅·释天》："太岁在丑曰赤奋若。"

【译文】

《尔雅疏》注解说："这是区别太阳在天干和地支的名称。从甲至癸为十天干所表示的日子，因向日为阳。从寅至丑为十二地支所表示的日子，辰背日为阴。《汉书·律历志》记载：'这是以前历《上元太初历》距今四千六百一十七年为历法推算的起算点，到元封七年，又到阏逢摄提格之年，即冬季的第二个月。'孟康说：'说又得到，是说前四千六百一十七年也是阏逢之年。太岁星在甲称为阏逢,在寅称为摄提格,这就是甲寅之年。'那么乙卯之年称为旃蒙单阏,丙辰之年称为柔兆执徐,丁巳之年称为疆圉大荒落,戊午之年称为著雍敦牂,己未之年称为屠维协洽,庚申之年称为上章涒滩,辛酉之年称为重光作噩,壬戌之年称为玄黓阉茂,癸亥之年称为昭阳大渊献,甲子之年称为阏逢困敦,乙丑之年称为旃蒙赤奋若。以此推算,不断循环就可知道。"

《尔雅》月阳

月名之图

《尔雅疏》释:"此乃辨以日配月之名。设若正月得甲曰毕陬[①],二月得乙曰橘如[②],三月得丙曰修痫[③],四月得丁曰圉余[④],五月得戊曰厉皋[⑤],六月得己曰则且[⑥],七月得庚

月阳名之图

曰窒相⑦，八月得辛曰塞壮⑧，九月得壬曰终玄⑨，十月得癸曰极阳⑩，十一月得甲曰毕辜⑪，十二月得乙曰橘涂⑫。周而复始，抑又可知也。"

【注释】

①正月得甲：农历正月天干逢甲。得，逢。毕陬（zōu）：农历正月的别称。《尔雅·释天》："月在甲曰毕。"

②橘如：农历二月的别称。《尔雅·释天》："月在乙曰橘。"

③修痫（bǐng）：农历三月的别称。《尔雅·释天》："月在丙曰修。"

④围（yǔ）余：农历四月的别称。《尔雅·释天》："月在丁曰围。"

⑤厉皋：农历五月的别称。《尔雅·释天》："月在戊曰厉。"

⑥则且（jū）：农历六月的别称。《尔雅·释天》："月在己曰则。"

⑦窒（zhì）相：农历七月的别称。《尔雅·释天》："月在庚曰窒。"

⑧塞壮：农历八月的别称。《尔雅·释天》："月在辛曰塞。"

⑨终玄：农历九月的别称。《尔雅·释天》："月在壬曰终。"

⑩极阳：农历十月的别称。《尔雅·释天》："月在癸曰极。"

⑪毕辜：农历十一月的别称。

⑫橘涂：农历十二月的别称。

【译文】

《尔雅疏》解释："这是区别以月阳、月名相配纪月的名称。假设正月天干逢甲称为毕陬，二月天干逢乙称为橘如，三月天干逢丙称为修病，四月天干逢丁称为圉余，五月天干逢戊称为厉旦，六月天干逢己称为则且，七月天干逢庚称为窒相，八月天干逢辛称为塞壮，九月天干逢壬称为终玄，十月天干逢癸称为极阳，十一月天干逢甲称为毕辜，十二月天干逢乙称为橘涂。事物循环往复，这种循环规律就又清楚了。"

《容斋随笔》①："太史公《历书》以阏逢为焉逢②，旃蒙为端蒙③，柔兆为游兆④，疆圉为疆梧⑤，著雍为徒维⑥，屠唯为祝犁⑦，上章为商横⑧，重光为昭阳⑨，玄黓为横艾⑩，昭阳为尚章⑪，大荒落为大芒落⑫，协洽为汁洽⑬，涒滩为赤奋若⑭，作噩为作鄂⑮，阉茂为淹茂⑯，大渊献与困敦更互⑰，赤奋若乃为芮汉⑱，此年久传说，不必深辨⑲。"

【注释】

①《容斋随笔》：共五笔，七十四卷，宋洪迈撰。该书为史料笔记小说。洪迈（1123—1202），字景庐，号容斋，又号野处，南宋饶州鄱阳（今属江西）人。南宋文学家。另著有《野处类稿》《夷坚志》等。

②太史公《历书》：指司马迁《史记·历书》。太史公，即司马迁（约前145或前135—?），字子长，夏阳（今陕西韩城南）人。因曾继父职任汉太史令，世称"太史公"。西汉史学家、文学家和思想家。著有《史记》等。阏逢为焉逢：《史记·历书》："太初元年，岁

名焉逢。"司马贞索隐:"焉逢,《汉书》作'阏逢'。"

③旃蒙为端蒙:《史记·历书》:"端蒙单阏二年。"司马贞索隐:"端蒙,乙也。《尔雅》作'旃蒙'。"

④柔兆为游兆:《史记·历书》:"游兆执徐三年。"司马贞索隐:"游兆,景也。《尔雅》作'柔兆'。"

⑤疆圉为彊梧:疆,通"彊"。《史记·历书》:"彊梧大荒落四年。"司马贞索隐:"彊梧,丁也。《尔雅》作'疆圉'。"

⑥著雍为徒维:《史记·历书》:"徒维敦牂天汉元年。"司马贞索隐:"徒维,戊也。"

⑦屠唯为祝犁:《史记·历书》:"祝犁协洽二年。"司马贞索隐:"祝犁,己也。《尔雅》作'著雍'。"

⑧上章为商横:《史记·历书》:"商横涒滩三年。"司马贞索隐:"商横,庚也。《尔雅》作'上章'。"

⑨重光为昭阳:《史记·历书》:"昭阳作噩四年。"司马贞索隐:"昭阳,辛也。《尔雅》作'重光'。"

⑩玄黓为横艾:《史记·历书》:"横艾淹茂太始元年。"司马贞索隐:"横艾,壬也。《尔雅》作'玄黓'。"

⑪昭阳为尚章:《史记·历书》:"尚章大渊献二年。"司马贞索隐:"尚章,癸也。《尔雅》作'昭阳'也。"

⑫大荒落为大芒落:《史记·历书》:"祝犁大芒落四年。"裴骃集解:"芒,一作'荒'。"

⑬协洽为汁洽:《史记·历书》:"昭阳汁洽二年。"裴骃集解:"汁,一作'协'。"

⑭涒滩为赤奋若:《史记·历书》:"商横涒滩三年。"司马贞索隐:"涒滩,申也。本作'赤奋若',非也。《天官书》及《尔雅》申为涒滩,丑为赤奋若。"

⑮作噩为作鄂:《史记·历书》:"尚章作噩二年。"裴骃集解:"噩,一

作‘鄂’。"

⑯阉茂为淹茂：《史记·历书》："焉逢淹茂三年。"裴骃集解："淹，一作‘阉’。"

⑰大渊献与困敦更互：《史记·历书》："尚章大渊献二年。"司马贞索隐："大渊献，亥也。一本作‘困敦’，非也。《天官书》子为困敦，《尔雅》同。"更互，更换。

⑱赤奋若乃为芮汉：《史记·历书》："横艾涒滩始元元年正西。"裴骃集解："涒滩，一作‘芮汉’。"

⑲深辨：深入辨别。

【译文】

《容斋随笔》："太史公司马迁《史记·历书》以阏逢称焉逢，旃蒙称端蒙，柔兆称游兆，疆圉称疆梧，著雍称徒维，屠唯称祝犁，上章称商横，重光称昭阳，玄黓称横艾，昭阳称尚章，大荒落称大芒落，协洽称汁洽，涒滩称赤奋若，作噩称作鄂，阉茂称淹茂，大渊献与困敦相互更换，赤奋若成为芮汉，这是年代久远的传说，不必深入辨别。"

气候循环易见图

《尚书正义》曰①："节气者②，周天三百六十五日四分日之一③，分为十二月，则月各得三十日十六分日之七。以初为节气，半为中气④，故一岁有二十四气，分居辰次焉⑤。"

【注释】

①《尚书正义》：唐代颁布的《五经正义》之一，二十卷，唐孔颖达等编定。书首有伪《孔安国尚书序》一篇。正文五十八篇，包括《今文尚书》三十三篇，伪《古文尚书》二十五篇。孔颖达（574—

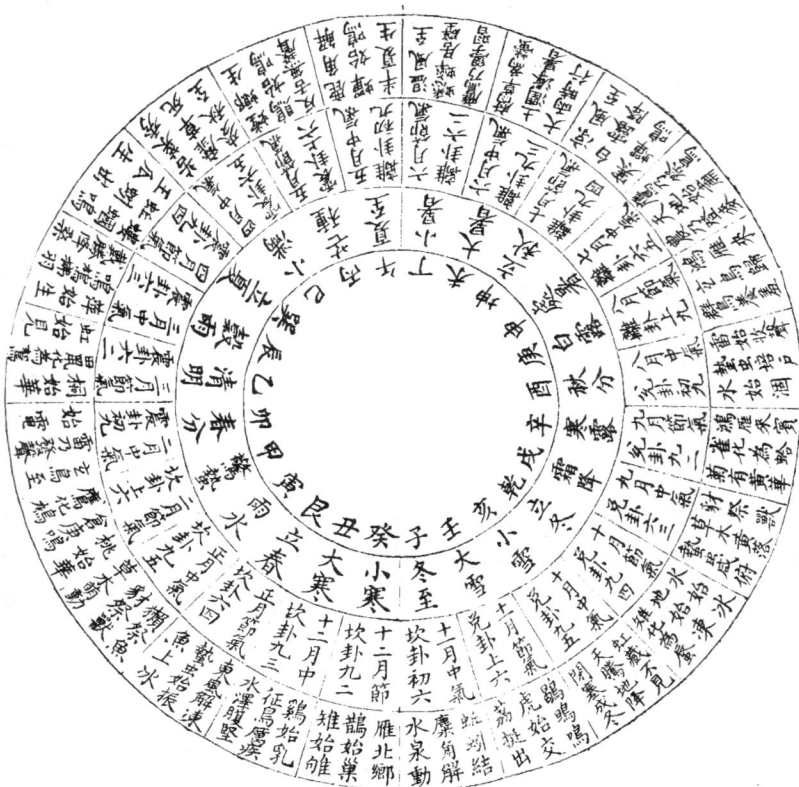

648），字冲远，一作仲达、冲澹，冀州衡水（今属河北）人。唐经
学家。

②节气：指二十四时节和气候。

③周天：谓绕天球大圆一周。天文学上以天球大圆三百六十度为周
天。《逸周书·周月》："日月俱起于牵牛之初，右回而行，月周天
进一次而与日合宿。"《礼记·月令》唐孔颖达疏："星既左转，日
则右行，亦三百六十五日四分日之一至旧星之处。即以一日之行
而为一度计，二十八宿一周天，凡三百六十五度四分度之一，是天

之一周之数也。"

④中气：古代天文家以太阳历二十四气，配玥历十二月，阴历每月二
　气，在月中以前的称为"节气"，在月中以后的称为"中气"。如
　立春为正月节气，雨水为正月中气。

⑤辰：十二辰。即子、丑、寅、卯、辰、巳、午、未、申、酉、戌、亥十二个
　时辰。

【译文】

《尚书正义》记载："所谓节气，绕天一周需三百六十五日又四分之
一日，分为十二月，则每月各得三十日又十六分之七日。以月初为节气，
月中为中气，因此一年有二十四节气，分别位居十二地支方位。"

　　董巴议曰①："伏牺造八卦②，作三画③，以象二十四
气④。"一行《卦候议》曰⑤："七十二候⑥，原于周公⑦。较诸
《月令》，颇有增损，然后先之次则同。自后魏始载于历⑧，
乃依《易轨》所传⑨，不合经义⑩。令改从古。"凡五日为候，
三候为气，六气成时，四时成岁。

【注释】

①董巴：三国魏人，建安、黄初间为博士。著有《大汉舆服志》一卷。

②伏牺：即伏羲。又称伏戏、牺皇、皇羲。传说中华民族的人文始
　祖。据传他懂得观察天文地理，并创造八卦，以占卜凶吉。八
　卦：《周易》中的八种具有象征意义的基本图形，每个图形用三个
　分别代表阳的"—"（阳爻）和代表阴的"--"（阴爻）组成。名
　称是：乾（☰）、坤（☷）、震（☳）、巽（☴）、坎（☵）、离（☲）、艮
　（☶）、兑（☱）。

③三画：即三画卦。上画为天，下画为地，中间一画就代表了人。称

为天地人三才。

④象：仿效。

⑤一行《卦候议》：即为唐代僧人一行所著《大衍历》中的一篇。《大衍历》，又名《开元大衍历》，僧人一行主持编订。一行（683—727），俗姓张，名遂，巨鹿（今属河北）人。唐天文学家。《卦候议》，底本为《卦候验》，据《新唐书》改。

⑥七十二候：一年的总候数。气象上规定五天为一候。但为了与月、旬配套方便起见，将每月的26日至月底（无论大月、小月）算为一候，故一年为七十二候。

⑦周公：姬姓名旦，亦称叔旦。西周开国元勋，杰出的政治家、军事家、思想家、教育家。因采邑在周，故称周公。

⑧后魏（386—534）：也称北魏、拓跋魏等，鲜卑族拓跋珪建立的政权，也是北朝第一个王朝。

⑨《易轨》：五代十国后蜀浦乾贯撰，已佚。《郡斋读书志》并《文献通考·经籍考》均著录一卷。浦乾贯，五代后蜀时人。另著有《周易指迷照胆诀》。

⑩经义：经书的义理。

【译文】

董巴评论说："伏羲创造八卦，作三画，以仿效二十四节气。"唐僧人一行《大衍历·卦候议》记载："七十二候，起源于周公。与《月令》相比较，文字上稍有增减，然而先后的次序相同。自后魏开始载于《律历志》，就依《易轨》流传下来，不符合经书的义理。下令改正追随古人。"都是五日为一候，三候为一节气，六个节气为一季，四季为一年。

日出日没永短之图①

　　《淮南子》曰②："日出于旸谷③，浴于咸池④，拂于扶桑⑤，是谓晨明⑥。登于扶桑之上，东方之野。爰始将行⑦，是谓胐明⑧。谓将明也。至于曲阿⑨，曲阿，山名。是谓朝明⑩。临于曾泉⑪，东方多水之地。是谓早食⑫。次于桑野⑬，是谓晏食⑭。臻于衡阳⑮，是谓禺中⑯。对于昆吾⑰，昆吾邱在南方。是谓正中⑱。靡于鸟次⑲，西南方之山名。是谓小迁⑳。至于悲谷㉑，悲谷，西北方之山名。是谓脯时㉒。回于女纪㉓，西方阴

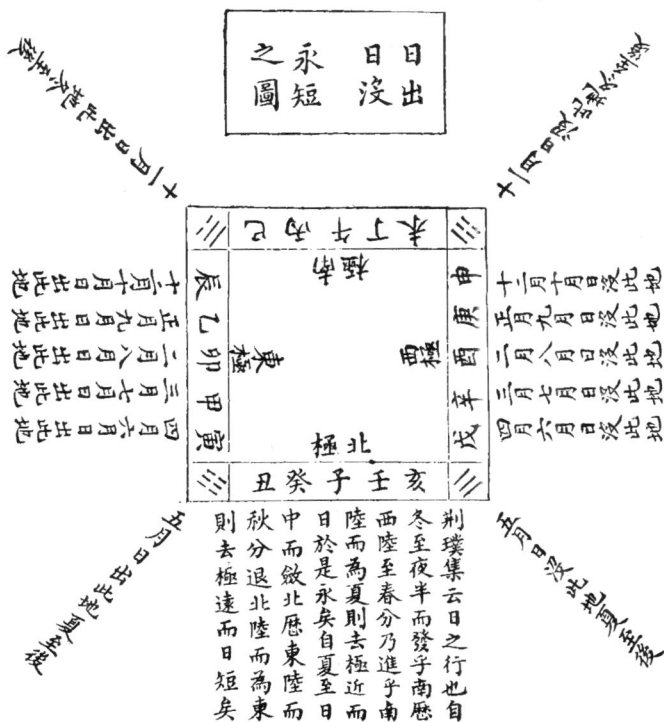

日出日没永短之图

地。是谓大迁^㉔。经于泉隅^㉕，是谓高春^㉖。顿于连石^㉗，西方山名。是谓下春^㉘。爰止羲和^㉙，爰息六螭^㉚，是谓悬车^㉛。薄于虞泉^㉜，是谓黄昏^㉝。沦于蒙谷^㉞，是谓定昏^㉟。"

【注释】

①永短：长短。永，长，指时间。

②《淮南子》：又名《淮南鸿烈》《刘安子》，二十一卷，汉刘安撰。该书为淮南王刘安及其门客收集史料集体编写而成的一部哲学著作，因淮南王刘安主持撰写，故而得名。刘安（前179—前122），沛郡丰县（今属江苏）人。西汉文学家、思想家。另著有《淮南王赋》《群臣赋》等。下文出自《淮南子·天文训》。

③旸（yáng）谷：日出的地方。位于东方。《尚书·尧典》："分命羲仲，宅嵎夷，曰旸谷，寅宾出日。"孔传："旸，明也。日出于谷而天下明，故称旸谷。"孔颖达疏："日所出处，名曰旸明之谷。"

④咸池：神话中谓日浴之处。《楚辞·离骚》："饮余马于咸池兮，揔余辔乎扶桑。"王逸注："咸池，日浴处也。"

⑤拂：经过。扶桑：古代神话中海外的大桑树，据说是太阳出来的地方。

⑥晨明：犹黎明。

⑦爰（yuán）：于是。

⑧朏（fěi）明：黎明，天刚亮。

⑨曲阿：传说中日所经之山名。位于东方。

⑩朝明：天明时。指太阳出地平线时刻。

⑪曾泉：传说中日所经之地名。位于东方，其处多水，故称。

⑫早食：早于"食时"的时辰，即卯正之时。

⑬桑野：传说中日所经之地名。位于东方。

⑭晏食：时辰名，指寅后二十五刻。

⑮臻（zhēn）：到达。衡阳：古代天文概念中的方位名称，对应地理

方位为南方。

⑯禺（yú）中：日近中午。

⑰昆吾：古丘名。传说太阳正午所经之处。

⑱正中：谓太阳在天正中，指正午时分。

⑲鸟次：传说中日所经之山名。位于西南方。

⑳小迁：古人认为日出于旸谷，至昆吾而日光正中，至西南方鸟次之山，则日光偏西，称"小迁"。

㉑悲谷：传说中日所经之壑名。位于西北方。

㉒脯时：即"馎（bū）时"，午后三时至五时，傍晚。

㉓女纪：传说中日所经之地名。位于西北方。

㉔大迁：当太阳到达女纪时，已进入黄昏前的阶段，光线渐暗，称为"大迁"。

㉕泉隅：传说中日所经之处名。位于西北方。

㉖高舂（chōng）：谓傍晚时。

㉗顿：停顿，停留。连石：传说中日所经之山名。位于西北方。

㉘下舂：日落时。

㉙羲和：古代神话传说中的人物。驾御日车的神。《楚辞·离骚》："吾令羲和弭节兮，望崦嵫而勿迫。"王逸注："羲和，日御也。"

㉚六螭（chī）：同"六龙"。螭，传说中无角的龙。

㉛悬车：古代记时的名称。指黄昏前一段时间。

㉜薄：逼近，靠近。虞泉：传说为日没处。

㉝黄昏：天将近黑时。

㉞沦：降落，坠落。蒙谷：古代传说中的日落之处。

㉟定昏：天已黑之时。

【译文】

《淮南子·天文训》记载："太阳从东方旸谷升起，在咸池洗浴，经过扶桑枝下，这时称作晨明。登上扶桑枝头，东方的野外。将开始一天的行程,这时称作胐明。说天将亮了。到了曲阿山,曲阿,山名。这时称作朝明。
到达曾泉,东方多水的地方。这时称作早食。到达东方的桑野,这时称作
晏食。到达衡阳方位时,这时称作禺中。到达昆吾丘,昆吾丘在南方。这
时称作正中。到达鸟次山,西南方的山名。这时称作小迁。到达悲谷,悲
谷,西北方的山名。这时称作铺时。到达女纪,西方阴湿的地方。这时称作大
迁。到达西北泉隅,这时称作高舂。到达连石山,西方山名。这时称作下
舂。羲和停止为太阳驾车,拉车的六条无角龙也休息了,这时称作悬车。
靠近虞泉,这时称作黄昏。落入蒙谷,这时称作定昏。"

　　梁元帝《纂要》云:"日光曰景①,日影曰晷②,日初出曰
旭③,日昕曰晞④,在午曰亭午⑤,在未曰昳⑥,日晚曰旰⑦。日
西落,反照于东。景在上曰反景,在下曰倒景。"

【注释】

①日光:太阳发出的光。

②日影:日光照射物体所成的阴影。晷(guǐ):太阳照射的影子。

③旭:初出的太阳,晨曦。

④昕(xīn):太阳将要升起的时候。晞(xī):破晓,天亮。

⑤亭午:正午,中午。

⑥昳(dié):太阳偏西。

⑦旰(gàn):晚上,日落的时候。

【译文】

　　梁元帝《纂要》记载:"日光称为景,日影称为晷,初出的太阳称为
旭,太阳将要升起称为晞,太阳在午位称为亭午,太阳在未位称为昳,傍
晚称为旰。太阳西落,夕阳返照在东方。日光在上称为反景,日光在下
称为倒景。"

月生月尽盈亏之图

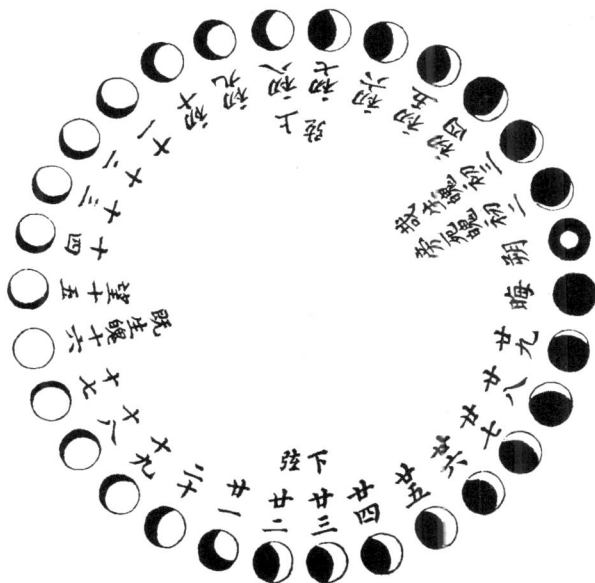

《尔雅·释名》曰①:"月,阙也②,言满则复缺也。朏③,音斐。月未成明也。魄,月始生,魄然也④。承大月,生二日,谓之魄⑤。承小月,生三日,谓之朏。朔⑥,月初之名也。朔,苏也⑦,月死复苏生也⑧。晦⑨,月尽之名也⑩。晦,灰也,死为灰,月光尽似之也。弦⑪,月半之名也⑫。其形一旁曲,一旁直,若张弓弦也⑬。望⑭,月满之名也,日月遥相望也。"

【注释】

①《尔雅·释名》：此处应为《释名》，又名《逸雅》，八卷，东汉刘熙
　（一作熹）撰。训诂专著，我国最早的声训词典。刘熙，字成国，
　北海（今山东昌乐）人。汉末训诂学家。

②阙：亏缺。

③朏（fěi）：未盛明时的月光。

④月始生，魄然也：魄，通"霸"。李富孙《说文辨字正俗》引《礼
　记·乡饮酒义》疏："魄（霸）谓月轮生、旁有微光也。"

⑤"承大月"几句：段玉裁《说文解字注》引《礼记·乡饮酒义》正
　义："前月大，则二日生魄（霸）。"

⑥朔：月相名。指每月农历初一，月球恰好运行到与太阳黄经相等
　的时刻，地球上看不到月光，这种月相叫"朔"。

⑦苏：复活，恢复。

⑧月死：月球运行于日地中间时，其受光面不能反射光线于地球之
　上，月光消失，有如死去。

⑨晦：农历每月的末一天。由于月球的受光面不能反射于地球上，
　地球上看不到月光，夜晚昏暗，故名。

⑩月尽：农历每月的最后一天。

⑪弦：半圆形的月亮。《论衡·四讳》："月中分谓之弦。"农历每月初
　七或初八为上弦，农历每月二十二日或二十三日为下弦。

⑫月半：月亮之半。指弦月，半圆之月。

⑬张：安上弓弦或拉紧弓弦。

⑭望：月相名。农历每月十五，天文学上指月亮最圆的这一天。

【译文】

《释名》解释说："月，得名于缺，指圆满后就渐渐缺损。朏，音斐。月
还没有盛明。魄，月光开始生明，呈现微光。上承大月，则二日生魄。上承
小月，则三日生朏。朔，月初的名称。朔，得名于苏，月亮死亡后又苏醒了。

晦，月末的名称。晦，得名于灰，火灭后成灰，月亮的光芒穷尽后就像火灭后成灰。弦，弦月的名称。它的形状一旁弯曲，一旁直，就像拉紧弓弦一样。望，月亮圆满时的名称，太阳在东方、月亮在西方，遥遥相望。"

　　《尚书·武成》曰①："惟一月壬辰②，旁死魄③。旁，近也。月二日，近死魄④。"又曰："厥四月，哉生明⑤。哉，始也。月三日，始生明。"又曰："既生魄⑥。魄生明死，十五之后。"又《大传》曰⑦："晦而月见西方，谓之朓。他了切⑧。朔而月见东方，谓之朒。女六切⑨。"《五经通义》曰⑩："月中有兔与蟾蜍何？兔，阴也。蟾蜍，阳也，而与兔并明，阴系阳也。"

【注释】

①《尚书·武成》：《尚书·周书》中的一篇，记周武王伐纣事。

②壬辰：天干第九位同地支第五位相配所纪的日期。

③旁死魄：谓月亮大部分无光，古时常用作夏历每月二十五日的代称，或指二十五日至三十日这一段时间。

④月二日，近死魄：底本作"旁死日，近死魄"，据《尚书·武成》改。

⑤哉生明：农历每月初三或初二，此时月亮开始有光亮。哉，才，始。

⑥既生魄：亦作"既生霸"。古代以月的圆、缺、晦、明记日期的一种名称。魄、霸，指月未盛明时所发的光。月既生而未大明称之为"既生魄"，指从上弦至望的一段时间。《尚书·武成》："既生魄，庶邦冢君，暨百工，受命于周。"孔传："魄生明死，十五日之后。"孔颖达疏："月以望亏，望是月半。望在十六日为多，通率在十六日者，四分居三，其一在十五日耳。此言既生魄，故言魄生明死，十五日之后也。"

⑦《大传》：即《尚书大传》。该书是对《尚书》的解释性著作，作者

和成书时间均无法完全确定。只有后人辑本传世，以皮锡瑞本最佳。旧题西汉伏生撰，可能系其弟子张生、欧阳生所记师说。

⑧朓（tiǎo）他了切：古代注音方法，用两个汉字注读另一字。这是"他"字取声母，"了"字取韵母和声调，合切音为tiǎo。朓，指农历月底月亮出现在西方。

⑨朒（nǜ）女六切：古代注音方法，用两个汉字注读另一字。这是"女"字取声母，"六"字取韵母和声调，合切音为nǜ。朒，指农历月初月亮出现在东方。

⑩《五经通义》：《隋书·经籍志》著录《五经通义》八卷，未题撰人。两《唐志》并著录《五经通义》九卷，汉代刘向撰。刘向参与石渠阁会议讨论经义，各经议奏著于《汉书·艺文志》。疑石渠会议结论由刘向编撰为《五经通义》，故其书体例内容与《白虎通义》相似。

【译文】

《尚书·武成》记载："一月壬辰日，月亮大部分无光。旁，近处。每月初二日以往，月明渐生月魄渐灭。"又记载："四月初，月亮开始有光亮。哉，开始。每月初三，月亮开始有光亮。"又记载："农历十五日后。望后月魄渐生而月明渐减，农历十五之后。"又有《尚书大传》记载："农历月末月亮在西方出现，称为朓。他了切。农历月初月亮在东方出现，称为朒。女六切。"《五经通义》记载："月亮中为什么有兔与蟾蜍？兔，代表阴。蟾蜍，代表阳，而与兔合在一起，阴就是阳。"

经星昏明迭见之图

《尧典》疏曰①："二十八宿②，随天转运，更互在南③，每月各有中者。"《洪范》④："四曰星辰。"注云："二十八宿迭见⑤，以叙节气⑥。"疏云："二十八宿昏明迭见⑦，若《月令》

經星昏明　迷見之圖

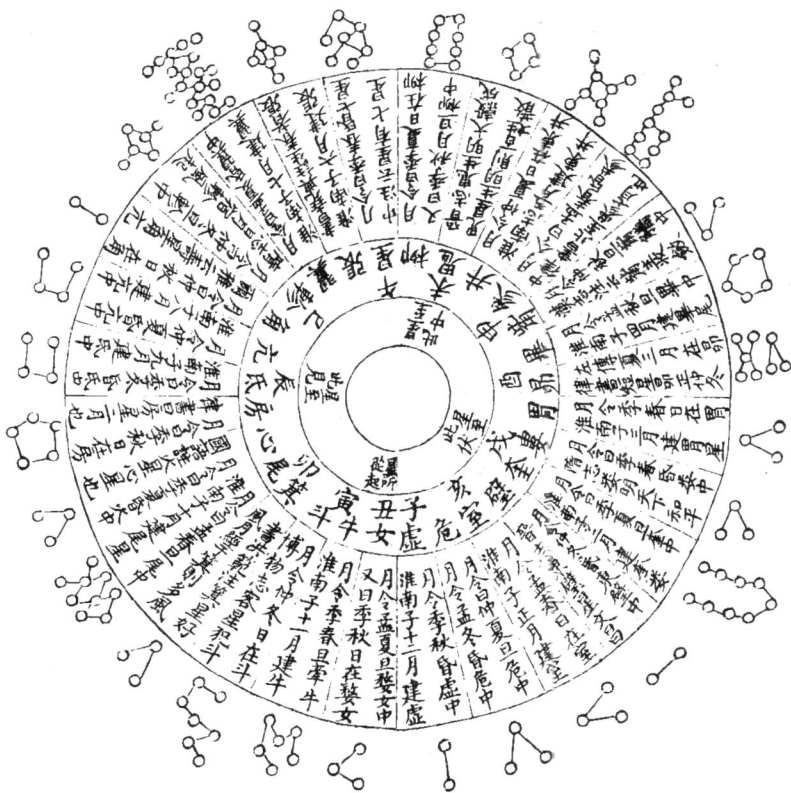

十二月，皆纪昏旦所中之星[8]，所以叙节气也。"《隋书·天文志》云[9]："庖牺氏仰观俯察[10]，以天之二十八宿，周于圆穹之度[11]，以丽十二位也[12]。"随天而转，谓之经星[13]。

【注释】

①《尧典》：《尚书》篇名，又作《帝典》。大抵由周代史官根据传闻

编写,经春秋战国时儒家补订而成,记叙尧、舜禅让传说。

②二十八宿:古代天文学家依东西南北四个方位划分天空中的恒星。分别为东方苍龙七宿:角、亢、氐、房、心、尾、箕宿;西方白虎七宿:奎、娄、胃、昴、毕、觜、参宿;南方朱雀七宿:井、鬼、柳、星、张、翼、轸宿;北方玄武七宿:斗、牛、女、虚、危、室、壁宿,共二十八宿。

③更互:交替,轮流。

④《洪范》:《尚书》篇名。"洪"即大,"范"即法。"洪范"即根本大法。相传周灭商后第二年武王问箕子治国安民的常理,箕子回答说过去上帝赐给禹"洪范九畴",可以作为治国安民的常理。

⑤迭见:不断出现。

⑥叙节气:划分节气。

⑦昏明:黑夜和白昼。

⑧昏旦:黄昏和清晨。

⑨《隋书·天文志》:《隋书》,唐魏徵等撰。纪传体史书。全书共八十五卷,其中帝纪五卷,列传五十卷,志三十卷。记载隋代历史。《天文志》,古代纪传体史书中专门记载天文学(不包括历法)和天文异象的篇章。

⑩庖牺氏:又作"伏羲氏""伏牺氏"。《尸子》:"庖牺氏之世,天下多兽,故教民以猎。"仰观俯察:《周易·系辞上》:"仰以观于天文,俯以察于地理,是故知幽明之故。"后以"仰观俯察"指多方或仔细观察。

⑪周:环绕。圆穹:同"穹圆"。指天。度:计量单位名称。

⑫丽:依附。十二位:即十二次。太阳和月亮沿黄道运行一周,每年会合十二次,每次会合都有一定的位置,所会之处叫作"次"。古人为了说明日月五星的运行和节气的变换,把黄道附近一周天按照由西向东的方向依次分为星纪、玄枵、诹訾、降娄、大梁、实沈、

鹑首、鹑心、鹑尾、寿星、大火、析木十二个等分，叫作十二次。

⑬经星：旧称二十八宿等恒星为经星。与行星称纬星相对。因恒星相对位置不变，故称。

【译文】

《尚书·尧典》注疏说："二十八宿，随天体循环运行，轮流在中天南方，每月都会有运行至中天南方的中星。"《尚书·洪范》："四是星辰。"注疏："二十八宿不断出现，以划分节气。"注疏说："二十八宿黑夜和白昼不断出现，如《月令》中的十二个月，都是记载黄昏和清晨所中之星，以此划分节气。"《隋书·天文志》记载："伏羲氏经仔细观察，认为天上二十八宿，环绕于天体四周，并依附十二星次。"随天体而运转，称为经星。

　　《尧典》四仲迭见之星①，则以午为正。《月令》昏旦迭见之星②，则以未为中。盖星之运，始则见于辰，终则伏于戌，自辰至戌，正于午而中于未。故《尧典》言"日永③，星火④，以正仲夏"，是以午为正也。《月令》至于季夏，乃曰"昏火中"⑤，则是以未为中。《左传》曰"火星中而寒暑退"⑥，《诗》曰"定之方中"⑦，亦皆以未中也。

【注释】

①四仲：农历四季中每季的第二个月的合称。即仲春（二月）、仲夏（五月）、仲秋（八月）、仲冬（十一月）。

②昏旦：黄昏和清晨。

③日永：指夏至。夏至之日白昼最长，故云。

④星火：即火星，是二十八宿中的心星。古人以为黄昏时，心星出现在南方便是仲夏。

⑤昏火中：一种天文现象。意谓季夏六月的黄昏时分，"火"宿出现

在南方天空的正中。火宿为古人所定的二十八宿之一，又称"心宿""大火"，属东方七宿的第五宿，由天蝎座的三颗星组成。古代天文学家习惯上把东方七宿联结起来，并把它们想象成龙的形状，"火"宿为龙心。

⑥《左传》：又名《左氏春秋》《春秋左氏传》《春秋内传》《左氏》，旧传为春秋时期左丘明撰，该书记述起自鲁隐公元年（前722），终于鲁悼公四年（前464），比《春秋》多出十七年，其述事更至于悼公十四年（前453）。以《春秋》为本，通过记述春秋时期的具体史实来说明《春秋》的纲目。左丘明（前556—前451），姓丘，名明，鲁国之附庸小邾国人。春秋末期史学家、文学家、思想家、散文家。另撰《国语》。

⑦《诗》：即《诗经》。我国第一部诗歌总集。收集了周朝初年到春秋中期的诗歌305篇。分"风""雅""颂"三大类。"风"采自民间乐曲，"雅"是王都附近的乐曲，"颂"是祭祖祀神的乐曲。定之方中：定星出现在天正当中。定，定星，也称营室星，二十八宿之一。古人认为夏历十月的黄昏，当它出现在正南方，正是农事结束、从事营造房屋的时候。方中，正在当中。

【译文】

《尚书·尧典》认为仲春、仲夏、仲秋、仲冬时不断出现的星，就以午位为正。《礼记·月令》认为黄昏和清晨不断出现的星，就以未位为中。大概星的运行，开始就出现在辰位，最终就隐藏于戌位，自辰位至戌位，先以午位为正后以未位为中。因此《尚书·尧典》说"以白昼时间最长的那天为夏至，并以火星在南方正中之时，作为仲夏的依据"，是以午位为正。《礼记·月令》到了季夏，就说"火宿出现在南方天空的正中"，就是以未位为中。《左传》说"火星在未位为中而暑退将寒"，《诗经》说"定星出现在天正当中"，也都是以未位为中。

闰月成岁为章之图

先王体元以居正①，顺时以授民，是必迎日以推策之②。启闭以为节③，分至以为中④，推闰定时以成岁⑤。以周天之数考之，三百六十五度四分度之一。日之行也，一日经一度，一年则余五度四分度之一，小月又余六度⑥，则每岁日行于天余十有一度四分度之一，是余十有一日四分日之一也。

閏月成歲　為章之圖

三年即余三十三日四分日之三，三年一闰，而余三日四分日之三。五岁再闰，而少三日四分日之三。十九年七闰，谓之一章⑦。总余二百一十三日四分日之三，七闰计二百十一日，尚余三日四分日之三。积至八十一章，然后盈虚之数终而复始矣⑧。

【注释】

①先王：古代帝王。一般特指历史上尧舜禹汤文武几个有名的帝王。体元以居正：即"体元居正"。谓人君以天地之元气为本，常居正道以施政教。多指帝王即位。

②迎日以推策之：即"迎日推策"。谓经过推算而预知未来的节气历数。《史记·五帝本纪》："黄帝获宝鼎，迎日推策。"裴骃集解："晋灼曰：'策，数也，迎数之也。'瓒曰：'日月朔望未来而推之，故曰迎日。'"司马贞索隐："《封禅书》曰：'黄帝得宝鼎神策。'下云：'于是逆知节气日辰之将来，故曰推策迎日也。'"

③启闭：古称立春、立夏为启，立秋、立冬为闭。《左传·僖公五年》："凡分、至、启、闭，必书云物，为备故也。"杜预注："启，立春、立夏；闭，立秋、立冬。"

④分至：指春分、秋分、冬至、夏至。

⑤推：推算。闰：余数。指历法纪年和地球环绕太阳一周运行时间的差数，多余的叫"闰"。成岁：成为一年。《尚书·尧典》："期三百有六旬有六日，以闰月定四时，成岁。"

⑥小月：指农历一个月二十九天的月份。

⑦一章：古历以十九年为一章。

⑧盈虚：有余与不足。复始：重新开始。

【译文】

　　古代帝王即位时，按时将历法付予百姓，务必经过推算而预知未来的节气历数。立春、立夏、立秋、立冬作为节气，春分、秋分、冬至、夏至作为中气，推算多余的时间以成为一年。以绕天球大圆一周的度数查核，共三百六十五度又四分之一度。太阳的运行，一天经过一度，一年就余下五度又四分之一度，小月又余下六度，于是每年太阳运行周天则余下十一度又四分之一度，就是余下十一天又四分之一天。三年就余下三十三天又四分之三天，三年一次闰月，而余下三天又四分之三天。五年再次闰月，而又少三天又四分之三天。十九年七次闰月，称为一章。总共余下二百一十三天又四分之三天，七个闰月共计二百一十天，还余下三天又四分之三天。累积到八十一章，然后多余与不足的天数终于回到初始了。

玉衡随炁指建图

　　《孝经纬》①:"大雪后②,玉衡指子冬至③,指癸小寒④,指丑大寒⑤,指艮立春⑥,指寅雨水⑦,指甲惊蛰⑧,指卯春分⑨,指乙清明⑩,指辰谷雨⑪,指丙立夏⑫,指巳小满⑬,指巽芒种⑭,指午夏至⑮,指丁小暑⑯,指未大暑⑰,指坤立秋⑱,指戊处暑⑲,指庚白露⑳,指酉秋分㉑,指辛寒露㉒,指戌霜降㉓,指乾立冬㉔,指亥小雪㉕,指壬大雪㉖。"《汉志》云:"玉衡,北斗柄也。"

【注释】

①《孝经纬》:汉代有关《孝经》的纬书。有《援神契》《钩命诀》等。其内容以天人感应、符瑞灾异为主,也兼载古代传说及解说经义之语。

②大雪:二十四节气之一。在每年公历12月7日前后交节。

③玉衡:北斗七星中的第五颗星,位于斗柄与斗勺的连接处。北斗七星分为两部分:前四星(天枢、天璇、天玑、天权)为"斗魁"(又称璇玑),后三星(玉衡、开阳、瑶光)为"斗柄"(又称玉衡),玉衡正是斗柄的第一颗星。子:十二地支第一位。冬至:二十四节气之一,在每年公历12月21—23日之间交节。

④癸(guǐ):天干第十位。小寒:二十四节气之一,在每年公历1月5—7日之间交节。

⑤丑:十二地支第二位。大寒:二十四节气之一,在每年公历1月20—21日之间交节。

⑥艮(gèn):方位名。东北方。立春:二十四节气之一,在每年公历2月3—5日之间交节。

⑦寅:十二地支第三位。雨水:二十四节气之一,在每年公历2月19—20日之间交节。

⑧甲:天干第一位。惊蛰(zhé):二十四节气之一,在每年公历3月

5—6日之间交节。

⑨卯：十二地支第四位。春分：二十四节气之一，在每年公历3月19—22日之间交节。

⑩乙：天干第二位。清明：二十四节气之一，在每年公历4月4—6日之间交节。

⑪辰：十二地支第五位。谷雨：二十四节气之一，在每年公历4月19—21日之间交节。

⑫丙：天干第三位。立夏：二十四节气之一，在每年公历5月5—7日之间交节。

⑬巳：十二地支第六位。小满：二十四节气之一，在每年公历5月20—22日之间交节。

⑭巽（xùn）：方位名。东南方。芒种：二十四节气之一，在每年公历6月6日前后交节。

⑮午：十二地支第七位。夏至：二十四节气之一，在每年公历6月21—22日之间交节。

⑯丁：天干第四位。小暑：二十四节气之一，在每年公历7月6—8日之间交节。

⑰未：十二地支第八位。大暑：二十四节气之一，在每年公历7月23—24日之间交节。

⑱坤：方位名。西南方。立秋：二十四节气之一，在每年公历7月7—8日之间交节。

⑲戊：天干第五位。处暑：二十四节气之一，在每年公历8月22—24日之间交节。

⑳庚：天干第七位。白露：二十四节气之一，在每年公历9月8日前后交节。

㉑酉：十二地支第十位。秋分：二十四节气之一，在每年公历9月22—24日之间交节。

㉒辛：天干第八位。寒露：二十四节气之一，在每年公历10月8—9
　　日之间交节。

㉓戌：十二地支第十一位。霜降：二十四节气之一，在每年公历10
　　月23—24日之间交节。

㉔乾：方位名。西北方。立冬：二十四节气之一，在每年公历11月
　　7—8日之间交节。

㉕亥：十二地支第十二位。小雪：二十四节气之一，在每年公历11
　　月22—23日之间交节。

㉖壬：天干第九位。

【译文】

　　《孝经纬》："大雪节气后，北斗斗柄指向子位就是冬至，指向癸位就
是小寒，指向丑位就是大寒，指向艮位就是立春，指向寅位就是雨水，指
向甲位就是惊蛰，指向卯位就是春分，指向乙位就是清明，指向辰位就是
谷雨，指向丙位就是立夏，指向巳位就是小满，指向巽位就是芒种，指向
午位就是夏至，指向丁位就是小暑，指向未位就是大暑，指向坤位就是立
秋，指向戊位就是处暑，指向庚位就是白露，指向酉位就是秋分，指向
辛位就是寒露，指向戌位就是霜降，指向乾位就是立冬，指向亥位就是
小雪，指向壬位就是大雪。"《汉书·天文志》记载："玉衡星，位于北斗七星的
斗柄。"

招摇逐月推移图

　　《淮南子》："孟春①，招摇指寅②；仲春指卯；季春指辰③；
孟夏指巳④；仲夏指午；季夏指未⑤；孟秋指申⑥；仲秋指酉；
季秋指戌⑦；孟冬指亥⑧；仲冬指子；季冬指丑⑨。"《汉志》
云⑩："闰月无中炁⑪，斗余指两辰之间⑫。"《晋志》云⑬："北

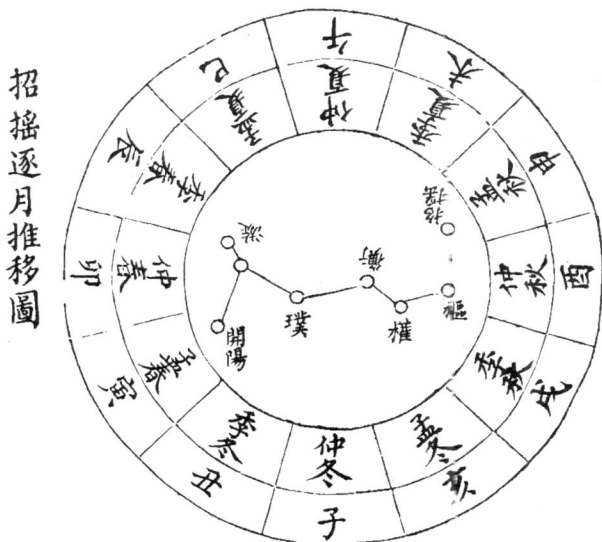

斗,七政之枢机[14],阴阳之本元[15]。运乎天中[16],而临制四方[17],以建四时。辅星传乎开阳[18],所以佐斗而成功者也[19]。"

【注释】

①孟春:春季的第一个月,农历正月。

②招摇:星名。即北斗第七星摇光。

③季春:春季的最末一个月,农历三月。

④孟夏:夏季第一个月,农历四月。

⑤季夏:夏季最末的一个月,农历六月。

⑥孟秋:秋季的第一个月,农历七月。

⑦季秋:秋季最末的一个月,农历九月。

⑧孟冬:冬季的第一个月,农历十月。

⑨季冬:冬季的最末一个月,农历十二月。

⑩《汉志》:即《汉书·天文志》。

⑪闰月:农历三年一闰,五年两闰,十九年七闰,每逢闰年所加的一
　　个月叫闰月。闰月加在某月之后就称闰某月。

⑫斗:指北斗七星的斗柄(即北斗七星的第五至第七星)。古人通
　　过观测斗柄指向划分季节和节气。

⑬《晋志》:即《晋书·天文志》。《晋书》,一百三十卷,唐房玄龄等
　　撰。《晋书》记事上起西晋武帝泰始元年(265),下迄东晋恭帝元
　　熙二年(420),共一百五十六年的历史。房玄龄(579—648),字
　　乔,齐州临淄(今属山东)人。隋末进士,后任秦王李世民王府记
　　室,协助筹谋统一,官至尚书左仆射,监修国史,后封为梁国公。

⑭七政:指日、月和金、木、水、火、土五星。《尚书·舜典》:"在璇玑
　　玉衡,以齐七政。"孔传:"七政,日月五星各异政。"孔颖达疏:"七
　　政,谓日月与五星也。"枢机:枢与机。比喻事物的关键部分。《周
　　易·系辞上》:"言行,君子之枢机,枢机之发,荣辱之主也。"王弼
　　注:"枢机,制动之主。"孔颖达疏:"枢谓户枢,机谓弩牙。"

⑮阴阳:古代指宇宙间贯通物质和人事的两大对立面。指天地间化
　　生万物的二气。本元:元气。古代有的学者认为创造天地万物的
　　是一团混沌的元气,为天地万物之本,故曰"本元"。

⑯天中:天的中央。

⑰临制:监管控制。四方:天下,各处。

⑱辅星:星名。即大熊座第80号星。北斗七星第六颗星(开阳)的
　　伴星。开阳:底本作"闾阳",据《晋书》改。北斗七星的第六颗
　　星。《文选·张衡〈思玄赋〉》:"据开阳而颎眄兮,临旧乡之暗蔼。"
　　李善注引《春秋运斗枢》:"北斗七星,第六开阳也。"

⑲佐:辅助。

【译文】

《淮南子》:"孟春正月,招摇星指向寅位;仲春二月指向卯位;季春

三月指向辰位；孟夏四月指向巳位；仲夏五月指向午位；季夏六月指向未位；孟秋七月指向申位；仲秋八月指向酉位；季秋九月指向戌位；孟冬十月指向亥位；仲冬十一月指向子位；季冬十二月指向丑位。"《汉书·天文志》记载："闰月没有中炁，北斗斗柄指向两个相邻辰位之间。"《晋书·天文志》记载："北斗七星，掌管日月及五星，以及天地间阴阳二气的元气。运行于天体的中央，而监管控制天下各处，以创建四季。辅星伴随在开阳星旁边，所以辅佐北斗星而成功。"

日月次舍交会图

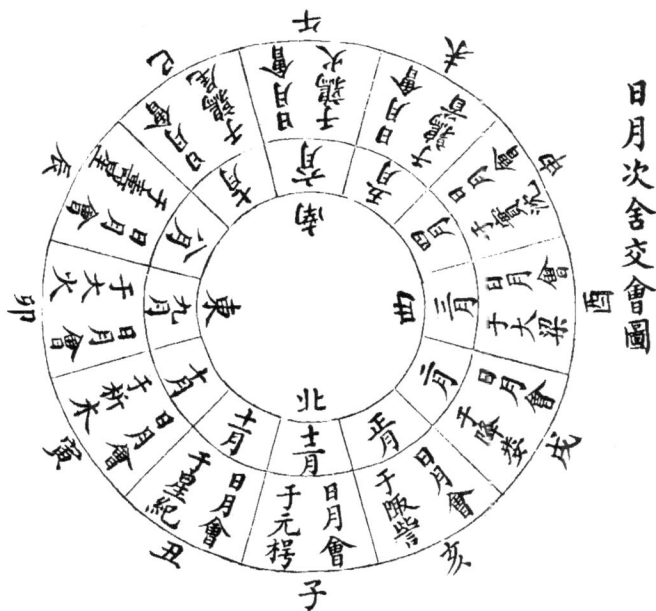

《尧典》曰："历象日月星辰[①]，敬授人时[②]。"注云："日月所会[③]，历象其分节，是谓日月交会于十二次也。"《左传》

云:"日月之会,是谓辰。"《月令》注云:"日月之行,一岁十二会。盖周天三百六十五度四分度之一,日行迟,一日经一度,一岁一周天。月行速,一日经十三度,一月一周天,更行二十九日半,方与日相会也。"

【注释】

①历象:推算观测天体的运行。日月星辰:天文学术语,泛指宇宙中的天体。

②敬授人时:也作"敬授民时"。指将历法付予百姓,使知时令变化,不误农时。后指颁布历书。

③会:交会。

【译文】

《尚书·尧典》记载:"推算观测日月星辰的运行,将历法付予百姓,使知时令变化,不误农时。"注解说:"太阳与月亮交会,推算观测其运行分出节令,是说一年太阳与月亮交会十二次。"《左传》记载:"太阳与月亮交会,称为辰。"《月令》注解说:"太阳与月亮运行,一年交会十二次。大概绕天球大圆一周为三百六十五度又四分之一度,太阳运行迟缓,一日经过一度,一年绕天球大圆一周。月亮运行快速,一日经过十三度,一月绕天球大圆一周,又运行二十九天半,才与太阳相会。"

阴阳变合消长图

《太玄经》①:"子则阳生于十一月,阴终于十月。午则阴生于五月,阳终于四月。"观此,则乾坤消息可见矣②。阳生于子而终于巳,故乾为四月之卦③。阴生于午而终于亥,故坤为十月之卦④。盖阴不极则阳不生⑤,故先坤而后复⑥;

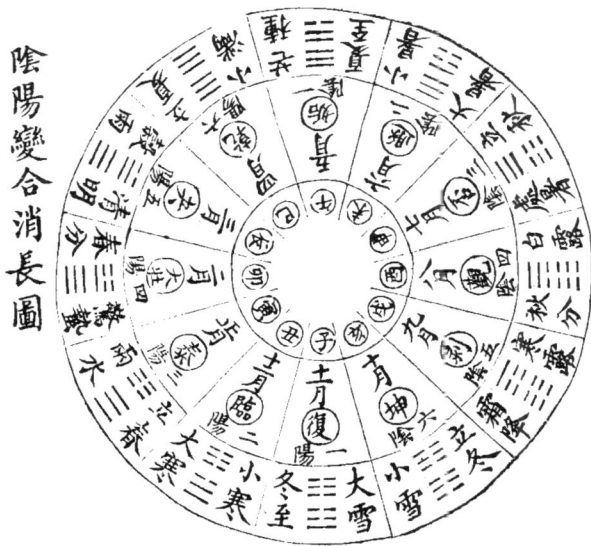

阴阳变合消长图

阳不极则阴不萌⑦，故先乾而后姤⑧。余皆以意推之，则阴阳消长之理，又可知矣。

【注释】

①《太玄经》：也称《扬子太玄经》，十卷，汉扬雄撰。该书吸收了汉代哲学及天文学思想，以天地人三玄为本，重点阐述宇宙生成、天道人事变化规律。扬雄（前53—18），字子云，蜀郡郫县（今四川成都郫都区）人。西汉辞赋家、思想家。另著有《法言》《方言》等。

②乾坤：我国古代哲学术语。指天地或阴阳两个对立面。此指阴阳。消息：变化。汉孔融《肉刑议》："上失其道，民散久矣，而欲绳之以古刑，投之以残弃，非所以与时消息也。"

③乾：乾卦，《易经》六十四卦第1卦。

④坤：坤卦，《易经》六十四卦第2卦。

⑤不极：不到极点。

⑥复：复卦，《易经》六十四卦第24卦。

⑦萌：萌发。

⑧姤（gòu）：姤卦，《易经》六十四卦第44卦。

【译文】

《太玄经》："斗柄指向子位时，阳气生于十一月，阴气终于十月。斗柄指向午位时，则阴气生于五月，阳气终于四月。"看到这，阴阳的变化就可见到了。阳气生于子位而终于巳位，因此乾卦为四月卦象。阴气生于午位而终于亥位，因此坤卦为十月卦象。大概阴气不到极点则阳气不生，因此先坤卦而后复卦；阳气不到极点则阴气不萌发，因此先乾卦而后姤卦。其它的都以这个想法推断，即阴阳盛衰的道理，又可知道了。

律管浅深候气图

《隋·天文志》"候气之法"①："先治一室，令地极平，乃埋律管②，皆使上齐，入地有浅深。各从其方位排列，以葭莩灰实管中候之③。气至④，则一律飞灰。假如冬至，阳气距地面九寸而至⑤，惟黄钟一管达之⑥，故黄钟为之应。正月，距地面八寸止，自太簇以上皆达⑦，黄钟、大吕皆已虚⑧，故惟太簇一律飞灰。余皆仿此。"

【注释】

①候气之法：即律管候气法，以占验节气的变化。古人将芦苇内膜烧制成灰，放在律管内，到某一节气，相应律管内的灰就会自行飞出，据此，可预测节气的变化。

②律管：古代亦用作测候季节变化的器具。

律管淺深候氣圖

（圖中方位：南、西、北、東；內圈為十二月份：正月、二月、三月、四月、五月、六月、七月、八月、九月、十月、十一月、十二月；外圈為各月律管候氣文字，如"大吕八寸四……""黄鐘管長九寸，陽氣距地面九寸而止""太簇八寸……分陽氣距地面"等）

③葭莩（jiā fú）灰：芦苇内膜烧制的灰。

④气：节气。

⑤阳气：生长之气。

⑥黄钟：即黄钟律管，十二律中阳律的第一律。古人将十二律与十二月相配，黄钟配十一月。

⑦太簇：即太簇律管，十二律中阳律的第二律，太簇配正月。

⑧大吕：即大吕律管，十二律中阴律的第一律，大吕配十二月。

【译文】

《隋书·天文志》"候气之法"："先整理好一闭房子，使土地极其平整，然后埋好律管，使管口都与地面齐平，埋入地下的部分有浅有深。每根律管都从其方位排列，里面填实芦苇内膜烧成的灰等候。节气到了，则相应律管中的灰就会飞起来。假如到了冬至,阳气在距地面九寸的地方而止,只有黄钟律管能达到这个深度,因此黄钟律管会有反应。到了正月,阳气在距地面八寸的地方而止,比太簇律管长的律管都能达到这个深度,但黄钟、大吕律管中的灰都已经飞走了,因此只有太簇一根律管的灰飞起。其他月份的律吕反应也类似。"

律吕损益相生图

《荆璞集》曰[1]:"律以统气类物[2],吕以旅阳宣气[3]。律吕者[4],气候之管也,以铜为之。某月气至,则某律为应焉。应谓吹葭灰也。然必隔八相生[5],而又始于黄钟之九寸。而黄复始于十一月者,盖物以三成⑥,声以五立⑦,以三参五⑧,而八数成矣。人以八尺而为寻⑨,物以八窍而卵生⑩。故十二律之音⑪,皆隔八而成焉。”

【注释】

①《荆璞集》:疑为《遂初堂书目》所载《吴氏荆璞集》。

②统:统领。气:气息。

③旅:俱,一同。

④律吕:古代用竹管制成的校正乐律的器具,以管的长短(各管的管径相等)来确定音的不同高度。从低音管算起,成奇数的六个管叫作“律”,成偶数的六个管叫作“吕”。也作候气工具。

⑤隔八相生:按三分损益法确定相生音律次序及所生律名的一种简易方法。由低音至高音(或相反)将十二律排列成圆或行,自起律至止律连同首尾律共八律,为相生一次,故称隔八相生。

⑥物以三成:万物由三生成。老子《道德经》:“道生一,一生二,二生三,三生万物。”成,生成。

⑦声以五立:音调由五音组成。五音,即宫、商、角、徵、羽。

⑧参:加。

⑨寻:古代的一种长度单位,八尺为寻。

⑩八窍而卵生:眼、耳、鼻、口为七窍,生殖孔、排泄孔合为一窍,共为八窍。

⑪十二律:相传为黄帝的乐官伶伦利用竹筒长短造成发音高低不同的原理,而定出的声律准则。分为阳律六:黄钟、太簇、姑洗、蕤宾、夷则、无射;阴律六:林钟、南吕、应钟、大吕、夹钟、中吕。

【译文】

《荆璞集》记载:“律是用来统领气息模仿事物,吕是用来集中天阳以发出气息。所谓律吕,就是候气的律管,用铜所制。某月节气到了,则某个律管为之响应。应是说吹葭灰。然而起止必相隔八个音律,而又始于九寸长的黄钟律管。而黄钟律又回到初始的十一月之气,大概万物由三生成,音调以五阶相区分,以三加五,而得到八。人以八尺而为一寻,物以八窍而为卵生。因此十二律的音律,都是相隔八个音律而成。"

卷一

春

【题解】

本卷《春》。春天万物复苏,草木丛生,开启了一年四季的序幕。卷首一段总叙文字概说春之义。

本卷先分述"孟春月""仲春月""季春月"的律历征兆。"孟春月"以立春、雨水为节点,引用《礼记·月令》《周书·时训》等书,记录"东风解冻""蛰虫始振""鱼上冰""草木萌动"等物候特征。"仲春月"以惊蛰、春分为节点,引用《礼记·月令》《周书·时训》等书,记录"始雨水""桃始华""玄鸟至"等物候特征。"仲春月"以清明、谷雨为节点,引用《礼记·月令》《周书·时训》等书,记录"桐始华""虹始见""萍始生"等物候特征。

本卷条目均为春令时俗节物,主要有春季自然现象"花信风""榆荚雨""杏花雨""凌解水""桃花水"等;春季饮食"系煎饼""酿梨春""羹锦带"等;春季农桑种养"种辰瓜""栽杂木""售农用"等;春季游戏宴乐"探春宴""探春游""载油幕""驻马饮""随蝶幸"等;春季岁时卜筮"验岁草""占雨雾""辟官事"等;春季诗文典故"梦春草""击春曲""踏春歌""鬻蚕器"等。

《孔子家语》曰①:"春者,四时之首。"《尚书大传》曰:

"春,出也,万物之所出也。"《礼记·乡饮酒》曰[2]:"东方曰春,春之为言蠢也[3]。"《淮南子》曰:"春为规[4]。规者,所以圜万物也[5]。规度不失[6],生气乃理[7]。"《前汉·律历志》曰:"少阳者[8],东方。东,动也[9],阳气动物[10],于时为春。春,蠢也,物蠢生[11],乃动运。木曲直[12]。仁者生[13],生者圜,故为规也。"《月令》曰:"春三月[14],其日甲、乙[15],其帝太皞[16],其神勾芒[17],其虫鳞[18],其音角[19],其数八[20],其味酸[21],其臭膻[22],其祀户[23],祭先脾[24]。"

【注释】

①《孔子家语》:书名。《汉书·艺文志》曾著录,久佚。今本十卷,四十四篇。曾被认为是伪书,后确证为先秦旧籍。它记录了孔子及其弟子及当时一些公卿大夫的问对诘答和言谈行事。

②《礼记·乡饮酒》:即《乡饮酒义》,《礼记》篇名。论叙乡大夫饮宾于庠序之礼,尊贤养老之义。

③蠢:蠢动。

④规:圆规。

⑤圜:同"圆"。

⑥规度:规则法度。

⑦生气:使万物生长发育之气。理:通达。

⑧少阳:特指东方。

⑨动:萌动。

⑩阳气:生长之气。

⑪蠢生:万物萌动而生。

⑫木曲直:木由曲变直。

⑬仁者:有德行的人。

⑭春三月：春季三月。第一月为孟春，第二月为仲春，第三月为季春。

⑮其日甲、乙：古代以十天干纪日，十日一循环。古代的阴阳五行学家将十天干分属五行，以为甲乙属木行；以四季分属五行，以为春季属木行，故以甲乙为春之主日，也就是有代表性的、最为重要的日子。后文夏季"其日丙丁"，秋季"其日庚辛"，冬季"其日壬癸"，义皆仿此。

⑯太皞（hào）：传说中的古帝名，即伏羲氏。秦汉阴阳家以五帝配四时五方，认为太皞以木德王天下，故配东方，为司春之神。

⑰勾芒：古代传说中主管树木的神。

⑱鳞：五虫之一。据《大戴礼记·易本命》，古人把动物分为五类，即羽虫（飞禽）、毛虫（走兽）、甲虫（有甲壳的虫）、鳞虫（鱼及蜥蜴、蛇等具鳞的动物）、倮虫（人类及蛙、蚯蚓等），合称"五虫"。五虫与五行相配，鳞虫配木，为春虫。

⑲角（jué）：五音之一。古代五声音阶（宫、商、角、徵、羽）的第三个音，相当于今简谱上的"3"音。按照五行学说，角音属木，为春音。

⑳其数八：这里指春月之成数而言。古人五行的排列顺序为：一水，二火，三木，四金，五土。剩余的六、七、八、九、十也是六水、七火、八木、九金、十土。古人又将一至十按奇、偶分属天地，即天一，地二，天三，地四，天五，地六，天七，地八，天九，地十。这样天一生水，地二生火，天三生木，地四生金，天五生土，这称为"生数"。剩余地六成水，天七成火，地八成木，天九成金，地十成土，这称为"成数"。木为春，木为天三地八，这里只说它的成数为八。

㉑酸：五味之一。古人将五行配属五味，酸属木，苦属火，甘属土，辛属金，咸属水。

㉒臭：气味。膻（shān）：羊的气味。五臭之一。五臭指膻、焦、香、腥、朽。古人将五行配属五臭，春为膻。

㉓户：门的一扇叫户，此处是指户神，为五祀之一。五祀指户、灶、

门、行（或井）、中霤。春天，人从户出，所以春天要祭户神。中霤
（liù），五祀之一。《礼记·郊特牲》："家主中霤而国主社。"孔颖达
疏："中霤谓土神。"

㉔脾：底本作"肝"，误。五脏之一。五脏指心、肝、脾、肺、肾。五脏
与五行相配，脾配土，肾配水，肺配金，肝配木，心配火。

【译文】

《孔子家语》记载："春天，是四季的首位。"《尚书大传》记载："春，
就是出的意思，是万物生长的时令。"《礼记·乡饮酒义》记载："东方是
春的方位，春就是蠢动的意思。"《淮南子》记载："春天是圆规。圆规，是
用来周全万物的。规则法度不失去，万物生长发育之气才能通达。"《汉
书·律历志》记载："少阳，就是东方。东，就是动的意思，生长之气使万
物萌动，这时为春季。春，就是蠢的意思，万物萌动而生，就开始运动了。
木由曲变直。有德行人能够生存，能够生存的人比较圆通，因此制作了
圆规。"《礼记·月令》记载："孟春三月，这个月的日以甲、乙为主日，主
宰这个月的天帝是太皞，天神是勾芒，这个月的动物以鳞类为主，声音以
角音为主，数为成数八，味道以酸为主，气味以膻为主，祭祀对象是户神，
祭品以牲畜的脾为上。"

孟春月

《礼记·月令》曰："孟春之月，日在营室①，昏参中②，旦
尾中③。律中太簇④。东风解冻⑤，蛰虫始振⑥。鱼上冰，獭
祭鱼⑦，鸿雁来⑧。天气下降，地气上腾⑨。天地和同⑩，草木
萌动⑪。"

【注释】

①日在营室：营室，星宿名。二十八宿之一，即室宿。有今飞马座二

星。古人把黄道（太阳周年视运动的轨迹）附近的一周天按照由西向东的方向分为十二个部分，叫十二次，并依次命名为星纪、玄枵、娵訾、降娄、大梁、实沈、鹑首、鹑火、鹑尾、寿星、大火、析木。以太阳冬至时所在的次为始，室宿在第三次娵訾的位置，所以就用室宿（即营室）指代太阳运行所在的次，以说明时节已进入到孟春。以下诸月皆仿此。

②参：星宿名。二十八宿之一。有今猎户座七星。

③尾：星宿名。二十八宿之一。有今天蝎座九星。

④律中太簇：候气律管应着太簇。

⑤东风：指春风。

⑥蛰（zhé）虫：藏伏土中冬眠的虫类。振：振动。

⑦獭（tǎ）祭鱼：指水獭捕鱼后，常将鱼陈列水边，如同陈列供品祭祀。

⑧鸿雁：大雁。

⑨上腾：上升。

⑩和同：调和。

⑪萌动：开始发芽。

【译文】

《礼记·月令》记载："孟春正月，太阳运行到了室宿的位置，黄昏时参星出现在南方天空的正中，拂晓时尾星出现在南方天空的正中。这个月候气律管应着太簇。春风化解冰冻，冬眠的虫类开始活动。鱼儿跃到水面的薄冰上，水獭捕鱼后将鱼陈列水边如同祭祀，大雁从南方飞来。这个月天气下降，地气上升。天地之气调和为一，草和树木开始萌芽。"

《孝经纬》："《周天七衡六间》曰①：'大寒后十五日，斗指艮，为立春；后十五日，斗指寅，为雨水。'"

【注释】

①七衡六间:古代盖天说中对太阳周年运动的一种描述形式。首见于《周髀算经》中。它将太阳的周日视运动轨道设想为七条同心圆轨道,从内到外分别称为一衡、二衡……直至七衡。其中一衡又称内衡,四衡又称中衡,七衡又称外衡。衡之间的距离为一万九千八百三十三里一百步。两衡之间的空隙称为间,故有七衡六间之名称。夏至时太阳在最里面的一衡,井宿附近;冬至时则移到最外面的七衡,牵牛附近。太阳每移动一衡就相当于一个月的时间。从一衡移到七衡再回到一衡,需要一年的时间。《周髀算经》就用这一模式讨论了太阳运动的有关规律,准确地推测了极下(相当于地球北极处)、中衡(相当于地球赤道附近)的天文气象情况,它与表示人们所能看见的天空的青图画、表示黄道的黄图画配合使用就能图示太阳出没、太阳在恒星之间的位置等天文现象。

【译文】

《孝经纬》:"《周天七衡六间》记载:'大寒节气后十五天,北斗斗柄指向艮位,就是立春节气;十五天以后,北斗斗柄指向寅位,就是雨水节气。'"

　　刘歆《三统历》曰①:"立春为正月节,雨水为正月中气。雨水者,言雪散为雨水也。"

【注释】

①刘歆《三统历》:古代历法,西汉刘歆在《太初历》的基础上修订改编而成。刘歆(?—23),字子骏,后改名秀,字颖叔,沛(今江苏沛县)人。西汉天文学家、经学家、目录学家。

【译文】

刘歆《三统历》记载："立春为正月节气，雨水为正月中气。所谓雨水，就是说雪散发而为雨水。"

《周书·时训》曰①："立春之日，东风解冻。后五日，蛰虫始振。后五日，鱼上冰。雨水之日，獭祭鱼。后五日，鸿雁来。后五日，草木萌动。"

【注释】

①《周书》：十卷，又名《逸周书》《周史记》。为周代历史文献汇编。旧说《逸周书》是孔子删定《尚书》后所剩，是为《周书》的逸篇，故得名。

【译文】

《逸周书》记载："立春之日，春风化解冰冻。五天以后，冬眠的虫类开始活动。五天以后，鱼儿跃到水面的薄冰上。雨水之日，水獭捕鱼后将鱼陈列水边如同祭祀。五天以后，大雁从南方飞来。五天以后，草木开始萌芽。"

《白虎通德论》曰①："正月律谓之太簇何②？太，亦大也；簇者，凑也③。言万物始大，凑地而出也④。"

【注释】

①《白虎通德论》：亦称《白虎通义》，六卷，东汉班固等编撰。东汉汉章帝建初四年（79）朝廷召开白虎观会议，由太常、将、大夫、博士、议郎、郎官及诸生、诸儒陈述见解，"讲议五经异同"，意图弥合今、古文经学异同。汉章帝亲自裁决其经义奏议，会议的成果

　　由班固写成《白虎通义》一书,简称《白虎通》。

②月律:古乐分十二调,为六阳律,六阴律。《吕氏春秋》始以律与历
　相附会,以十二律应十二月,故称。《后汉书·顺帝纪》:"(阳嘉二
　年)冬十月庚午,行礼辟雍,奏应钟,始复黄钟,作乐器,随月律。"
　李贤注:"随月律,谓《月令》'正月律中太簇,二月律中夹钟,三
　月律中姑洗,四月律中仲吕,五月律中蕤宾,六月律中林钟,七月
　律中夷则,八月律中南吕,九月律中无射,十月律中应钟,十一月
　律中黄钟,十二月律中大吕。"太簇(cù):十二律中阳律的第二
　律。古人将十二律与十二月相配,太簇配正月,因以为农历正月
　的别名。

③凑:聚焦。

④出:生长。

【译文】

　《白虎通德论》记载:"正月律为什么称为太簇呢? 太,也是大的意
思;簇,就是凑集的意思。说万物开始长大,凑集在地面而萌生。"

　　《晋·乐志》曰:"正月之辰谓之寅。寅者,津也,谓生
物之津途也①。"

【注释】

①谓生物之津途也:底本作"谓之物生津途也",据《晋书·乐志》
　改。生物,生长万物。津途,途径,门径。晋葛洪《抱朴子·尚
　博》:"正经为道义之渊海,子书为增深之川流……虽津涂殊辟,而
　进德同归。"

【译文】

　《晋书·乐志》记载:"正月对应的十二地支为寅位。寅,就是津的
意思,指的是生长万物的途径。"

《大戴礼·夏小正》曰①:"正月:启蛰②。雉震响③。时有俊风④。涤冻涂⑤。田鼠出。农及雪泽⑥。采芸⑦。柳稊⑧。梅、杏、柂桃则华⑨。"

【注释】

①《大戴礼·夏小正》:《大戴礼记》的篇名。《夏小正》为我国现存最古之月令,相传为夏代遗书。

②启蛰(zhé):冬眠的动物至春又复出活动。

③雉震响(gòu):野鸡鼓起翅膀鸣叫。响,野鸡鸣叫。

④俊风:大风,南风。

⑤涤冻涂:天气变暖和,下面犹冰冻而上面已见滋润之泽。涤,变,变暖和。冻涂,是说解冻有渐,其下犹冻,而其上已见滋润之泽也。

⑥及:等待。雪泽:融雪形成的水泽或春雨洼泽。

⑦芸:芸香,多年生草本植物。有香味,可供药用。

⑧柳稊(tí):柳树发出嫩芽。稊,植物的嫩芽。

⑨柂(yí)桃:山桃。华:开花。

【译文】

《大戴礼记·夏小正》记载:"正月:冬眠的动物复出活动。野鸡鼓起翅膀鸣叫。时常有大风。天气变暖和,下面冰冻而上面多水。田鼠出现。农耕时节需配合雪水、泽水的滋养。采芸香。柳树发出嫩芽。梅树、杏树、山桃开花。"

《春秋·隐公元年》①:"王正月②。"注云:"隐公之始年③,周王之正月也。凡人君即位,欲其体元居正,故不言一年一月。"

【注释】

①《春秋·隐公元年》：《春秋》，编年体史书名。相传孔子据鲁史修
订而成。所记起于鲁隐公元年（前722），止于鲁哀公十四年（前
481），凡二百四十二年。叙事极简，用字寓褒贬。为其传者，以
《左氏》《公羊》《穀梁》最著。隐公元年，前722年。隐公，即鲁
隐公，名息姑，春秋时期鲁国国君（前722—前712年在位）。

②王正月：周天子所颁历法的正月。周以建子之月（农历十一月）
为正。

③始年：纪年的开始。

【译文】

《春秋·隐公元年》："王正月。"注释说："鲁隐公纪年的开始，就是
周王的正月。凡是帝王即位，想以天地之元气为本，常居正道以施政教，
因此不说一年一月。"

《玉烛宝典》曰①："正月为端月②。"

【注释】

①《玉烛宝典》：十二卷，隋杜台卿撰。自序称"《尔雅》四气和为玉
烛，《周书》武王说周公推道德以为宝典"，故以名书。分月记述时
令，各为一卷。大抵以隋为主，兼溯前代。杜台卿（？—约579），
字少山，博陵曲阳（今河北曲阳）人。隋学者，另著有《齐记》。

②端月：农历正月。《史记·秦楚之际月表》："（二世二年）端月。"
司马贞索隐："二世二年正月也。秦讳'正'，故云'端月'也。"

【译文】

《玉烛宝典》记载："正月称为端月。"

梁元帝《纂要》曰："正月曰孟阳、孟陬、上春、开春、发

春、献春、首春、首岁、献岁、发岁、初岁、肇岁、芳岁、华岁①。"

【注释】

①孟阳、孟陬（zōu）、上春、开春、发春、献春、首春、首岁、献岁、发岁、初岁、肇（zhào）岁、芳岁、华岁：均为农历正月别名。孟陬，《楚辞·离骚》："摄提贞于孟陬兮，惟庚寅吾以降。"王逸注："孟，始也。贞，正也。于，於也。正月为陬。"上春，《周礼·春官·天府》："上春，衅宝镇及宝器。"郑玄注："上春，孟春也。"开春，《楚辞·九章·思美人》："开春发岁兮，白日出之悠悠。"首岁，《汉书·萧望之传》："三公非其人，则三光为之不明，今首岁日月少光，咎在臣等。"颜师古注："首岁，岁之初。首谓正月也。"

【译文】

梁元帝《纂要》记载："正月称为孟阳、孟陬、上春、开春、发春、献春、首春、首岁、献岁、发岁、初岁、肇岁、芳岁、华岁。"

《月令》曰："孟春行夏令，则雨水不时①，草木早落，国时有恐②。行秋令，则其民大疫，猋风暴雨总至③，藜、莠、蓬、蒿并兴④。行冬令，则水潦为败⑤，雪霜大挚⑥，首种不入⑦。"

【注释】

①时：按时。

②恐：令人恐惧的事情。

③猋（biāo）风：旋风，疾风。

④藜（lí）：藜草。莠（yǒu）：狗尾草。蓬：蓬亘。蒿：蒿草。

⑤水潦（lào）：水淹，积水成灾。败：败坏。

⑥挚（zhì）：至，到。

⑦首种：指稷，百谷中稷最先播种。

【译文】

《礼记·月令》记载："孟春正月实行夏季的政令，雨水就不会按时降下，草和树木就会过早凋落，国家不时会有恐惧的事情发生。实行秋季的政令，民众中就会有疫病大流行，狂风暴雨就会一起到来，藜草、狗尾草、蓬草和蒿草就会一起疯长。实行冬季的政令，就会有水涝败坏农田，雪霜大降，百谷中最先播种的稷不能播种。"

仲春月

《月令》曰："仲春之月，日在奎①，昏弧中②，旦建星中③。律中夹钟④。始雨水，桃始华，仓庚鸣⑤，鹰化为鸠⑥。玄鸟至⑦。日夜分⑧，雷乃发声，始电。蛰虫咸动，启户始出⑨。"

【注释】

①奎：星宿名。二十八宿之一。有今仙女座九星及双鱼座七星。

②弧：即弧矢星，又名天弓。属井宿。共九星，在天狼星东南，八星如弓形，外一星象矢，分属于大犬、南船两星座。

③建星：星名。郑注："建星在斗上。"与南斗六星同属斗宿，今人马座内。

④夹钟：十二律中阴律的第二律。夹钟配二月，因以为农历二月的别名。

⑤仓庚：黄莺的别名。

⑥鸠：鸟类。外形像鸽子。常见的有斑鸠，身体灰褐色，颈后有白或黄褐斑点。常成群吃谷物。

⑦玄鸟：燕子。

⑧日夜分：即春分。

⑨启户：指打开洞穴之口。

【译文】

《礼记·月令》记载："仲春二月，太阳运行到奎宿的位置，黄昏时候弧矢星出现在南方天空的正中，拂晓的时候建星出现在南方天空的正中。候气律管应着夹钟。这个月开始进入雨水节气，桃树开始开花，黄鹂开始鸣唱，鹰变化为鸠。燕子飞来。进入春分，有雷声发作，开始出现闪电。冬眠的虫类都开始活动，打开洞穴爬出。"

《孝经纬》曰："雨水后十五日，斗指甲，为惊蛰。后十五日，斗指卯，为春分。"

【译文】

《孝经纬》记载："雨水节气后十五天，北斗斗柄指向甲位，就是惊蛰节气。十五天以后，北斗斗柄指向卯位，就是春分节气。"

《三统历》曰："惊蛰为二月节，春分为二月中气。惊蛰者，蛰虫惊而始出也。"

【译文】

《三统历》记载："惊蛰为二月节气，春分为二月中气。所谓惊蛰，就是冬眠的虫类被春雷惊醒而开始出来活动。"

《周书·时训》曰："惊蛰之日，桃始华。后五日，仓庚鸣。后五日，鹰化为鸠。春分之日，玄鸟至。后五日，雷乃发声。后五日，始电。"

【译文】

《逸周书·时训》记载："惊蛰之日,桃树开始开花。五天以后,黄莺开始鸣唱。五天以后,鹰变化为鸠。春分之日,燕子飞来。五天以后,有雷声发作。五天以后,开始出现闪电。"

《白虎通德论》曰:"二月律谓之夹钟何[①]? 夹者,孚甲也[②]。言万物孚甲,种类分也。"

【注释】

①二月律谓之夹钟何:底本作"二月建律谓之夹钟何",据《白虎通德论》改。

②孚甲也:底本作"孚也",据《白虎通德论》改。孚甲,指草木种子分裂发芽。引申为萌发,萌生。孚,通"莩"。叶里白皮。甲,草木初生时所带种子的皮壳。

【译文】

《白虎通德论》记载:"二月律为什么称为夹钟呢? 夹,就是孚甲的意思。说万物开始发芽,种类区分开来。"

《晋·乐志》曰:"二月之辰名为卯[①]。卯者,茂也,言阳气生而孳茂也[②]。"

【注释】

①辰:十二地支的通称。

②孳(zī)茂:生长繁盛。

【译文】

《晋书·乐志》记载:"二月对应的十二地支为卯位。卯,就是茂的意思,说阳气发生而生长繁盛。"

《夏小正》曰:"二月:祭鲔①。采蘩②。来降燕,乃睇③。"

【注释】

①祭鲔(wěi):用鲟鱼祭祀。鲔,古书上指鳣鱼。

②蘩(fán):草名,即白蒿。

③来降燕,乃睇(dì):燕子从南方来到室内筑巢,才能看见。降,下。
　　睇,眼睛斜看。也泛指看。

【译文】

《夏小正》记载:"二月:用鲟鱼祭祀。采白蒿。燕子从南方来到室
内筑巢,才能看见。"

《淮南子》曰:"二月之夕①,女夷鼓歌②,以司天和③,
以长百谷、禽兽、草木④。女夷,春夏长养之神也。"江淹文
云⑤:"春晖驭节⑥,女夷司景⑦。"

【注释】

①夕:指一年的最后一季或一个月的下旬。

②女夷:主春夏抚育培养万物的神。鼓歌:击鼓唱歌。

③司:管理。天和:自然祥和之气。

④百谷:谷类的总称。百,举成数而言,谓众多。

⑤江淹(444—505):字文通,宋州济阳考城(今河南民权)人。历
　　仕宋、齐、梁三朝。文学家,著有《江文通集》。

⑥春晖驭节:春天的太阳控制节气。春晖,春天的太阳。驭,控制。

⑦司景:主管景致。

【译文】

《淮南子》记载："二月下旬，女夷击鼓唱歌，以管理自然祥和之气，使百谷、禽兽、草木都能茁壮成长。女夷，就是主春夏抚育培养万物的神。"江淹有文写道："春晖驭节，女夷司景。"

《纂要》曰："二月曰仲阳①，又曰令月②。"张平子《归田赋》云③："仲春令月，时和气清④。"

【注释】

①仲阳：农历二月别名。

②令月：农历二月别名。

③张平子：张衡（78—139），字平子，南阳郡西鄂县（今河南南阳）人。东汉天文学家、数学家、发明家、地理学家、文学家。另著有《灵宪》《浑仪图注》《算罔论》等。《归田赋》：是一篇抒情小赋。该赋形象地描绘了田园山林和谐欢快、自由自在的生活，抒发归隐田园的无穷乐趣。

④时和气清：气候温和，天气晴朗。

【译文】

梁元帝《纂要》记载："二月称为仲阳，又称为令月。"张衡《归田赋》写道："仲春令月，时和气清。"

《月令》曰："仲春行夏令，则国乃大旱，暖气早来①，虫螟为害②。行秋令，则其国大水，寒气总至，寇戎来征③。行冬令，则阳气不胜，麦乃不熟，民多相掠。"

【注释】

①暖气：温暖的气流。

②虫螟（míng）：指危害庄稼的虫类。

③寇戎：敌军。

【译文】

《礼记·月令》记载："仲春二月实行夏季的政令，国家就会发生大旱，温暖的气流就会提前到来，庄稼就会发生病虫危害。实行秋季的政令，国家就会发生大水灾，寒冷的气流一起到来，敌军会来侵略。实行冬季的政令，阳气就会为阴气所败，麦子就不会成熟，民众多有互相掠夺行为。"

季春月

《月令》曰："季春之月，日在胃①，昏七星中②，旦牵牛中③。律中姑洗④。桐始华⑤，田鼠化为鴽⑥，言如。虹始见⑦，萍始生⑧。鸣鸠拂其羽⑨，戴胜降于桑⑩。"

【注释】

①胃：星宿名。二十八宿之一。有今白羊座三星。

②七星：星宿名。二十八宿之一。有今长蛇座七星。

③牵牛：星宿名。二十八宿之一。有今摩羯座六星。

④姑洗：十二律中阳律的第三律。古人将十二律与十二月相配，姑洗配三月，因以为农历三月的别名。

⑤桐：梧桐树。

⑥鴽（rú）：古书上指鹌鹑类的小鸟。

⑦虹：彩虹。

⑧萍：浮萍。

⑨鸣鸠：斑鸠的别名。拂：振动，挥动。

⑩戴胜：鸟名。状似雀，头有冠，五色如方胜，故称。

【译文】

《礼记·月令》记载："季春三月，太阳运行到了胃宿的位置，黄昏时候七星出现在南方天空的正中，拂晓时候牵牛星出现在南方天空的正中。候气律管应着姑洗。梧桐树开始开花，田鼠变化为鴽，读音为如。天空开始出现彩虹，池塘开始生长浮萍。斑鸠振动翅膀，戴胜降落在桑树上。"

《孝经纬》云："春分后十五日，斗指乙，为清明。后十五日，斗指辰，为谷雨。"

【译文】

《孝经纬》记载："春分节气后十五天，北斗斗柄指向乙位，就是清明节气。十五天以后，北斗斗柄指向辰位，就是谷雨节气。"

《三统历》曰："谷雨为三月节，清明为三月中气。谷雨者，言雨以生百谷。清明者，谓物生清净明洁。"

【译文】

《三统历》记载："谷雨为三月节气，清明为三月中气。所谓谷雨，就是说百谷因雨而生长。所谓清明，就是说万物生长清净明洁。"

《周书·时训》曰："清明之日，桐始华。后五日，田鼠化为鴽。后五日，虹始见。谷雨之日，萍始生。后五日，鸣鸠拂其羽。后五日,戴胜降于桑。"

【译文】

《逸周书·时训》记载:"清明之日,梧桐树开始开花。五天以后,田鼠变化为鴽。五天以后,天空开始出现彩虹。谷雨之日,池塘开始生长浮萍。五天以后,斑鸠振动翅膀。五天以后,戴胜降落在桑树上。"

《白虎通德论》曰:"三月律谓之姑洗何? 姑者,故也;洗者,鲜也。言万物皆去故就新①,莫不鲜明也。"

【注释】

①去故就新:除去旧的,成就新的。

【译文】

《白虎通德论》记载:"三月律为什么称为姑洗呢? 姑,就是故的意思;洗,就是鲜的意思。说万物都除去旧的,成就新的,没有不光彩明亮的。"

《晋·乐志》云:"三月之辰名为辰。辰者,震也,谓时物尽震动而长也。"

【译文】

《晋书·乐志》记载:"三月对应的十二地支为辰位。辰,就是震的意思,说这时万物都萌动生长。"

《夏小正》曰:"参则伏①。螜音斛。则鸣②。颁冰③。拂桐芭④。"

【注释】

①参则伏：参宿就隐伏。参，二十八宿之一。伏，隐伏。

②螜（hú）：古书上指蝼蛄。

③颁冰：古时朝廷在夏日将冰颁赐群臣以消暑。《周礼·天官·凌
　　人》："夏颁冰，掌事。"郑玄注："暑气盛，王以冰颁赐，则主为之。"

④拂桐芭：梧桐树开花。拂，借为"茀"。繁茂。芭，通"葩"。花。

【译文】

《夏小正》记载："参宿就隐伏。螜读音为斛。就鸣叫。朝廷分发冰块
给群臣以降暑。梧桐树开花。"

《诗》曰："蚕月条桑①。"蚕月，三月也。吴民载诗云②：
"条风著野方蚕月③，高树移阴又麦秋④。"《唐百家诗》曰⑤：
"蚕月桑叶青，莺时柳花白⑥。"

【注释】

①蚕月：因夏历三月是养蚕的月份，故名。条桑：犹言采桑。

②吴民载：宋佚名撰《漫叟诗话》一卷，该书成于徽宗崇宁（1102—
　　1106）后，吴民载尝和其诗，生当在宋室南渡前。

③条风：东北风。

④移阴：移动日影。麦秋：麦熟的季节。通指农历四五月。《礼记·月
　　令》："（孟夏之月）靡草死，麦秋至。"陈浩集说："秋者，百谷成熟
　　之期。此于时虽夏，于麦则秋，故云麦秋。"

⑤《唐百家诗》：即《唐百家诗选》，二十卷，王安石编选。该书选录
　　作者一百零四家，作品一千二百四十六首。按作者时代先后编
　　次。王安石（1021—1086），字介甫，初字介卿，号半山，谥文，世
　　称"王文公"，抚州临川（今江西抚州）人。北宋政治家、思想家、

文学家,另著有《王文公文集》等。

⑥莺时:春光明媚之时。柳花:柳絮。

【译文】

《诗经》记载:"蚕月条桑。"蚕月,就是三月。吴民载有诗写道:"条风著野方蚕月,高树移阴又麦秋。"《唐百家诗选》中有:"蚕月桑叶青,莺时柳花白。"

《纂要》曰:"三月曰暮春、末春、晚春①。"

【注释】

①暮春:即春季的末期。指农历三月。《逸周书·文傳》:"文王受命之九年,时维暮春。"末春:春末。指农历三月。汉崔骃《大将军临洛观赋》:"迎夏之首,末春之垂。"晚春:春季的最后一个月。指农历三月。

【译文】

梁元帝《纂要》记载:"三月称为暮春、末春、晚春。"

《月令》曰:"季春行冬令,则寒气时发,草木皆肃①,国有大恐。行夏令,则民多疾疫,时雨不降,山陵不收②。行秋令,则天多沉阴,淫雨蚤降③,兵革并起④。"

【注释】

①肃:衰落,枯萎。

②山陵:山岳冈岭。

③淫雨:久雨。蚤:通"早"。

④兵革:指战争。

【译文】

《礼记·月令》记载:"季春三月实行冬季的政令,寒冷之气就会时时发作,致使草木都枯萎,国家会发生令人恐惧的事情。实行夏季的政令,民众中就会多发疾病和瘟疫,雨水不按时降落,山岳冈岭上农作物没有收成。实行秋季的政令,就会多阴沉的天气,雨季就会提前来临,战争将会纷纷而起。"

花信风

《东皋杂录》①:"江南自初春至初夏,五日一番风候②,谓之花信风③。梅花风最先④,楝花风最后⑤,凡二十四番,以为寒绝也⑥。"后唐人诗云⑦:"楝花开后风光好,梅子黄时雨意浓⑧。"徐师川诗云⑨:"一百五日寒食雨,二十四番花信风⑩。"又古诗云:"早禾秧雨初晴后,苦楝花风吹日长⑪。"

【注释】

①《东皋杂录》:十卷,宋孙宗鉴撰。原书已佚,唯《说郛》《五朝小说》《五朝小说大观》有摘录。所记内容不一,但以文人轶事及考辨文字为多,间亦录有文人诗词,涉及欧阳修、司马光、王安石、苏轼、刘贡父、黄庭坚等重要文学家多人,并录有司马光之词作,可资参考。孙宗鉴(1077—1123),字少魏,号安隐道人,开封尉氏(今属河南)人。哲宗元祐三年(1088)进士,曾在安徽、湖南、湖北等地任职,官至中书舍人。

②风候:时节,时令。

③花信风:又称"二十四番花信风",指应花期而来的风。风应花期,其来有信,故有此称。自小寒至谷雨,凡四月,共八个节气,

一百二十日,每五日一候,计二十四候,每候应以一种花信。例如,小寒,一候梅花,二候山茶,三候水仙;大寒,一候瑞香,二候兰花,三候山矾;立春,一候迎春,二候樱桃,三候望春;雨水,一候菜花,二候杏花,三候李花;惊蛰,一候桃花,二候棠梨,三候蔷薇;春分,一候海棠,二候梨花,三候木兰;清明,一候桐花,二候麦花,三候柳花;谷雨,一候牡丹,二候酴醾,三候楝花。

④梅花风:二十四番花信风之一。

⑤楝(liàn)花风:二十四番花信风之一。

⑥寒绝:指天气开始变暖,冷天结束。

⑦后唐(923—936):同光元年(923)李存勖灭后梁,定都洛阳,史称后唐。清泰三年(936)石敬瑭以燕云十六州为代价,借辽兵攻入洛阳,后唐灭亡。

⑧楝花开后风光好,梅子黄时雨意浓:出自唐无名氏之散句。梅子黄时雨,每年初夏,江南大地成片成片地浸透在连绵数日的阴雨中,此时梅子恰好黄熟,故称。

⑨徐师川:即徐俯(1075—1141),字师川,自号东湖居士,洪州分宁(今江西修水)人。宋诗人,著有《东湖居士诗集》。

⑩一百五日寒食雨,二十四番花信风:出自徐俯佚句。一百五日,指寒食日。南朝梁宗懔《荆楚岁时记》:"去冬至节一百五日,即有疾风甚雨,谓之寒食。禁火三日,造饧、大麦粥。"

⑪早禾秧雨初晴后,苦楝花风吹日长:出处不详。禾秧,稻的秧苗。

【译文】

《东皋杂录》:"长江以南地区从初春到初夏,五日一次风候,称为花信风。梅花风最先,楝花风最后,总共二十四次风候,楝花风过后,天气开始变暖,冷天结束。"后唐有人作诗写道:"楝花开后风光好,梅子黄时雨意浓。"徐俯有诗写道:"一百五日寒食雨,二十四番花信风。"又有古诗写道:"早禾秧雨初晴后,苦楝花风吹日长。"

条达风

《易通卦验》①："立春,条风至②。"宋均注云③："条者,条达万物之风也④。"唐太宗诗云⑤："条风开献节,灰律动初阳⑥。"

【注释】

① 《易通卦验》:即《易纬通卦验》,二卷,旧题东汉郑玄注。该书因通过卦气来占验吉凶,故名。郑玄(127—200),字康成,世称"后郑",北海高密(今属山东)人。汉经学家,另著有《易注》《尚书义问》《尚书注》等。

② 条风:古代八风之一,特指立春时节的东北风。

③ 宋均(?—76):字叔庠,南阳安众(今河南邓州)人。东汉经学家。以父任为郎,年十五,好经书,常往经学博士处受业,通《诗》《礼》,善论辩。

④ 条达:指事物生长通畅、无阻滞的状态。在风候中,特指条风能促进万物舒展萌芽,如草木抽枝、蛰虫复苏等。

⑤ 唐太宗:即唐太宗李世民(599—649),陇西成纪(今甘肃秦安)人。唐代第二位皇帝(626—649年在位)。政治家、战略家、军事家、书法家、诗人。

⑥ 条风开献节,灰律动初阳:出自李世民《正月临朝》。灰律,古代置芦苇灰于表示十二律的玉管内,每月当节气,中律管内的灰就会自行飞出,以之占验时序,谓之"灰律"。初阳,初春。

【译文】

《易通卦验》:"立春时节,条风应时而至。"宋均注解说:"条风,就是促进万物舒展萌芽的风。"唐太宗有诗写道:"条风开献节,灰律动初阳。"

榆荚雨

《氾胜书》①:"三月榆荚雨②,高地强土可种秫③。"

【注释】

①《氾胜书》:即《氾胜之书》,二卷,西汉氾胜之撰。该书为我国现存最早的一部农书,总结农业技术经验。氾胜之,氾水(今山东曹县北)人。西汉农学家。成帝时任议郎、劝农使者,曾在三辅(长安附近)教民种田,迁御史。

②榆荚雨:榆树结荚时节下的雨,时当农历三月。

③高地强土:地势高坚硬的土地。强,坚硬。秫(shú):高粱,多指黏高粱。

【译文】

《氾胜之书》:"农历三月下榆荚雨,地势高坚硬的土地可以种高粱。"

杏花雨

《提要录》①:"杏花开时,正值清明前后,必有雨也,谓之杏花雨。"古诗:"沾衣欲湿杏花雨,吹面不寒杨柳风②。"又云:"杨柳杏花风雨外,不知佳句落谁家③。"晏元献公词云④:"红杏开时,一霎清明之雨⑤。"赵德麟词云⑥:"红杏枝头花几许,啼痕正恨清明雨⑦。"

【注释】

①《提要录》:宋陈钦甫撰。

②沾衣欲湿杏花雨,吹面不寒杨柳风:出自释志南《诗一首》。杨柳

风,春风。

③杨柳杏花风雨外,不知佳句落谁家:出处不详。

④晏元献公:即晏殊(991—1055)。详见《岁时广记·引》注。

⑤红杏开时,一霎清明之雨:出自晏殊《蝶恋花·六曲阑干偎碧树》。一霎,一下子。指极短的时间。

⑥赵德麟:即赵令畤(zhì,1061—1134),初字景贶,苏轼改字德麟,号聊复翁、藏六居士,涿郡(今河北涿州)人。宋词人。著有《藏六居士安乐集》《侯鲭录》等。

⑦红杏枝头花几许,啼痕正恨清明雨:出自赵令畤《蝶恋花·欲减罗衣寒未去》。啼痕,泪痕。止恨,只恨。

【译文】

《提要录》:"杏花开时,正值清明节前后,一定有雨,称为杏花雨。"有古诗写道:"沾衣欲湿杏花雨,吹面不寒杨柳风。"又写道:"杨柳杏花风雨外,不知佳句落谁家。"晏殊有词写道:"红杏开时,一霎清明之雨。"赵令畤有词写道:"红杏枝头花几许,啼痕正恨清明雨。"

凌解水

《水衡记》①:"黄河水,正月名凌解水②。"

【注释】

①《水衡记》:书名。不详待考。《太平御览》《太平广记》《宋史》等书籍目录均未见《水衡记》。水衡是汉武帝元鼎二年(前115)首次设定的水衡都尉官名,疑为汉代水衡的记事。

②正月:底本作"三月",据《类说》改。凌解水:亦称"解冻水"。农历正月之黄河水。其时冬尽春初,冰凌解冻,冰凌随水流漂动,故称。

【译文】

《水衡记》:"黄河水,正月名为凌解水。"

桃花水

《水衡记》:"黄河水,二月、三月名桃花水。"又颜师古《汉书音义》云①:"《月令》:'仲春之月,始雨水,桃始华。'盖桃方华时,既有雨水,川谷涨泮②,众流盛长③,故谓之桃花水。"老杜诗云④:"春岸桃花水⑤。"又云:"三月桃花浪⑥。"注曰:"峡中以三月桃花发时⑦,春水生,谓之桃花水。"王摩诘诗云⑧:"春来到处桃花水⑨。"又欧阳公诗云⑩:"桃花水下清明前⑪。"

【注释】

①颜师古(581—645):名籀,字师古,雍州万年(今陕西西安)人,祖籍琅邪临沂(今山东临沂)。唐经学家、训诂学家、历史学家。另著有《匡谬正俗》《急就章注》等。《汉书音义》:应为《汉书注》。一百二十卷,贞观十一年(637)颜师古奉太子李治之命注释班固《汉书》,四年而成。

②川谷:河流。泮(pàn):通"畔"。岸,水边。

③众流盛长:众多的河流普遍水势增长。盛,普遍。

④老杜:指唐代诗人杜甫,以别于杜牧(称"小杜")。杜甫(712—770),字子美,自称少陵野老、杜陵布衣、杜陵野老。唐代伟大诗人,人称"诗史""诗圣",与李白齐名,世称"李杜"。著有《杜工部集》。

⑤春岸桃花水:出自杜甫《南征》。

⑥三月桃花浪：出自杜甫《春水》。

⑦峡中：地理上指的是两山之间的水道或峡谷，此指长江三峡（瞿
　　塘峡、巫峡、西陵峡）一带。

⑧王摩诘：即王维（701—761），字摩诘，号摩诘居士，河东蒲州（今
　　山西永济）人。官至尚书右丞，世称"王右丞"。唐诗人、画家，
　　著有《王右丞集》《画学秘诀》等。

⑨春来到处桃花水：出自王维《桃源行》，原诗为"春来遍是桃花水"。

⑩欧阳公：即欧阳修（1007—1072），字永叔，号醉翁，晚号六一居
　　士，谥文忠，吉州庐陵永丰（今属江西）人。北宋政治家、文学家。
　　主修《新唐书》，独撰《新五代史》，并有《欧阳文忠公集》。

⑪桃花水下清明前：出自欧阳修《送宋次道学士赴太平州》。

【译文】

《水衡记》："黄河水，二月、三月名为桃花水。"又有颜师古《汉书注》
记载："《礼记·月令》：'仲春二月，开始下雨，桃树开始开花。'大概桃树
开花时，就有雨水，河流水暴涨至岸边，众多的河流普遍水势增长，因此
称为桃花水。"杜甫有诗写道："春岸桃花水。"又有诗写道："三月桃花
浪。"注解说："峡中以三月桃花开放时，春水猛涨，称为桃花水。"王维有
诗写道："春来到处桃花水。"又欧阳修有诗写道："桃花水下清明前。"

击春曲

《酉阳杂俎》①："唐明皇好羯鼓②，云八音之领袖③，诸
乐不可为比。尝遇二月初，诘旦④，巾栉方毕⑤。时宿雨初
晴⑥，景色明丽，小殿亭前，柳杏将吐⑦，睹而叹曰：'对兹景
物，岂可不与他判断乎⑧！'左右相目⑨，将命备酒，独高力
士遣取羯鼓⑩，旋命之。临轩纵击一曲⑪，名《春光好》⑫。

神思自得^⑬，及顾杏花，皆已发坼^⑭，指而笑之，谓嫔嫱内官曰^⑮：'此一事不唤我作天公，可乎！'皆呼万岁。"东坡诗云^⑯："宫中羯鼓催花柳^⑰。"陈简斋诗云^⑱："可是天公须羯鼓，已回寒驭作春醅^⑲。"又《六言》云^⑳："未央宫中红杏，羯鼓三声打开^㉑。"

【注释】

①《酉阳杂俎》：二十卷，续集十卷，唐段成式撰。酉阳，即小酉山（在今湖南沅陵），相传山下有石穴，中藏书千卷，秦时有人避乱隐居于此。该书内容又广泛驳杂，故以《酉阳杂俎》为名。段成式（？—863），字柯古，齐州临淄（今山东淄博东北）人。唐文学家、诗人。

②唐明皇：即唐玄宗李隆基（685—762），唐代在位最长的皇帝（712—756年在位）。精通音律，长于即兴作曲，有《霓裳羽衣曲》《雨霖铃》《凌波曲》《紫云回》《春光好》《秋风高》等。羯（jié）鼓：乐器名。源自西域，状似小鼓，两面蒙皮，均可击打。《通典·乐四》："羯鼓，正如漆桶，两头俱击。以出羯中，故号羯鼓，亦谓之两杖鼓。"

③八音：我国古代对乐器的统称，依制成乐器的不同材料来区分，共有金、石、丝、竹、匏、土、革、木八类。《周礼·春官·大师》："皆播之以八音：金、石、土、革、丝、木、匏、竹。"郑玄注："金，钟镈也；石，磬也；土，埙也；革，鼓鼗也；丝，琴瑟也；木，柷敔也；匏，笙也；竹，管箫也。"

④诘旦：清晨。

⑤巾栉（zhì）：巾和梳篦。此指梳洗。

⑥宿雨：前夜的雨。

⑦柳杏将吐:柳树和杏树将要吐芽。吐,吐芽。

⑧判断:欣赏。宋刘克庄《贺新郎・寄题聂待郎郁孤台》词:"倾倒赣江供砚滴,判断雪天月夜。"

⑨左右:侍从。相目:相互递眼色。

⑩高力士:本名冯元一(684—762),潘州(今广东高州)人。唐著名宦官。遣取:派人去取。

⑪临轩:皇帝不坐正殿而御前殿。殿前堂陛之间近檐处两边有槛楯,如车之轩,故称。纵击:随意击打。

⑫《春光好》:又名《倚阑令》《愁倚阑》《愁倚阑令》。唐教坊曲,用作词调。唐玄宗击鼓催花之作。

⑬神思自得:流露出得意神情。

⑭发坼(chè):开裂。指发芽。

⑮嫱嫱(qiáng):宫中女官,天子诸侯姬妾。内官:宦官,太监。

⑯东坡:即苏轼(1037—1101),字子瞻,一字和仲,号铁冠道人、东坡居士,眉州眉山(今四川眉山)人。北宋文学家、书法家、美食家、画家,著有《东坡七集》《东坡易传》《东坡乐府》等。

⑰宫中羯鼓催花柳:出自苏轼《虢国夫人夜游图》。

⑱陈简斋:即陈与义(1090—1138),字去非,号简斋,洛阳(今属河南)人。北宋诗人,著有《简斋集》。

⑲可是天公须羯鼓,已回寒驭作春酣:出自陈与义《次韵王尧明郊祀显相之作》。春酣,春意正浓。酣,浓,盛。

⑳《六言》:谓六言诗。每句均为六字的诗。南朝梁刘勰《文心雕龙・章句》:"六言七言,杂出《诗》《骚》。"

㉑未央宫中红杏,羯鼓三声打开:出自陈与义《又六言》。未央宫,宫殿名。故址在今陕西西安西北长安故城内西南隅。三声,指军中用以传令的金鼓、笳、铎之声。

【译文】

《酉阳杂俎》记载："唐明皇喜爱羯鼓,说羯鼓是乐器的领袖,其它乐器不可与之相比。有一年二月初,正值清晨,唐明皇梳洗完毕。当时夜雨刚刚放晴,景色明净美丽,在小殿亭前,柳树和杏树将要吐嫩芽,唐明皇看到感叹说:'面对如此景物,哪能不停下欣赏呢!'跟随侍从相互递眼色,传命备酒,唯独高力士派人去取羯鼓,明皇命人将羯鼓置于宫殿前。明皇在轩台纵情击奏一曲《春光好》。击完鼓,唐明皇流露出得意神情,回头看杏花,都竟已发芽,唐明皇指着树笑着对宫中女官和宦官说:'此事不称我为天公,还能称什么!'众人大呼万岁。"苏轼有诗写道:"宫中羯鼓催花柳。"陈与义有诗写道:"可是天公须羯鼓,已回寒驭作春酣。"陈与义又有《六言》诗写道:"未央宫中红杏,羯鼓三声打开。"

踏春歌

《异闻录》①:"邢凤②,梦数美人歌《踏阳春》之曲③,曰:'踏阳春,人间二月雨和尘。阳春踏尽秋风起,肠断人间白发人④。'"又《酉阳杂俎》云:"元和初⑤,有士人醉卧厅中。及醒,见古屏上妇人悉于床前踏歌⑥。歌曰:'长安少女踏春阳,无处春阳不断肠。舞袖弓腰浑忘却,蛾眉空带九秋霜⑦。'又歌曰:'流水涓涓芹长芽,野鸟双飞客还家。荒村无处作寒食,殡宫空对棠梨花⑧。'中一人问曰:'如何是弓腰?'歌者曰:'首髻及地⑨,腰势如规也⑩。'士人惊,叱之,忽皆上屏。"东坡诗云:"城上湖光暖欲波,美人唱我《踏春歌》⑪。"又詹克爱《春睡》诗云⑫:"觉后不知身是幻,耳根犹听踏歌声。"

【注释】

①《异闻录》：又名《异闻集》《异闻记》，十卷，唐陈翰编。晁公武《郡斋读书志》云："右唐陈翰编，以传记所载唐朝奇怪事，类为一书。"陈翰，晚唐人。曾官屯田员外郎。

②邢凤：底本为"邢凤之子"，据《太平广记》卷二八二转引《异闻录》"邢凤"条改。邢凤，中唐时人。德宗贞元时尝寓居长安平康里南，昼寝梦见一女子手执卷且口吟不绝，邢氏发其诗卷，得《春阳曲》一篇。

③《踏阳春》：《历代诗馀》卷一载唐无名氏词。源于民间踏歌。

④"踏阳春"几句：出自唐无名氏《周显德中齐州谣》。

⑤元和：唐宪宗李纯年号（806—820）。

⑥踏歌：亦作"蹋歌"。拉手而歌，以脚踏地为节拍。

⑦"长安少女踏春阳"几句：出自唐邢凤《梦中美人歌》。春阳，指春天。弓腰，谓向后弯腰及地如弓形。蛾眉，蚕蛾触须细长而弯曲，因以比喻女子美丽的眉毛。

⑧"流水涓涓芹长芽"几句：出自唐襄阳旅殡举人《诗》。原诗为："流水涓涓芹努芽，织乌西飞客还家。荒村无人作寒食，殡宫空对棠梨花。"涓涓，细水缓流貌。殡宫，指坟墓。棠梨花，俗称野梨。落叶乔木，叶长圆形或菱形，花白色，果实小，略呈球形，有褐色斑点。

⑨髻（jì）：在头顶或脑后盘成各种形状的头发。

⑩规：圆形。

⑪城上湖光暖欲波，美人唱我《踏春歌》：出自苏轼《和王胜之三首·其一》。

⑫詹克爱：字济夫，崇安（今福建武夷山）人。淳熙五年（1178）进士。

【译文】

《异闻录》："邢凤，梦到几个美人歌唱《踏阳春》，歌词是：'踏阳春，人间二月雨和尘。阳春踏尽秋风起，肠断人间白发人。'"又有《酉阳杂

俎》记载："元和初年，有位士人醉卧在厅堂中。酒醒后，看见古屏风上
的妇人都在床前踏歌。唱道：'长安少女踏春阳，无处春阳不断肠。舞袖
弓腰浑忘却，蛾眉空带九秋霜。'又唱道：'流水泪涓涓芹长芽，野鸟双飞客
还家。荒村无处作寒食，殡宫空对棠梨花。'其中一人问：'怎么才是弓
腰？'领唱的说：'头上的发髻触地，腰肢柔软环曲就像圆形。'士人大惊，
呵叱她们，这些妇人一下子都回到屏风上了。"苏轼有诗写道："城上湖
光暖欲波，美人唱我《踏春歌》。"又有詹克爱《春睡》诗写道："觉后不知
身是幻，耳根犹听踏歌声。"

梦春草

　　《南史》①："谢惠连②，年十岁，能属文。族兄灵运嘉赏
之③：'每有篇章，对惠连辄得佳句。'尝于永嘉西堂思诗④，
竟日不就⑤，忽梦见惠连，而得'池塘生春草'之句，大以为
工。常云：'此语有神助，非吾语也。'"杜甫诗云："诗应有
神助⑥。"东坡词云："酒阑诗梦觉，春草满池塘⑦。"又诗云：
"春草池塘梦惠连⑧。"陈后山《春夜》诗云⑨："梦中无好语，
池草为春生。"

【注释】

①《南史》：八十卷，李延寿撰。该书记载南朝宋、齐、梁、陈四代的
　纪传体正史，上起宋武帝永初元年（420），下迄陈后主祯明三年
　（589）共170年。李延寿，相州（今河南安阳）人。唐史学家，另
　著有《太宗政典》《北史》等。

②谢惠连（407—433）：陈郡阳夏（今河南太康）人。因曾做过彭城
　王刘义康的法曹参军，故又称"谢法曹"。谢灵运族弟，诗赋甚

美,与灵运并称"大小谢"。

③灵运:即谢灵运(385—433),小名客儿,故又称"谢客",袭封康
乐公,世称"谢康乐",陈郡阳夏(今河南太康)人。南朝宋诗人。
嘉赏:赞赏。

④常:通"尝"。曾经。永嘉:隋开皇九年(589)以永宁县改名,治
今浙江温州。西堂:泛指西边的堂屋。

⑤竟日不就:一天没有完成。

⑥诗应有神助:出自杜甫《游修觉寺》。

⑦酒阑诗梦觉,春草满池塘:出自苏轼《临江仙·赠送》。酒阑,谓
酒筵将尽。《史记·高祖本纪》:"酒阑,吕公因目固留高祖。"裴骃
集解引文颖曰:"阑言希也。谓饮酒者半罢半在,谓之阑。"

⑧春草池塘梦惠连:出自苏轼《昔在九江,与苏伯固唱和。其略曰:
"我梦扁舟浮震泽,雪浪横空千顷白。觉来满眼是庐山,倚天无数
开青壁。"盖实梦也。昨日又梦伯固手持乳香婴儿示予,觉而思
之,盖南华赐物也,岂复与伯固相见于此耶!今得来书,知已在南
华相待数日矣。感叹不已,故先寄此诗》,原诗作"春草池塘惠连
梦"。

⑨陈后山:即陈师道(1053—1101),字履常,一字无己,号后山居
士,彭城(今江苏徐州)人。宋诗人,著有《后山集》等。

【译文】

《南史》:"谢惠连,十岁就能作文。族兄谢灵运对他大加赞赏:'每次
写文章,只要面对惠连时就能得到佳句。'谢灵运曾在永嘉西堂构思诗
文,一天没有完成,忽然在梦中见惠连,梦醒后得'池塘生春草'诗句,自
认为非常精巧。他曾说:'这句诗有神仙相助,不是我写出来的。'"杜甫
有诗写道:"诗应有神助。"苏轼有词写道:"酒阑诗梦觉,春草满池塘。"
又有诗写道:"春草池塘梦惠连。"陈师道《春夜》诗写道:"梦中无好语,
池草为春生。"

移春槛

《开元遗事》^①："杨国忠子弟^②，春时，移名花异木，植槛中^③。下设轮脚^④，挽以彩绠^⑤，所至自随，号'移春槛'^⑥。"

【注释】

①《开元遗事》：即《开元天宝遗事》，四卷，五代王仁裕撰。该书为笔记小说集，记载唐玄宗开元、天宝年间各种轶闻奇事一百五十多条。王仁裕（880—956），字德辇，天水（今属甘肃）人。五代文学家，另著有《王氏见闻录》《玉堂闲话》等。

②杨国忠（？—756）：本名钊，蒲州永乐（今山西永济）人。杨贵妃族兄，因"安史之乱"在马嵬驿（今陕西兴平西）为士兵所杀。子弟：子与弟。此指子侄辈。

③槛（jiàn）：栏杆。

④轮脚：即脚轮。在花槛下面四脚安置的轮子。

⑤挽：拉，牵。彩绠（gēng）：彩色大绳索。绠，大绳索。

⑥移春槛：唐杨国忠所特制的活动花槛。

【译文】

《开元天宝遗事》："杨国忠的子侄，在春天时，移植名花异木，种在花槛中。下面安装脚轮，用彩色大绳索牵引，人所到之处，花槛也跟随，称为'移春槛'。"

探春宴

《天宝遗事》^①："都人士女^②，每至正月半后^③，各乘车跨马，供帐于园圃或郊野中^④，为探春之宴。"

【注释】

①《天宝遗事》：即《开元天宝遗事》。

②都人士女：京城里的男男女女。士女，男女。班固《西都赋》："都
　人士女，殊异乎五方。"

③正月半：农历正月十五元宵节。

④供帐：陈设供宴会用的帷帐、用具、饮食等物。此谓举行宴会。

【译文】

《开元天宝遗事》："京城里的男男女女，每到正月十五以后，各自乘
车骑马，在园林花圃或郊野中举行宴会，称为探春宴。"

探春游

皇朝《东京梦华录》[①]："上元收灯毕[②]，都人争先出城
探春。大抵都城左近皆是园圃[③]，百里之内，并无阒地[④]，并
纵游人赏玩。"

【注释】

①皇朝：也称国朝。封建时代对本朝的尊称。《东京梦华录》：十卷，
　孟元老撰。该书为一部追忆北宋都城汴京（今河南开封）繁盛景
　象的都邑杂记。孟元老，自号幽兰居士。南宋初社会风俗学家。

②上元：即上元节，元宵节的别称。收灯：旧俗农历正月十五为灯
　节，正月十三日谓上灯，正月十八日谓收灯。

③左近：附近。

④阒（qù）：同"阒"。空。

【译文】

本朝《东京梦华录》："正月十八收灯完毕，京都的人争先出城到郊

外宴游。大抵都城附近都是园林花圃，百里之内，并无空闲之地，并放任游人观赏游玩。"

作乐车

《天宝遗事》："杨氏子弟恃后族之员①，极于奢侈。每春游，以大车结彩为楼②，载女乐数十人③，自私第声乐前引④，出游园苑⑤，长安豪民贵族争效之⑥。"

【注释】

①恃：依仗。后族：即杨贵妃（719—756），号大真，小字玉环，蒲州永乐（今山西永济）人。初为玄宗子寿王瑁妃，后入宫得宠于玄宗。天宝四载（745）封为贵妃。因"安史之乱"在马嵬驿被缢而死。

②大车：古代乘用的牛车。

③女乐：歌舞伎。

④私第：私人住宅。指旧时官员私人所置的住所。

⑤园苑：犹庭园，花园。

⑥长安：唐都城名。今陕西西安。豪民：有财有势的人。

【译文】

《开元天宝遗事》："杨家子弟依仗杨贵妃的显要地位，极为奢侈。每次春游，都用彩绸或彩纸把牛车装饰为楼，乘坐歌舞伎数十人，从私人住宅用乐器在前面引导，到花园处游玩，长安城的豪民和贵族都争相仿效。"

载油幕

《天宝遗事》:"长安贵家子弟,每至春日,游宴供帐于园圃中①。随行载以油幕②,或遇阴雨,以幕覆之,尽欢而归。"

【注释】

①游宴:游乐宴饮。

②油幕:表面涂油的帐幕。用于防水。

【译文】

《开元天宝遗事》:"长安豪贵之家的子弟,每到春天,在园林花圃中游乐宴饮。随行携带涂油的帐幕,有时遇到阴雨天,支起帐幕,尽欢而归。"

挂裙幄①

唐《辇下岁时记》②:"长安士女,游春野步③,遇名花,则设席藉草④,以红裙插挂,以为宴幄⑤。其奢侈如此。"

【注释】

①裙幄(wò):用裙张挂而成幕帐。幄,帷帐。

②《辇下岁时记》:《郡斋读书志》:"《辇下岁时记》,一卷,右唐李绰撰。"辇下,辇毂之下,指皇帝的身边,此指京城。李绰,字肩孟,赵州(今河北赵县)人。约活动于唐僖宗时期前后。唐末笔记小说家,另著有《尚书故实》等。

③野步:野外散步。

④设席藉草:席地垫草而坐。藉,垫。

⑤宴幄:古时春游野餐或在园林花圃中张挂幕帐以宴饮赏花。

【译文】

唐《辇下岁时记》:"长安贵族家的妇女,到野外散步游春,遇到名花,就席地垫草而坐,用红裙递相张挂,作为幕帐月来宴饮赏花。她们就是如此奢侈。"

掷金钱

《开元别纪》[①]:"明皇与贵妃在花萼楼下[②],以金钱远近为限赛,其无掷于地者,以金觥赏之[③]。"《天宝遗事》云:"内庭妃嫔[④],每至春日,各于禁中结伴[⑤],掷金钱为戏。"

【注释】

①《开元别纪》:书名。不详待考。别纪,正史外记录遗闻佚事所成之书。

②花萼楼:楼名。在唐代长安兴庆宫内,位于勤政务本楼以北,西邻胜业坊和安仁坊。楼名取《诗经·棠棣之华》中"棠棣之华,萼不韡韡,凡今之人,莫如兄弟"之意,故又名花萼相辉楼。

③金觥(gōng):酒杯的美称。此指美酒。

④妃嫔:君主时代帝王姬妾的统称。

⑤禁中:指帝王所居宫内。

【译文】

《开元别纪》:"唐明皇与杨贵妃在花萼楼下,以投掷金钱的远近进行比赛,其中将无字的一面掷于地上的,赏赐美酒。"《开元天宝遗事》记载:"皇宫内帝王的姬妾,每到春天,各自在宫中结伴,玩投掷金钱的游戏。"

驻马饮

《天宝遗事》："长安侠士①，每春日，结朋约党②，各置矮马，饰以锦鞯金络③，并辔于花树下往来④，使仆从执酒杯而从之。遇好花，则驻马而饮。"

【注释】

①侠士：行侠仗义之士。

②结朋约党：结朋引伴。

③锦鞯（jiān）：锦制的马鞍坐垫。金络：金饰的马笼头。

④并辔（pèi）：两马并驰。辔，驾驭马的缰绳。

【译文】

《开元天宝遗事》："长安行侠仗义之士，每到春天，结朋引伴，各置矮马，饰以锦制的马鞍坐垫和金饰的马笼头，在花树下来回并驰，使仆人持酒杯相随。遇见好花，就使马停下来饮酒。"

随蝶幸

《开元遗事》："开元末①，明皇每春时，旦暮宴于宫中②，使嫔妃辈争插艳花，帝亲捉粉蝶放之，随蝶所止幸之③。后贵妃专宠④，遂不复用此戏。"

【注释】

①开元：唐玄宗李隆基年号（713—741）。

②旦暮：朝夕，谓整日。

③幸：宠幸，宠爱。

④专宠：独得宠幸。

【译文】

《开元天宝遗事》："开元末年，唐明皇每到春天，整日在宫中宴饮，使嫔妃们争相插戴娇艳的花朵，明皇亲自捉了粉蝶放飞，随着粉蝶停在哪位嫔妃的头上或身边，当晚其人就会得到明皇的宠幸。后来杨贵妃独得宠幸，于是就不再使用这种游戏。"

斗奇花

《天宝遗事》："长安士女春时斗花①，戴插以奇花多者为胜。皆用千金市名花②，植于庭中，以备春时之斗。"

【注释】

①士女：底本作"王士安"，据《白孔六帖》改。斗花：汉族岁时习俗，流行于唐代长安。以插戴奇花异卉多少争胜。

②市：买。

【译文】

《开元天宝遗事》："长安城中士女春天时斗花，以戴插奇花多的为胜。都用千金去买名花，种植在庭院中，以准备春天斗花时使用。"

插御花

《天宝遗事》："长安春日，盛于游赏，园林日无闲地。苏颋《应制诗》云①：'飞埃结红雾②，游盖翻青云③。'帝览诗嘉焉，遂以御花插颋之巾上，时人荣之。"

【注释】

①苏颋（tǐng，670—727）：字廷硕，京兆武功（今陕西武功）人。睿宗时，袭父爵许国公，世称"苏许公"。苏颋以工文称，朝廷制诰，多出其手，与燕国公张说并称"燕许大手笔"。《应制诗》：指古典诗歌中，臣子奉帝王之命所作或所唱和酬答的诗。

②埃：灰尘。

③游盖：出游时用以遮日避雨的伞盖。

【译文】

《开元天宝遗事》："长安的春天，盛行游玩观赏，园林中每日都没有空闲的地方。苏颋《应制诗》写道：'飞埃结红雾，游盖翻青云。'皇帝看到诗后非常赞赏，于是就把御花插在了苏颋的头巾上，当时的人以此为殊荣。"

取红花

虞世南《史略》①："北齐卢士深妻②，崔林义之女，有才学。春日，以桃花靧面③，咒曰④：'取红花，取白雪，与儿洗面作光悦⑤。取白雪，取红花，与儿洗面作光华⑥。取雪白，取花红，与儿洗面作颜容。'"

【注释】

①虞世南（558—638）：字伯施，越州余姚（今浙江余姚）人。因历任秘书少监、秘书监等职，故世称"虞永兴""虞秘监"，谥文懿。隋唐时期书法家、文学家，编有《北堂书钞》等。

②北齐（550—577）：北朝之一。550年高洋废东魏孝静帝，自立为帝，国号齐，都邺城（今河北临漳）。史称"北齐"。

③靧（huì）面：洗面。靧，洗脸。

④咒：祷告，祝告。

⑤光悦：光洁悦目。

⑥光华：明亮华丽。

【译文】

虞世南《史略》："北齐卢士深的妻子，是崔林义的女儿，有才学。春天，用桃花煮水洗面，向神灵祝祷说：'取红花，取白雪，与儿洗面作光悦。取白雪，取红花，与儿洗面作光华。取雪白，取花红，与儿洗面作颜容。'"

装狮花

《曲江春宴录》①："曲江贵家游赏，则剪百花，装成狮子，互相送遗②。狮子有小连环，欲送则以蜀锦流苏牵之③，唱曰：'春光且莫去，留与醉人看。'"

【注释】

①《曲江春宴录》：书名。不详待考。曲江，即曲江池。在今陕西西安东南，为唐时长安游赏胜地。

②送遗：赠送。

③蜀锦：指蜀地生产的彩锦。多用染色熟丝织成，色彩鲜艳，质地坚韧。流苏：原指用彩色羽毛或丝线等制成为穗状垂饰物。此指做成带子。

【译文】

《曲江春宴录》："曲江一带豪贵人家在游玩观赏时，就剪百花，装饰成狮子，互相赠送。狮子有小连环，想要赠送时就用蜀锦做成带子牵拉，唱道：'春光且莫去，留与醉人看。'"

探花使

《秦中岁时记》[①]:"进士杏花苑初会[②],谓之探花宴。以少俊二人为探花使,遍游名园。若他人先折得名花,则二使皆有罚。"

【注释】

①《秦中岁时记》:一卷,唐李绰撰。秦中,古地区名。指今陕西中部平原地区,因春秋、战国时地属秦国而得名。

②杏花苑:即杏园。故址在今陕西西安大雁塔南。唐代新科进士赐宴之地。

【译文】

《秦中岁时记》:"进士及第后皇帝杏花苑赐宴,称为探花宴。选同榜中年少英俊的二人为探花使,遍游名园,采折名花。如果其他人先采折到名花,这二位探花使都要受罚。"

护花铃

《天宝遗事》:"天宝初[①],宁王少时好声乐[②],风流蕴藉[③],诸王弗如也[④]。每春日,于后园中纽红丝为绳,缀金铃[⑤],系花梢之上。有乌鹊翔集[⑥],则令园吏掣铃索以惊之[⑦],号护花铃。"

【注释】

①天宝:唐玄宗李隆基年号(742—756)。

②宁王:即宁王李宪(679—742),本名成器。唐睿宗李旦嫡长子,

唐玄宗李隆基长兄。初封永平郡王,后改封宁王。因将太子之位让与玄宗,死后谥号"让皇帝"。声乐:歌舞音乐。声乐,底本作"声色",据《开元天宝遗事》改。

③风流蕴藉:形容人风雅潇洒,才华横溢。蕴藉,平和宽厚,含蓄内秀。

④弗如:不如。

⑤缀:用针线缝。

⑥乌鹊:指喜鹊。翔集:此指喜鹊飞来。

⑦掣(chè):拽,拉。铃索:系铃的绳索。

【译文】

《开元天宝遗事》:"天宝初年,宁王年少时喜欢歌舞音乐,风雅潇洒,才华横溢,其他亲王都不如他。每到春天,在后园中编红丝线为绳,用针线缝金铃,系在花木的枝梢上。有喜鹊飞来,就令管理园子的官吏拉拽系铃的绳索以惊吓它们,号为护花铃。"

括花香

唐《玉麈录》①:"穆宗每宫中花香②,则以重顶帐蒙蔽槛外③,置惜春御史掌之④,号曰括香。"

【注释】

①《玉麈(zhǔ)录》:书名。不详待考。玉麈,即玉柄麈尾。麈,古书上指鹿一类的动物,其尾可做拂尘。

②穆宗:即唐穆宗李恒(795—824),唐代第十三位皇帝(820—824年在位)。

③重顶帐:双层顶的帷帐。槛:栏杆。

④置:交付。惜春御史:唐代官名。掌护宫中花木。

【译文】

唐《玉麈录》："唐穆宗每次宫中花开时散发香气,就用双层顶的帷帐遮盖住花栏外围,交付惜春御史掌管,号称括香。"

卧花酒

《曲江春宴录》："虞松方春①,以谓'握月担风②,且留后日;吞花卧酒③,不可过时'。"

【注释】

①虞松:字叔茂,陈留(今河南开封)人。三国曹魏历任中书郎、中书令。

②握月担风:指游山玩水,欣赏风光。

③吞花卧酒:指赏花饮酒,游春行乐。

【译文】

《曲江春宴录》："虞松到了春天,认为'游山玩水,欣赏风光,暂且留在以后;赏花饮酒,游春行乐,不可过了时辰'。"

作红饯

《曲江春宴录》："春游之家,以脂粉作红饯①,竿上成双挑挂②,夹杂画带③,前引车马。"

【注释】

①红饯(dàn):亦称"红绫饯"。一种精美饼食,因外裹红绫,故名。

②挑挂:悬挂。

③画带：即丝带。

【译文】

《曲江春宴录》："春游的人家，用脂粉制作红馉，在竿头上成对儿悬挂，夹杂着丝带，在前头引导车马。"

系煎饼

《拾遗记》^①："江东俗号正月二十日为天穿日^②，以红缕系煎饼饵置屋上，谓之补天穿。"李白诗云："一枚煎饼补天穿^③。"

【注释】

①《拾遗记》：又名《拾遗录》《王子年拾遗记》，十卷，东晋王嘉撰。该书记载从伏羲以至西晋的各代异闻。王嘉，字子年，陇西安阳（今甘肃渭源）人。东晋时方士、小说家。

②江东：地名。古时指长江下游芜湖、南京以下的南岸地区。天穿日：南方民间节日。

③一枚煎饼补天穿：出自李觏《正月二十日俗号天穿日，以煎饼置屋上，谓之补天》，底本误为"李白"所作。

【译文】

《拾遗记》："江东风俗称正月二十日为天穿日，用红线系煎饼饵放置在屋上，称为补天穿。"李觏有诗写道："一枚煎饼补天穿。"

酿梨春

《白氏六帖》^①："杭州俗，酿酒，趁梨花时熟^②，号梨花春。"

【注释】

①《白氏六帖》：又名《白氏六帖事类集》，三十卷，唐白居易撰。该书为类书，采辑各种典籍中的成语、典故，然后分类编排。白居易（772—846），字乐天，号香山居士，又号醉吟先生，河南新郑（今属河南）人。唐代伟大的现实主义诗人，因与元稹共同倡导新乐府运动，世称"元白"。著有《白氏长庆集》等。

②熟：开花。

【译文】

《白氏六帖》："杭州风俗，酿酒，趁梨花开放时酿造，号为梨花春。"

赐柳圈

《唐书》①："李适为学士②。凡天子飨食游豫③，惟宰相与学士得从。春幸梨园④，并渭水禊除⑤，则赐柳圈辟疠⑥。"

【注释】

①《唐书》：即《新唐书》，二百二十五卷，宋欧阳修、宋祁撰。该书是一部记载唐代历史的纪传体史书。因之前有后晋刘昫等所撰《唐书》，故称。

②李适（663—711）：字子至，号东山子，京兆万年（今陕西西安）人。武后时举进士，圣历中兼修书学士，中宗景龙二年（708）擢为修文馆学士。学士：职官名。唐代翰林学士亦本为文学侍从之臣，因接近皇帝，往往参与机要。

③飨（xiǎng）食：即飨食之礼，就是飨礼和食礼。飨礼是指用酒食招待客人或祭祀神灵的礼仪，食礼是指君臣或亲友间共同进餐的礼仪。游豫：指帝王出巡。春巡为"游"，秋巡为"豫"。《孟子·梁惠王下》："夏谚曰：'吾王不游，吾何以休？吾王不豫，吾

何以助？一游一豫，为诸侯度。'"

④幸：指封建帝王出巡某地。梨园：唐玄宗时教练宫廷歌舞艺人的地方。

⑤渭水：今黄河中游支流渭河。禊（xì）除：修禊事以除不祥。禊，古代于春秋两季在水边举行的一种祭礼。

⑥柳圈：我国传统风俗，清明节用柳条编成圈儿戴在头上，谓可去毒避邪。疠：瘟疫。

【译文】

《新唐书》："李适为修文馆学士。凡是皇帝举行飨食之礼和出巡，只有宰相与学士得以随从。皇帝春天巡幸梨园，并到渭水之滨修禊事以除不祥，赏赐柳圈以避瘟疫。"

羹锦带

《荆湖近事》①："荆渚中有花名锦带②，其花条生如郁李仁③，春末开花，红白如锦。初生叶柔脆可食。"老杜诗云："滑忆雕胡饭，香闻锦带羹④。"

【注释】

①《荆湖近事》：十卷，宋陶岳撰。陶岳（？—1022），字舜咨，又字介立，永州祁阳（今属湖南）人。太平兴国五年（980）进士，累官太常博士、尚书职方员外郎，知端州。另著有《五代史补》《零陵总记》等。

②荆渚（zhǔ）：荆州的别名。荆州，汉武帝所置十三州刺史部之一。有今湖北、湖南两省及河南、贵州、广东、广西四省的各一部。隋、唐荆州皆治江陵县（今湖北荆州）。唐李白《陈情赠友人》有"所

思采芳兰,欲赠隔荆渚"。锦带:莼菜的别名。

③郁李仁:蔷薇科植物郁李、欧李、榆叶梅、长梗扁桃等的种仁。

④滑忆雕胡饭(fàn),香闻锦带羹:出自杜甫《江阁卧病走笔寄呈崔卢两侍御》。雕胡饭,用苽米煮成的饭。饭,同"饭"。

【译文】

《荆湖近事》:"荆州一带有种花名叫锦带,它的花枝生长形态如同郁李仁,春末开花,红白如锦带。初生的嫩叶软而易碎可以食用。"杜甫有诗写道:"滑忆雕胡饭,香闻锦带羹。"

怜草色

《长庆集·杭州春望》诗①:"谁开湖寺西南路②,草绿裙腰一道斜③。"自注云:"孤山在湖洲中,草绿时,望如裙腰。"又东坡诗云:"春入西湖到处花,裙腰芳草抱山斜④。"王介甫诗云⑤:"遥怜草色裙腰绿,湖寺西南一径开⑥。"

【注释】

①《长庆集》:即《白氏长庆集》,白居易撰。

②湖寺:指孤山寺。杭州西湖孤山上的寺院。西南路:指由断桥向西南通往湖中孤山的长堤,即白沙堤(简称"白堤")。

③裙腰:裙子上的腰带。后比喻绿草丛生的小路。

④春入西湖到处花,裙腰芳草抱山斜:出自苏轼《再和杨公济梅花十绝·其五》。

⑤王介甫:即王安石,字介甫。

⑥遥怜草色裙腰绿,湖寺西南一径开:出自王安石《和惠思岁二日二绝·其二》。

【译文】

《白氏长庆集·杭州春望》诗写道："谁开湖寺西南路，草绿裙腰一道斜。"作者注解说："孤山在西湖洲中，草绿时，望着就像裙子上的腰带。"又有苏轼诗写道："春入西湖到处花，裙腰芳草抱山斜。"王安石有诗写道："遥怜草色裙腰绿，湖寺西南一径开。"

望杏花

《四民月令》①："清明节，令蚕妾理蚕室②。是月也，杏花盛。"又云："杏花生，种百谷。"宋子京诗云③："催耕并及杏花时④。"蜀主孟昶《劝农诏》云⑤："望杏敦耕，瞻蒲劝穑⑥。"王元长《策秀才文》云⑦："杏花菖叶，耕获不愆⑧。"

【注释】

①《四民月令》：古代农书，东汉崔寔（shí）撰。《四民月令》仿《礼记·月令》的体例，逐月记述当时人们的生产和生活。崔寔（？—170），字子真，一名台，字无始，涿郡安平（今河北安平）人。东汉政论家、思想家，另著有《政论》。

②蚕妾：古代育蚕女奴。后亦泛指育蚕妇女。

③宋子京：即宋祁（998—1061），字子京，开封雍丘（今河南杞县）人。北宋文学家、史学家，著有《益部方略记》等。

④催耕并及杏花时：出自宋祁《喜雨》。

⑤蜀主孟昶（chǎng，919—965）：本名孟仁赞，字保元，邢州龙冈（今河北邢台）人。五代十国后蜀末代皇帝（934—965年在位）。

⑥望杏敦耕，瞻蒲劝穑（sè）：望见杏花就敦促耕种，看见蒲苗就劝勉收割。即按时令劝勉耕种收获。蒲，植物名，菖蒲。劝，督勉。

稿，收割庄稼。

⑦王元长：即王融（467—493），字元长，琅邪临沂（今山东临沂）人。南朝齐文学家。《策秀才文》：即《永明九年策秀才文》。

⑧杏花菖叶，耕获不愆（qiān）：指杏花开放，菖蒲开始生长，不错过耕作和收获时机。愆，错过。

【译文】

《四民月令》："清明节时，令育蚕妇女整理蚕室。这个月，杏花盛开。"又记载："杏花生芽，可种百谷。"宋祁有诗写道："催耕并及杏花时。"蜀主孟昶《劝农诏》写道："望杏敦耕，瞻蒲劝穑。"王融《永明九年策秀才文》写道："杏花菖叶，耕获不愆。"

看菖叶

《吕氏春秋》①："冬至后五旬七日②，菖叶生。盖菖者，百草之先生也，于是始耕。"又云："菖始生，于是耕。"储光羲诗云③："菖叶日已长，杏花日已滋。农人要看此，贵不违天时④。"

【注释】

①《吕氏春秋》：又名《吕览》，二十六卷，为秦相吕不韦召集门下宾客儒士集体编撰而成。该书为先秦杂家学派的代表作。吕不韦（？—前235），卫国濮阳（今河南濮阳西南）人。战国末政治家、思想家。

②旬：十日为一旬。

③储光羲（约706—约762）：行十二，润州延陵（今江苏丹阳）人，郡望兖州（今属山东）。唐诗人。有《储光羲集》传世。

④"菖叶日已长"几句：出自储光羲《田家即事》。原诗"菖叶"作
　"蒲叶"。

【译文】

《吕氏春秋》："冬至后五十七天，菖蒲生叶。大概菖蒲，就是百草中
最先生叶的，这时就开始耕种。"又记载："菖蒲开始生叶，于是就开始耕
种。"储光羲有诗写道："菖叶日已长，杏花日已滋。农人要看此，贵不违
天时。"

种辰瓜①

　　《齐民要术》②："三月辰日，最宜种瓜。"山谷诗云③：
"夏栽醉竹余千个，春粪辰瓜满百区④。"

【注释】

①辰瓜：冬瓜的别称。清高士奇《北墅抱瓮录》："冬瓜，附地遍生，
　瓤白如玉，逢辰日种之，其生必繁。故黄山谷呼为辰瓜。"

②《齐民要术》：十卷，北魏贾思勰撰。该书系统总结和记载了黄河
　中下游地区的农业（包括农、林、牧、副、渔）生产经验和技术，为
　我国古代农学奠定了基础，对后世农学著作影响极大。贾思勰，
　青州益都（今山东寿光）人。北魏农学家。

③山谷：即黄庭坚（1045—1105），字鲁直，号山谷道人、涪翁，洪州
　分宁（今江西修水）人。北宋诗人、书法家。著有《山谷集》《山
　谷琴趣外篇》等。

④夏栽醉竹余千个，春粪辰瓜满百区：出自黄大临《双井敝庐之东，
　得胜地一区，长林巨麓，危峰四环，泉甘土肥，可以结茅庵居。是
　在寅山之颜，命曰"寅庵"，喜成四诗，远寄鲁直，可同魏都士人共
　和之》其三，此处误为黄山谷所作。醉竹，即竹醉日，栽竹之日，

此日期说法有二：一曰八月八日。《山家清事》："八月八日为竹醉日，种竹易活。"一曰五月十三日。宋范致明《岳阳风土记》："五月十三日，谓之龙生日，可种竹，《齐民要术》所谓竹醉日也。"区，古代农民播种时所开的穴或沟称为"区"。

【译文】

《齐民要术》："三月的辰日，最宜种冬瓜。"黄大临有诗写道："夏栽醉竹余千个，春粪辰瓜满百区。"

栽杂木

《氾胜书》："栽树，正月为上时，二月为中时，三月为下时。然枣鸡口、槐兔目、桑虾蟆眼、榆负瘤散①，其余杂木，鼠耳、虻翅②，各其时。凡种栽并插，皆用此等形象。"

【注释】

①枣鸡口：枣树的叶芽像鸡嘴。槐兔目：槐树的叶芽像兔子眼。桑虾蟆眼：桑树的叶芽像虾蟆眼。榆负瘤散：榆树的叶芽像负瘤散。负瘤散，不明所指。《今释》说榆树叶芽都是小颗粒形，可能以此比拟作"负瘤"，"散"是舒展开来。但这三字似乎是连成一个名词的，则所指不明。

②鼠耳：谓像鼠耳朵样子。《艺文类聚》卷八八引《庄子》："槐之生也，入季春五日而兔目，十日而鼠耳。"虻翅：牛虻翅膀。虻翅，底本作"蛇趄"，据《齐民要术》改。

【译文】

《氾胜之书》："凡移栽树木，正月为上好时令，二月为中等时令，三月为最差的时令。然而按照叶芽萌发的物候来掌握，那么枣树的叶芽像鸡嘴时移、槐树的叶芽像兔子眼时移、桑树的叶芽像虾蟆眼时移、榆树的叶芽像负瘤散时移，其它各种树，长得像老鼠耳朵、牛虻翅膀等时，各按它们的物候来移。凡是种植、移栽并插枝，都可仿效这种方法。"

游蜀江①

杜氏《壶中赘录》②："蜀中风俗③，旧以二月二日为踏青节。都人士女，络绎游赏④，缇幕歌酒⑤，散在四郊⑥。历政郡守⑦，虑有强暴之虞⑧，乃分遣戍兵于冈阜坡冢之上⑨，立马张旗望之。后乖崖公帅蜀⑩，乃曰：'虑有他虞，不若聚之为乐。'乃于是日，自万里桥⑪，以锦绣器皿，结彩舫十数只⑫，与郡僚属官分乘之，妓乐数船，歌吹前导，名曰游江。于是都人士女，骈于八九里间⑬，纵观如堵⑭。抵宝历寺桥出⑮，谶于寺内⑯。寺前创一蚕市⑰，纵民交易。嬉游乐饮，倍于往岁，薄暮方回。

【注释】

①蜀江：指今四川成都南河（锦江）。

②杜氏《壶中赘录》：书名。不详待考。

③蜀中：指今四川成都平原一带。

④络绎：连续不断，往来不绝。

⑤缇（tí）幕歌酒：在橘红色的帷幕里饮酒歌唱。缇幕，橘红色的帷幕。缇，橘红色。

⑥四郊：郊外。

⑦历政郡守：历代地方长官。历政，历代。

⑧强暴：强横凶暴的势力。虞：忧患。

⑨分遣：分别派遣。戍兵：指军队。冈阜：山丘。冢（zhǒng）：山顶。

⑩乖崖公：即张咏（946—1015），字复之，自号乖崖子，濮州鄄城（今属山东）人。北宋太宗、真宗两朝的名臣，尤以治蜀著称。帅：谓镇守和掌管一方的军事和民政。

⑪万里桥：位于成都城南锦江上。古名笃泉桥，又名府河大桥，是古人东航起程处。226年，诸葛亮为联吴抗魏，派费祎出使东吴，于此饯行，费祎感叹道："万里之行，始于此桥。"万里桥名始此。

⑫舫（fǎng）：船。

⑬骈（pián）：聚集，罗列。

⑭堵：围墙。此指人数众多。

⑮宝历寺桥：在今四川成都。

⑯讌（yàn）：同"宴"。

⑰蚕市：蜀地旧俗，每年春季，蜀地州县轮番为市，买卖蚕具兼及花木、果品、药材、杂物，并供人游乐。

【译文】

杜氏《壶中赘录》："蜀中的风俗，过去以二月二日为踏青节。城里的男男女女，前后相拥游玩观赏，在橘红色的帷幕里饮酒歌唱，散落郊外。历代地方长官，担心发生骚乱，于是分别派遣军队在山丘、山坡和山顶上，骑马举旗观望。后来乖崖公张咏掌管蜀中，就说：'既然担心有其他隐患，不如聚在一起取乐。'于是就在这天，从万里桥，用锦绣器皿，装饰彩船十数只，与同僚及属下官吏分别乘坐，乐伎、舞伎数船，歌唱吹奏在前引导，名为游江。于是蜀郡的男男女女，排列了八九里，观看的人多得像围墙一样。抵达宝历寺桥，来到寺内宴饮。在寺前创立一处蚕市，听任百姓交易。游玩嬉戏开怀畅饮，比往年欢乐数倍，直到傍晚才回。"

售农用

《四川记》^①："同州以二月二日与八日为市^②，四方村民毕集，应蚕农所用，以至车檐椽木、果树^③，器用杂物皆至^④，其值千缗至万缗者^⑤。郡守就子城之东北隅龙兴寺前^⑥，立山棚^⑦，设幄幕乐^⑧，以宴劳将吏^⑨，累日而罢^⑩。"

【注释】

①《四川记》：书名。不详待考。

②同州：西魏废帝三年（554）改华州置，治武乡县（今陕西大荔）。

③车檐：车载肩挑。檐，担。椽（chuán）木：椽子，承托屋面用的木构件。圆的叫椽，方的叫桷。

④器用：指器皿用具。

⑤缗（mín）：古代计量单位。每串一千文。

⑥子城：大城所属的小城，即内城及附郭的瓮城或月城。龙兴寺：寺院名。《金石萃编》："按同州龙兴寺有二：一在州西北，隋开皇年建。一在州正西。《陕西通志》不言建于何代，但云明洪武、嘉靖中重修。宋有《重修龙兴寺塔碑》，以此碑考之，则亦建于隋文帝时也。"

⑦山棚：为庆祝节日而搭建的彩棚，其状如山宸耸，故名。

⑧幄（wò）幕：帐幕。

⑨劳：慰劳。将吏：泛指文武官员。

⑩累日：数日。

【译文】

《四川记》："同州在二月二日与八日开市进行交易，四方村民全部聚集，顺应蚕农所需，以至车载肩挑椽木、果树，器用等各种杂物都齐备，其价值在千缗至万缗。郡守就在内城东北角龙兴寺前，搭建彩棚，布置帐幕奏乐，设宴以慰劳文武官员，数日以后才结束。"

鬻蚕器

栾城文《蚕市诗序》云[1]："蜀人以二月望日[2]，鬻蚕器[3]，谓之蚕市。"东坡先生诗云："蜀人衣食常苦艰，蜀人行乐不知还。十夫耕农万夫食，一年辛苦一春闲。闲时尚以蚕为市，其忘辛苦逐欣欢[4]。"又张仲殊词云[5]："成都好，蚕市趁遨游。夜放笙歌喧紫陌，春邀灯火上红楼。车马溢瀛洲。　　人散后，茧馆喜绸缪。柳叶已饶烟黛细，桑条何似玉纤柔。立马看风流[6]。"

【注释】

① 栾城：即苏辙（1039—1112），字子由，一字同叔，晚号颍滨遗老，眉州眉山（今四川眉山）人。北宋文学家，著有《栾城集》等。栾城，底本作"栾诚"，据《宋史·苏辙传》改。

② 望日：指月亮圆的那一天。通常指农历每月之十五日。

③ 鬻（yù）：卖。蚕器：养蚕的器具。

④ "蜀人衣食常苦艰"几句：出自苏轼《和子由蚕市》。

⑤ 张仲殊：俗姓张，名挥，字师利，仲殊为其法号，安州（今属湖北）人。因妻投毒，食蜜而愈，遂弃家为僧，人号蜜殊。住苏州承天、杭州吴山宝月等寺，与苏轼相交甚善。北宋僧人、词人，著有《宝月集》。

⑥ "成都好"几句：出自张仲殊《忆江南》。遨游，游乐。笙（shēng）歌，泛指奏乐唱歌。紫陌，指京师郊野的道路。溢，满，充塞。瀛

（yíng）洲，传说中的仙山。《列子·汤问》：“渤海之东，不知几亿万里……其中有五山焉，一曰岱舆，二曰员峤，三曰方壶，四曰瀛洲，五曰蓬莱……所居之人，皆仙圣之种。”这里比喻成都。茧馆，饲蚕之馆。绸缪（móu），情意殷切。这里指丰收的喜悦。柳叶，柳树的叶子。用以形容女子细长之眉。南朝梁元帝《树名诗》：“柳叶生眉上，珠珰摇鬓垂。”烟黛，指女子的眼眉。黛，青黑色的颜料，古代女子用以画眉，也作女子眉毛的代称。玉纤，指女子纤细如玉的手指。

【译文】

苏辙《蚕市诗序》写道：“蜀地人在二月十五日，卖养蚕的器具，称为蚕市。”苏轼有诗写道：“蜀人衣食常苦艰，蜀人行乐不知还。十夫耕农万夫食，一年辛苦一春闲。闲时尚以蚕为市，其忘辛苦逐欣欢。”还有张仲殊词写道：“成都好，蚕市趁邀游。夜放笙歌喧紫陌，春邀灯火上红楼。车马溢瀛洲。　　人散后，茧馆喜绸缪。柳叶已饶烟黛细，桑条何似玉纤柔。立马看风流。”

验岁草

黄帝问师旷曰①：“吾欲苦乐善恶②，可知否？”对曰：“岁欲甘，甘草先生，荠是也③。岁欲苦，苦草先生，葶苈是也④。岁欲雨，雨草先生，藕是也。岁欲旱，旱草先生，蒺藜是也⑤。岁欲流⑥，流草先生，蓬是也⑦。岁欲恶，恶草先生，水藻是也⑧。岁欲病，病草先生，艾是也⑨。”皆以孟春占之。

【注释】

①黄帝：姬姓，号轩辕氏、有熊氏。五帝之首，被尊祀为“人文初

祖"。相传蚕桑、舟车、文字、音律、算数等都创始于黄帝时代。

师旷（约前608—前527）：名旷，字子野，双目先天失明，自称盲臣，又称瞑臣，冀州南和（今河北南部）人。春秋时晋国乐师，善于辨音。《孟子·离娄上》："师旷之聪，不以六律，不能正五音。"

②吾欲苦乐善恶：底本作"吾欲若乐善心"，据《太平御览》改。即年景的收成、灾荒、疫病等。

③荠（jì）：即荠菜，十字花科。味甘淡。《诗经·邶风·谷风》："其甘如荠。"

④葶苈（tíng lì）：十字花科。味苦辛。《神农本草经》陶弘景注："子细黄，至苦。"

⑤蒺藜（jí lí）：蒺藜科，生于沙丘干旱地。

⑥流：指流亡、逃荒。

⑦蓬：蓬草生于旱地，蓬草的枯茎和种子随风飞扬，故有"飞蓬"之名。

⑧水藻：植物名。蚁塔科马尾藻属，多年生草本。

⑨艾：多年生草本植物，嫩叶可食，老叶制成绒，供针灸用。

【译文】

黄帝问师旷道："我想预知年景的收成、灾荒、疫病等，能否知晓？"师旷答道："若荠菜（甘草）在早春率先生长，则预示当年粮食收成丰足。若葶苈（苦草）在早春率先生长，则预示年景艰难、作物收成不佳。若藕（雨草）在早春率先生长，则预示当年雨水充沛。若蒺藜（旱草）在早春率先生长，则预示当年有旱灾。若蓬（流草）在早春率先生长，则预示当年百姓多有流亡。若水藻（恶草）在早春率先生长，则预示当年年景恶劣。若艾（病草）在早春率先生长，则预示当年百姓多有疫病。"

占雨雾

《占书》①："正月朔雨，春旱，人食一升；二日雨，人食二升；三日雨，人食三升；四日雨，人食四升；五日雨，主大熟②。五日内雾，谷伤民饥。元日雾，岁必饥。"

【注释】

①《占书》：关于占卜的书。

②大熟：大丰收。《尚书·金滕》："秋，大熟，未获，天大雷电以风。"

【译文】

《占书》："正月初一下雨，春天就会干旱，人均得到粮食一升；正月初二下雨，人均得到粮食二升；正月初三下雨，人均得到粮食三升；正月初四下雨，人均得到粮食四升；正月初五下雨，粮食会大丰收。正月初五有雾，损伤谷物，使人民陷入饥荒。正月初一有雾，这一年必定闹饥荒。"

禳鬼鸟①

《荆楚岁时记》："正月夜多鬼鸟度②，家家槌床打户，捩狗耳③，灭灯火，以禳之。《玄中记》云④：'此鸟名姑获⑤，一名天帝女，一名隐飞鸟，一名夜游女。好取人女子养之⑥。有小儿之家，即以血点其衣，以为志⑦。故世号鬼鸟。'荆州弥多⑧，斯言信矣⑨。"

【注释】

①禳（ráng）：驱逐。鬼鸟：传说中的怪鸟。

②度：指鸟飞过。

③捩（liè）狗耳：揪着狗耳朵。捩，扭。

④《玄中记》：又名《郭氏玄中记》，旧题晋郭璞撰。该书为志怪小说集，已佚。郭璞（276—324），字景纯，河东闻喜（今属山西）人。

晋文学家、训诂学家、道学术数大师、游仙诗祖师。

⑤姑获：又名女鸟、夜行游女等，相传为产妇所化。

⑥女子：子女。

⑦志：标记。

⑧荆州：底本作"荆湖"，据《太平御览》改。汉武帝所置十三州刺史部之一。晋永和八年（352），治江陵（今湖北荆州）。南北朝时，齐和帝、梁元帝、后梁、萧铣皆以荆州为国都。弥：更。

⑨信：真。

【译文】

《荆楚岁时记》："正月夜晚多怪鸟飞过，家家户户敲击床铺拍打户门，揪着狗耳朵使狗叫，熄灭灯火驱逐怪鸟。《玄中记》记载：'这种鸟名叫姑获，又叫天帝女，又叫隐飞鸟，又叫夜游女。它喜欢攫取人家的子女去抚养。遇上有小儿的人家，就在小儿衣上点血，作为标记。所以世人称为鬼鸟。'荆州一带更多，'正月夜晚多怪鸟飞过'的话是真的。"

饮雨水

《本草》①："正月雨水②，夫妻各饮一杯，还房获时有子，神助也。"

【注释】

①《本草》：即《证类本草》，又称《经史证类备急本草》，三十卷，北宋唐慎微撰。该书集录历代医学名著及经史传记、佛书道藏书目等，将《嘉祐本草》与《本草图经》合而为一，再新增476种药物，每种药物的后面都附有插图，便于检索。对于药物的主治，详加阐述与考证。唐慎微（约1056—1093），字审元，蜀州晋原（今四川崇州）人。长期居留成都行医。北宋医学家。

②正月：底本作"三月"，据《证类本草》改。

【译文】

《证类本草》："正月的雨水，夫妻各饮一杯后，再行房事即能受孕有子，有如神助。"

去妖邪

《西京杂记》①："贾佩兰云②：'在宫中，正月上辰③，出池边盥濯④，食蓬饵⑤，以祓妖邪⑥。'"

【注释】

①《西京杂记》：东晋葛洪撰。该书为志人小说集。"西京"指西汉京都长安。所记多为西汉人物轶事，并及宫室制度、风俗习惯、衣饰器物，间涉怪诞传说，对统治阶层奢侈淫佚颇多揭露。葛洪（284—364），字稚川，自号抱朴子，丹阳句容（今属江苏）人。东晋道教学者、炼丹术家、医学家，另著有《抱朴子内篇》《抱朴子外篇》《肘后备急方》《神仙传》等。

②贾佩兰：汉高祖宠妃戚夫人的侍女。

③上辰：农历每月上旬的辰日。

④盥濯（guàn zhuó）：洗涤。

⑤蓬饵：蓬蒿饼。蓬，蓬蒿，又叫飞蓬。饵，糕饼。

⑥祓（fú）：古时一种除灾求福的祭礼。妖邪：指鬼怪神祟及其危害。

【译文】

《西京杂记》："贾佩兰说：'在宫中，正月上旬的辰日，到池边洗涤，吃蓬蒿饼，以驱逐鬼怪神祟及其危害。'"

辟官事

《历书》^①："二月上丑日，取土泥蚕屋^②，宜蚕。上辰日，取道中土泥门，应辟官事^③。"

【注释】

①《历书》：指依一定历法编制的记载年、月、日、时、节候等的专书。

②泥（nì）：涂抹，糊。

③辟：同"避"。回避。官事：犹官司。诉讼之事。

【译文】

《历书》："二月上旬的丑日，取土涂抹蚕房，适宜养蚕。上旬的辰日，取道中土涂抹房屋，能回避官司。"

照百鬼

《荆楚岁时记》："正月未日夜，芦苣火照井厕^①，百鬼皆走。"

【注释】

①芦苣（jù）：用芦苇秆扎成的火把。井厕：厕所。

【译文】

《荆楚岁时记》："正月未日夜晚，点燃用芦苇秆捆扎起来的火把，照亮厕所，各种鬼怪都要逃走。"

卷二

夏

【题解】

　　本卷《夏》。春尽夏生，夏为万物恣意生长之季节，至夏皆长大。卷首一段总叙文字概说夏之义。

　　本卷先分述"孟夏月""仲夏月""季夏月"的律历征兆。"孟夏月"以立夏、小满为节点，引用《礼记·月令》《周书·时训》等书，记录"蝼蝈鸣""蚯蚓出""王瓜生"等物候特征。"仲夏月"以芒种、夏至为节点，引用《礼记·月令》《周书·时训》等书，记录"螳螂生""鹿角解""蝉始鸣"等物候特征。"季夏月"以小暑、大暑为节点，引用《礼记·月令》《周书·时训》等书，记录"温风始至""土润溽暑""大雨时行"等物候特征。

　　本卷条目均为夏令时俗节物，主要有夏季自然现象"黄梅雨""送梅雨""暴冻雨""海飓风""黄雀风""麦黄水"等；夏季饮食进补"霹雳酒""调寝饫"等；夏季农桑种养"龙生日"；夏季消暑宴乐"临水宴""消凉珠""白龙皮""入寒泉""激凉风""没水底""开七井""颁冰雪"等；夏季岁时卜筮"求蛇医""占蝗旱"等。属于夏季诗文典故的有"卧北窗""书新裙"等。

　　《礼记·乡饮酒》曰："南方曰夏，夏之为言假也^①，养之、长之、假之^②，仁也。"《太玄经》曰："夏者，物之修长也③。"董仲舒《策》曰④:"阳常居大夏⑤,以生育长养为事。"《淮南子》曰:"夏为衡⑥。衡者,所以平万物也。"《前汉·律历志》曰:"太阳者,南方。南,任也⑦,阳气任养物,于时为夏。夏,假也,物假大,乃宣平⑧。火炎上。礼者齐⑨,齐者平,故为衡也。"《月令》曰:"夏三月,其日丙、丁,其帝炎帝⑩,其神祝融⑪,其虫羽⑫,其数七,其味苦,其臭焦,其祀灶,祭先肺。"

【注释】

①假:通"嘏"。大。

②养之:养育万物。长之:生长万物。假之:壮大万物。

③修长:细长。此指生长茂盛。

④董仲舒(前179—前104):广川(今河北景县)人。汉武帝元光元年(前134),进献《举贤良对策》,即著名的"天人三策",建议采用儒学作为统治思想。武帝接受他的建议"罢黜百家,独尊儒术"。西汉儒学大师、思想家,著有《春秋繁露》等。

⑤大夏:夏天。

⑥衡:指秤杆或秤,代表平衡与公平。

⑦任:孕育。

⑧宣平:指阳气推动万物生长后,达到平衡状态。

⑨礼者:知礼的人。

⑩炎帝:即神农氏。传说中的上古帝王。死后为火德王,五行则为火帝,主夏。

⑪祝融:上古帝王,本名重黎,以火施化,号赤帝。死后尊为火神。

⑫其虫羽:按照五行学说,因为夏属火,而二十八宿之南方七宿有鸟象,称为"朱雀",故以羽类为夏虫。

【译文】

《礼记·乡饮酒义》记载:"南方是夏的方位,夏就是大的意思,养育万物、生长万物、壮大万物,就是仁。"《太玄经》记载:"夏天,是万物生长茂盛的季节。"董仲舒《举贤良对策》说:"阳气通常在夏天,以生产抚育培养为事业。"《淮南子》记载:"夏天作为秤杆。秤杆,是用来使万物平衡的。"《汉书·律历志》记载:"太阳,对应南方。南,意为孕育,南方阳气孕养万物,对应夏季。夏,就是大的意思,万物借助夏天阳气壮大自身,阳气推动万物生长后,达到平衡状态。火性向上燃烧,知礼的人用来规范秩序,使社会与自然保持平衡。"《礼记·月令》记载:"夏三月,这个月的日以丙丁为主日,主宰这个月的天帝是炎帝,天神是祝融,这个月的动物以羽类为主,数以七为成数,味道以苦为主,气味以焦为主,祭祀对象为灶神,祭品以牲畜的肺为上。"

孟夏月

《礼记·月令》曰:"孟夏之月,日在毕[1],昏翼中[2],旦婺女中[3]。律中中吕[4]。蝼蝈鸣[5],蚯蚓出。王瓜生[6],苦菜秀[7]。靡草死[8],麦秋至[9]。"

【注释】

①毕:星宿名。二十八宿之一。有今金牛座八星。

②翼:星宿名。二十八宿之一。有今巨爵座、长蛇座二十二星。

③婺(wù)女:星宿名。二十八宿之一。有今宝瓶座四星。

④中吕:十二律中阴律的第三律。古人将十二律与十二月相配,中吕配四月。中吕,底本作"仲吕",据《礼记·月令》改。

⑤蝼蝈(lóu guō):蛙属。

⑥王瓜:亦作"王菝",或说即栝楼。《礼记·月令》孟夏之月:"王瓜
　　生,苦菜秀。"郑玄注:"王瓜,草挈也。今《月令》云'王菝生',
　　《夏小正》云'王菝秀',未闻孰是。"《尔雅·释草》:"果蓏之实栝
　　楼。"郭璞注:"今齐人呼之为天瓜。"《本草》:"栝楼,一名黄瓜。"
　　按王瓜或即此黄瓜。

⑦苦菜:越年生菊科植物。春夏间开花。茎空,叶呈锯形,有白汁。
　　茎叶嫩时均可食,略带苦味,故名。秀:开花。秀,底本作"莠",
　　据《礼记·月令》改。

⑧靡草:草名。荠菜之类的草。陈澔曰:"靡草,草之枝叶靡细者,阴
　　类,阳盛则死。"

⑨麦秋:麦熟的季节。通指农历四五月。

【译文】

《礼记·月令》记载:"孟夏四月,太阳运行到了毕宿的位置,黄昏时
翼宿出现在南方天空的正中,拂晓时婺女宿出现在南方天空的正中。这
个月候气律管应着中吕。这个月蝼蝈鸣叫,蚯蚓出土。王瓜结实,苦菜
开花。靡草枯死,麦子成熟的季节到了。"

《三统历》曰:"立夏为四月节,小满为四月中气。小满
者,言物长于此,小得盈满①。"

【注释】

①小得盈满:夏熟作物的籽粒开始灌浆饱满,但还未成熟,只是小
　　满,还未大满。

【译文】

《三统历》记载:"立夏为四月节气,小满为四月中气。所谓小满,就
是说万物生长至此,夏熟作物的籽粒开始灌浆饱满,但还未成熟,只是小
满,还未大满。"

《孝经纬》曰："谷雨后十五日，斗指巽，为立夏。后十五日，斗指巳，为小满。"

【译文】

《孝经纬》记载："谷雨节气后十五天，北斗斗柄指向巽位，就是立夏节气。十五天以后，北斗斗柄指向巳位，就是小满节气。"

《周书·时训》曰："立夏之日，蝼蝈鸣。后五日，蚯蚓出。后五日，王瓜生。小满之日，苦菜秀。后五日，靡草死。后五日，麦秋至①。"

【注释】

①麦秋：麦子成熟的季节。指农历四五月。

【译文】

《逸周书·时训》记载："立夏之日，蝼蝈鸣叫。五天以后，蚯蚓出土。五天以后，王瓜结实。小满之日，苦菜开花。五天以后，靡草枯死。五天以后，麦子成熟的季节到了。"

《白虎通德论》曰："四月律谓之仲吕何？言阳气将极中充大也①，故复中难之也。"《晋志》云："吕者，助也，谓阳气盛长，阴助成功也。"

【注释】

①言阳气将极中充大也：底本作"言阳气极将彼"，据《白虎通德论》改。

【译文】

《白虎通德论》记载："四月律为什么称为仲吕呢？说阳气将要达

到极为中正、充盈盛大的状态，所以阴气又开始在中间为难它。"《晋书·乐志》记载："吕，就是助的意思，说阳气盛长，阴助成功。"

《晋·乐志》云："四月之辰谓之巳。巳者，起也，物至此时毕尽而起也。"

【译文】

《晋书·乐志》记载："四月对应的十二地支为巳位。巳，就是起的意思，万物到这个时候全部都成长起来了。"

《夏小正》曰："四月：昴则见^①。"

【注释】

①昴（mǎo）：星宿名。二十八宿之一。见：同"现"。出现。

【译文】

《夏小正》记载："四月：昴宿就出现。"

《诗·七月》曰："四月秀葽^①。"注云："不荣而实曰秀^②。葽，草也。"

【注释】

①葽（yāo）：草名。俗称远志。

②荣：开花。

【译文】

《诗经·七月》记载："四月秀葽。"注解说："不开花而结子称为秀。葽，就是草。"

《西京杂记》曰:"阳德用事①,则和气皆阳,建巳之月是也②,故阳谓之正阳之月。"又曰:"四月阳虽用事,而阳不独存。此月纯阳,疑于无阴③,故谓之阴月④。"

【注释】

①阳德:阳气。用事:指当权,执政。此处为支配,控制。

②建巳之月:即四月建巳,十二月建之一。十二月建,以北斗七星斗柄指向为划分标准,北斗斗柄绕北极星旋转一周为一年,每旋转30°对应一个"建",形成十二个月份的循环。十二月建分别为:正月建寅,二月建卯,三月建辰,四月建巳,五月建午,六月建未,七月建申,八月建酉,九月建戌,十月建亥,十一月建子,十二月建丑。

③疑于:几乎。

④故谓之阴月:此处古人通过反向命名体现阴阳转化规律。

【译文】

《西京杂记》记载:"阳气占据支配地位,于是和合之气都是阳气,四月就是这样的,因此阳称为正阳之月。"又记载:"四月阳气虽然占据支配地位,然而阳气也不是独自存在的。这个月纯是阳气,几乎没有阴气,因此也称为阴月。"

《纂要》云:"四月曰首夏、维夏①。"

【注释】

①首夏、维夏:均为农历四月别名。首夏,始夏,初夏。三国魏曹丕《槐赋》:"伊暮春之既替,即首夏之初期。"维夏,《诗经·小雅·四月》:"四月维夏,六月徂暑。"

【译文】

梁元帝《纂要》记载：“四月称为首夏、维夏。”

《文选注》[①]：“郑玄曰：‘四月为除月[②]。’”

【注释】

①《文选注》：《文选》注本，六十卷，唐李善注。该书注文偏重于语源的说明和典故的解释。李善（约630—689），扬州江都（今江苏扬州）人。唐训诂学家，《文选》学的奠基人，另著有《汉书辨惑》等。

②除月：四月的别称。《诗经·小雅·小明》：“昔我往矣，日月方除。”郑玄笺：“四月为除。”孔颖达疏：“《尔雅》，除作余。李巡曰：‘四月，万物皆生枝叶，故曰余；余，舒也。’孙炎曰：‘物之枝叶敷舒。’”

【译文】

《文选注》：“郑玄说：‘四月为除月。’”

《月令》曰：“孟夏行秋令，则苦雨数来[①]，五谷不滋[②]，四鄙入保[③]。行冬令，则草木蚤落[④]，后乃大水，败其城郭[⑤]。行春令，则蝗虫为灾，暴风来格[⑥]，秀草不实[⑦]。”

【注释】

①苦雨：久下成灾的雨。

②滋：滋生。

③四鄙：四境的边民。鄙，边邑，过境。保：同“堡”。小城。

④蚤：通“早”。

⑤败：毁坏。城郭：城墙。城指内城的墙，郭指外城的墙。

⑥格：来，至。

⑦秀草不实：即"草不秀实"。草木不开花结果。

【译文】

《礼记·月令》记载："孟夏四月，实行秋季的政令，就有久下成灾的雨频繁到来，农作物不能滋长，四境的边民就会逃入城堡躲避敌寇。实行冬季的政令，草木就会早日枯萎，此后还有大水毁坏城郭。实行春季的政令，就有蝗虫灾害，并有暴风来到，草木不开花结果。"

仲夏月

《月令》曰："仲夏之月，日在东井①，昏亢中②，旦危中③。律中蕤宾④。小暑至，螳螂生，鵙始鸣⑤，反舌无声⑥。鹿角解⑦，蝉始鸣，半夏生⑧，木堇荣⑨。"

【注释】

①东井：星宿名。二十八宿之一。有今双子座八星。

②亢：星宿名。二十八宿之一。有今室女座四星。

③危：星宿名。二十八宿之一。有今宝瓶座、飞马座三星。

④蕤（ruí）宾：十二律中阳律的第四律。古人将十二律与十二月相配，蕤宾配五月，因以为农历五月的别名。

⑤鵙（jú）：伯劳鸟。

⑥反舌：鸟名。即百舌鸟。

⑦鹿角解：鹿角脱落。解，脱落。

⑧半夏：植物名。天南星科半夏属，一年或多年生草本。

⑨木堇（jǐn）：即木槿。锦葵科，落叶灌木。

【译文】

《礼记·月令》记载："仲夏五月，太阳运行到了井宿的位置，黄昏时候亢星出现在南方天空的正中,拂晓时候危宿出现在南方天空的正中。候气律管应着蕤宾。这个月小暑节气到来,螳螂出生,伯劳鸟开始鸣叫,百舌鸟不再出声。鹿角脱落,蝉开始鸣叫,半夏生长,木槿开花。"

《孝经纬》曰:"小满后十五日,斗指丙,为芒种。后十五日,斗指午,为夏至。"

【译文】

《孝经纬》记载:"小满节气后十五天,北斗斗柄指向丙位,就是芒种节气。十五天以后,北斗斗柄指向午位,就是夏至节气。"

《三统历》曰:"芒种为五月节,夏至为五月中气。芒种者,言有芒之谷可稼种也①。"

【注释】

①有芒之谷:有芒刺的禾谷。稼:种植。

【译文】

《三统历》记载:"芒种为五月节气,夏至为五月中气。所谓芒种,就是说有芒刺的禾谷可以种植了。"

《周书·时训》曰:"芒种之日,螳螂生。后五日,鵙始鸣。后五日,反舌无声。夏至之日,鹿角解。后五日,蝉始鸣。后五日,半夏生。"

【译文】

《逸周书·时训》记载:"芒种之日,螳螂出生。五天以后,伯劳鸟开始鸣叫。五天以后，百舌鸟不再发声。夏至之日，鹿角脱落。五天以后，蝉开始鸣叫。五天以后，半夏生长。"

《白虎通德论》曰："五月律谓之蕤宾何？蕤者，下也；宾者，敬也。言阳气上极，阴气始，宾敬之也①。"

【注释】

①宾敬：相敬如宾。

【译文】

《白虎通德论》记载："五月律为什么称为蕤宾呢？蕤，就是下的意思；宾，就是敬的意思。说阳气上升到极点，阴气开始萌发，所以相敬如宾。"

《晋·乐志》云："五月之辰谓之午。午者，长也，大也。言物皆长大也。"

【译文】

《晋书·乐志》记载："五月对应的十二地支为午位。午，就是长、大的意思。说万物都长大了。"

《夏小正》曰："五月：参则见。蜋蜩鸣①。初昏大火中②。"注云："大火，心星名也。"

【注释】

①蜋蜩（láng tiáo）：蝉的一种。体长七八分，色黑，杂黄绿斑纹，腹部面有白粉，翅无色透明。

②初昏大火中：黄昏时大火星位于南方天空正中。大火，即心宿。

【译文】

《夏小正》记载:"五月:参宿就出现。蜋蜩开始鸣叫。黄昏时大火星位于南方天空正中。"注释说:"大火,就是心宿的名字。"

《诗·七月》曰:"五月鸣蜩①。"又曰:"五月斯螽动股②。"注云:"蜩,螗也③。斯螽,蚣蝑也④。"

【注释】

①蜩(tiáo):古书上指蝉。

②斯螽(zhōng):即螽斯。昆虫纲直翅目螽斯科。触角细长,振翅善鸣。动股:两腿相互摩擦作声。股,虫类的两腿。

③螗(táng):又名蝘。一种较小的蝉。

④蚣蝑(zhōng xū):螽斯的别名。蚣蝑,底本作"蜙蝑",据《毛诗》改。

【译文】

《诗经·七月》记载:"五月鸣蜩。"又记载:"五月斯螽动股。"注释说:"蜩,一种较小的蝉。螽斯,就是蚣蝑。"

吴《子夜四时歌》曰①:"郁蒸仲暑月②。"

【注释】

①《子夜四时歌》:又称《吴声四时歌》,简称《四时歌》。《乐府诗集》《子夜歌》题解引《乐府解题》语云:"后人更为四时行乐之词,谓之《子夜四时歌》。"

②郁蒸:阴郁蒸腾,闷热。仲暑月:指农历五月。仲,即指该月在夏季中间。

【译文】

吴地《子夜四时歌》写道:"郁蒸仲暑月。"

东坡诗云："飞龙御月作秋凉①。"注云："谓五月也。"

【注释】

①飞龙御月作秋凉：出自苏轼《真一酒歌·并引》。飞龙御月，《乾卦》："九五，飞龙在天。"仲夏端午时节，"苍龙七宿"飞升至夜空正南中央，因而飞龙御月即指五月。又《卦气图》："三月夬卦为乾之九五。"则飞龙御月，是指三月。总之是麦子成熟（五月）或将熟（三月）季节。这个时候虽非一年四季中的秋季，但却是麦子的秋季（成熟季节），故有"作秋凉"之说。

【译文】

苏轼有诗写道："飞龙御月作秋凉。"注释说："就是五月。"

《月令》曰："仲夏行冬令，则雹冻伤谷，道路不通，暴兵来至①。行春令，则五谷晚熟，百螣时起②，其国乃饥。行秋令，则草木零落，果实早成，民殃于疫。"

【注释】

①暴兵：凶暴不义之师。《吴子·图国》："凡兵之所起者有五……其名又有五：一曰义兵，二曰强兵，三曰刚兵，四曰暴兵，五曰逆兵。"

②百螣（tè）：各种害虫。螣，一种小青虫。在此泛指损害庄稼的各种害虫。

【译文】

《礼记·月令》记载："仲夏五月，实行冬季的政令，就会有冰雹和霜冻伤害庄稼，道路不畅通，并会有凶暴不义之师来攻掠。实行春季的政令，五谷就会晚熟，各种害虫都会出现，国家就会发生饥荒。实行秋季的政令，草和树木就会零落，果实提前成熟，民众就会遭到时疫流行的灾祸。"

季夏月

《月令》曰："季夏之月，日在柳①，昏火中②，旦奎中③。律中林钟④。温风始至⑤，蟋蟀居壁，鹰乃学习，腐草为萤⑥。土润溽暑⑦，大雨时行。"

【注释】

①柳：星宿名。二十八宿之一。有今长蛇座八星。

②火：星宿名。亦称大火，即心宿，二十八宿之一。有今天蝎座三星。

③奎：星宿名。亦称天豕、封豕，二十八宿之一。有今仙女座九星、双鱼座七星。

④林钟：十二律中阴律的第四律。古人将十二律与十二月相配，林钟配六月，因以为农历六月的别名。

⑤温风：热风。

⑥萤：萤火虫。

⑦溽（rù）暑：又湿又热。指盛夏的气候。

【译文】

《礼记·月令》记载："季夏六月，太阳运行到了柳宿的位置，黄昏时候火星出现在南方天空的正中，拂晓时候奎宿出现在南方天空的正中。候气律管应着林钟。这个月热风开始吹来，蟋蟀居住在墙隙中，雏鹰开始学习飞翔，腐草化为萤火虫。这个月，土地湿润，气候又湿又热，大雨时常降落。"

《孝经纬》曰："夏至后十五日，斗指丁，为小暑。后十五日，斗指未，为大暑。"

【译文】

《孝经纬》记载："夏至节气后十五天,北斗斗柄指向丁位,就是小暑节气。十五天以后,北斗斗柄指向未位,就是大暑节气。"

《三统历》曰:"小暑为六月节,大暑为六月中气。小暑、大暑,就极热之中,分为小大,月初为小,月半为大。"

【译文】

《三统历》记载:"小暑为六月节气,大暑为六月中气。小暑、大暑,就在极其炎热中,分为小和大,月初为小暑,月中为大暑。"

《周书·时训》曰:"小暑之日,温风至。后五日,蟋蟀居壁。后五日,鹰乃学习。大暑之日,腐草为萤。后五日,土润溽暑。后五日,大雨时行。"

【译文】

《逸周书·时训》记载:"小暑之日,热风开始吹来。五天以后,蟋蟀居住在墙隙中。五天以后,雏鹰开始学习飞翔。大暑之日,腐草化为萤火虫。五天以后,土地湿润,气候又湿又热。五天以后,大雨时常降落。"

《白虎通德论》曰:"六月律谓之林钟何? 林者,众也,万物成熟,种类众多。"

【译文】

《白虎通德论》记载:"六月律为什么称为林钟呢? 林,就是众的意思,万物成熟,种类众多。"

《晋·乐志》曰:"六月之辰谓之未。未者,味也,谓时万物向成,有滋味也。"

【译文】

《晋书·乐志》记载:"六月对应的十二地支为未位。未,就是味的意思,说这时万物开始成熟,有滋味了。"

《夏小正》曰:"六月:鹰始挚①。"

【注释】

①挚(zhì):攫取。

【译文】

《夏小正》记载:"六月:鹰开始攫取食物。"

《诗·七月》曰:"六月莎鸡振羽①。"又云:"六月食郁及薁②。"注云:"郁,棣属③;薁,蘡薁也。"

【注释】

①莎鸡:虫名。俗称纺织娘。振羽:振动翅膀。

②郁:即郁李。植物名。种子称郁李仁,可入药。薁(yù):即蘡薁(yīng yù)。植物名。俗称野葡萄、山葡萄。

③棣(dì):即唐棣。又称枎栘、红栒子。植物名。蔷薇科。落叶小乔木。

【译文】

《诗经·七月》记载:"六月莎鸡振羽。"又记载:"六月食郁及薁。"注释说:"郁,属于唐棣之类;薁,就是野葡萄。"

《纂要》曰:"六月曰徂暑①。"

【注释】

①徂(cú)暑:六月的别称。《诗经·小雅·四月》:"四月维夏,六月
　徂暑。"郑玄笺:"徂,犹始也,四月立夏矣,至六月乃始盛暑。"

【译文】

梁元帝《纂要》记载:"六月称为徂暑。"

《月令》曰:"季夏行春令,则谷实鲜落①,国多风欬②,
民乃迁徙。行秋令,则丘隰水潦③,禾稼不熟④,乃多女灾⑤。
行冬令,则风寒不时⑥,鹰隼蚤鸷⑦,四鄙入保。"

【注释】

①鲜(xiǎn):少。

②风欬(kài):因风寒而致咳。

③丘:丘陵。隰(xí):湿地。

④禾稼:谷类作物的统称。

⑤女灾:指女子流产或不育。

⑥风寒:冷风和寒气。

⑦鹰隼(sǔn):鹰和雕。泛指猛禽。鸷(zhì):凶猛。

【译文】

《礼记·月令》记载:"季夏六月,实行春季的政令,就会导致谷物果
实稀少且脱落,国中多因风寒而致咳的人,人民就会迁徙到其他地方。
实行秋季的政令,丘陵和湿地就会发生水涝,庄稼不成熟,妇女有流产或
不育等灾祸。实行冬季的政令,冷风和寒气就会不时袭来,鹰和雕等猛
禽就会早早变得凶猛,四境的边民就会逃入城堡躲避敌寇。"

黄梅雨

《风土记》^①："夏至雨,名黄梅雨,霑衣服^②,皆败黵^③。"
《四时纂要》云^④："梅熟而雨,曰梅雨。又闽人以立夏后逢
庚日为入梅^⑤,芒种后逢壬为出梅^⑥。农以得梅雨乃宜耕
耨^⑦,故谚云:'梅不雨,无米炊。'"《琐碎录》又云^⑧:"芒种
后逢壬入梅,前半月为梅雨,后半月为时雨^⑨,遇雷电谓之断
梅^⑩。"数说未知孰是。又《陈氏手记》云^⑪:"梅雨水,洗疮
疥^⑫,灭瘢痕^⑬。入酱,令易熟。沾衣便腐,浣垢如灰汁^⑭,有
异他水。江淮以南^⑮,地气卑湿^⑯,五月上旬连下旬,尤甚。
梅雨坏衣,当以梅叶汤洗之脱也,余并不脱^⑰。"杜甫诗云:
"南京犀浦道,四月熟黄梅。湛湛长江去,冥冥细雨来^⑱。"
欧阳公诗云:"春寒欲尽梅黄雨^⑲。"东坡诗云:"不趁青梅尝
煮酒,要看细雨湿黄梅^⑳。"又云:"佳节连梅雨^㉑。"又云:"怕
见梅黄雨细时^㉒。"王维诗云:"梅天一雨清^㉓。"

【注释】

① 《风土记》:亦称《阳羡风土记》,三卷,西晋周处撰。该书详考阳
羡地理位置、历史沿革、山川湖泊、吴越风俗、四季节序,尤以吴越
风土为最详。周处(约236—297),字子隐,吴兴阳羡(今江苏宜
兴南)人。少时横行乡里,邻里把他与南山虎、长桥下蛟并称为
"三害"。后周处射虎斩蛟,发奋改过,好学不倦,以忠信义烈端
正自己的言行。另著有《默语》。

② 霑(zhān):浸湿。

③ 黵(yǎn):青黑色。此指发霉。

④《四时纂要》：五卷，唐韩鄂撰。该书分四时按月令记载各项农事。韩鄂，也作韩谔，唐末农学家。

⑤入梅：进入梅雨期。

⑥出梅：梅雨期结束。

⑦耕耨（nòu）：耕田除草。泛指耕种。

⑧《琐碎录》：亦称《分门琐碎录》，二十卷，北宋温革撰。该书分治己、治家、莅官、农桑、种艺、牧养、饮食、起居、服饰、摄养、医药、诸疾等30门。温革，字叔皮，泉州（今属福建）人。北宋教育家、藏书家。另著有《十友琐谈》《隐窟杂志》等。

⑨时雨：江南民间将夏至后十五日称为时，分为三段，称"三时"，夏至至小暑之间的连阴雨称为"时雨"，对插秧有利。

⑩断梅：宋陆游《归兴》诗之一："轻雷辋辘断梅初，残箨纵横过笋余。"自注："乡语谓梅雨有雷为断梅，又谓笋出林为过笋。"

⑪《陈氏手记》：书名。不详待考。

⑫疥疥（jiè）：由疥虫引起的传染性皮肤病。

⑬瘢（bān）痕：创口或疮口留下的痕迹。

⑭浣（huàn）：洗，漂洗。

⑮江淮：长江和淮河。泛指长江与淮河之间的地区。

⑯地气：气候。卑湿：地势低下潮湿。

⑰当以梅叶汤洗之脱也，余并不脱：底本作"当以梅叶洗之，余并不脱"，据宋唐慎微《政和本草》改。

⑱"南京犀浦道"几句：出自杜甫《梅雨》。南京，此指四川成都。唐至德二载（757）平安史之乱，收复两京，还都长安。因此前玄宗曾驻跸蜀郡（今四川成都），遂改蜀郡为成都府，建号南京。犀浦，古县名。唐垂拱二年（686）置，天宝元年（742）属蜀郡，至德二载（757）属成都府。治所即今四川成都郫都区东南二十里犀浦镇。湛湛（zhàn），水深貌。冥冥，昏暗。

⑲春寒欲尽梅黄雨：出自欧阳修《送王学士赴两浙转运》。

⑳不趁青梅尝煮酒，要看细雨湿黄梅：出自苏轼《赠岭上梅》。青梅尝煮酒，即青梅煮酒。以青梅为佐酒之物的例行节令性饮宴活动。煮酒，暖酒。湿黄梅，原诗作"熟黄梅"。

㉑佳节连梅雨：出自苏轼《南歌子·湖景》。

㉒怕见梅黄雨细时：出自苏轼《再和杨公济梅花十绝·其八》。

㉓梅天一雨清：出自严维《奉和皇甫大夫夏日游花严寺（时大夫昆季同行）》，此处误为王维。

【译文】

《风土记》："夏至时下的雨，名叫黄梅雨，浸湿衣服，衣服都要腐坏发霉。"《四时纂要》记载："梅子成熟时下的雨，称为梅雨。又有福建人以立夏后遇到庚日为进入梅雨期，芒种后遇到壬日为梅雨期结束。农民因得梅雨就适宜耕田与种植，因此谚语说：'梅不雨，无米炊。'"《琐碎录》又记载："芒种后遇到壬日为进入梅雨期，前半月为梅雨，后半月为时雨，遇到雷电时称为断梅。"以上几种说法不知谁对。又有《陈氏手记》记载："梅雨水，外洗可治疗疥疮，消除瘢痕。加入酱中，则酱易熟烂。梅雨沾到衣服上使衣服腐坏，清洗后水垢如灰汁，不同于其他水。长江和淮河地区，地势低下潮湿，五月上旬至下旬，更是如此。梅雨腐坏的衣服，应当用梅叶汤清洗才能洗掉，其他的水清洗不掉。"杜甫有诗写道："南京犀浦道，四月熟黄梅。湛湛长江去，冥冥细雨来。"欧阳修有诗写道："春寒欲尽梅黄雨。"苏轼有诗写道："不趁青梅尝煮酒，要看细雨湿黄梅。"苏轼又有诗写道："佳节连梅雨。"苏轼又有诗写道："怕见梅黄雨细时。"王维有诗写道："梅天一雨清。"

送梅雨

《埤雅》①："今江湘、二浙四五月间②，梅欲黄落，则水润土溽③,柱礎皆汗④,蒸郁成雨⑤,谓之梅雨。自江以南,三月雨谓之迎梅,五月雨谓之送梅。"林逋诗云⑥:"石枕凉生菌阁虚,已应梅润入图书⑦。"

【注释】

①《埤雅》:二十卷,北宋陆佃撰。本称《物性门类》,后更名为《埤雅》,就是"增益《尔雅》"的意思。此书专门搜集并解释名物词语,全书分为八类,即释鱼、释兽、释鸟、释虫、释马、释木、释草、释天。陆佃(1042—1102),字农师,号陶山,越州山阴(今浙江绍兴)人。宋训诂学家,另著有《尔雅新义》《鹖冠子》《陶山集》等。

②江湘:指长江和湘江流域。二浙:即两浙路。北宋至道十五路之一,治今浙江杭州。宋室南渡后,始定分为东西二路。

③水润土溽(rù):水气丰润土地潮湿闷热。溽,湿。

④柱礎(sǎng):即柱础。指柱子底下的石礅。

⑤蒸郁:谓热气蒸腾。

⑥林逋(bū,968—1028):字君复,号和靖先生,杭州钱塘(今浙江杭州)人。少孤力学,生性恬淡,不求仕进。后归隐杭州,结庐于西湖之孤山,以布衣终其生。酷爱梅花白鹤,有"梅妻鹤子"之称。林逋,底本作"杜甫",误。

⑦石枕凉生菌阁虚,已应梅润入图书:出自林逋《夏日即事》。石枕,石制的枕头。菌阁,形如菌状之阁。梅润,谓梅雨季节的潮湿空气。

【译文】

《埤雅》:"如今长江和湘江流域及两浙路四五月间,梅子变黄成熟欲落时,则水气丰润土地潮湿闷热,柱子底下的石礅都有水气,热气蒸腾而形成降雨,称为梅雨。自长江以南,三月雨称为迎梅雨,五月雨称为送梅雨。"林逋有诗写道:"石枕凉生菌阁虚,已应梅润入图书。"

濯枝雨

《风土记》:"仲夏雨,濯枝荡川①。"注云:"此节常有大雨,名曰濯枝雨②。"

【注释】

①濯(zhuó):清洗。荡:冲洗。

②濯枝雨:农历五六月间的大雨。

【译文】

《风土记》:"仲夏时节下的雨,清洗树枝冲洗山川。"注释说:"这个时节常有大雨,名为濯枝雨。"

留客雨

陆机《要览》①:"昔羽山有神人焉②,逍遥于中岳③。与左元放共游蓟子训所④,坐欲起,子训应欲留之,一日之中,三雨。今呼五月三雨亦为留客雨。"

【注释】

①陆机《要览》:又称《陆氏要览》,一卷,陆机撰。该书为类书。陆机(261—303),字士衡,因做过平原内史,故世又称为"陆平原",吴郡吴(今江苏苏州)人。西晋文学家,有《陆士衡集》。

②羽山:山名。舜杀鲧之处。《尚书·舜典》:"殛鲧于羽山。"

③中岳:指位于今河南登封北的嵩山,古名嵩高。《史记·封禅书》:"昔三代之居,皆在河洛之间,故嵩高为中岳,而四岳各如其方。"

④左元放:即左慈,字元放,庐江(今安徽庐江西南)人。曹丕《典

论》称其知补导之术。曹操恐其惑众,招致麾下,以为军吏(见曹植《辨道论》)。方士葛玄师事之,受《太清丹经》三卷,《九鼎丹经》《金液丹经》各一卷。蓟子训:东汉末年在世,传说有仙术,能长生。

【译文】

陆机《要览》:"以前羽山有神仙,在嵩山悠闲自得。曾与左慈一同到蓟子训住所拜访,坐了一会儿想起身离开,子训希望他们留下来,一天之中,下了三场雨。如今称呼五月三雨也为留客雨。"

薇香雨

李贺《四月词》[①]:"依微香雨青氛氲[②],腻叶蟠花照曲门[③]。"

【注释】

①李贺(790—816):字长吉,福昌昌谷(今河南宜阳)人,后世称"李昌谷"。唐诗人,著有《昌谷集》。

②依微:细微。香雨:雨自花间降落而有香味。青氛氲(yūn):草木青翠茂盛而充满生气。

③腻叶:肥厚油亮的叶子。蟠花:指石榴花。曲门:深曲的门户。

【译文】

李贺《四月词》写道:"依微香雨青氛氲,腻叶蟠花照曲门。"

暴冻雨[①]

《尔雅》[②]:"暴雨谓之冻。"郭璞注云:"江东呼夏月暴雨为冻雨[③]。"《离骚经》云[④]:"令飘风兮先驱[⑤],使冻雨兮洒尘[⑥]。"冻,音东。

【注释】

①冻（dōng）雨：暴雨。

②《尔雅》：我国第一部内容和体例都比较完备的汉语词典，被儒家奉为经典之作，列入十三经之中。相传为周公所撰，或谓孔子门徒解释六艺之作。实际应当是由秦汉间经师学者缀辑周汉诸书旧文，递相增益而成，非出于一时一手。传世《尔雅》有《释诂》《释言》《释训》等十九篇，在词典学、词汇学、训诂学、文化学、自然科学等研究领域中都有着较高的学术价值。

③夏月：夏天。

④《离骚经》：即《离骚》，亦称《离骚赋》《骚》。《楚辞》篇名，战国楚屈原作。屈原（约前340—前278），芈姓，屈氏，名平，字原，又字灵均，楚国丹阳秭归（今湖北宜昌）人。战国时期楚国诗人，另著有《九歌》《九章》《天问》等。

⑤飘风：旋风，暴风。《诗经·大雅·卷阿》："有卷者阿，飘风自南。"毛传："飘风，回风也。"先驱：前行开路。

⑥洒尘：洒水以浥尘。

【译文】

《尔雅》："暴雨称为冻。"郭璞注释说："江东地区称呼夏天的暴雨为冻雨。"《离骚》写道："令飘风兮先驱，使冻雨兮洒尘。"冻，读音为东。

海飓风①

《南越志》②："熙安间多飓风③，飓风者，具四方之风也。常以五月、六月发，未至时，鸡犬为之不鸣。"《国史补》云④："南海有飓风，四面而至，倒屋拔木，每数年一至。"郑熊《番禺杂记》云⑤："飓风将发，有微风细雨，先缓后急，谓之炼风⑥。又有石尤⑦,亦此之类。"韩文公诗云⑧:"雷威固已加,飓势仍相借⑨。"又云:"飓风有时作,掀簸真差事⑩。"又云:"峡山逢飓风,雷电助撞捽⑪。"飓,音具。

【注释】

① 飓(jù)风:我国古籍中,明以前将台风称为飓风,明以后按风情不同有台风和飓风之分。

② 《南越志》:八卷,南朝宋沈怀远撰。该书记三代至晋南越疆域事迹。沈怀远,吴兴武康(今浙江德清西)人。南朝宋散文家。

③ 熙安:古县名。南朝宋元嘉中析番禺县置,治今广东广州东。属南海郡。

④ 《国史补》:又名《唐国史补》,三卷,唐李肇撰。该书记载了唐开元至长庆一百年间事,涉及当时的社会风尚、职官及选举制度的沿革等。李肇,唐史学家、文学家。活动于唐宪宗至唐文宗时期。

⑤ 郑熊《番禺杂记》:该书多记录岭南山川、异物、民俗等,是研究唐代广州及岭南地区早期地方文化、民俗的重要史料。郑熊,唐人。

⑥ 炼风:我国古代指风暴前的一种天气征象。

⑦ 石尤:即石尤风。元伊世珍《琅嬛记》引《江湖纪闻》载:传说古代有商人尤某娶石氏女,感情甚笃。尤远行不归,石思念成疾,临死叹曰:"吾恨不能阻其行,以至于此。今凡有商旅远行,吾当作大风为天下妇人阻之。"后因称逆风、顶头风为"石尤风"。

⑧ 韩文公:即韩愈(768—824),字退之,世称"韩昌黎""昌黎先生""韩吏部",谥"文",故称"韩文公",河南河阳(今河南孟州)人。唐文学家、思想家,著有《韩昌黎集》。

⑨ 雷威固已加,飓势仍相借:出自韩愈《县斋有怀》。

⑩ 飓风有时作,掀簸真差事:出自韩愈《泷吏》。掀簸,颠簸,翻腾。

⑪ 峡山逢飓风,雷电助撞捽(zuó):出自韩愈《赠别元十八协律六

首·其六》。峡山，又名观峡、观亭山、中宿峡、飞来峡。在今广东清远东北。

【译文】

《南越志》："熙安间多有飓风，所谓飓风，就是具有四方的风。经常以五月、六月发生，风还没到时，鸡犬因此不鸣叫。"《唐国史补》记载："南海有飓风，从四面而来，吹倒房屋拔起树木，每数年来一次。"郑熊《番禺杂记》记载："飓风将要发生时，有微风细雨，先缓后急，称为炼风。又有石尤风，也是这一类。"韩愈有诗写道："雷威固已加，飓势仍相借。"又写道："飓风有时作，掀簸真差事。"又写道："峡山逢飓风，雷电助撞捽。"飓，读音为具。

落梅风①

《风俗通》②："五月有落梅风，江南以为信风③。"李白诗云④："天长信风吹，日出宿雾散⑤。"

【注释】

①落梅风：夏初梅子黄熟将落时的风。
②《风俗通》：即《风俗通义》，十卷，东汉应劭撰。该书主要考评历代名物制度、风俗以及传闻。应劭（shào），字仲远，一作仲瑗，汝南南顿（今河南项城）人。东汉史学家，另著有《汉官仪》等。
③信风：随时令变化，定期定向而至的风。
④李白（701—762）：字太白，行十二，号青莲居士，陇西成纪（今甘肃秦安）人。唐伟大浪漫主义诗人，著有《李太白集》。
⑤天长信风吹，日出宿雾散：出自李白《自金陵溯流过白璧山玩月达天门寄句容王主簿》，原诗为"川长信风来，日出宿雾歇"。宿雾，夜雾。

【译文】

《风俗通义》："五月有落梅风，江南以为是信风。"李白有诗写道："天长信风吹，日出宿雾散。"

黄雀风

《风土记》："南中六月[①]，则有东南长风至。时海鱼化为黄雀，故俗名黄雀风[②]。"

【注释】

①南中：三国以后指今四川南部及云南、贵州两省地区，因在蜀汉以南，故名。

②黄雀风：仲夏时东南季风。相传其时海鱼化为黄雀，故称。唐韩鄂《岁华纪丽·五月》："风名黄雀，雨曰濯枝。"

【译文】

《风土记》："南中一带六月时，就有东南长风至。相传其时海鱼化为黄雀，因此俗称黄雀风。"

麦黄水

《水衡记》："黄河水，四月名麦黄水[①]。"

【注释】

①麦黄水：《宋史·河渠志》："四月末垄麦结秀，擢芒变色，谓之麦黄水。"

【译文】

《水衡记》："黄河水，四月称为麦黄水。"

苽蔓水

《水衡记》:"黄河水,五月名苽蔓水①,苽生蔓也。"东坡诗云:"河水眇绵苽蔓流②。"

【注释】

①苽:同"瓜"。

②河水眇绵苽蔓流:出自苏轼《陈州与文郎逸民饮别,携手河堤上,作此诗》。眇绵,水流不断貌。

【译文】

《水衡记》:"黄河水,五月称为苽蔓水,因当时苽正生蔓。"苏轼有诗写道:"河水眇绵苽蔓流。"

矾山水

《水衡记》:"黄河水,六月名矾山水①。"

【注释】

①矾山水:《宋史·河渠志》:"朔野之地,深山穷谷,固阴冱寒,冰坚晚泮,逮乎盛夏,消释方尽,而沃荡山石,水带矾腥,并流于河。故六月中旬后,谓之矾山水。"

【译文】

《水衡记》:"黄河水,六月称为矾山水。"

麦熟秋

《月令章句》①:"百谷各以初生为春,熟为秋,故麦以孟夏为秋。"山谷诗云："生物趋功日夜流，园林才夏麦先秋[2]。"
赵师民诗云[3]："麦秋晨气润，槐夏午阴凉[4]。"

【注释】

①《月令章句》：十二卷，东汉蔡邕撰。该书为一部农家月令书。蔡
邕（133—192），字伯喈，陈留郡圉县（今河南杞县）人。东汉文
学家、书法家、音乐家。

②生物趋功日夜流，园林才夏麦先秋：出自黄庭坚《北窗》。生物，
指自然界中一切有生命的物体。

③赵师民：字周翰，青州临淄（今山东淄博）人。天圣末进士及第，
宋诗人。

④麦秋晨气润，槐夏午阴凉：出自赵师民佚句。槐夏，指夏季。槐树
开花在夏季，故称。

【译文】

《月令章句》："百谷都以刚刚初生为春，成熟为秋，因此麦以孟夏四
月为秋。"黄庭坚有诗写道："生物趋功日夜流，园林才夏麦先秋。"赵师
民有诗写道："麦秋晨气润，槐夏午阴凉。"

分龙节

《图经》[1]："池州俗以五月二十九、三十日为分龙节[2]，
雨则多大水。闽人以夏至后为分龙，雨各有方。"

【注释】

①《图经》：书名。附有图画、地图的书籍或地理志。

②池州：唐武德四年（621）置，贞观元年（627）废，永泰元年（765）

复置，治秋浦县（今安徽池州）。分龙节：此际多雨，传说是龙分开到各地去行雨的日子。

【译文】

《图经》："池州的风俗以五月二十九、三十日为分龙节，雨多就会有大水。福建人以夏至后为分龙节，雨水降落各有方位。"

龙生日

《岳阳风土记》①："五月十三日，谓之龙生日，栽竹多茂盛。"又前辈作《苍筤传》曰②："筤每岁惟五月十三日独醉，或为人迎置它处③，不知也。当时谚曰：'此君经岁常清斋④，一日不斋醉如泥。有时倒载过晋地⑤，茫然乘坠俱不知。'"宋子京《种竹》诗云："除地墙阴植翠筤，疏枝茂叶与时新。赖逢醉日终无损，正似德全于酒人。"晏元献公诗云："竹醉人还醉，蚕眠我亦眠⑥。"又云："苒苒渭滨族，萧萧尘外姿。如能乐封植，何必醉中移⑦。"又东坡诗云："竹是当年醉日栽⑧。"

【注释】

①《岳阳风土记》：一卷，宋范致明撰。该书以湖南岳阳地区风尚习俗为主，所述援引有据，考证详细。范致明（？—1119），字晦叔，建州建阳（今福建建瓯）人。元符三年（1100）进士，官侍御史。另著有《巴陵古今记》《池阳记》等。

②《苍筤（yún）传》：为竹子作的传记。筤，竹子的别称。

③迎置：犹接待。此指移栽。

④此君：指竹。清斋：谓素食，长斋。

⑤倒载：倒卧车中。亦谓沉醉之态。

⑥竹醉人还醉，蚕眠我亦眠：出自晏殊佚句。蚕眠，蚕蜕皮时，不食不动，其状如眠，故称。

⑦"苒苒（rǎn）渭滨族"几句：出自晏殊《竹醉日》。苒苒，犹渐渐。渭滨，《韩非子·喻老》："文王举太公于渭滨者，贵之也。"后因以"渭滨"指太公望吕尚。萧萧，稀疏。尘外，犹言世外。封植，壅土培育。《左传·昭公二年》："宿敢不封殖此树，以无忘《角弓》，遂赋《甘棠》。"杜预注："封，厚也；殖，长也。"

⑧竹是当年醉日栽：出处不详。

【译文】

《岳阳风土记》："五月十三日，称为龙的生日，这天栽种竹子多茂盛。"又有前辈作《苍筠传》道："竹子每年只五月十三日独自酒醉，有时被人移栽到别的地方，也不知道。当时有谚语说：'此君经岁常清斋，一日不斋醉如泥。有时倒载过晋地，茫然乘坠俱不知。'"宋祁《种竹》诗写道："除地墙阴植翠筠，疏枝茂叶与时新。赖逢醉日终无损，正似德全于酒人。"晏殊有诗写道："竹醉人还醉，蚕眠我亦眠。"又写道："苒苒渭滨族，萧萧尘外姿。如能乐封植，何必醉中移。"又有苏轼诗写道："竹是当年醉日栽。"

竹迷日①

《笋谱》②："民间说竹有生日，即五月十三。移竹宜用此日，或阴雨土虚则鞭行③。明年，笋篁交至④。"一云："竹迷日栽竹，年年生笋。"刘延世《竹迷日种竹》诗云⑤："梅蒸方过有余润⑥，竹醉由来自古云。掘地聊栽数竿玉，开帘还当一溪云。"然则竹迷亦正此日也。陈简斋《种竹》诗云：

"何须俟迷日^⑦，可笑世俗情。"

【注释】

①竹迷日：即竹醉日。

②《笋谱》：二卷，赞宁撰。全书分为五目，标题仿陆羽《茶经》："一之名"，列举笋之别名，兼述其栽培方法；"二之出"，记各地之笋；"三之食"，叙调治保藏之法；"四之事"，志历代名人有关笋的故事；"五之杂说"，杂说与笋相关之名物、故实等。赞宁（919—1002），俗姓高，号通慧大师。祖先为渤海人，后徙居吴兴德清（今浙江德清）。北宋高僧，另著有《宋高僧传》《物类相感志》《内典集》《外学集》等。

③鞭行：竹根在地下延伸生长，谓鞭行。清周亮工《书影》卷二："根伸而达，亦谓为鞭行。鞭头为笋，俗谓之伪笋。"

④篁（huáng）：泛指竹子或竹林。交至：交替出现、交织融合之意。

⑤刘延世：字玉孟，号述之，新喻（今江西新余）人。元祐（1086—1093）初，游太学，不得志，于是筑堂曰"抱瓮"，潜心问学。长于绘画，尤善写竹。

⑥梅蒸：梅雨季的湿热之气。

⑦俟（sì）：等待。

【译文】

《笋谱》："民间传说竹子有生日，就是五月十三日。移竹应当在这天，或许阴雨土质疏松，方便竹根在地下延伸生长。第二年，竹笋和竹子交替生长。"又记载："竹迷日种竹，年年生笋。"刘延世《竹迷日种竹》诗写道："梅蒸方过有余润，竹醉由来自古云。掘地聊栽数竿玉，开帘还当一溪云。"那么竹迷日也正是这天。陈与义《种竹》诗写道："何须俟迷日，可笑世俗情。"

樱笋厨

唐《辇下岁时记》:"四月十五日,自堂厨至百司厨①,通谓之樱笋厨②。"又韩偓《樱桃》诗注云③:"秦中以三月为樱笋时④。"陈后山诗云:"春事无多樱笋来⑤。"又古词云:"水竹旧院落,樱笋新蔬果⑥。"

【注释】

①堂厨:政事堂的公膳房。百司厨:百官的膳房。

②樱笋厨:春夏之交,时令蔬果樱桃、竹笋上市。唐宋时尚以樱、笋为佳馔,人人争尝,家家入厨,无处不食樱、笋,故称这一时令为"樱笋时",这时的炊厨亦称"樱笋厨"。

③韩偓(wò,842—约923):字致尧,或作致光,小字冬郎,自号玉山樵人,京兆万年(今陕西西安)人。唐文学家,著有《韩偓诗》《香奁集》《金銮密记》等。

④秦中:也称关中。指今陕西中部平原地区,因春秋、战国时地属秦国而得名。

⑤春事无多樱笋来:出自陈师道《次韵春怀》。春事,春耕之事。《管子·幼官》:"地气发,戒春事。"

⑥水竹旧院落,樱笋新蔬果:出自周邦彦《浣溪沙慢》。

【译文】

唐代《辇下岁时记》:"四月十五日,自堂厨到百司厨,都称为樱笋厨。"又有韩偓《樱桃》诗注释说:"关中称三月为樱笋时节。"陈师道有诗写道:"春事无多樱笋来。"又有古词写道:"水竹旧院落,樱笋新蔬果。"

临水宴①

《因话录》②：“李少师与宾僚饮宴③，暑月临水④，以荷为杯，满酌密系，持近人口，以箸刺之⑤，不尽则重饮。宴罢，有人言昨饮大欢者，公曰：‘今日言欢，则明日之不欢。无论好恶，一不得言。’”

【注释】

①临水宴：唐代高官在盛夏时节到水边举行的宴会。

②《因话录》：六卷，唐赵璘撰。该书记唐代朝野遗事及典章制度，并多及当时文人轶事。赵璘，字泽章，邓州穰县（今河南邓州）人。唐文学家，另著有《栖贤法隽》《表状集》等。

③李少师：即李宗闵（？—846），字损之。曾任太子少师，故称。唐宗室，为郑王李元懿之后。宾僚：宾客幕僚。

④暑月：盛夏。

⑤箸（zhù）：筷子。

【译文】

《因话录》：“太子少师李宗闵与宾客幕僚设宴饮酒，盛夏时在水边摆宴，用荷叶做成酒杯，盛满酒后把口紧紧系好，端到客人嘴边，喝时用筷子刺破，如果酒没喝完就要重饮。宴席结束后，有人说昨天宴饮喝得最畅快，李宗闵说：‘今日说畅快，就是明日的不畅快。无论喝得好与坏，都不要说。’”

霹雳酒

《醉乡日月》①：“暑月候大雷霆时，收雨水，淘米炊饭酿酒^②，名曰霹雳酒。"

【注释】

①《醉乡日月》：三十条，唐皇甫松撰。该书为笔记，记述唐人饮酒生活。皇甫松，一作嵩，字子奇，号檀栾子，睦州新安（今浙江淳安）人。唐词人，另著有《续牛羊日历》。

②淘：底本作"涵"，据《锦绣万花谷存》改。

【译文】

《醉乡日月》："盛夏等待大雷雨时，收存雨水，淘米煮饭酿酒，名为霹雳酒。"

寒筵冰

《醉乡日月》："盛夏、初夏于井侧安镬^①，以大水晶一块，大如拳，无瑕衅者^②，以新汲水炽火煮千沸^③。取越瓶口小腹大者^④，满盛其汤，以油帛密封口，勿令泄气。复以重汤煮千沸^⑤，急沉井底。平旦出之^⑥，破瓶，冰已结矣，名寒筵冰。"又见《杜阳杂编》^⑦。

【注释】

①镬（huò）：大锅。

②瑕衅：嫌隙，隔阂。此处为瑕疵。

③汲水：从井里取水。炽火：烈火。

④越瓶：越窑烧制的瓷瓶。

⑤重汤：谓隔水蒸煮。宋苏轼《地黄》诗："沉水得稚根，重汤养陈薪。"王十朋集注引赵次公曰："于鼎釜水中，更以器盛水而煮，谓

之重汤。"

⑥平旦:清晨。

⑦《杜阳杂编》:三卷,唐苏鹗撰。因苏鹗家住武功(今属陕西)杜
　阳川,故名。该书记事上起唐代宗广德元年(763),下至唐懿宗
　咸通十四年(873),共十朝事。内容多记朝野异闻轶事,四方奇
　技宝物等。苏鹗,字德祥,京兆武功(今属陕西)人。唐小说家,
　另著有《苏氏演义》。

【译文】

《醉乡日月》:"盛夏、初夏在水井旁安装大锅,把一块大如拳头没有
瑕疵的水晶,用新汲取的井水烈火煮至多次沸腾。再取口小腹大的越窑
瓷瓶,盛满汤水,用油帛密封口,不要让它透气。再隔水蒸煮至多次沸
腾,迅速沉入井底。清晨取出,打破瓶子,已凝结成冰块,名为寒筵冰。"
此事又载《杜阳杂编》。

壬癸席

《河东备录》①:"申王取猪毛刷净②,命工织以为席,清
而且凉,号曰壬癸席。"

【注释】

①《河东备录》:书名。不详待考。

②申王:即李捴(zǒng,? —724),本名李成义,唐睿宗第二子。景
　龙四年(710),唐睿宗复位,进封申王。

【译文】

《河东备录》:"申王李捴令人取猪皮去毛刷洗干净,让织工编织成
席,清洁而且凉爽,名为壬癸席。"

澄水帛^①

《杜阳编》^②："同昌公主一日大会^③，暑气将甚，公主令取澄水帛，以水蘸之，挂于高轩^④，满座皆思挟纩^⑤。澄水帛长八九尺，似布而细，明薄可鉴^⑥。云其中有龙涎^⑦，故能消暑。"

【注释】

①澄水帛：一种可以消暑的绢帛，相传为唐同昌公主所用。

②《杜阳编》：即《杜阳杂编》。

③同昌公主（849—870）：唐代公主。唐懿宗女。咸通十年（869），下嫁起居郎韦保衡，懿宗倾宫中珍玩以为资送，赐第于广化里。咸通十一年（870）病故。

④高轩：堂左右有窗的高敞的长廊。

⑤挟纩（kuàng）：御寒的丝棉絮。

⑥鉴：映照。

⑦龙涎（xián）：即龙涎香，名贵香料。凝结如蜡，得自抹香鲸鱼病胃的分泌物。因得之于海中，故称龙涎。涎，口水。

【译文】

《杜阳杂编》："同昌公主一日大会宾朋，盛夏的天气很热，公主命人取澄水帛，用水蘸湿，挂在高轩上，座上的人浑身发冷都想念御寒的丝棉絮。澄水帛长八九尺，质地类布而更细密，透明且薄可以映照人影。说其中有龙涎香，因此能消暑。"

冰丝裀^①

《乐府杂录》^②："唐老子，本长安富家子，生计荡尽^③。

遇老妪持旧袀④,以半千获之⑤。有波斯人见之⑥,乃曰:'此是冰蚕丝所织,暑月置于座,满室清凉。'即酬万金。"

【注释】

①冰丝袀(yīn):冰蚕丝做的夹衣。冰丝,指冰蚕所吐的丝。袀,夹衣。

②《乐府杂录》:又名《琵琶录》《琵琶故事》,一卷,唐段安节撰。该书记载唐玄宗以后乐部、歌舞、杂戏、乐器、乐曲及乐律宫调,兼及一些演奏者姓名和逸事。段安节,临淄邹平(今属山东)人。唐音乐家。善音律,能自度曲。

③生计:资产。

④老妪(yù):老妇人。

⑤半千:五百金。

⑥波斯:伊朗的旧称。

【译文】

《乐府杂录》:"唐老子,本是长安富家子弟,家产败光。遇到老妇人手持旧夹衣,唐老子以五百金买到。有波斯人看见旧夹衣,就说:'这是冰蚕丝所织,盛夏放在座位边上,满屋的人都能感到凉爽。'波斯人随即用万金把它买走了。"

消凉珠

《拾遗记》:"黑蚌珠,千年一生。燕昭王常怀此珠①,当盛暑之月,体自清凉,号消暑招凉之珠。"

【注释】

①燕昭王(前335—前279):姬姓燕氏,名职,一说平,燕国蓟城(今

北京）人。战国时期燕国国君（前311—前279年在位）。

【译文】

《拾遗记》："黑蚌生珠，一千年才生一颗。燕昭王时常怀揣这颗珠子，每当夏季最炎热的月份，身体自会清凉，因此取名消暑招凉珠。"

辟暑犀①

《提要录》："唐文宗夏月延学士讲《易》②，赐辟暑犀。"章简公《端午帖子》云③："已持犀辟暑，更斗草迎凉④。"

【注释】

①辟暑犀：犀角性凉，能解暑，故称。

②唐文宗：即唐文宗李昂（809—840），唐代第十五位皇帝（827—840年在位）。延：邀请。《易》：《周易》的简称。

③章简公：即元绛（1009—1084），字厚之，谥章简。本姓危，至其父始改姓元。钱塘（今浙江杭州）人。宋词人，著有《玉堂集》。

④斗草：游戏。以花草名相对，如狗耳草对鸡冠花，以答对精巧者为胜。

【译文】

《提要录》："唐文宗夏月邀请学士讲解《周易》，赏赐辟暑犀。"元绛《端午帖子》写道："已持犀辟暑，更斗草迎凉。"

迎凉草

《杜阳杂编》："李辅国夏于堂中①，没迎凉草，其色类碧，而干似苦竹②，叶细如杉，虽若干枯而未尝凋落③。盛暑，束之窗户间，则凉风自至。"

【注释】

①李辅国（704—762）：本名静忠，又名护国，谥丑。唐宦官，因献计肃宗李亨，以功赐名护国，寻改辅国。后被代宗遣人刺杀。

②苦竹：又名伞柄竹。禾本科。秆圆筒形，高达四米。箨鞘细长三角形，箨叶披针形。笋有苦味，不能食用。

③凋落：草木凋残零落。

【译文】

《杜阳杂编》："李辅国夏日在厅堂中，设置迎凉草。这种草颜色碧绿，而枝干类似苦竹，叶子细如杉树，虽然看似干枯然而未曾凋落。盛夏，系在窗户间，于是凉风自至。"

白龙皮

《剧谈录》①："李德裕常夏日邀同列及朝士宴②，时畏景赫曦③，咸有郁蒸之苦。既延入小斋，列坐开樽④，烦暑都尽⑤，飙风凉冽⑥，如涉高秋⑦。及昏而罢，出户则大云烈日⑧，熇然焦灼⑨。有好事者求亲信问之，云：'此日以金盆贮水，渍白龙皮⑩，置于座末。龙皮者，新罗僧得之海中⑪。'"

【注释】

①《剧谈录》：二卷，康骈撰。传奇小说集。该书主要记唐代天宝以后新奇见闻，内容涉及神仙灵怪，因果报应，以及江湖豪客等。康骈，一作康骈，字驾言，池州（今安徽贵池）人。

②李德裕（787—850）：字文饶，小字台郎，赵郡赞皇（今河北赞皇）人。唐政治家、文学家、战略家。同列：犹同僚。朝士：朝廷之士。泛称中央官员。

③畏景：夏天的太阳。赫曦（xī）：炎暑炽盛貌。赫曦，底本作"赤曦"，据《剧谈录》改。

④开樽：举杯（饮酒）。唐杜甫《独酌》诗："步屧深林晚，开樽独酌迟。"

⑤烦暑：闷热，暑热。

⑥飙（biāo）风凉冽：狂风吹得使人感到寒冷。

⑦高秋：深秋。

⑧大云烈日：指太阳高照。

⑨熇（hè）然：炽热貌。焦灼：酷热。

⑩渍（zì）：浸泡。

⑪新罗：朝鲜古国名。初称徐罗伐，后称斯罗、斯卢或鸡林。《旧唐书·东夷列传》："新罗国，本弁韩之苗裔也。……西接百济，北邻高丽。"

【译文】

《剧谈录》："李德裕常在夏日邀请同僚饮酒，当时太阳炎热炽烈，众人酷暑难耐。既而请入小斋房，依次而坐举杯饮酒，暑热都没了，狂风吹得使人感到寒冷，如同到了深秋。到黄昏宴会结束，出门来依然太阳高照，炽热难耐。有好事的人求亲信去问李德裕，李德裕说：'那日用金盆贮水，浸泡白龙皮，安置在座位后。这个龙皮，是新罗僧人从大海中得到的。'"

犀如意

《杨妃外传》①："唐玄宗夏月授杨妃却暑犀如意②。"

【注释】

①《杨妃外传》：即《杨太真外传》，二卷，宋乐史撰。该书据唐大历以后野史笔记排比润色而成，描写杨贵妃与唐明皇缠绵悱恻之爱

情故事。乐史（930—1007），字子正，抚州宜黄（今属江西）人。
宋文学家。另著有《太平寰宇记》《广卓异记》《总仙记》等。

②夏月：夏天。授：赐予。却：避。

【译文】

《杨妃外传》："唐玄宗在夏天赐予杨贵妃避暑的犀如意。"

洒皮扇

《开元遗事》："王元宝①，都中巨豪也②。家有皮扇，制
作甚精。宝每暑月宴客，即以此扇置于座前，以新水洒之，
则飚然风生③。酒筵之间④，客有寒色，遂命撤去。明皇亦曾
差中使取看⑤，爱而不受⑥，曰：'此龙皮扇也。'"

【注释】

①王元宝：唐玄宗时长安富商。因其家广有钱财，其名又与"开元
　通宝"钱中二字相同，故时人称铜钱为王老。

②都中：京都，京城。此指长安。

③飚（biāo）然：犹骤然。飚，同"飙"。暴风。

④酒筵（yán）：酒席。唐王维《三月三日勤政楼侍宴应制》诗："酒
　筵嫌落絮，舞袖怯春风。"

⑤中使：宫中派出的使者。多指宦官。

⑥爱而不受：不因喜欢而据为己有。

【译文】

《开元天宝遗事》："王元宝，长安的巨商。家有皮扇，制作很精良。
王元宝每次夏天设宴请客，就把这皮扇放置在座位前，用新汲的水喷洒，
就骤然起风。酒席间，客人有感到寒冷的神色，于是就命人撤去。唐明
皇也曾派宦官取来观看，但却不因喜欢而据为己有，说：'这是龙皮扇。'"

服丸散

《抱朴子》曰[①]:"或问不热之道[②]。曰:服玄冰丸、飞雪散[③]。王仲都等用此方也[④]。"刘孝威《苦暑》诗云[⑤]:"玄冰术难验,赤道漏犹长。"

【注释】

①《抱朴子》:东晋葛洪撰。葛洪自号抱朴子,因以之名其书。分为内外篇。该书结合儒家的纲常名教与道教的神仙理论,认为"道本儒末""道高于儒"。葛洪(284—363),字稚川,自号抱朴子,丹阳句容(今属江苏)人。东晋炼丹家、医学家,另著有《金匮药方》等。

②道:方法。

③玄冰丸、飞雪散:古代传说的丹药。取名"冰""雪",正作"不热"之义。

④王仲都:相传为汉元帝时汉中道士,能忍寒暑。

⑤刘孝威(约496—549):彭城(今江苏徐州)人。南朝梁诗人,著有《刘孝威集》。

【译文】

《抱朴子》记载:"有人问使人不热的方法。抱朴子说:服用玄冰丸、飞雪散。王仲都等人都用这个方法。"刘孝威《苦暑》诗写道:"玄冰术难验,赤道漏犹长。"

环炉火

《桓子新论》[①]:"元帝被病[②],广求方士[③]。汉中逸人王仲都者④，诏问所能为⑤，对曰：'但能忍寒暑耳。'因为待诏⑥。至夏大暑日，使暴坐⑦，又环以十炉火，不言热，而身汗不出。"

【注释】

① 《桓子新论》：又名《桓谭新论》《新论》，桓谭撰。该书共二十九篇，涉及哲学、自然科学、社会科学以及文学艺术等内容。桓谭（约前20—56），字君山，沛国相（今安徽濉溪）人。东汉哲学家、经学家、琴师、天文学家。

② 元帝：即汉元帝刘奭（shì，前75—前33），西汉第十一位皇帝（前49—前33年在位）。被病：谓疾病缠身。

③ 方士：方术之士。

④ 汉中：郡名。战国楚怀王置，前312年秦惠王又置。因水为名。秦、东汉治所在南郑（今陕西汉中东），西汉治所在西城（今陕西安康西北）。逸人：隐士。

⑤ 能为：本领，能耐。

⑥ 待诏：官名。汉代征士未有正官者，均待诏公车，其特异者待诏金马门，备顾问，后遂以待诏为官名。《汉书·王莽传》："莽诛灭待诏，而封告者。"

⑦ 暴坐：露天而坐。《汉书·田叔传》："鲁王好猎，相常从入苑中，王辄休相就馆。相常暴坐苑外，终不休。"颜师古注："于外自暴露而坐。"

【译文】

《桓子新论》："汉元帝疾病缠身，广泛寻求方术之士。汉中有隐士王仲都，皇帝下诏问他有什么本领，回答说：'只能忍耐冷热而已。'因此王仲都成为待诏。到夏季大暑天，让王仲都露天而坐，又围绕他身边放置十个火炉，王仲都不说热，而身上汗也不出。"

入寒泉

《括地图》①："天毒国②,最大暑热③,夏草木皆干死。民善没水以避日④,遇暑时常入寒泉之下。"

【注释】

①《括地图》:又名《河图括地图》,简称《括地图》或《括地象》。该书为西汉地理博物体志怪小说集,撰人不详。袁珂考证谓:"《汉唐地理书钞》辑其佚文时,将《河图括地象》与《括地图》分别辑为二书。《汉学堂丛书》虽也分别辑录,但于《河图括地图》下注云:'即《括地象》。'观其内容性质,二书实在应该便是一书。"

②天毒国:"天竺"的别译。即今印度。《山海经》:"东海之内,北海之隅,有国名朝鲜、天毒。"郭璞注:"天毒即天竺国。"

③暑热:酷热。

④善:擅长。没水:潜水。

【译文】

《河图括地图》:"天竺国,最酷热时,夏天草木都干枯而死。人们擅长潜水以避太阳,遇到酷暑时常常潜入寒泉之下。"

激凉风

《唐书》①："拂林国盛暑之节②,乃引水潜流③,上通于屋宇,机制于巧匠④,人莫之知。观者唯于屋上闻泉鸣,俄见四檐飞溜⑤,悬波如瀑,激气成凉风。"

【注释】

①《唐书》：此为《旧唐书》，二百卷，纪传体唐史。五代后晋官修，成书时刘昫以宰相监修，由他进呈，故题刘昫撰。

②拂林国：隋、唐时对东罗马（拜占庭）帝国的称呼。都城在君士坦丁堡（今土耳其伊斯坦布尔）。《隋书·裴矩传》："北道从伊吾……至拂菻国，达于西海。"

③潜流：暗中流淌。

④机制：机关控制。巧匠：技术精湛的工匠。

⑤俄：一会儿。四檐：屋顶向四旁伸出的边沿部分。飞溜：水流直泻而下。

【译文】

《旧唐书》："拂林国盛夏时节，就引水暗中流淌，上通到房屋，技术精湛的工匠用机关控制，人们不知道其机关。观看的人只听见屋上泉水鸣响，一会儿四面屋檐水流直泻而下，悬挂的水流如同瀑布，激发的水气成为凉风。"

没水底

《抱朴子》："葛洪从祖仙公①，每大醉及夏天盛热②，辄入水底，八日乃出，正以能闭气胎息耳③。"

【注释】

①从祖：指的是祖父的亲兄弟。仙公：即葛玄（164—244），字孝先，别号葛仙公。道教尊之为葛仙翁，又称太极仙翁。丹阳句容（今属江苏）人。三国时吴国道士，葛洪的从祖父。

②盛热：炎热，酷暑。

③闭气：道家的一种修炼方法。用特殊的呼吸方法达到养生的目

的。晋葛洪《神仙传·彭祖》:"(彭祖)常闭气内息。"胎息:道家的一种修炼方法。《后汉书·方术传下·王真》:"年且百岁,视之面有光泽,似未五十者。自云:'周流登五岳名山,悉能行胎息胎食之方,嗽舌下泉咽之。'"李贤注引《汉武内传》:"习闭气而吞之,名曰胎息;习嗽舌下泉而咽之,名曰胎食。"

【译文】

《抱朴子》:"葛洪的从祖父葛仙公,每次大醉以及夏天炎热时,就潜入水底,八天才出来,正是因为能够闭气,进行胎息而已。"

开七井

《云林异景志》①:"霍仙鸣别墅在龙门②,一室之中开七井,皆以雕镂盘覆之③。夏月坐其上,七井生凉,不知暑气。"

【注释】

①《云林异景志》:书名。不详待考。

②霍仙鸣(?—798):唐宦官。初侍太子李适(德宗),贞元十二年(796),受德宗皇帝宠幸,权倾朝野。龙门:又名伊阙、伊阙山、阙口、阙塞、阙塞山。以有龙门山(西山)和香山(东山)隔伊河夹峙如门,故名。在今河南洛阳南,为其南面门户。

③雕镂:雕刻镂空。盘:通"磐"。大石。

【译文】

《云林异景志》:"霍仙鸣的别墅在龙门,一室之中开凿了七口井,都用雕刻镂空的大石覆盖。夏天坐在大石上,七井生凉,不知盛夏的热气。"

乘小驷①

《开元杂记》②:"玄宗幸洛③,至绣岭宫④。时属炎暑⑤,上曰:'姚崇多计⑥。'令力士探之⑦。回奏曰:'崇方袗绤乘小驷⑧,按辔木阴⑨。'上乃命驷,顿忘繁溽⑩。"

【注释】

①小驷(sì):马名。亦泛指马。《左传·僖公十五年》:"步扬御戎,家仆徒为右,乘小驷,郑入也。"杜预注:"郑所献马,名小驷。"

②《开元杂记》:书名。不详待考。

③洛:即今河南洛阳。唐时称为东都。

④绣岭宫:唐宫名。故址在今河南陕县,高宗显庆三年(658)建。唐李洞《绣岭宫词》:"绣岭宫前鹤发翁,犹唱开元太平曲。"

⑤炎暑:夏天最热的时候。

⑥姚崇(650—721):本名元崇,字符之,陕州硖石(今河南三门峡)人。唐代名相、著名政治家。

⑦力士:即高力士。

⑧袗绤(zhěn chī):即袗绤绤(xì)。单内衣。《礼记·曲礼下》:"袗绤绤,不入公门。"郑玄注:"袗,单也。孔子曰:'当暑,袗绤绤必表而出之。'为其形亵。"孔颖达疏:"引《论语》证入公门不单也。形亵,谓肉露见也。"

⑨按辔(pèi):谓扣紧马缰绳使马缓行或停止。木阴:树荫地。

⑩繁溽(rù):盛夏的闷热。

【译文】

《开元杂记》:"唐玄宗巡幸洛阳,到了绣岭宫。当时正是夏天最热的时候,玄宗说:'姚崇多有主意。'命令高力士打听一下。高力士回来上奏说：'姚崇方才身穿单内衣骑马，在树荫地扣紧马缰绳使马缓行。'玄宗就命骑马去，顿时忘记盛夏的闷热。"

卧北窗

　　《晋书》："陶潜①，字渊明，谥靖节先生。尝言夏月虚闲②，高卧北窗之下③，清风飒至④，自谓羲皇上人⑤。"东坡诗云："一枕清风值万钱，无人肯买北窗眠⑥。"又云："只应陶靖节，会买北窗眠⑦。"又云："北窗仙人卧羲轩⑧。"又云："北窗高卧等羲炎⑨。"

【注释】

①陶潜：即陶渊明（约365—427），名潜，字元亮，别号五柳先生，世称"靖节先生"，浔阳柴桑（今江西九江）人。东晋末到刘宋初杰出的诗人、辞赋家、散文家，被誉为"隐逸诗人之宗""田园诗派之鼻祖"，著有《陶渊明集》。

②虚闲：清闲。

③高卧：安卧，悠闲地躺着。

④飒：拟声词。风声。飒，底本作"飀"，据《晋书·陶渊明传》改。

⑤羲皇上人：伏羲氏之前的人，谓太古时代的人。古人想象伏羲以前的人无忧虑，生活悠闲。故隐士以"羲皇上人"自称。羲皇，伏羲氏。

⑥一枕清风值万钱，无人肯买北窗眠：出自苏轼《睡起，闻米元章冒热到东园送麦门冬饮子》。一枕，犹言一卧。卧必以枕，故称。

⑦只应陶靖节，会买北窗眠：出自苏轼《次韵子由绿筠亭》，原诗为"只应陶靖节，会听北窗凉"。

⑧北窗仙人卧羲轩：出自苏轼《和子由次月中梳头韵》，原诗为"北
　　窗幽人卧羲轩"。羲轩，伏羲氏和轩辕氏（黄帝）的并称。

⑨北窗高卧等羲炎：出自苏轼《泛舟城南，会者五人，分韵赋诗，得
　　"人皆苦炎"字四首·其四》，原诗为"北窗归卧等羲炎"。羲炎，
　　伏羲和炎帝的并称。

【译文】

《晋书》："陶潜，字渊明，谥号靖节先生。曾说夏天清闲，悠闲地躺
在北窗下，清风吹来，自称为羲皇上人。"苏轼有诗写道："一枕清风值万
钱，无人肯买北窗眠。"又写道："只应陶靖节，会买北窗眠。"又写道："北
窗仙人卧羲轩。"又写道："北窗高卧等羲炎。"

书新裙

《南史》："羊欣①，字敬元，长于隶书②。父不疑为乌程
令③，欣时十五。王献之为吴兴守④，甚知爱之。尝夏月入
县，欣著新练裙昼寝⑤，献之书裙数幅而去⑥。欣本攻书⑦，
因此弥善⑧。"东坡诗云："载酒无人歌子云，掩门昼卧客书
裙⑨。"翟公巽《睡乡赋》云⑩："客书裙而满幅。"

【注释】

①羊欣（370—442）：字敬元，泰山郡南城县（今山东平邑）人。桂
　　阳太守羊不疑之子，吴兴太守王献之外甥。晋宋书法家，著有
　　《采古来能书人名》。

②隶书：汉字字体名。由篆书简化演变而成。把篆书圆转的笔画变
　　成方折，改象形为笔画化，以便书写。

③不疑：即羊不疑。羊欣之父。乌程：秦置，属会稽郡。故治即今浙

江湖州吴兴区南下菰城。东晋义熙元年（405）移治今浙江湖州
吴兴区。

④王献之（344—386）：字子敬，小名官奴，琅玡临沂（今山东临沂）
人。东晋书法家、画家、诗人，与父亲王羲之合称"二王"。传世
草书墨宝有《鸭头丸帖》《中秋帖》等。吴兴：三国吴宝鼎元年
（266）分吴郡、丹阳郡置，治乌程县（今浙工湖州）。

⑤新练裙：《宋书》作"新绢裙"。昼寝：午睡。

⑥书裙：作书于裙。

⑦攻书：指刻苦钻研书法技艺。

⑧弥：更加。

⑨载酒无人歌子云，掩门昼卧客书裙：出自苏轼《会客有美堂，周邠
长官与数僧同泛湖往北山，湖中闻堂上歌笑声，以诗见寄，因和
二首，时周有服其二》，原诗为"载酒无人歌子云，掩门昼卧客书
裙"。载酒，《汉书·扬雄传赞》："家素贫，耆酒，人希至其门，时有
好事者载酒肴从游学。"子云，即扬雄。掩门，关门。昼卧，午睡。

⑩翟公巽（xùn）：底本作"翟公逊"，误。翟公巽，即翟汝文（1076—
1141），字公巽，润州丹阳（今属江苏）人。宋书画家、收藏家、医
学家，著有《盟真玉检》《净供普济仪》《人物志》《肘后秘书》等。

【译文】

《南史》："羊欣，字敬元，擅长隶书。父亲羊不疑为乌程县令，羊欣当
时十五岁。王献之为吴兴太守，非常喜爱羊欣。王献之曾在夏天去乌程
县，羊欣穿着新练裙在睡午觉，王献之在他裙子上弓写几幅书法就走了。
羊欣原本就致力于钻研书法，在王献之的指点下，他的书法技艺更加精
湛。"苏轼有诗写道："载酒无人歌子云，掩门昼卧客书裙。"翟汝文《睡
乡赋》写道："客书裙而满幅。"

作夏课

　　《南部新书》①："长安举子落第者②，六月后不出，谓之过夏③。多借清净庙院作文章④，曰夏课⑤。时语曰⑥：'槐花黄，举子忙。'"又见《秦中记》⑦。《遁斋闲览》云⑧："谓槐之方花，乃进士赴举之日也。"唐翁承赞诗云⑨："雨中装点望中黄，勾引蝉声送夕阳。忆得当年随计吏，马蹄终日为君忙⑩。"又稼轩词云⑪："明年此日青云路，却笑人间举子忙⑫。"

【注释】

①《南部新书》：十卷，北宋钱易撰。该书所记皆唐以及五代轶闻琐语，其中有大量关于唐初以来职官建置兴废、朝章制度沿革等朝野掌故。钱易（968—1026），字希白，钱塘（今浙江杭州）人。北宋文学家。

②举子：科举考试的应试人。落第：科举考试未被录取。

③过夏：唐时举子下第后在京重新攻读以待再试。唐李肇《唐国史补》卷下："（进士）籍而入选，谓之春关。不捷而醉饱，谓之打毷氉。匿名造谤，谓之无名子。退而肄业，谓之过夏。"

④庙院：寺院。

⑤夏课：唐代举子落第后寄居京师过夏，课读为文，谓之"夏课"。

⑥时语：当时的口语。

⑦《秦中记》：疑为《秦中岁时记》。

⑧《遁斋闲览》：十四卷，宋范正敏（一作陈正敏）撰。该书多记平昔见闻，分名贤、野逸、诗谈、证误、杂评、人事、谐噱、泛志、风土、动植十门。范正敏，号遁翁。据《说郛》著录称："《遁斋闲览》十四卷，宋范正敏，福州长溪县令。"

⑨翁承赞（859—932）：字文尧，一作文饶，行十九，晚年号狎鸥翁。福唐（今福建福清）人。唐末诗人。

⑩"雨中装点望中黄"几句：出自翁承赞《题槐》。随计吏，《史记•儒林列传》："公孙弘为学官，悼道之郁滞，乃请曰：'丞相御史言……郡国县道邑有好文学，敬长上，肃政教，顺乡里，出入不悖所闻者，令相长丞上属所二千石，二千石谨察可者，当与计偕，诣太常，得受业如弟子。'"本谓应征召之人随同计吏入京，后遂指举子赴京应试。

⑪稼轩：即辛弃疾（1140—1207），原字坦夫，字幼安，别号稼轩，济南府历城（今山东济南）人。南宋文学家，豪放派词人，有"词中之龙"之称。与苏轼合称"苏辛"，与李清照并称"济南二安"。著有《稼轩长短句》等。

⑫明年此日青云路，却笑人间举子忙：出自辛弃疾《鹧鸪天•送廓之秋试》，原诗为"明年此日青云去，却笑人间举子忙"。青云路，喻高位或谋求高位的途径。

【译文】

《南部新书》："在长安参加科举考试未被录取的举人，六月后不出，称为过夏。大多借用清净寺院写作文章，称为夏课。当时的谚语说：'槐花黄，举子忙。'"这事又见《秦中记》。《遁斋闲览》记载："说槐树开花，就是进士赴举之日。"唐人翁承赞有诗写道："雨中装点望中黄，勾引蝉声送夕阳。忆得当年随计吏，马蹄终日为君忙。"又辛弃疾有词写道："明年此日青云路，却笑人间举子忙。"

逐树阴

《北齐书》①："仆射魏收②，字伯起，初习武不成，改节读书③。夏日坐板床④，随逐树阴⑤。讽读累年⑥，床为之锐⑦，遂工辞令也⑧。”

【注释】

①《北齐书》：二十四史之一，五十卷，唐李百药撰。该书记载了534
　　年北魏东西分裂到577年北周亡齐为止44年的东魏、北齐史。李
　　百药（565—648），字重规，定州安平（今河北安平）人。唐史学家。

②仆射（yè）：职官名。秦时设置，因古时重视武官，用善射的人掌
　　理事物，汉以后各朝都据秦法而有此官。唐宋左右仆射为宰相之
　　职。魏收（506—572）：字伯起，小名佛助，巨鹿郡下曲阳（今河
　　北晋州）人。魏收出身巨鹿魏氏，初仕北魏。北齐建立后，曾任
　　北齐尚书右仆射。南北朝时北齐文学家、史学家。

③改节：改变节操。

④板床：木板坐榻。

⑤随逐：追随。

⑥讽读：诵读。累年：连续多年。

⑦锐：锐减。此指板床被磨平。

⑧辞令：指文章。

【译文】

《北齐书》：“仆射魏收，字伯起，起初习武不成功，后改变节操读书。
夏天坐在板床上，追随树阴移动。诵读多年，板床也被磨平，于是就擅长
写文章了。”

练萤囊

《晋阳秋》①：“车胤②，字武子，家贫，读书不常得油。夏
月，则以练囊盛数十萤③，以夜继日④。”

【注释】

①《晋阳秋》：编年体东晋史，东晋孙盛撰。阳秋，即"春秋"，因晋简文帝母郑太后名春，避讳改。孙盛（302—373），字安国，太原中都（今山西平遥西北）人。东晋史学家，另著有《易象妙于见形论》《魏氏春秋》等。

②车胤（约333—401）：字武子，南平郡（今湖北公安北）人。东晋思想家、政治家。

③练囊：白绢袋。练，白绢。萤：指萤火虫。夜晚能发光。

④以夜继日：形容日夜不停。

【译文】

《晋阳秋》："车胤，字武子，家里很贫穷，读书经常没有灯油。夏天，就用白绢袋装几十只萤火虫，利用萤火虫发出的光亮日夜不停地读书。"

颁冰雪①

《止戈集》②："长安冰雪，至夏月，则价等金璧③。白少傅诗名动于闾阎④，每颁冰雪，论筐，不复偿价，日日如是。"

【注释】

①颁：颁发，分赏。此指买。冰雪：冰块。

②《止戈集》：书名。不详待考。

③金璧：黄金和璧玉。

④白少傅诗名动于闾阎：底本缺，据《白孔六帖》增。白少傅，即白居易，因曾任太子少傅，故尊称"白少傅"。闾阎，泛指民间。

【译文】

《止戈集》："长安的冰块，一到夏天，与黄金、璧玉同价。白居易的诗名在民间广为流传，每次买冰块，小贩论筐送给他，不要钱，天天如此。"

赐朱樱①

《唐史》②:"李适为学士。凡天子飨会游豫③,唯宰相及学士得从。夏宴蒲萄园④,赐朱樱。"

【注释】

①朱樱:樱桃之一种。成熟时呈深红色,故称。晋左思《蜀都赋》:"朱樱春熟,素柰夏成。"

②《唐史》:郑樵《通志·艺文略》著录一百卷,《崇文总目》著录一百一十卷,唐吴兢撰。该书记唐创业至开元年间史事。有纪、志、列传。吴兢(670—749),汴州浚仪(今河南开封)人。唐史学家,另著有《乐府古题要解》《贞观政要》等。

③凡:底本作"见",据《白孔六帖》改。飨(xiǎng)会:宴会。飨,泛指宴会。游豫:指帝王出巡。春巡为"游",秋巡为"豫"。

④蒲萄:即葡萄。

【译文】

《唐史》:"李适为修文馆学士。凡是皇帝举办宴会和出巡,只有宰相及学士得以随从。夏天在葡萄园设宴,赏赐樱桃。"

献雪瓜

《唐·列传》①:"明崇俨②,以奇技自名③。高宗召见④,甚悦。盛夏,帝思瓜,崇俨坐顷取以进⑤,自云往阴山取之⑥。四月,帝忆瓜,崇俨索百钱,须臾以瓜献,曰:'得之缑氏老人圃中⑦。'帝召老人问故,曰:'埋一瓜失之,土中得百钱。'"

【注释】

①《唐·列传》：即《新唐书·列传》。

②明崇俨（yǎn，646—679）：本名明敬，字崇俨，洛州偃师（今河南偃师）人。唐大臣，出身贵族，精通巫术、相术和医术。

③自名：闻名。

④高宗：即唐高宗李治（628—683），唐代第三位皇帝（649—683年在位）。

⑤坐顷：即时间很短的意思。

⑥阴山：山脉名。即今横亘于内蒙古自治区南境、东北接连内兴安岭的阴山山脉。

⑦缑（gōu）氏老人：缑姓老人。

【译文】

《新唐书·列传》："明崇俨，以奇特的技能而闻名。唐高宗因此召见他，见了他很高兴。夏天，高宗想吃瓜，崇俨一会儿就取来献给皇帝，说是从阴山取来的。四月，皇帝想吃瓜，崇俨索要一百钱，一会儿就取瓜献给皇帝，说：'这瓜是从缑姓老人园圃中得到的。'皇帝传召老人询问缘故，老人说：'我埋了个瓜在地里，瓜不见了，却在土中得到一百钱。'"

沉瓜李

魏文帝《与吴质书》①："浮甘瓜于清泉，沉朱李于寒水②。"杜诗云："翠瓜碧李沉玉甃③。"注云："玉甃，井也。"

【注释】

①魏文帝：即魏文帝曹丕（187—226），字子桓，沛国谯县（今安徽亳州）人。三国时期政治家、文学家，曹魏开国皇帝（220—226年在位）。《与吴质书》：即《与朝歌令吴质书》。吴质（177—

230)，字季重，济阴（今山东定陶西北）人。三国魏文学家。

②浮甘瓜于清泉，沉朱李于寒水：即"沉李浮瓜"。沉下去的李子，浮起来的甜瓜。后以此形容夏日消暑的生活情景。

③翠瓜碧李沉玉甃（zhòu）：出自杜甫《解闷十二首其十一》。翠瓜，甜瓜的一种。皮色翠绿。碧李，青色李子。玉甃，指水井。

【译文】

魏文帝曹丕《与朝歌令吴质书》写道："浮甘瓜于清泉，沉朱李于寒水。"杜甫有诗写道："翠瓜碧李沉玉甃。"注释说："玉甃，就是水井。"

赋杞菊①

《提要录》："陆龟蒙②，自号天随子，常食杞菊。及夏月，枝叶老硬，气味苦涩，犹食不已。因作《杞菊赋》以自广云③：'尔杞未棘④，尔菊未莎⑤，其如余何！'"东坡诗云："饥寒天随子，杞菊自撷芼⑥。"

【注释】

①杞菊：枸杞与菊花。其嫩芽、叶可食。

②陆龟蒙（？—约881）：字鲁望，自号天随子、江湖散人、甫里先生，长洲（今江苏苏州）人。唐诗人、农学家，著有《甫里集》《耒耜经》等。

③自广：犹自宽。自我安慰。《史记·屈原贾生列传》："贾生既以适居长沙，长沙卑湿，自以为寿不得长，伤悼之，乃为赋以自广。"

④棘：刺。

⑤莎（suō）：花叶脱落，凋谢。

⑥饥寒天随子，杞菊自撷芼（xié mào）：出自苏轼《过云龙山人张天骥》。撷芼，采摘。

【译文】

《提要录》:"陆龟蒙,自号天随子,常年食用枸杞与菊花。到了夏天,枝叶又老又硬,气味苦涩,仍然食用不止。因而作《杞菊赋》自我安慰说:'枸杞没有刺,菊花没凋谢,能把我如何!'"苏轼有诗写道:"饥寒天随子,杞菊自撷芼。"

调寝馔①

《摄生月令》②:"四月为乾,万物以成·天地化生③。勿冒极热,勿大汗后当风,勿暴露星宿④,以成恶疾。勿食大蒜,勿食生薤⑤,勿食鸡肉、蛇鳝⑥。是月肝藏以病⑦,神气不行⑧,火气渐临⑨,水力渐衰,稍补肾助肝,调和胃气,无失其时。"

【注释】

①馔(sù):鼎中的食物。此指佳肴美味。

②《摄生月令》:一卷,宋姚称撰。该书以起居饮食为主,重在按月论述"顺时"养生之旨。姚称,庐州合肥(今安徽合肥)人。宋养生学家。

③万物以成,天地化生:万物都已经长大成形,这是天地孕育化生的结果。

④星宿:星官名。二十八宿之一,朱鸟七宿的第四宿,共七星。此应指星月夜下。

⑤薤(xiè):一种多年生宿根草本植物,鳞茎圆锥形,可作蔬菜,俗称藠(jiào)头。

⑥蛇鳝(shàn):蛇与曲鳝。

⑦藏:同"脏"。

⑧神气：指道家所谓存养于人体内的精纯元气。

⑨火气："五行"说以火之气为物质运动的因素之一。

【译文】

《摄生月令》："四月为乾卦，万物都已经长大成形，这是天地孕育化生的结果。不要让自己暴热，不要出大汗后吹风，也不要露宿在星月夜下，以免可能导致严重的疾病。不要吃大蒜，不要吃生薤，不要吃鸡肉、蛇与曲鳝。这个月肝脏已衰弱，神气提不起来，火气渐渐壮大，水力渐渐衰弱，适宜补肾助肝，调和胃气，以顺应这个时令。"

埋蚕沙①

《河图》②："四月收蚕沙，于宅内亥地埋之③，令人大富，得蚕。又甲子日，以一硕三斗镇宅④，令家财千万。"

【注释】

①蚕沙：蚕屎。黑色的颗粒，可作肥料及供药用。北魏贾思勰《齐民要术·种瓠》："用蚕沙与土相和，令中半；若无蚕沙，生牛粪亦得。"

②《河图》：儒家关于《周易》卦形来源的传说。《尚书·顾命》："大玉、夷玉、天球、河图，在东序。"孔传："伏羲王天下，龙马出河，遂则其文以画八卦，谓之'河图'。"

③亥地：指位于西北偏北方向的地区。《海内十州记》："昆仑号曰崐崚，在西海之戌地，北海之亥地。"

④硕（shí）：通"石"。斗（dǒu）：同"斗"。镇宅：旧时的一种迷信行为。谓用法术或符箓、器物驱除邪鬼，以安定家宅。

【译文】

《河图》："四月收存蚕沙，在宅内西北偏北方向埋藏，可使蚕得到好收成,使人大富。又到甲子日,用一石三斗蚕沙镇宅,可使家财千万。"

求蛇医 蛇医即蜥蜴也。

《酉阳杂俎》:"王彦威镇汴地之二年[1],夏旱,季玘过汴[2],因以旱为言。季醉,曰:'欲雨甚易!可求蛇医四头,石瓮二枚,每瓮实水,浮二蛇医。以木为盖,密泥之[3],置于闲处,瓮前后设席烧香。选小儿十岁以下十余人,令执小青竹,昼夜更击其瓮,不得少辍[4]。'王如其言试之,一日两夜,雨大注数百里[5]。旧说龙与蛇医为亲家焉。"又张师正《倦游录》云[6]:"熙宁中[7],京师久旱。按古法令坊巷以瓮贮水,插柳枝[8],泛蜥蜴[9],小儿呼曰:'蜥蜴蜥蜴,兴云吐雾。降雨滂沱,放汝归去。'"《翰府名谈》云[10]:"宋内翰祁镇郑州[11],夏旱,公文祭蜥蜴于祈所,即时大雨告足,民乃有秋[12]。"东坡诗云:"瓮中蜥蜴为可笑[13]。"

【注释】

①王彦威(?—845):字子美,太原(今属山西)人。唐礼学家,著有《元和新礼》《续古今谥法》等。汴:汴州。治今河南开封。

②季玘(qǐ):《酉阳杂俎》为"袁王傅季玘",即应为袁王李绅的师傅。

③泥:用泥涂抹、封固。

④辍:中断。

⑤注:倾泻。

⑥张师正《倦游录》:又名《倦游杂录》,张师正撰。该书记录北宋前中期的朝野杂事,个别条文记及五代之事。张师正(1016—?),字不疑,襄国(今河北邢台)人。北宋笔记作家。另著有《括地志》。

⑦熙宁：宋神宗赵顼年号（1068—1077）。

⑧插柳枝：古代寒食节的一种风俗。宋赵鼎《寒食清明》诗："寂寂柴门村落里，也教插柳记年华。"

⑨泛：漂浮。

⑩《翰府名谈》：又名《翰苑名谈》，二十五卷，北宋刘斧撰。该书记录唐宋时期的奇闻异事及名人遗事，内容较丛杂。刘斧，北宋小说家，另著有《青琐高议》等。

⑪宋内翰祁：即宋祁。内翰，唐宋称翰林为内翰。

⑫有秋：丰收，有收成。《尚书·盘庚上》："若农服田力穑，乃亦有秋。"

⑬瓮中蜥蜴为可笑：出自苏轼《次韵孔毅父久旱已而甚雨三首其一》。

【译文】

《酉阳杂俎》："王彦威镇守汴州第二年，夏天大旱，季玘路过汴州，王彦威说起天旱的事。当时季玘已醉，说：'想要雨很简单！可找四只蜥蜴，两口石瓮，每口瓮装满水，把两只蜥蜴浮在里面。用木盖盖上，用泥封密实，放置在僻静的地方，石瓮前后设置香案焚香。选十多个十岁以下小孩儿，让他们手执小青竹竿，不分昼夜击打石瓮，不能有片刻中断。'王彦威按他的话去做，一日两夜之后，大雨倾泻而下数百里。传说龙与蜥蜴是亲家。"又有张师正《倦游录》记载："熙宁年间，京师久旱。按照古法命令各街道用石瓮贮存水，插柳枝，把蜥蜴放进水瓮里，小儿叫道：'蜥蜴蜥蜴，兴云吐雾。降雨滂沱，放汝归去。'"《翰府名谈》记载："翰林宋祁镇守郑州，夏天大旱，宋祁在住所用公文祭蜥蜴，当即大雨，雨水充足，农民才有收成。"苏轼有诗写道："瓮中蜥蜴为可笑。"

占蝗旱

《四时纂要》："四时辰雨，皆为蝗虫，大雨大虫，小雨小虫。二日雨，百草旱，五谷不成。三日雨，小旱，风从西来，麻吉①。四日雨，五谷贵。五日、六日雨，有旱处。四日至七日风者，大豆吉。八日微雨，熟②。俗云：'八日雨斑阑，高低田可怜③。'此月自一日至十四日恶风者④，皆不可种豆。"

【注释】

①麻：大麻。草本植物，雌雄异株。茎皮纤维可制绳。种子叫"麻仁"，可榨油，也可入药。吉：善，美。此指收成好。

②熟：丰收。

③八日雨斑阑，高低田可怜：初八雨一直下，地势高低的田地都将歉收。斑阑，形容灿烂多彩。此处指雨一直下。

④恶风：狂风。

【译文】

《四时纂要》："四月辰日下雨，都是蝗虫，大雨大虫，小雨小虫。初二下雨，各种草类干旱，五谷没有收成。初三下雨，小旱，风从西边吹来，大麻收成好。初四下雨，五谷贵。初五、初六下雨，有地方干旱。初四到初七有风，大豆收成好。初八下小雨，丰收。俗语说：'八日雨斑阑，高低田可怜。'这个月自初一到十四日有狂风的日子，都不可以种豆。"

卷三

秋

【题解】

本卷《秋》。秋乃万物从成长趋向成熟之季节。卷首一段总叙文字概说秋之义。

本卷先分述"孟秋月""仲秋月""季秋月"的律历征兆。"孟秋月"以立秋、处暑为节点，引用《礼记·月令》《周书·时训》等书，记录"白露降""寒蝉鸣"等物候特征。"仲秋月"以白露、秋分为节点，引用《礼记·月令》《周书·时训》等书，记录"盲风至""鸿雁来""玄鸟归"等物候特征。"季秋月"以寒露、霜降为节点，引用《礼记·月令》《周书·时训》等书，记录"鸿雁来宾""菊有黄华""草木黄落"等物候特征。

本卷条目均为秋令时俗节物，主要有秋季自然现象"蓼花风""裂叶风""鲤鱼风""黄雀雨""荻苗水""登高水"等；秋季游戏宴乐的有"蟋蟀吟""秋菊酒""围棋局"等；秋季岁时卜筮的有"厌儿疾"；秋季的诗文典故"一叶落""草木衰""思莼鲈""登南楼"等；秋季奇闻怪事"石雁飞""验美玉"等。

《礼记·乡饮酒》曰："西方曰秋，秋之为言愁也①。愁之以时，察守义者也②。"《太玄经》曰："秋者，物皆成象而聚也③。"《管子》曰④："秋者，阴气始下，故万物收。"《说文》

曰⑤："秋,禾谷熟也。"《淮南子》曰："秋为矩⑥。矩者,所以方万物也。"《前汉·律历志》曰："少阴者⑦,西方。西,迁也,阴炁迁落物也⑧,于时为秋。秋,鞧也⑨,物鞧敛乃成熟。金从革,改更也。义者成,成者方,故为矩。"《月令》曰："秋三月,其日庚辛,其帝少皞⑩,其神蓐收⑪,其虫毛,其音商⑫,其数九,其味辛⑬,其臭膻⑭,其祀门⑮,祭先肝。"鞧,子由反。

【注释】

①愁(jiū):通"揫",敛束。

②察:郑注:"察,或为'杀'。"

③物皆成象而聚:万物都长成而结出果实。

④《管子》:七十六篇,管仲撰。该书为先秦时期各学派的言论汇编,内容博大庞杂,是先秦时期政治家治国、平天下的大经大法。管仲(约前723—前645),姬姓,管氏,名夷吾,字仲,谥敬,后人尊称为"仲父""管子"。颍上(今属安徽)人。春秋时经济学家、哲学家、政治家、军事家。

⑤《说文》:即《说文解字》,东汉许慎所撰。该书为我国第一部按部首编排的字典,正文共十四卷,叙目一卷,其计部首五百四十个,所释单字九千三百五十三个。许慎(约58—约147),字叔重,汝南召陵(今河南郾城)人。东汉经学家、文字学家,有"五经无双许叔重"之赞赏,另著有《五经异义》等。

⑥矩:矩尺。

⑦少阴:指西方。

⑧炁:同"气"。迁落:使凋落。

⑨鞧(jiū):收敛,收束。

⑩少皞:一作"少昊",传说中的上古部落首领,死后为西方之帝,于

五行则为金帝,故主秋。

⑪蓐(rù)收:传说是少皞之子,名该,生前为主金之官,死后被祀为金神。

⑫商:五声音阶的第二个音,相当于今简谱上的"2"音,按五行家的说法,商音属金,故为秋音。

⑬辛:葱、蒜等带刺激性的味道。

⑭膻(shān):膻腥。指羊的气味。

⑮门:门神。

【译文】

《礼记·乡饮酒义》记载:"西方是秋的方位,秋是收敛的意思。按时节收敛,肃杀就是坚守道义。"《太玄经》记载:"秋天,万物都长成而结出果实。"《管子》记载:"秋天,阴气开始下沉,因此万物收获。"《说文解字》记载:"秋,禾谷成熟了。"《淮南子》记载:"秋天为矩尺。所谓矩尺,是用来使万物方正的。"《汉书·律历志》记载:"少阴,就是西方。西,就是迁的意思,阴气使万物凋落,在时令上是秋季。秋,就是揫,万物收敛,就是成熟了。金的特性是变革,改变了重新开始。有正义感的人能够成功,成功的人就方正,因此就制作了矩。"《礼记·月令》记载:"仲秋三月,这个月以庚、辛为主日,主宰这个月的天帝是少皞,天神是蓐收,这个月的动物以毛皮类为主,声音以商音为主,数以九为成数,味道以辛为主,气味以膻腥为主,祭祀对象是门神,祭品以牲畜的肝为上。"揫,子由反。

孟秋月

《礼记·月令》曰:"孟秋之月,日在翼,昏建星中,旦毕中。律中夷则①。凉风至,白露降②,寒蝉鸣③,鹰乃祭鸟④。天地始肃⑤,农乃登谷⑥。"

【注释】

①夷则：十二律中阳律的第五律。古人将十二律与十二月相配，夷
　律配七月，因以为农历七月的别名。

②白露：秋天的露水。

③寒蝉：蝉的一种。较一般蝉为小，青赤色。

④鹰乃祭鸟：这个月鹰杀鸟于大泽之中，四面陈之如祭，故曰祭鸟。

⑤肃：肃杀。

⑥登谷：收割成熟的谷物。

【译文】

《礼记·月令》记载："孟秋七月，太阳运行到了翼宿的位置，黄昏时
候建宿出现在南方天空的正中，拂晓时候毕宿出现在南方天空的正中。
这个月候气律管应着夷则。凉风吹来，夜降白露，寒蝉鸣叫，鹰杀鸟四面
陈之如祭。天地间开始有肃杀之气，农民于是收割成熟的谷物。"

《孝经纬》曰："大暑后十五日，斗指坤，为立秋。后十
五日，斗指申，为处暑。"

【译文】

《孝经纬》记载："大暑节气后十五天，北斗斗柄指向坤位，就是立秋
节气。十五天以后，北斗斗柄指向申位，就是处暑节气。"

《三统历》曰："立秋为七月节，处暑为七月中气。处暑
者，谓暑将遏伏而潜处也①。"

【注释】

①遏：阻止。

【译文】

《三统历》记载："立秋为七月节气，处暑为七月中气。所谓处暑，说暑气将阻止而藏匿了。"

《周书·时训》曰："立秋之日，凉风至。后五日，白露降。后五日，寒蜩鸣。凉风不至，国无严政。白露不降，民多欬病①。寒蜩不鸣，人臣力争。处暑之日，鹰乃祭鸟。后五日，天地始肃。后五日，农乃登谷。"

【注释】

①欬（kài）：咳嗽。

【译文】

《逸周书·时训》记载："立秋之日，凉风吹来。五天以后，夜降白露。五天以后，寒蝉鸣叫。凉风不吹来，国家政务无威严。秋天白露不降，人民多患咳喘。寒蝉不鸣叫，大臣们会以力逞强。处暑之日，鹰杀鸟四面陈之如祭。五天以后，天地间开始有肃杀之气。五天以后，农民于是收割成熟的谷物。"

《白虎通德论》曰："七月律谓之夷则何？夷，伤；则，法也。言万物始伤，被刑法也①。"欧阳公《秋声赋》云："其为乐也，商声主西方之音，夷则为七月之律。商，伤也，物既老而悲伤；夷，戮也，物既盛而当杀。"

【注释】

①刑：杀戮。

【译文】

《白虎通德论》记载:"七月律为什么称为夷则呢? 夷,就是伤的意思;则,就是法的意思。说万物开始遭受损伤,根据自然的法则受到杀戮。"欧阳修《秋声赋》写道:"在音乐方面,商声成为秋天的声音,夷则是七月的律名。商,就是伤的意思,物既衰老而悲伤;夷,就是杀的意思,物过盛而当杀。"

《晋·乐志》曰:"七月之辰谓之申。申者,身也。言时万物身体皆成就也。"

【译文】

《晋书·乐志》记载:"七月对应的十二地支为申位。申,就是身体的意思。说这时万物身体都长成了。"

《夏小正》曰:"七月:狸子肇肆①。肇,始也;肆,遂也。言其始遂也。"

【注释】

①狸子肇(zhào)肆:野狸幼子开始练习。肇,开始。肆,通"肄",练习。

【译文】

《夏小正》记载:"七月:野狸幼子开始练习。肇,就是开始;肄,就是遂(练习)的意思。说它开始练习。"

《诗·七月》曰:"七月流火①。"又曰:"七月鸣鵙②。"又曰:"七月烹葵及菽③。"又曰:"七月食瓜。"注云:"流,下也。火，大火也。"李白诗云："火落金风高④。"谢灵运诗云：
"火逝首秋节⑤。"《七命》云⑥："龙火西颓⑦。"

【注释】

①流火：火指大火星（即心宿）。夏历五月的黄昏，火星在中天；七
　月的黄昏，火星的位置由中天逐渐西降。后多借指农历七月暑渐
　退而秋将至之时。流，向下行。

②鵙（jú）：鸟名。伯劳鸟。

③葵：菜名。菽（shū）：豆子。

④火落：大火星为夏季南天之标识，因以"火落"谓炎暑消失，初秋
　来临。金风：秋风。

⑤火逝：犹流火。指旧历七月。

⑥《七命》：辞赋名篇，西晋张协作。《晋书·张协传》："时天下已
　乱，所在寇盗，协遂弃绝人事，屏居草泽，守道不竞，以属咏自娱，
　拟诸文士做《七命》。"张协（？—约307），字景阳，安平（今属河
　北）人。少有俊才，与兄载、弟亢同称"三张"。

⑦龙火：指东方七宿中的心宿。东方七宿称苍龙，心宿有星三颗，其
　主星又称鹑火、大火，故称。西颓：亦作"西隤"。向西坠落。指
　夕阳西下。

【译文】

《诗经·七月》写道："七月流火。"又说："七月鸣鵙。"又写道："七
月烹葵及菽。"又写道："七月食瓜。"注释说："流，就是下的意思。火，就
是大火星。"李白有诗写道："火落金风高。"谢灵运有诗写道："火逝首秋
节。"《七命》说："龙火西颓。"

《提要录》曰："七月为兰月①。"

【注释】

①兰月:农历七月的别称。

【译文】

《提要录》记载:"七月称为兰月。"

《纂要》曰:"七月为首秋、上秋、兰秋、肇秋①。"

【注释】

①首秋、上秋、兰秋、肇(zhào)秋:均为农历七月的别称。上秋,孟
　秋。指农历七月。《资治通鉴·后晋高祖天福六年》:"又言自二
　月以来,令各具精甲壮马,将以上秋南寇。"胡三省注:"上秋,谓
　七月。"兰秋,南朝宋谢惠连《与孔曲阿别》诗:"凄凄乘兰秋,言
　饯千里舟。"肇秋,三国魏曹植《离思赋》:"在肇秋之嘉月,将曜师
　而西旗。"

【译文】

梁元帝《纂要》记载:"七月称为首秋、上秋、兰秋、肇秋。"

《月令》曰:"孟秋行冬令,则阴气大胜,介虫败谷①,戎
兵乃来②。行春令,则其国乃旱,阳气复还③,五谷无实。行
夏令,则国多火灾,寒热不节④,民多疟疾⑤。"

【注释】

①介虫:有甲壳的虫类。败谷:损害谷物。

②戎兵:军服和兵器。此指敌寇。

③复还:回返。

④不节:不遵法度,无节制。

⑤疟（nüè）疾：以疟蚊为媒介，由疟原虫引起的周期性发作的急性
　　传染病。

【译文】

《礼记·月令》记载："孟秋七月，实行冬季的政令，就会导致阴气大
胜，甲虫败坏庄稼，并有敌寇来侵。实行春季的政令，国家就会遭受旱
灾，阳气回返，粮食作物不结籽粒。实行夏季的政令，国家就会多发火
灾，寒热不遵法度，民众就会多患疟疾。"

仲秋月

《月令》曰："仲秋之月，日在角①，昏牵牛中，旦觜嶲
中②。律中南吕③。盲风至④，鸿雁来，玄鸟归，群鸟养羞⑤。
日夜分⑥，雷乃收声。蛰虫坏户⑦。杀气浸盛⑧，阳气日衰，
水始涸⑨。"

【注释】

①角：星宿名。二十八宿之一。有今室女座二星。

②觜嶲（zī xī）：星宿名。二十八宿之一。有今猎户座三星。

③南吕：十二律中阴律的第五律。古人将十二律与十二月相配，南
　　吕配八月，因以为农历八月的别名。

④盲风：疾风。

⑤养羞：储藏食物。《逸周书·时训》："白露之日鸿雁来，又五日玄
　　鸟归，又五日群鸟养羞。"朱右曾校释："养羞者，蓄食以备冬，如
　　藏珍羞。"

⑥日夜分：即秋分。

⑦蛰（zhé）虫：藏在泥土中过冬的虫豸。坏（pī）户：谓昆虫在地里

封塞巢穴。

⑧杀气：秋属金，金主杀，故称秋气为杀气。浸：逐渐。

⑨涸（hé）：水枯竭。

【译文】

《礼记·月令》记载："仲秋八月，太阳运行到了角宿的位置，黄昏时候牵牛星出现在南方天空的正中，拂晓时候觜觿星宿出现在南方天空的正中。这个月候气律管应着南吕。疾风吹来，大雁从北向南飞，燕子飞回南方去，群鸟都储藏食物过冬。这个月进入秋分，开始停止打雷。将要蛰伏的昆虫在地里封塞巢穴。秋天的气息越来越盛，阳气日渐衰减，江河的水开始干涸。"

《孝经纬》曰："处暑后十五日，斗指庚，为白露。后十五日，斗指酉，为秋分。"

【译文】

《孝经纬》记载："处暑节气后十五天，北斗斗柄指向庚位，就是白露节气。十五天以后，北斗斗柄指向酉位，就是秋分节气。"

《三统历》曰："白露为八月节，秋分为八月中气。白露者，阴炁渐重，露浓色白。"

【译文】

《三统历》记载："白露为八月节气，秋分为八月中气。所谓白露，就是阴气渐重，露浓色白。"

《周书·时训》曰："白露之日，鸿雁来。后五日，玄鸟

归。后五日,群鸟养羞。鸿雁不来,远人背叛①。玄鸟不归,
室家离散②。群鸟不羞,臣下骄慢。秋分之日,雷乃始收。
后五日,蛰虫坯户。后五日,水始涸。雷不始收声,诸侯淫
汰③。蛰虫不坯户,民靡有赖④。水不始涸,介虫为害。"

【注释】

①远人:远方的人。

②室家:夫妇。

③淫汰(tài):亦作"淫汰"。骄纵奢侈。汰,通"泰"。奢侈。

④靡:没有。有赖:依靠。

【译文】

《逸周书·时训》记载:"白露之日,大雁从北向南飞。五天以后,燕
子飞回南方去。五天以后,群鸟都储藏食物过冬。大雁不飞回来,远方
的人会背叛。燕子不南归,夫妇走离失散。群鸟不储藏食物过冬,臣下
会骄横傲慢。秋分之日,开始停止打雷。五天以后,将要蛰伏的昆虫在
地里封塞巢穴。五天以后,江河的水开始干涸。雷霆不停止,诸侯恣纵
逸乐。将要蛰伏的昆虫在地里不封塞巢穴,老百姓会没有依靠。江河的
水不开始干涸,有甲壳的虫类就要成灾。"

《白虎通德论》曰:"八月律谓之南吕何? 南者,任也①。
言阳气尚有,任生荠麦也②,故阴拒之也。"

【注释】

①任:通"妊"。孕育。

②荠(jì)麦:野生的麦子,一说指荠菜和麦子。《淮南子·地形训》:
"麦秋生夏死,荠冬生中夏死。"

【译文】

《白虎通德论》记载："八月律为什么称为南吕呢？南，就是妊的意思。说阳气尚有，孕育并生长荞麦，因此阴气抵拒阳气。"

《晋·乐志》曰："八月之辰谓之酉。酉者，绺也①，谓时物皆绺缩也②。"

【注释】

①绺（qiū）：套车时拴在驾辕牲口屁股周围的皮带、帆布带等。

②绺缩：紧缩，收敛。

【译文】

《晋书·乐志》记载："八月对应的十二地支为酉位。酉，就是绺的意思，说这时万物都收敛了。"

《夏小正》曰："八月：辰则伏①。丹鸟羞白鸟②。白鸟，蚊蚋也③。"崔豹《古今注》云④："萤火，一名丹鸟，腐草化之。羞，进也。谓食蚊蚋也。"

【注释】

①辰则伏：心宿隐而不见。辰，大辰，即心宿。

②丹鸟羞白鸟：萤火虫进食蚊子。丹鸟，萤火虫的异名。羞，进献。此指进食。白鸟，蚊的别名。

③蚊蚋（ruì）：泛指如蚊蚋之类会吸人畜血液的昆虫。

④崔豹《古今注》：三卷，晋崔豹撰。该书解说诠释古代和晋时各类事物，分为舆服、都邑、音乐、鸟兽、鱼虫、草木、杂注、问答释义八门。崔豹，字正能，一字正雄，渔阳郡（今北京密云）人。西晋训

诂学家、经学家。另著有《论语集义》。

【译文】

《夏小正》记载:"八月:心宿隐而不见。萤火虫进食白鸟。白鸟,就是蚊子。"崔豹《古今注》曰:"萤火虫,又名丹鸟,腐草变化而来。羞,就是进食。说是吃蚊子。"

《诗·七月》曰:"八月萑苇①。"又曰:"八月载绩②。"又曰:"八月其获③。"又曰:"八月剥枣④。"又曰:"八月断壶⑤。"注云:"薍为萑⑥,苇为葭⑦。载绩者,丝事毕而麻事起⑧。其获者,禾可获也⑨。剥,击也。壶,瓠也⑩。"

【注释】

①萑(huán)苇:荻和苇。萑,草名。即荻。

②载:开始。绩:纺织。

③其获:收割庄稼。

④剥枣:在树下打枣。剥,通"扑"。击,扑打。

⑤断壶:摘下葫芦。

⑥薍(wàn):指芦苇的幼生阶段,之后逐渐长成"薍"。萑(huán):当薍进一步成熟后,称为"萑"。

⑦苇:指完全成熟的芦苇。葭(jiā):初生的芦苇,即刚长出的嫩芦苇。

⑧丝事:指养蚕缫丝之事。麻事:指刈麻、沤麻、缉麻诸事。

⑨禾:古书上指粟。

⑩瓠(hú):葫芦。

【译文】

《诗经·七月》写道:"八月萑苇。"又写道:"八月载绩。"又写道:"八月其获。"又写道:"八月剥枣。"又写道:"八月断壶。"注释说:"芦苇的幼生阶段称为菼，进一步成熟后称为萑，初生的芦苇称为葭，完全成熟后称为苇。所谓载绩，指养蚕缫丝之事结束而刈麻、沤麻、绩麻诸事开启。所谓其获，是说粟可以收获。剥，击打。壶，葫芦。

《提要录》曰：“八月为桂月①。”

【注释】

①桂月：指农历八月。其月桂花盛开，故称。

【译文】

《提要录》记载：“八月称为桂月。”

《纂要》曰：“八月曰仲商①。”

【注释】

①仲商：即仲秋。

【译文】

《纂要》记载：“八月称为仲商。”

《月令》曰：“仲秋行春令，则秋雨不降，草木生荣，国乃有恐。行夏令，则其国乃旱，蛰虫不藏，五谷复生。行冬令，则风灾数起，收雷先行，草木蚤死。”

【译文】

《礼记·月令》记载：“仲秋八月，实行春季的政令，就不下秋雨，草木就会开花，国家就会有恐惧的事情发生。实行夏季的政令，国家就会有旱灾，该蛰伏的虫类不掩藏自身，谷物又会重新生长。实行冬季的政令,就会频繁发生风灾,雷声提前停止,草木提前死亡。"

季秋月

《月令》:"季秋之月,日在房^①,昏虚中^②,旦柳中^③。律中无射^④。鸿雁来宾^⑤,雀入大水为蛤^⑥。菊有黄华^⑦,豺乃祭兽^⑧,戮禽^⑨。草木黄落。蛰虫咸俯在内,皆墐其户^⑩。"

【注释】

①房:星宿名。二十八宿之一。有今天蝎座四星。

②虚:星宿名。二十八宿之一。有今宝瓶座、小马座两星。

③柳:星宿名。二十八宿之一。有今长蛇座八星。

④无射:十二律中阳律的第六律。古人将十二律与十二月相配,无射配九月,因以为农历九月的别名。

⑤来宾:来做宾客。

⑥雀入大水为蛤(gé):由于蛤蜊壳的颜色、纹路与雀鸟类似,古人便以为蛤蜊是雀鸟变的,故称。大水,海。

⑦黄华:黄花。

⑧豺乃祭兽:据说豺杀兽而陈之如祭,好像人类祭祀一样,故曰"祭兽"。

⑨戮禽:杀戮鸟兽。戮,杀。禽,鸟兽总称。

⑩墐(jìn):用泥土涂塞。户:出入口。

【译文】

《礼记·月令》记载:"季秋九月,太阳运行到了房宿的位置,黄昏时候虚宿出现在南方天空的正中,拂晓时候柳宿出现在南方天空的正中。这个月候气律管应着无射。大雁飞来做宾客,雀鸟入海变化为蛤蜊。菊开出了黄花,豺杀兽陈列周围如祭,然后杀戮鸟兽而食。这个月草木枯黄凋落。需要冬眠的虫类都蜷伏在洞穴内,并用泥涂塞出入口。"

《孝经纬》曰:"秋分后十五日,斗指辛,为寒露。后十五日,斗指戌,为霜降。"

【译文】

《孝经纬》记载:"秋分节气后十五天,北斗斗柄指向辛位,就是寒露节气。十五天以后,北斗斗柄指向戌位,就是霜降节气。"

《三统历》曰:"寒露为九月节,霜降为九月中气。寒露者,言露气寒,将欲凝结。"

【译文】

《三统历》记载:"寒露为九月节气,霜降为九月中气。所谓寒露,说水汽寒冷,将要凝结。"

《周书·时训》曰:"寒露之日,鸿雁来宾。后五日,雀入大水为蛤。后五日,菊有黄华。霜降之日,豺祭兽。后五日,草木黄落。后五日,蛰虫咸俯。"

【译文】

《逸周书·时训》记载:"寒露之日,大雁飞来做宾客。五天以后,雀鸟入海变化为蛤蜊。五天以后,菊开出了黄花。霜降之日,豺杀兽陈列周围如祭。五天以后,草和树叶枯黄凋落。五天以后,需要冬眠的虫类都蜷伏在洞穴内。"

《白虎通德论》曰："九月谓之无射何？射者，终也。言万物随阳而终也。"

【译文】

《白虎通德论》记载："九月律为什么称为无射呢？射，就是终结的意思。说万物随阳气而终结。"

《晋·乐志》曰："九月之辰谓之戌。戌者，灭也，谓时物皆衰灭也。"

【译文】

《晋书·乐志》记载："九月对应的十二地支为戌位。戌，就是衰灭的意思，说这时万物都衰败灭亡了。"

《夏小正》曰："九月：内火①。"注云："大火，心星也。"

【注释】

①内火：指心星移位退伏，说明季节更换，夏去秋来。

【译文】

《夏小正》记载："九月：心星移位退伏。"注释说："大火，就是心星。"

《诗·七月》曰："九月授衣①。"又曰："九月叔苴②。"又曰："九月涤场圃③。"又曰："九月肃霜④。"注云："叔，拾也。苴，麻子也。肃，缩也。霜降而收缩万物也。"

【注释】

①授衣：谓制备寒衣。古代以九月为授衣之时。《诗经·豳风·七月》："七月流火，九月授衣。"毛传："九月霜始降，妇功成，可以授冬衣矣。"马瑞辰通释："凡言授者，皆授使尖之也。此诗'授衣'，亦授冬衣使为之。盖九月妇功成，丝麻之事已毕，始可为衣。非谓九月冬衣已成，遂以授人也。"一说谓官家分发冬衣。孔颖达疏："可以授冬衣者，谓衣成而授之。"

②叔：拾取。苴（jū）：青麻的籽实。

③涤场圃：清理打谷场。

④肃霜：谓霜降而万物收缩。

【译文】

《诗经·七月》写道："九月授衣。"又写道："九月叔苴。"又写道："九月涤场圃。"又写道："九月肃霜。"注释说："叔，就是拾取。苴，就是青麻的籽实。肃，就是收缩。霜降而收缩万物。"

《国语》曰①："至于玄月②。"注云："九月为玄月。"范蠡曰③："王姑待④。至于玄月。"《汉韩明府修孔子庙器表碑》曰⑤："永寿二年⑥，霜月之灵⑦。"说者疑是九月。

【注释】

①《国语》：二十一卷（篇），相传为春秋时期左丘明所撰。该书为我国第一部国别体史书，分周、鲁、齐、晋、郑、楚、吴、越八国记事。上自西周中期，下迄春秋战国之交，前后约五百年。

②玄月：农历九月的别称。

③范蠡（前536—前448）：字少伯，别号范少伯、陶朱公，后人尊称为"商圣"，楚国宛地三户（今河南南阳）人。春秋末期政治家、军事家、谋略家、经济学家和道家学者，著有《计然篇》《陶朱公生

意经》《卢氏本草经》等。

④王姑待：君王暂且等待。王，君王。姑，暂且。

⑤《汉韩明府修孔子庙器表碑》：又称《韩明府孔子庙碑》等，现藏于山东曲阜孔庙。

⑥永寿二年：156年。永寿，汉桓帝刘志年号（155—158）。

⑦霜月：农历七月的别称。

【译文】

《国语》记载："至于玄月。"注释说："九月称为玄月。"范蠡说："君王暂且等待。等到九月。"《汉韩明府修孔子庙器表碑》记载："永寿二年，霜月之灵。"说者怀疑霜月是九月。

《提要录》曰："九月为菊月①。"

【注释】

①菊月：农历九月菊花开放，故称。

【译文】

《提要录》记载："九月称为菊月。"

《纂要》曰："九月曰暮秋、末秋、季商、杪秋①，亦曰霜辰，亦曰授衣②。"

【注释】

①暮秋、末秋、季商、杪（miǎo）秋：均为农历九月别称。暮秋，秋季末期。杪秋，晚秋。

②授衣：古时九月制备寒衣，故称。

【译文】

《纂要》记载："九月称为暮秋、末秋、季商、杪秋，也称为霜辰，也称为授衣。"

　　《月令》曰："季秋行夏令,则其国大水,冬藏殃败^①,民
多鼽嚏^②。行冬令,则国多盗贼,边境不宁,土地分裂。行春
令,则暖风来至,民气懈惰^③,师兴不居^④。"

【注释】

①冬藏殃败:在冬季里储藏的食物多霉烂变质。殃败,霉烂变质。

②鼽嚏(qiú tì):俗称伤风。鼻黏膜因受刺激而打喷嚏。

③民气:民众的精神气概。懈惰:懈怠,懒惰。

④师兴不居:战争爆发,人民不得安居。

【译文】

《礼记·月令》记载:"季秋九月,实行夏季的政令,国家就会发生大
水灾,冬季里储藏的食物多霉烂变质,民众多有因受刺激而打喷嚏。实
行冬季的政令,国家就会多有盗贼,边境不得安宁,土地分裂。实行春
季的政令,就会有暖风吹来,民众的精神就会懈怠,战争爆发,民众不得
安居。"

仙掌露^①

　　《后汉·班固传》^②:"武帝建章宫露盘上^③,有仙人掌承
露,和玉屑饮之^④。金茎^⑤,铜柱也。"《神农本草》云^⑥:"繁
露水,是秋露繁浓时也^⑦,作盘以收之,煎令稠,可食之延年
不饥。"汉武帝时,东方朔得玄黄青露^⑧,各盏五合^⑨,帝赐群
臣,老者皆少,病者皆除。东方朔曰:"日初吕处,露皆如糖可
食。"后武帝立金茎,作仙人掌承露盘,取云表之露服食之^⑩,

以求仙。《文选·孟坚〈西都赋〉》云^⑪:"抗仙掌以承露^⑫,擢双立之金茎^⑬。"张平子《西京赋》云^⑭:"承云表之清露。"

【注释】

①仙掌露:即"仙掌承露"。指汉武帝所造金铜仙人舒掌捧盘承接甘露。

②《后汉·班固传》:底本作"前汉",误。即《后汉书》中班固列传。

③武帝:即汉武帝刘彻(前156—前87),西汉第七位皇帝(前141—前87年在位),杰出的政治家、战略家、文学家。建章官:汉武帝太初元年(前104)建,是汉上林苑的主要十二官之一。露盘:即承露盘。

④玉屑:玉的碎屑,一指长生不死的仙药。

⑤金茎:用以擎承露盘的铜柱。

⑥《神农本草》:又名《神农本草经》《本草经》《本经》,三卷(亦有分为四卷),约成书于秦汉时期(一说战国时期)。该书共收药物三百六十五种,且按效能和使用目的分药物为上、中、下三品。

⑦秋露:秋天的露水。

⑧东方朔(前154—前93):字曼倩,平原郡厌次(今山东惠民)人。西汉文学家,著有《答客难》《非有先生论》等。

⑨合(gě):古代容量单位,1升的十分之一。10勺约等于1合,10合等于1升。

⑩云表:借指上天。服食:服用。

⑪《文选》:又称《昭明文选》,我国现存的最早一部诗文总集。因由南朝梁武帝长子萧统组织文人共同编选,萧统死后谥昭明,故称《昭明文选》。萧统(501—531),字德施,小字维摩,谥昭明,史称"昭明太子"。南兰陵郡兰陵县(今江苏常州武进区)人。南朝梁宗室、文学家。孟坚:即班固。《西都赋》:赋篇名,班固所作,

西都指长安。

⑫抗：高举。

⑬擢（zhuó）：拔起，矗立。双立：指神明台与柏梁台相对而立。柏梁台，武帝元鼎二年（前115）建，在长安城中北阙内。其上也有铜柱、承露仙人掌之类。

⑭张平子：即张衡（78—139），字平子，南阳郡西鄂县（今河南南阳）人。东汉杰出的天文学家、数学家、发明家、地理学家、文学家，著有《灵宪》《浑仪图注》《算罔论》《归田赋》等。《西京赋》：赋篇名，张衡所作，西京指长安。

【译文】

《后汉书·班固传》记载："汉武帝建章宫的承露盘上，有金铜仙人舒掌捧盘承接甘露，和玉的碎屑掺在一起饮用。金茎，就是铜柱。"《神农本草》记载："繁露水，就是秋天露水浓郁时，用盘承接收取，煎熬使它稠密，食用可以延年益寿不感到饥饿。"汉武帝时，东方朔得玄黄青露，各盛五合，汉武帝赏赐群臣，饮用后老年人都恢复青春，生病的都去除病痛。东方朔说："太阳刚出来处，露水都像糖一样可以食用。"后来汉武帝立铜柱，仙人舒掌捧盘承接甘露，取上天的露水服用，以求升仙。《文选·孟坚〈西都赋〉》写道："抗仙掌以承露，擢双立之金茎。"张衡《西京赋》写道："承云表之清露。"

青女霜

《淮南子》："秋三月，气不藏①，百虫蛰，青女乃出，以降霜雪。"注云："青女，乃天神青腰玉女，主霜雪也。"杜甫诗云："飞霜任青女，赐被隔南宫②。"山谷诗云："姮娥携青女，一笑粲万瓦③。"李商隐诗云④："青女素娥俱耐冷，月中霜里斗婵娟⑤。"吕夷简诗云⑥:"花愁青女再飞霜⑦。"

【注释】

①气不藏:刘绩《补注》本"不"作"下"。郑良树《淮南子斠理》云:
当作"地气下藏",谓季秋之时,地气下降闭藏而冬乃成矣。

②飞霜任青女,赐被隔南宫:出自杜甫《秋野五首·其四》。飞霜,
降霜。赐被,《后汉书·药崧传》载,药崧,东汉河内人,家贫担任
郎官,常独自在尚书台值夜班,生活困苦,无被褥御寒,仅以木杚
为枕、糟糠为食。汉明帝刘庄发现后,特赐尚书以下官员朝夕公
餐、帷被皂袍,形成制度。南宫,原指汉代尚书省所在地,后借指
朝廷中枢。杜甫曾任职左拾遗,但晚年远离政治中心,此句暗含
仕途失意、被朝廷疏远的感慨。

③姮(héng)娥携青女,一笑粲万瓦:出自黄庭坚《秘书省冬夜宿直
寄怀李德素》。姮娥,即神话中的月中女神嫦娥。一笑粲,谓粲
然一笑。

④李商隐(约813—约858):字义山,号玉谿生,怀州河内(今河南
沁阳)人。晚唐著名诗人,和杜牧合称"小李杜"。

⑤青女素娥俱耐冷,月中霜里斗婵娟:出自李商隐《霜月》。素娥,
嫦娥的别称。斗婵娟,争艳比美。

⑥吕夷简(979—1044):字坦夫,谥文靖,淮南郡寿州(今安徽凤
台)人。北宋名相,杰出的政治家。

⑦花愁青女再飞霜:出自吕夷简佚句。

【译文】

《淮南子》:"秋三月的时候,地气向下隐藏,各种各样的昆虫蛰伏起
来,主管霜雪的青女之神出现,使霜雪降落大地。"注解说:"青女,就是
天神青腰玉女,主管霜雪。"杜甫有诗写道:"飞霜任青女,赐被隔南宫。"
黄庭坚有诗写道:"姮娥携青女,一笑粲万瓦。"李商隐有诗写道:"青女素

娥俱耐冷,月中霜里斗婵娟。"吕夷简有诗写道:"花愁青女再飞霜。"

蓼花风^①

《月令章句》:"仲秋,白露节,盲风至^②。"郑玄云:"疾风也。秦人谓之蓼花风。"梁文帝《初秋》诗云^③:"盲风度函谷^④,坠露下芳枝。"

【注释】

①蓼(liǎo)花风:指秋风。蓼,一年生或多年生草本植物。生于水边,多在早秋开花,并延绵到仲秋。

②盲风:底本作"肓风",据《太平御览》改。

③梁文帝:即萧顺之,字文纬,南兰陵郡兰陵县(今江苏常州武进区)人。梁武帝萧衍之父。由于生前未登基为帝,梁武帝萧衍于天监元年(502)追尊其为"文皇帝",庙号太祖。

④盲风度函谷:底本作"肓风度函谷",据《初学记》改。函谷,即函谷关。战国时秦置,在今河南灵宝西南,东自崤山,西至潼津,大山中裂,绝壁千仞,有路如槽,深险如函,故名。

【译文】

《月令章句》:"仲秋八月,白露节气,疾风吹来。"郑玄说:"盲风就是疾风。秦人称为蓼花风。"梁文帝《初秋》诗写道:"盲风度函谷,坠露下芳枝。"

裂叶风

《洞冥记》^①:"裂叶风^②,乃八月风也^③。"

【注释】

①《洞冥记》：又名《汉武洞冥记》《汉武帝别国洞冥记》《别国洞冥记》，旧题汉郭宪撰。该书叙写神仙道术及远方怪异之事，内容荒诞无稽，主旨在于宣扬神仙之说。郭宪，字子横，汝南宋（今安徽太和）人。汉方术家。

②裂叶风：指农历八月的秋风。其风甚厉，可使草木枝叶破裂，故名。

③乃八月风也：底本作"乃八月节也"，据《海录碎事》改。

【译文】

《洞冥记》："裂叶风，就是八月的风。"

离合风

陆机《要览》："列子御风而行①，常以立春归于八荒②，立秋日游于风穴③。风至则草木皆生，去则草木摇落，谓之离合风。"

【注释】

①列子御风而行：《庄子·逍遥游》："夫列子御风而行，泠然善也，旬有五日而后反。"《列子·黄帝》："列子师老商氏，友伯高子，进二子之道，乘风而归。"谓列御寇修炼成仙，能乘风在天空中遨游。后因以"列子御风"为仙人乘风飞游的典实。列子（约前450—前375），名御寇，亦作"圉寇"，又名寇，字云，郑国圃田（今河南郑州）人。先秦道学家、思想家、哲学家、文学家、教育家，创立了先秦哲学学派贵虚学派列子学。御风，乘风。

②八荒：八方荒远的地方。

③风穴：古代传说中的洞穴名。相传北方寒风自其中而出。《淮南

子·览冥训》："羽翼弱水，暮宿风穴。"许慎注："风穴，北方寒风从地出也。"

【译文】

陆机《要览》："列子乘风飞行，经常在立春日逗回八荒，立秋日游走于风穴。风到于是草木都发芽，风去于是草木摇动凋落，称为离合风。"

鲤鱼风①

《提要录》："鲤鱼风，乃九月风也。"李贺诗云："楼前流水江陵道，鲤鱼风起芙蓉老②。"又古词云："瑞霞成绮。映舴艋棹轻，鲤鱼狂风起③。"

【注释】

①鲤鱼风：《玉台新咏·梁简文帝〈艳歌篇十八韵〉》："灯生阳燧火，尘散鲤鱼风。"吴兆宜注引《提要录》："鲤鱼风，九月风也。"后以"鲤鱼风"指秋风。

②楼前流水江陵道，鲤鱼风起芙蓉老：出自李贺《江楼曲》。江陵，战国秦置，治今湖北荆州。芙蓉，荷花的别名。

③"瑞霞成绮（qǐ）"几句：出自无名氏《失调名》。瑞霞，吉祥的彩霞。绮，有花纹或图案的丝织品。舴艋（zé měng），小船。棹（zhào），桨。

【译文】

《提要录》："鲤鱼风，就是九月的风。"李贺有诗写道："楼前流水江陵道，鲤鱼风起芙蓉老。"又有古词写道："瑞霞成绮。映舴艋棹轻，鲤鱼狂风起。"

黄雀雨

《提要录》：“九月雨，为黄雀雨。”罗鄂州词云[1]：“九月江南秋色，黄雀雨，鲤鱼风[2]。”

【注释】

[1] 罗鄂州：即罗愿（1136—1184），字端良，号存斋，因知鄂州，故称。徽州歙（今安徽歙县）人。宋文学家，著有《尔雅翼》《新安志》《鄂州小集》等。

[2] “九月江南秋色”几句：出自罗愿《失调名》。

【译文】

《提要录》：“九月的雨，称为黄雀雨。”罗愿有词写道：“九月江南秋色，黄雀雨，鲤鱼风。”

豆花雨[1]

《荆楚岁时记》：“豆花雨，乃八月雨也。”

【注释】

[1] 豆花雨：俗称农历八月所降之雨，时豆花正盛，故名。

【译文】

《荆楚岁时记》：“豆花雨，就是八月的雨。”

荻苗水

《水衡记》：“黄河水，七八月名荻苗水[1]，荻花正开也[2]。”

【注释】

①荻苗水：农历八月之黄河水。其时芦荻抽穗，故称。《宋史·河渠志一》："八月菼苽华，谓之荻苗水。"

②荻花：多年生草本植物，生在水边，叶子长形，似芦苇，秋天开紫花。

【译文】

《水衡记》："黄河水，七八月称为荻苗水，因为荻花正在开放。"

登高水

《水衡记》："黄河水，九月名登高水①。"

【注释】

①登高水：农历九月之黄河水。其月值重阳登高节，故称。《宋史·河渠志一》："九月以重阳纪节，谓之登高水。"

【译文】

《水衡记》："黄河水，九月称为登高水。"

一叶落

《淮南子》："一叶落而天下知秋①。"韩文公诗云："《淮南》悲叶落，今我亦伤秋②。"唐人诗云："山僧不解数甲子，一叶落知天下秋③。"韦苏州诗云④："新秋一叶落⑤。"

【注释】

①一叶落而天下知秋：即"一叶知秋"。从一片树叶的凋落，而知道秋天的到来。

②《淮南》悲叶落,今我亦伤秋:出自韩愈《秋字》,原诗为"《淮南》
悲木落,而我亦伤秋"。《淮南》,《淮南子》的简称。伤秋,悲秋,
对秋景而伤感。

③山僧不解数甲子,一叶落知天下秋:出自强行父佚句。山僧,僧人
自称的谦词。甲子,指代季节。

④韦苏州:即韦应物(737—约791),字义博,曾任苏州刺史,故称"韦
苏州",京兆杜陵(今陕西西安)人。唐诗人,著有《韦苏州集》。

⑤新秋一叶落:出自韦应物《送榆次林明府》,原诗为"新秋一叶
飞"。新秋,初秋。

【译文】

《淮南子》:"从一片树叶的凋落,而知道秋天到来。"韩愈有诗写道:
"《淮南》悲叶落,今我亦伤秋。"唐人有诗写道:"山僧不解数甲子,一叶
落知天下秋。"韦应物有诗写道:"新秋一叶落。"

草木衰

《文选·宋玉〈九辨〉》①:"悲哉秋之气也! 皇天平分
四时兮②,窃独悲此凛秋③。萧瑟兮草木摇落而变衰④。泬
寥兮天高而气清⑤。寂寥兮收潦而水清⑥。憭栗兮若在远
行⑦。"李白诗云:"深秋宋玉悲⑧。"老杜诗云:"摇落深知宋
玉悲⑨。"又云:"清秋宋玉悲⑩。"陈简斋诗云:"宋玉有文悲
落叶⑪。"

【注释】

①宋玉(约前298—约前222):字子渊,楚国鄢(今湖北宜城)人。
战国时楚国著名辞赋家。《九辨》:也作《九辩》,《楚辞》篇名。汉

王逸《〈九辩〉序》:"宋玉者,屈原弟子也,闵惜其师忠而放逐,故作《九辩》以述其志。"

②皇天:对天的尊称。皇,伟大。

③窃:自谦之词。凛秋:寒冷的秋天。

④萧瑟:风吹草木的声音。

⑤泬(xuè)寥:清朗空旷的样子。

⑥寂寥(liáo):水清澈的样子。寥,同"漻"。水清澈貌。潦(lào):雨后地面的积水。

⑦憭(liáo)栗:凄凉。

⑧深秋宋玉悲:出自李白《赠易秀才》,原诗为"秋深宋玉悲"。宋玉悲,用来形容秋色悲凉,感伤人生年华易逝、身世凄苦等。

⑨摇落深知宋玉悲:出自杜甫《咏怀古迹五首·其二》。

⑩清秋宋玉悲:出自杜甫《垂白》。

⑪宋玉有文悲落叶:出自陈与义《次韵周教授秋怀》,原诗为"宋玉有文悲落木"。

【译文】

《文选·宋玉〈九辩〉》:"悲哉秋之气也! 皇天平分四时兮,窃独悲此凛秋。萧瑟兮草木摇落而变衰。泬寥兮天高而气清。寂寥兮收潦而水清。憭栗兮若在远行。"李白有诗写道:"深秋宋玉悲。"杜甫有诗写道:"摇落深知宋玉悲。"又有诗写道:"清秋宋玉悲。"陈与义有诗写道:"宋玉有文悲落叶。"

警鹤鸣

《风土记》:"鸣鹤戒露①,白鹤也。此鸟性警,至八月白露降,即鸣而相警。"东坡诗云:"由来警露崔②。"

【注释】

①鸣鹤戒露：因白露降临鹤发出鸣叫而相警戒。

②由来警露隺（hè）：出自苏轼《正辅既见和复次前韵慰鼓盆劝学佛》。
　隺，同"鹤"。

【译文】

《风土记》："因白露降临鹤发出鸣叫而相警戒，说的就是白鹤。白鹤
性情机警，到八月秋天的露水滴落在草叶上，立即发出鸣叫而相警戒。"
苏轼有诗写道："由来警露隺。"

石雁飞

《南康记》[①]："平固县覆笥山上有湖[②]，中有石雁，浮于
湖上。每至秋，飞鸣，如候时也[③]。"

【注释】

①《南康记》：邓德明撰。该书以《尚书·禹贡》为据，是记录南康
　郡风景名胜、志怪传说以及人物逸事的地方志。邓德明（420—
　477），南朝刘宋时期南康郡（治今江西赣州）人。

②平固县：西晋太康元年（280）改平阳县置，治今江西兴国南。覆
　笥（sì）山：又名福笥山。在今江西兴国北。

③候时：等候时机。

【译文】

《南康记》："平固县覆笥山上有湖，湖中有石雁，浮在湖面上。每到
秋天，石雁边飞边鸣，如同等候时机。"

鳜鱼肥

《海录碎事》[①]:"楝木华而石首至[②],秋风起而鳜鱼肥[③]。"

【注释】

①《海录碎事》:初名《一四录》,二十二卷,南宋叶廷珪撰。该书专门汇录群书旧籍中不常见的词语,并载其出处原文,以备查考。叶廷珪,一作叶庭珪,字嗣忠,号翠岩,建州崇安(今属福建)人,一说瓯宁(今福建建瓯)人。南宋博物学家。另撰有《海录杂事》《海录未见事》《海录警句图》《海录本事诗》等。

②楝木:又称苦楝、翠树、紫花树。花期在四到五月。华:开花。石首:鱼名。又名黄花鱼、江鱼。此鱼出水能叫,夜间发光,头中有像棋子的石头,所以叫石首鱼。

③鳜(guì)鱼:俗称桂鱼,一种大口细鳞,味道鲜美的淡水鱼。

【译文】

《海录碎事》:"当楝树开花时石首鱼随汛而至,秋风起时鳜鱼肥美。"

蟋蟀吟

《天宝遗事》:"每秋时,宫中妃姜,以小金笼闭蟋蟀[①],置枕函畔[②],夜听其声。时民间争效之。"

【注释】

①闭:关。

②枕函:中间可以藏物的枕头。此指枕头。畔:旁边。

【译文】

《开元天宝遗事》:"每到秋天,宫中的妃姜,把蟋蟀关在小金笼里,放置在枕头旁边，夜里听蟋蟀的叫声。当时民间争相仿效。"

亲灯火

《昌黎文》①："韩退之送子阿符《读书城南》诗云②：'时秋积雨霁③，新凉入郊墟④。灯火稍可亲⑤，简编可卷舒⑥。'"

【注释】

①《昌黎文》：即《昌黎先生文集》。

②韩退之：即韩愈，字退之。阿符：韩愈的儿子韩昶（chǎng，798—855），字有之，小名符。城南：指长安近郊樊川，其地有韩愈别墅。

③积雨：久雨。霁（jì）：雨后或雪后转晴。

④新凉：初秋凉爽的天气。郊墟：郊外。

⑤灯火：指读书、学习。

⑥简编：书籍。卷舒：卷起展开。

【译文】

《昌黎先生文集》："韩愈送给儿子韩昶《读书城南》诗写道：'时秋积雨霁，新凉入郊墟。灯火稍可亲，简编可卷舒。'"

围棋局

《西京杂记》："戚夫人侍儿贾佩兰言①：'宫中八月四日，出雕房北户②，竹下围棋。胜者终年有福，负者终年多病。取丝缕③，就北辰星下求长命乃免④。'"

【注释】

①戚夫人：即汉高祖宠妃戚姬（？—约前194），西汉济阴定陶（今山东定陶西北）人。善歌舞、乐器、围棋，是我国历史上最早有记载的女围棋手。

②雕房：雕饰有花纹的房子。北户：北门。

③丝缕：蚕丝、线缕之类的统称。

④北辰星：即北极星。《尔雅·释天》："北极谓之北辰。"古人认为北极星为众星拱卫，是天星中地位最尊贵的。

【译文】

《西京杂记》："戚夫人的侍女贾佩兰说：'宫中在八月四日，从雕房北门出去，到竹林里下围棋。获胜的人一年有福气，输的人一年多生病。输的人要取丝线，在北极星下祈求长命百岁后，才能免去疾病。'"

献菊酒

《唐书》："李适为学士。凡天子飨会游豫，唯宰相及学士得从。秋登慈恩浮图①，献菊花酒称寿。"

【注释】

①慈恩：即慈恩寺。唐寺院名。位于长安城南晋昌坊。贞观二十二年（648）李治为太子时，追念母长孙皇后而建，故名。浮图：佛教语。指佛塔。

【译文】

《新唐书》："李适为修文馆学士。凡是皇帝举行宴会和出巡，只有宰相及学士得以随从。秋天皇帝登慈恩寺佛塔，进献菊花酒祝寿。"

思莼鲈

《晋·文苑传》[①]:"张翰[②],字季鹰,吴郡人[③]。为齐王冏东曹掾[④]。见秋风起,思吴中菰米、莼羹、鲈鱼鲙[⑤],叹云:'人生贵得适志[⑥],何能羁宦数百里外以要名爵乎[⑦]?'乃叹云:'秋风起兮木叶飞,吴江水清鲈鱼肥[⑧]。'遂命驾而归[⑨]。后齐王败,人皆谓之见机[⑩]。"又《海物异名记》云[⑪]:"江南人作鲙,名郎官鲙[⑫],言因张翰得名。"东坡诗云:"浮世功名食与眠,季鹰直得水中仙。不须更说知机早,直为鲈鱼也自贤[⑬]。"又送人归吴有词云:"更有鲈鱼堪切鲙[⑭]。"山谷诗云:"东归止为鲈鱼鲙,未敢知言许季鹰[⑮]。"王荆公诗云:"慷慨秋风起,悲歌不为鲈[⑯]。"

【注释】

①《晋·文苑传》:即《晋书·文苑列传》。

②张翰:字季鹰,吴郡吴(今江苏苏州)人。性格放任不羁,时人比之阮籍,称为"江东步兵"。有清才,善属文,工翰墨。

③吴郡:东汉永建四年(129)分会稽郡置,治吴县(今江苏苏州)。

④齐王冏(jiǒng):即司马冏(?—302),字景治,封为齐王,河内温县(今属河南)人。西晋宗室,后参与"八王之乱"。东曹掾:官名。西汉丞相府、东汉三公府属吏,主东曹,职掌二千石长吏选拔迁除。东汉秩比四百石。三国、西晋公府沿置。西晋末以参军代之,秩四百石,后罢。

⑤吴中:吴郡的别称。菰(gū)米:菰之实。一名雕胡米,古以为六谷之一。莼羹:莼菜做的羹。鲈鱼鲙(kuài):用鲈鱼做的脍。鲙,同"脍"。把鱼切成薄片。

⑥适志：舒适自得。

⑦羁（jī）宦：滞留在外地做官。名爵：功名爵禄。

⑧秋风起兮木叶飞，吴江水清鲈鱼肥：出自张翰《思吴江歌》。吴江，即今江苏、上海之吴淞江。《太平寰宇记》卷91"吴江县"："吴江，本名松江，又名松陵，又名笠泽。其江出太湖，二源：一江东五十里入小湖，一江东二百六十里入大海。三秋月多生鲈鱼，张翰所思鲈鲙之处也。"

⑨命驾：命人驾车马。谓立即动身。

⑩见机：先见之明。

⑪《海物异名记》：又名《晋江海物异名记》，三卷，宋陈致雍撰。该书现存佚文多记海物异名的缘由，多零散琐碎。陈致雍，字表用，莆田（今属福建）人，一作晋江（今属福建）人。博洽善文辞，尤谙练于典章制度，另著有《闽王列传》《新定寝祀仪》《五礼仪镜》《曲台奏议集》等。

⑫郎官鲙：鱼羹。

⑬"浮世功名食与眠"几句：出自苏轼《戏书吴江三贤画像三首·其二》，原诗为："浮世功劳食与眠，季鹰真得水中仙。不须更说知几早，直为鲈鱼也自贤。"浮世，人间，人世。旧时认为人世间是浮沉聚散不定的，故称。知机，谓有预见。

⑭更有鲈鱼堪切鲙：出自苏轼《乌夜啼·寄远》。

⑮东归止为鲈鱼鲙，未敢知言许季鹰：出自黄庭坚《秋冬之间鄂渚绝市无蟹，今日偶得数枚，吐沫相濡，乃可悯笑，戏成小诗三首·其三》，原诗为"东归却为鲈鱼鲙，未敢知言许季鹰"。东归，指回故乡。因汉唐皆都长安，中原、江南人士辞京返里多言东归。

⑯慷慨秋风起，悲歌不为鲈：出自王安石《次韵唐公三首其三·旅思》。

【译文】

《晋书·文苑列传》："张翰，字季鹰，吴郡人。为齐王司马同东曹掾。

张翰看见秋风萧瑟,便思念家乡的菰米、莼羹、鲈鱼鲙,感叹说:'人生一世贵在舒适自得,怎么能为了功名爵禄滞留在数百里外做官呢?'于是感叹道:'秋风起兮木叶飞,吴江水清鲈鱼肥。'于是立即动身回家。后来齐王司马囧叛乱失败,人们都说他有先见之明。"又有《海物异名记》记载:"江南人做鱼片,名郎官鲙,说是因为张翰而得名。"苏轼有诗写道:"浮世功名食与眠,季鹰直得水中仙。不须更说知机早,直为鲈鱼也自贤。"又有送友人归吴地时词写道:"更有鲈鱼堪切鲙。"黄庭坚有诗写道:"东归止为鲈鱼鲙,未敢知言许季鹰。"王安石有诗写道:"慷慨秋风起,悲歌不为鲈。"

收兔毫

《墨薮》①:"笔取崇山绝仞中兔毛②,八九月收之。笔头长一寸,管长五寸,锋齐腰强者③。挥襟作之④,屈曲真草⑤,皆须尽一身之力而送之。"

【注释】

①《墨薮(sǒu)》:二十一篇,唐韦续撰。该书辑录前人关于书法之短篇论述,成一丛书。韦续,唐书论家,另著有《五十六种书》。

②绝仞:极高的地方。仞,古时八尺或七尺叫一仞。

③锋齐腰强:锋尖齐整,腹部壮实。

④挥襟:挥开衣襟。

⑤屈曲:手臂弯曲。真草:真书和草书。

【译文】

《墨薮》:"制作毛笔要在八九月份收集生活在高山顶峰野兔的毛。笔头长一寸,笔管长五寸,锋尖齐整,腹部壮实。挥开衣襟,手臂弯曲书写真书和草书,都须尽全身的力量而运笔。"

验美玉

《地镜经》^①："八月中，草木独有叶枝下垂者，必有美玉。"又云："八月后，草木死者，亦有玉。"

【注释】

①《地镜经》：《金楼子》卷五："《地镜经》，凡曰三家：有《师旷地镜》《白泽地镜》《六甲地镜》。"

【译文】

《地镜经》："在八月中，草木独有叶枝下垂的，地下必有美玉。"又记载："八月后，草木枯萎死亡的，地下也有美玉。"

点炙枝^①

《文昌杂录》^②："唐岁时节物^③，八月一日有点炙枝。"《卢公范·馈饷仪》云^④："点炙枝，以梨枝为之。反银盏中^⑤，有朱砂银枝子也。"

【注释】

①点炙枝：底本作"点艾枝"，据《文昌杂录》改。

②《文昌杂录》：六卷，补遗一卷，北宋庞元英撰。庞元英于元丰五年（1082）至八年（1085）为尚书省主客郎中，因《通典》载尚书省为文昌天府，故有是名。该书所记闻见及朝章典故，多可证《宋史》之舛漏。庞元英，字懋贤，单州成武（今山东成武）人。宋文学家。另著有《五礼新编》。

③节物：应节的物品。

④《卢公范》：即《卢公家范》，《新唐书·艺文志》："《卢公家范》一卷，卢僎。"

⑤反：同"返"。

【译文】

《文昌杂录》："唐代一年中应节的物品，八月一日有点炙枝。"《卢公家范·馈饷仪》记载："点炙枝，用梨枝制作。返回银盏中，有朱砂银的枝子。"

厌儿疾

《荆楚岁时记》："八月十日，四民以朱点小儿头①，名为天灸②，以厌疾也。"

【注释】

①四民：底本作"泗民"，误。指士、农、工、商。《穀梁传·成公元年》："古者有四民：有士民，有商民，有农民，有工民。"《汉书·食货志上》："士农工商，四民有业：学以居位曰士，辟土殖谷曰农，作巧成器曰工，通财鬻货曰商。"朱：朱砂。

②天灸：底本作"天炙"，据《荆楚岁时记》改。

【译文】

《荆楚岁时记》："八月十日，士、农、工、商各行业的人用朱砂点在小儿额头上，称为天灸，用来制服疾疫。"

取柏露①

《续齐谐记》②："邓绍八月朝入华山③，见一童子，以五彩囊承取柏叶上露④，皆如珠子，且云赤松先生取以明目⑤。

今人八月朝作眼明袋是也。"又《荆楚岁时记》云："四民并以锦彩为眼明囊，云赤松子以八月囊承柏树露，为宜眼。后世以金箔为之⑥，递相饷遗⑦。"

【注释】

①柏露：柏叶上的露珠。

②《续齐谐记》：一卷，吴均撰。据《隋书·经籍志》，有东阳无疑《齐谐记》七卷，吴均似续此书而作。吴均（469—520），字叔庠，吴兴故鄣（今浙江安吉）人。南朝梁文学家、史学家，另著有《齐春秋》《庙记》《十二州记》等。

③八月朝：八月初一。月朝，月旦，每月初一。

④五彩囊：亦称五明囊、眼明囊。小囊袋。古俗八月初一日以之取露拭目，可使眼明，故称。

⑤赤松先生：即赤松子。古代神话传说中的仙人，神农时为雨师。

⑥金箔：黄金捶成的薄片。常用以贴饰器物或佛像等。

⑦递相饷遗（xiǎng wèi）：互相赠送。饷遗，赠送。

【译文】

《续齐谐记》："邓绍八月初一进入华山，看见一个童子，用五彩小袋承接柏叶上的露水，露水都像珠子，并且说赤松先生取用露水以使眼睛明亮。于是今天的人在八月初一制作眼明袋。"又有《荆楚岁时记》记载："士、农、工、商各行业的人都用锦彩做眼明囊，说赤松子在八月初一用囊承接柏树露水，为使眼睛明亮。后世用金箔制作眼明囊，互相赠送。"

结丝囊

《隋唐嘉话》①："八月五日，明皇生辰，号千秋节。王公戚里进金镜②,士庶结承露丝囊相遗③。"《述征记》云④:"八月作五明囊⑤,盛百草露以洗眼。"

【注释】

①《隋唐嘉话》:又名《传记》《国朝传记》《国史异纂》,三卷,唐刘𫗧撰。该书体例仿《世说新语》,记录了自隋至唐玄宗开元年间的轶闻。刘𫗧(sù),字鼎卿,彭城(今江苏徐州)人。天宝进士及第,官至河南功曹参军、集贤院学士、右补阙,另撰有《史例》《乐府古题解》等。

②戚里:借指外戚。金镜:铜镜。

③士庶:士人和百姓,亦泛指人民。承露丝囊:用彩丝织成承接露水的囊袋。遗(wèi):赠予。

④《述征记》:二卷,晋郭缘生撰。该书记作者随征南燕沿途之形胜。郭缘生,曾任南朝宋天门太守。另著有《武昌先贤传》。

⑤五明囊:即眼明囊。

【译文】

《隋唐嘉话》:"八月五日,唐明皇生日,号称千秋节。王公外戚进献铜镜,人民用彩丝织成承接露水的囊袋相互赠予。"《述征记》记载:"八月制作眼明囊,盛百草露水以清洗眼睛。"

登南楼

《晋史·庾亮传》①:"亮镇武昌②,诸佐史殷浩之徒③,秋夜乘月,共登南楼④。俄而亮至⑤,诸人将起避之。亮徐曰⑥:'诸君小住⑦,老子于此兴复不浅⑧。'便据胡床⑨,与浩等谈咏竟夕⑩。其坦率如此。"陶侃曰⑪:"亮非惟风流,更有为政之实也^⑫。"老杜诗云:"月静庾公楼^⑬。"

【注释】

①庾亮(289—340):字元规,颍川鄢陵(今河南鄢陵西北)人。东晋散文家。

②镇:镇守。

③佐史:汉代地方官的属吏。《汉书·百官公卿表上》:"百石以下有斗食、佐史之秩,是为少吏。"颜师古注引《汉官名秩簿》:"佐史,月俸八斛也。"殷浩(?—356),字渊源,因曾为扬州刺史、中军将军,故世称"殷扬州""殷中军"。陈郡长平(今河南西华)人。东晋玄学家。

④南楼:又名白云楼、岑楼。古楼名。在今湖北武汉武昌区黄鹤山顶。

⑤俄而:突然间。

⑥徐:缓缓地。

⑦小住:稍停。

⑧老子于此兴复不浅:老夫兴趣很高。老子,老夫。

⑨据胡床:背倚交床。胡床,又称交床。一种可以折叠的轻便坐具。

⑩谈咏:谈论吟咏。竟夕:终夜,通宵。

⑪陶侃(259—334):字士衡,一作士行,鄱阳(今属江西)人。东晋辞赋家,著有《相风赋》。

⑫为政:处理政事。

⑬月静庾公楼:出自杜甫《秋日寄题郑监湖上亭三首·其一》,原诗为"月净庾公楼"。庾公楼,指晋朝庾亮所登临的南楼。后人常用为英才集会之典。

【译文】

《晋史·庾亮传》:"庾亮镇守武昌,佐史殷浩等众人,秋夜乘着月色,共登南楼。突然间庾亮到来,众人就要起身回避。庾亮缓缓说道:'各位稍停,老夫兴趣很高。'便背倚交床,与殷浩等人谈论吟咏通宵。他就是这样坦白直率。"陶侃说:"庾亮并非只有风流,更有处理政事的实力。"杜甫有诗写道:"月静庾公楼。"

怀故里

《提要录》:"王粲观秋月①,怀弟妹故里而伤神②。"老杜诗云:"晓莺工进泪,秋月解伤神③。"注云:"春莺、秋月,人所赏玩,而莺所工者,在于进人之泪,月所解者,在于伤神之人。盖乱离疾病之所感也④。"

【注释】

①王粲(177—217):字仲宣,山阳郡高平县(今山东微山)人。东汉末年文学家,"建安七子"之一。著有《英雄记》等。

②怀:思念。伤神:伤心。

③晓莺工进泪,秋月解伤神:出自杜甫《赠王二十四侍御契四十韵》。晓莺,黄莺。工,擅长。进泪,形容伤心痛哭,泪如泉涌。解,理解。

④乱离:遭乱流离。汉王粲《赠蔡子笃》诗:"悠悠世路,乱离多阻。"

【译文】

《提要录》:"王粲观赏秋月,因思念弟妹以及故乡而伤心。"杜甫有诗写道:"晓莺工进泪,秋月解伤神。"注释说:"春莺,秋月,是人们欣赏玩味的自然意象,而春莺的鸣叫擅长触发人内心的悲痛,使人潸然泪下,秋月似乎懂得如何触动人的哀思,令人心神感伤。大概是遭乱流离和疾病所引发的感触。"

悲游子

《梁史》^①："江淹过灞陵^②,秋深叶脱,乃叹曰:'何限风物寥落^③,只悲游子故园之思^④。'"老杜诗云:"风物悲游子,江山忆故人^⑤。"

【注释】

①《梁史》:书名。该书记述南朝梁一代史事。有南朝陈许亨、北周萧欣、隋许善心撰三种。

②灞陵:西汉文帝九年(前171)改芷阳县置,治今陕西西安东新市村附近。因其地有文帝刘恒霸陵,故名。

③何限:多少,几何。风物:风景。寥落:稀疏。

④故园:故乡。

⑤风物悲游子,江山忆故人:出自杜甫《和裴迪登新津寺寄王侍郎》,原诗为"风物悲游子,登临忆侍郎。"

【译文】

《梁史》:"江淹经过灞陵,看见深秋树叶脱落,于是感叹道:'多少风景寥落,只是伤悲游子思乡之苦。'"杜甫有诗写道:"风物悲游子,江山忆故人。"

叹谪仙

《文粹·李白〈秋兴歌〉》^①："我觉秋兴逸^②,谁云秋兴悲?"贺知章见之曰^③:"是子谪仙人也^④。"

【注释】

①《文粹》：即《唐文粹》，一百卷，宋姚铉编。该书为唐代诗文选集。姚铉（968—1020），字宝之，庐州（今安徽合肥）人。宋文学家，著有《姚铉文集》。

②逸：闲适，安乐。

③贺知章（659—744）：字季真，自号四明狂客、秘书外监，越州永兴（今浙江萧山）人。唐诗人、书法家，著有《贺秘监集》。

④谪仙：专指李白。唐孟棨《本事诗·高逸》："李太白初自蜀至京师，舍于逆旅。贺监知章闻其名，首访之。既奇其姿，复请所为文。出《蜀道难》以示之。读未竟，称叹者数四，号为'谪仙'。"

【译文】

《唐文粹·李白〈秋兴歌〉》写道："我觉秋兴逸，谁云秋兴悲？"贺知章看到李白的诗说："你是谪居世间的仙人。"

赏白莲

《天宝遗事》："明皇八月，太液池有千叶白莲①，数枝盛开，帝与贵戚宴赏②，左右皆叹羡③。久之，帝指贵妃示左右④：'争如我解语花⑤。'"古词云："翠盖盈盈红粉面，叶底荷花解语⑥。"

【注释】

①太液池：又名蓬莱池，位于唐长安城大明宫含元殿等三大殿之北，是唐代最重要的皇家池园。千叶白莲：珍奇的观赏植物，叶小，花瓣极多（可达数百至千片），形态富丽，被视为"稀有之花"。

②贵戚：皇帝的内外亲族。宴赏：宴饮赏玩。

③叹羡：赞叹羡慕。

④贵妃：指杨贵妃。

⑤争如：怎么比得上。解语花：指善解人意的花。比喻善解人意的美女，喻指美人聪慧可人。此处唐明皇说杨贵妃为"解语花"。

⑥翠盖盈盈红粉面，叶底荷花解语：出自南宋甄龙友《贺新郎》，原诗为"绿盖盈盈红粉面，叶底荷花解语"。翠盖，指形如翠盖的植物茎叶。盈盈，清澈，晶莹。红粉面，用红粉仔细匀过的面颊。此处应指粉红的荷花。

【译文】

《开元天宝遗事》："唐明皇仲秋八月，太液池有千叶白莲，数枝盛开，唐明皇与内外亲族宴饮赏玩，左右都赞叹羡慕。过了一会儿，唐明皇指着杨贵妃示意左右说：'怎么比得上我的解语花。'"有古词写道："翠盖盈盈红粉面，叶底荷花解语。"

水晶宫

《渔隐丛话》①："吴兴谓之水晶宫②，而不载之《图经》，惟《吴兴集》有之③。刺史杨汉公《九月十五夜绝句》云④：'江南地暖少严风⑤，九月炎凉正得中⑥。溪上玉楼楼上月⑦，清光合在水晶宫⑧。'疑因此而得名也。"

【注释】

①《渔隐丛话》：即《苕溪渔隐丛话》，前集六十卷，后集四十卷，南宋胡仔纂集。该书是一部以各家评论历代诗人的诗论为主的文学资料集。胡仔（约1110—1170），字元任，自号苕溪渔隐，徽州绩溪（今安徽绩溪）人。南宋诗话家、辞赋理论家，另著有《孔子编年》。

②水晶宫：苏州、湖州一带的美称。宋姜夔《惜红衣》词序："吴兴号
　水晶宫，荷花甚丽。"清袁枚《随园随笔·两水精宫》："阖庐造水
　精宫，见《述异记》，即今之苏州也。后杨濮守湖州诗，有'清光合
　作水精宫'之句，从此湖州亦称水精宫。"

③《吴兴集》：唐大历年间颜真卿任湖州刺史时，与僧皎然前后聚文
　人学士八十余人为诗会，联唱论诗，结为《吴兴集》十卷。

④刺史：又称刺使，职官名。"刺"是检核问事的意思，即监察之职。
　"史"为"御史"之意。杨汉公：字用乂，虢州弘农（河南灵宝）人。
　唐文宗大和八年（834）进士，累官户部郎中、史馆修撰，转司封郎
　中。唐宣宗时曾任同州刺史，后卒于宣武、天平节度使任上。唐
　文学家，与苏景胤等合撰《穆宗实录》20卷。

⑤严风：寒风。

⑥炎凉：冷热。

⑦玉楼：华丽的楼。

⑧清光：清亮的光辉。多指月亮。

【译文】

《苕溪渔隐丛话》："吴兴称为水晶宫，而不记载于《图经》，只有《吴
兴集》有这个说法。刺史杨汉公《九月十五夜绝句》诗写道：'江南地暖
少严风，九月炎凉正得中。溪上玉楼楼上月，清光合在水晶宫。'怀疑因
此而得名。"

卷四

冬

【题解】

本卷《冬》。冬乃秋季作物收藏入库,动物准备冬眠的季节。卷首一段总叙文字概说冬之义。

本卷先分述"孟冬月""仲冬月""季冬月"的律历征兆。"孟冬月"以立冬、小雪为节点,引用《礼记·月令》《周书·时训》等书,记录"水始冰""地始冻"等物候特征。"仲冬月"以大雪、冬至为节点,引用《礼记·月令》《周书·时训》等书,记录"芸始生""荔挺出""蚯蚓结""麋角解"等物候特征。"季冬月"以小寒、大寒为节点,引用《礼记·月令》《周书·时训》等书,记录"雁北乡""鹊始巢"等物候特征。

本卷条目均为冬令时俗节物,主要有冬季自然现象"一丈冻""千里雪""千年冰""入液雨""麂凌水"等;冬季饮食"送腊粥";冬季御寒"宝砚炉""暖玉鞍""却寒帘""御寒球""作妓围""揣妓肌""选肉阵"等;冬季孝子典故"暖母枕""温母席""扣冰鱼"等;冬季诗文典故"呵牙笔""问岁余"等。

《礼记·乡饮酒》曰:"北方曰冬。冬之为言中也,中者藏也。"《管子》曰:"冬者,阴之毕下,伏万物。"《尸子》曰①:"冬为信②。"《淮南子》云:"冬为权③。权者,所以权万物也。权正而不失，万物乃藏。"《前汉·律历志》曰："大阴者，北方。北，伏也，阳炁伏于下，于时为冬。冬，终也，物终藏，乃可称。水润下，智者谋，谋者重，故为权也。"又《月令》曰："冬三月，其日壬癸，其帝颛顼④，其神玄冥⑤，其虫介，其音羽⑥，其数六，其味咸，其臭朽⑦，其祀行⑧，祭先肾。"

【注释】

①《尸子》：三卷，战国时尸佼作。该书为先秦战国杂家的著作。尸佼（约前390—约前330），晋国人，一说鲁国人。原为商鞅门下食客，商鞅曾师之，并参与谋划变法。商鞅被杀后，逃亡入蜀。

②冬为信：冬天是诚信的象征。

③冬为权：冬天作为秤锤。

④颛顼（zhuān xū）：号高阳氏，"五帝"之一。以水为德，尊为水德之帝。

⑤玄冥：神名。冬神。

⑥羽：古代五音（宫、商、角、徵、羽）之一。

⑦朽：郑玄注："气若有若无为'朽'。"

⑧行：路神之名，其神位在宗庙门外西边。

【译文】

《礼记·乡饮酒礼》记载："北方是冬的方位。冬就是中的意思，而中就是收藏在里面。"《管子》记载："冬天，阴气全部降临，万物闭藏。"《尸子》记载："冬天是诚信的象征。"《淮南子》记载："冬天作为秤锤。秤锤，是用来衡量万物的。权公正而不失去，万物才能够保藏。"《汉书·律历志》记载："大阴，就是北方。北，就是伏的意思，阳气蛰伏在地下，在时令上是冬季。冬，就是终，万物整天都躲藏着，于是才可以称量。水能向下滋润，有智慧的人善于谋略，有谋略的人就显得重要，因此就制作了权。"又有《礼记·月令》记载:"孟冬十月,这个月的日以壬癸为主,主宰十月的天帝是颛顼,天神是玄冥,这个月的动物以甲虫类为主,声音以羽音为主,数以六为成数,味道以咸为主,气味以朽为主,祭祀对象是行神,祭品以牲畜的肾为上。"

孟冬月

《礼记·月令》曰:"孟冬之月,日在尾,昏危中,旦七星中。律中应钟①。水始冰,地始冻。雉入大水为蜃②,虹藏不见。天气上腾,地气下降,天地不通,闭塞而成冬③。"

【注释】

①应钟:十二律中阴律的第六律。古人以十二律与十二月相配,应钟配十月,因以为农历十月的别名。

②蜃(shèn):大蛤蜊。

③闭塞:堵塞。

【译文】

《礼记·月令》记载:"孟冬十月,太阳运行到了尾宿的位置,黄昏时候危星出现在南方天空的正中,拂晓时候七星出现在南方天空的正中。这个月候气律管应着应钟。这个月水开始结冰,地于始上冻。野鸡入海化为大蛤蜊,彩虹藏敛不再出现。天气向上升腾,地气向下沉降,天地二气不通,堵塞而成为冬季。"

《孝经纬》曰:"霜降后十五日,斗指乾,为立冬。后十五日,斗指亥,为小雪。"

【译文】

《孝经纬》记载:"霜降节气后十五天,北斗斗柄指向乾位,就是立冬节气。十五天以后,北斗斗柄指向亥位,就是小雪节气。"

《三统历》曰:"立冬为十月节,小雪为十月中气。小雪、大雪者,以霜雨凝结而雪,十月犹小,十一月转大。"

【译文】

《三统历》记载:"立冬为十月节气,小雪为十月中气。小雪、大雪,是因为霜雨凝结而成雪,十月还是小雪,十一月转为大雪。"

《周书•时训》曰:"立冬之日,水始冰。后五日,地始冻。后五日,雉入大水为蜃。小雪之日,虹藏不见。后五日,天气上腾,地气下降。后五日,闭塞而成冬。"

【译文】

《逸周书•时训》记载:"立冬之日,水面开始结冰。五天以后,地面开始上冻。五天以后,野鸡入海化为大蛤蜊。小雪之日,彩虹藏敛不再出现。五天以后,天气向上升腾,地气向下沉降。五天以后,天地二气不通,堵塞而成为冬季。"

《白虎通德论》曰:"十月律谓之应钟何?钟,动也。言万物应阳而动下藏也。"

【译文】

《白虎通德论》记载:"十月律为什么称为应钟呢?钟,就是动的意思。说万物顺应阳气而向下运动,收藏起来。"

《晋·乐志》云:"十月之辰谓之亥。亥者,劾也,言时阴气劾杀万物也^①。"

【注释】

①劾杀:判处死刑。此处形容阴气对万物有肃杀之力。

【译文】

《晋书·乐志》记载:"十月对应的十二地支为亥位。亥,就是劾的意思,说这时阴气对万物有肃杀之力。"

《夏小正》曰:"十月:黑鸟浴^①。黑鸟,乌也。浴也者,谓飞乍上乍下也。"

【注释】

①黑鸟:乌鸦,此指其子。浴:《说文》:"洒身也。"此处用引申义。

【译文】

《夏小正》记载:"十月:黑鸟浴。黑鸟,就是乌鸦。所谓浴,就是飞得忽高忽低。"

《诗·七月》曰:"十月陨箨^①。"又曰:"十月蟋蟀入我床下。"又曰:"十月获稻^②。"又曰:"十月纳禾稼^③。"又曰:"十月涤场^④。"

【注释】

①陨箨(yǔn tuò):草木凋落。箨,落。

②获稻：收获稻谷。

③纳禾稼：粮食进谷仓。

④涤场：清扫打谷场。

【译文】

《诗经·七月》写道："十月陨萚。"又写道："十月蟋蟀入我床下。"又写道："十月获稻。"又写道："十月纳禾稼。"又写道："十月涤场。"

《左传·庄公十六年》："公父定叔使以十月入①，曰：'良月也②，就盈数焉③。'"

【注释】

①公父定叔：共叔段之孙，公孙滑之子。"定"为谥号。

②良月：古代以奇数之月为忌，以偶数之月为良。

③盈数：满数，以十为满，所以称十月为良月。

【译文】

《左传·庄公十六年》："公父定叔在十月回国，说：'这是个好月份，十是一个满数。'"

《西京杂记》曰："阴德用事，则和气皆阴，建亥之月是也①。故谓之正阴之月。"又曰："十月，阴虽用事，而阴不孤立。此月纯阴，疑于无阳②，故亦谓之阳月③。"欧阳公词曰："十月小春梅蕊绽④。"

【注释】

①建亥之月：夏历十月。

②疑于：几乎。

③故亦谓之阳月：此处古人通过反向命名体现阴阳转化规律。

④小春：指农历十月。梅蕊：梅花蓓蕾。

【译文】

《西京杂记》记载："阴气占据支配地位，于是和合之气都是阴气，十月就是这样的。因此称为正阴之月。"又记载："十月，阴气虽然占据支配地位，然而阴气也不是独立存的。这个月纯是阴气，几乎没有阳气，因此也称为阳月。"欧阳修有词写道："十月小春梅蕊绽。"

《纂要》曰："十月曰上冬①。"

【注释】

①上冬：初冬。即农历十月。

【译文】

《纂要》记载："十月称为上冬。"

《月令》曰："孟冬行春令，则冻闭不密①，地气上泄，民多流亡。行夏令，则国多暴风，方冬不寒，蛰虫复出。行秋令，则霜雪不时，小兵时起②，土地侵削③。"

【注释】

①冻闭：犹言封冻。

②小兵：小规模的战乱。

③侵削：侵夺，削夺。

【译文】

《礼记·月令》记载："孟冬十月，实行春季的政令，就会因冰冻不严密，地气上泄，民众就会多有流亡。实行夏季的政令，国家就会多有暴风灾害，正值冬季而不寒冷，冬眠的虫类又会出来。实行秋季的政令，霜与雪就不会按时节而降,小规模的战乱时有发生,国家的土地就会遭到侵夺。"

仲冬月

《月令》曰:"仲冬之月,日在斗①,昏东壁中②,旦轸中③。律中黄钟④。冰益壮⑤,地始坼⑥,鹖旦不鸣⑦,虎始交⑧。芸始生⑨,荔挺出⑩,蚯蚓结⑪,麋角解⑫,水泉动。"

【注释】

①斗:即斗宿。二十八宿之一。其位置在十二次的第一次,即星纪之次。

②东壁:即壁宿。二十八宿之一。有今飞马座、仙女座二星。

③轸(zhěn):星宿名。二十八宿之一。有今乌鸦座四星。

④黄钟:十二律中阳律的第一律。

⑤壮:坚厚。

⑥坼(chè):冻裂。

⑦鹖(hé)旦:鸟名。即寒号虫。古籍中一种在夜晚鸣叫、诉求天亮的鸟。郑玄注:"鹖旦,求旦之鸟也。"

⑧交:交配。

⑨芸:香草。

⑩荔挺:草名。形似蒲而小,根可制刷。

⑪蚯蚓结:蚯蚓屈首向下。结,犹"屈"。

⑫麋(mí)角解:麋鹿的角脱落。麋鹿,也叫四不像,哺乳动物。毛淡褐色,性温驯,食植物。解,脱落。

【译文】

《礼记·月令》记载:"仲冬十一月,太阳运行到了斗宿的位置,黄昏时候东壁星出现在南方天空的正中，拂晓时候轸星出现在南方天空的正中。这个月的候气律管应着黄钟。这个月冰更加坚厚，地开始冻裂，鹖旦不鸣叫，老虎开始交配。香草开始萌生，荔挺长出，蚯蚓屈首向下，麋鹿的角脱落，泉水开始涌动。"

《孝经纬》曰："小雪后十五日，斗指壬，为大雪。后十五日，斗指子，为冬至。"

【译文】

《孝经纬》记载："小雪节气后十五天，北斗斗柄指向壬位，就是大雪节气。十五天以后，北斗斗柄指向子位，就是冬至节气。"

《三统历》曰："大雪为十一月节，冬至为十一月中气。"

【译文】

《三统历》记载："大雪为十一月节气，冬至为十一月中气。"

《周书·时训》曰："大雪之日，鹖旦不鸣。后五日，虎始交。后五日，荔挺出。冬至之日，蚯蚓结。后五日，麋角解。后五日，水泉动。"

【译文】

《逸周书·时训》记载："大雪之日，鹖旦不鸣叫。五天以后，老虎开始交配。五天以后，荔挺长出。冬至之日，蚯蚓屈首向下。五天以后，麋鹿的角脱落。五天以后，泉水开始涌动。"

《白虎通德论》曰:"十一月律谓之黄钟何? 黄,中和之色。钟者,动也。言阳气动于黄泉之下,动养万物也。"

【译文】

《白虎通德论》记载:"十一月律为什么称为黄钟呢? 黄,就是中和之色。钟者,就是动的意思。说阳气在黄泉之下萌动,养育万物。"

《晋·乐志》曰:"十一月辰谓之子。子者,孳也,言阳气至此更孳生也。"

【译文】

《晋书·乐志》记载:"十一月对应的十二地支为子位。子,就是孳的意思,说阳气到这时又孳生了。"

《夏小正》曰:"十一月:王狩①,言王狩之时也。冬猎为狩。"

【注释】

①狩:古代特指冬天打猎。

【译文】

《夏小正》记载:"十一月:王狩,说王按时打猎。冬季打猎称为狩。"

《吕氏春秋》曰:"仲冬,命之曰畅月①。"注云:"畅,充也。"

【注释】

①畅月:农历十一月的别称。

【译文】

《吕氏春秋》记载:"仲冬十一月,称为畅月。"注释说:"畅,就是充实的意思。"

《月令》曰:"仲冬行夏令,则其国乃旱,氛雾冥冥①,雷乃发声。行秋令,则天时雨汁②,瓜瓠不成③,国有大兵④。行春令,则蝗虫为败⑤,水泉咸竭,民多疥疠⑥。"

【注释】

①氛雾:雾气。冥冥:迷漫。

②雨汁:指雨夹雪。

③瓜瓠(hù):泛指瓜类作物。

④大兵:大的战争。

⑤败:毁坏。

⑥疥疠(jiè lì):恶疮。

【译文】

《礼记·月令》记载:"仲冬十一月,实行夏季的政令,国家就会发生旱灾,雾气迷漫,并有雷声发作。实行秋季的政令,天就会时时下起雨夹雪,瓜类生长不成,国家将发生大的战争。实行春季的政令,就会有蝗虫出来毁坏庄稼,水泉都将枯竭,民众就会多患恶疮。"

季冬月

《月令》曰:"季冬之月,日在婺女,昏娄中①,旦氐中②。律中大吕。雁北乡③,鹊始巢④,雉雊⑤,鸡乳⑥。征鸟厉疾⑦。冰方盛,水泽腹坚⑧。日穷于次⑨,月穷于纪⑩,星回于天⑪,

数将几终^⑫,岁且更始^⑬。"

【注释】

①娄:星宿名。二十八宿之一。有今白羊座三星。

②氐:星宿名。二十八宿之一。有今天秤座四星。

③北乡:即北向。朝北,向北。乡,通"向"。

④巢:筑巢。

⑤雊雏(gòu):野鸡开始鸣叫。雊,野鸡鸣叫。

⑥鸡乳:母鸡开始下蛋。

⑦征鸟:远飞的鸟。此指鹰隼等猛禽。厉疾:迅猛。

⑧水泽:河湖沼泽。腹坚:谓冰冻得又厚又坚实。

⑨日穷于次:太阳运行到最后一个次。次,太阳和月亮沿黄道运行一周,每年会合十二次,每次会合都有一定的位置,所会之处叫作"次"。

⑩月穷于纪:月亮运行到最后和太阳会合的位置。纪,会合。指太阳和月亮经过一年在季冬又相会于同一次。

⑪星回于天:星宿在天上绕了一圈。

⑫数将几终:一年的日子即将终结。

⑬岁且更始:新的一年就要重新开始。

【译文】

《礼记·月令》记载:"季冬十二月,太阳运行到婺女宿的位置,黄昏时候娄星出现在南方天空的正中,拂晓时候氐星出现在南方天空的正中。这个月的候气律管应着大吕。大雁开始向北飞,喜鹊开始筑巢,野鸡开始鸣叫,母鸡开始下蛋。鹰隼等猛禽变得迅猛。这时正是冰冻最厉害的时候,河湖沼泽的冰结得既厚且坚。太阳运行到一年中最后的位置,月亮运行到最后和太阳会合的位置,星宿在天上绕了一圈,一年的日子即将终结,新的一年就要重新开始。"

《孝经纬》曰："冬至后十五日,斗指癸,为小寒。后十五日,斗指丑,为大寒。"

【译文】

《孝经纬》记载："冬至节气后十五天,北斗斗柄指向癸位,就是小寒节气。十五天以后,北斗斗柄指向丑位,就是大寒节气。"

《三统历》曰："小寒为十二月节,大寒为十二月中气。小寒、大寒者,十二月极寒之时,相对为大小,月初为小寒,月半为大寒也。"

【译文】

《三统历》记载："小寒为十二月节气,大寒为十二月中气。所谓小寒、大寒,指十二月极寒的时候,相对有大小,月初为小寒,月中为大寒。"

《周书·时训》曰："小寒之日,雁北乡。又后五日,鹊始巢。又五日,雉始雊。雁不北向,民不怀主①。鹊不始巢,一国不宁。雉不始雊,国乃大水。大寒之日,鸡始乳。又五日,鸷鸟厉疾②。又五日,水泽腹坚。鸡不始乳,淫女乱男。鸷鸟不厉,国不除兵③。水泽不腹坚,言乃不从。"

【注释】

①民不怀主:百姓对君主缺乏忠心。

②鸷(zhì)鸟:天性凶猛的鸟。如鹰隼之类。

③除:整治。

【译文】

《逸周书·时训》记载："小寒之日,大雁开始向北飞。又五天以后,喜鹊开始筑巢。又五天以后,野鸡开始鸣叫。大雁不向北飞,百姓对君主缺乏忠心。喜鹊不开始筑巢,国家不安定。野鸡不开始鸣叫,国内就发大水。大寒之日,母鸡开始下蛋。又五天以后,鹰隼等猛禽变得迅猛。又五天以后,河湖沼泽的冰冻得又厚又坚实。母鸡不开始下蛋,淫妇会迷乱男人。鹰隼等猛禽不变迅猛,国家不能整治军队。河湖沼泽的冰不冻得又厚又坚实,国君的政令不被服从。"

《白虎通德论》曰:"十二月律谓之大吕何?大,大也①。吕者,拒也。言阳气欲出,阴不许也。吕之为言拒者,旅抑拒难之也②。"

【注释】

①大:极。表示程度之深。

②旅:出行。

【译文】

《白虎通德论》记载:"十二月律为什么称为大吕呢?大,就是极的意思。吕,就是拒的意思。说阳气欲出,阴气不允许。吕就是说拒绝,阴气不允许阳气出行,会进行打压为难。"

《晋·乐志》曰:"十二月之辰谓之丑。丑者,纽也,言终始之际,故以纽结为名也。"

【译文】

《晋书·乐志》记载:"十二月对应的十二地支为丑位。丑,就是纽的意思,说终始相交的地方,因此以纽结为名。"

《夏小正》曰:"十二月:玄驹贲①。玄驹,蚁也。贲者,走于地中也。"

【注释】

①玄驹:蚂蚁的别称。驹,蚂蚁。贲:通"奔"。快跑。

【译文】

《夏小正》记载:"十二月:玄驹贲。玄驹,就是蚂蚁。贲,在地中奔走。"

《纂要》曰:"十二月曰暮冬,亦曰杪冬、涂月、暮节、暮岁、穷稔、穷纪①。"

【注释】

①杪(miǎo)冬、涂月、暮节、暮岁、穷稔(rěn)、穷纪:均为十二月别称。杪冬,暮冬,冬末。指农历十二月。杪,末梢。

【译文】

《纂要》记载:"十二月称为暮冬,也称为杪冬、涂月、暮节、暮岁、穷稔、穷纪。"

《月令》曰:"季冬行秋令,则白露蚤降,介虫为妖,四鄙入保。行春令,则胎夭多伤①,国多固疾②,命之曰'逆'。行夏令,则水潦败国,时雪不降③,冰冻消释④。"

【注释】

①胎夭:指刚出生及尚未出生的小动物。《礼记·月令》:"(孟春之

月）毋杀孩虫、胎、夭、飞鸟。"孔颖达疏:"胎,谓在腹中未出;夭,
为生而已出者。"

②固疾:痼疾。长久不愈之病。

③时雪:应时的雪。

④消释:消融,融化。

【译文】

《礼记·月令》记载:"季冬十二月实行秋季的政令,就会早降白露,
甲虫会变成妖怪为害,四境的边民就会逃入城堡以避敌寇。实行春季的
政令,刚出生及尚未出生的小动物就多受到伤害,国内就多长久不愈的
病人,这就叫'逆'。实行夏季的政令,就会有水涝灾害败坏国家,应时
的雪也不下,冰冻就会融化。"

一色云

《韩诗外传》①:"凡草木花多五出②,雪花独六出。雪
花曰霙③。雪云曰同云④。"同,谓云阴与天同为一色也⑤,故
《诗》云⑥:"上天同云⑦,雨雪雰雰⑧。"

【注释】

①《韩诗外传》:十卷,汉韩婴撰。该书为汉初一部征引《诗经》诗
　　句以证事的著作。韩婴,西汉初燕(今北京)人。汉代研究《诗
　　经》的学者,西汉今文经学中《韩诗》学开创者。

②五出:犹五瓣。

③霙(yīng):古书上指雪花。

④雪云:降雪的阴云。同云:《诗经·小雅·信南山》:"上天同云,雨
　　雪雰雰。"朱熹集传:"同云,云一色也。将雪之候如此。"因以为

降雪之典。

⑤云阴：阴云。

⑥《诗》：即《诗经》。

⑦上天：天空。

⑧雾雾（fēn）：飘落的样子。

【译文】

《韩诗外传》："凡是草木开花多为五瓣，唯独雪花六瓣。雪花称为霙。雪云称为同云。"同，就是说阴云与天为同一颜色，因此《诗经》写道："上天同云，雨雪雾雾。"

一丈冻

郭义恭《广志》①："北方地寒，冰厚三尺，地冻一丈。"

【注释】

①郭义恭《广志》：二卷，晋郭义恭撰。该书名《广志》，盖广《博物志》之书，故多记四方动植物产、山川泉石、异域风俗等。郭义恭，晋博物学家。《广志》，底本作"《广记》"，误。

【译文】

郭义恭《广志》："北方地区严寒，冰厚三尺，地冻一丈。"

千里雪

《楚词》①："层冰峨峨②，飞雪千里。"王逸注云③："北极常寒也④。"东坡诗云："峨眉山西雪千里⑤。"谢爕《雨雪曲》云⑥："峨峨六尺冰⑦，飘飘千里雪。"

【注释】

①《楚词》：即《楚辞》，西汉刘向辑。以先秦楚国诗人屈原作品为主体的诗歌（或称为赋）总集。刘向（前77—前6），原名刘更生，字子政，沛郡丰邑（今江苏徐州）人。汉经学家、文学家、古琴家，中国目录学鼻祖，另著有《别录》《新序》《说苑》《列女传》等。

②层冰：厚冰。峨峨：高大。

③王逸：字叔师，南郡宜城（今湖北宜城）人。汉代《楚辞》研究家，诗文家。所作《楚辞章句》是《楚辞》最早的完整注本，颇为后世楚辞学者所重。

④北极：北方边远之处。

⑤峨眉山西雪千里：出自苏轼《雪斋》。峨眉山，山名。在今四川峨眉县西南。《峨眉郡志》云："云鬟凝翠，冀黛遥妆，真如蟑首蛾眉，细而长，美而艳也，故名峨眉山。"

⑥谢燮（xiè）：南朝陈诗人。陈宣帝太建十二年（580），所司屡举为吏部侍郎，皆不见用。

⑦六尺：形容冰的厚度。

【译文】

《楚辞》："层冰峨峨，飞雪千里。"王逸注释说："北方边远之处常年严寒。"苏轼有诗写道："峨眉山西雪千里。"谢燮《雨雪曲》写道："峨峨六尺冰，飘飘千里雪。"

千年冰

《杜阳杂编》："顺宗即位年①，拘弭国贡常坚冰②，云其国有大凝山③，其中有冰，千年不释④。及赍至京师⑤，洁泠如故。虽盛暑赫日⑥，终不消。嚼之，与中国冰冻无异。"又《神异经》云⑦："北方有层冰万里，厚百丈。"《尸子》曰："朔方之寒⑧,冰厚六尺。北极左右,有不释之冰。"《汉·五行志》云⑨:"光和间⑩,琅邪井冰厚丈余⑪。"

【注释】

①顺宗:即唐顺宗李诵(761—806),唐代第十一位皇帝(805—806年在位)。

②拘弭国:即拘弥国。古代西域诸城国之一。都宁弥城(今新疆维吾尔自治区于田县克里雅河以东)。常坚冰:传说古西域所产一种冰,酷暑不化。

③大凝山:在拘弭国境内。

④释:融化,消融。

⑤赍(jī):送。

⑥赭(zhě)日:火红的太阳。赭,赤,红。

⑦《神异经》:志怪小说集。旧题汉东方朔撰,实为后人伪托,《四库全书总目》曰:"观其词华缛丽,格近齐梁,当由六朝文士影撰而成。"书共九篇,分东荒经、西荒经、南荒经、北荒经、中荒经、东南荒经、东北荒经和西北荒经,计有六十一则。书仿《山海经》而作,但略于山川地理的叙述,而详于异物奇闻的描写。

⑧朔方:北方。《尚书·尧典》:"申命和叔,宅朔方,曰幽都。"蔡沈集传:"朔方,北荒之地。"

⑨《汉·五行志》:即《后汉书·五行志》。

⑩光和:汉灵帝刘宏年号(178—184)。

⑪琅邪:战国秦置,治今山东青岛黄冈区琅琊镇。

【译文】

《杜阳杂编》:"唐顺宗即位那年,拘弭国进贡常坚冰,说他们国有大凝山,其中有冰,千年不融化。待送至京师,洁净寒冷跟原来一样。虽然盛夏火红的太阳照射,终归也不消融。用嘴嚼,与中国冻冰没有差别。"

又有《神异经》记载："北方有冰层万里，厚一百丈。"《尸子》记载："北方寒冷，冰层厚六尺。北极附近，有不融化的冰块。"《后汉书·五行志》记载："光和年间，琅邪的井里结冰，厚一丈多。"

绀碧霜①

《拾遗记》："广延国霜色绀碧②。"又云："嵊州霜甘也③。"《汉武帝内传》曰："仙家上药④，有玄霜、绛雪⑤。"

【注释】

①绀（gàn）碧：天青色，深青透红色。

②广延国：《天中记》："燕昭王时，广延国来献，其国去燕七万里，在扶桑东。"

③嵊（qiǎn）州：传说中的地名。《太平御览》卷十二："嵊州甜雪。嵊州去玉门三十万里，地多寒雪，霜露著木石之上，皆融而甘，可以为菓也。"

④上药：仙药。

⑤玄霜：神话中的一种仙药。绛雪：底本为"绀雪"，据《汉武帝内传》改。炼丹家丹药名。

【译文】

《拾遗记》："广延国冰霜颜色深青透红。"又说："嵊州的冰霜是甜的。"《汉武帝内传》记载："仙家的仙药，有玄霜、绛雪。"

入液雨

《琐碎录》："闽俗，立冬后遇壬日，谓之入液。至小雪出液，得雨谓之液雨。无雨则主来年旱。谚云：'液雨不流箨^①,高田不要作。'又谓之药雨,百虫饮此水而蛰^②。"林公弁诗云^③:"液雨初生小院寒。"

【注释】

①液雨不流箨(tuò):雨水不能从竹笋壳上流下来。谓雨量很小。箨,竹笋外层的壳。

②蛰:蛰伏。动物冬眠,潜伏起来不食不动。

③林公弁(biàn):人名。不详待考。

【译文】

《琐碎录》:"福建风俗,立冬后遇壬日称为入液。到小雪为出液,下雨称为液雨。无雨就预示明年干旱。谚语说:'液雨不流箨,高田不要作。'又称为药雨,百虫饮此水而蛰伏。"林公弁有诗写道:"液雨初生小院寒。"

复槽水^①

《水衡记》:"黄河水,十月名复槽水,落复故道也。"

【注释】

①复槽水:农历十月的黄河水。其时水势收敛,复其河槽故道,因称。《宋史·河渠志一》:"十月水落安流,复其故道,谓之复槽水。"

【译文】

《水衡记》:"黄河水,十月称为复槽水,水势回落复归河槽故道。"

蹙凌水

《水衡记》:"黄河水,十一月、十二月名蹙凌水^①。冰断复结,蹙起成层也。"

【注释】

①蹙(cù)凌水:农历十一月、十二月之间黄河断冰复结之水流。《宋史·河渠志一》:"十一月、十二月,断冰杂流,乘寒复结,谓之蹙凌水。"

【译文】

《水衡记》:"黄河水,十一月、十二月称为蹙凌水。冰块断裂又在水中重新凝结,收缩一起形成冰层。"

宝砚炉

《天宝遗事》:"内库有七宝砚炉一所①,曲尽其巧②。每冬寒砚冻,置于炉上,砚冰自消,不劳置火。冬月,帝用之。"

【注释】

①内库:皇宫的府库。
②曲尽其巧:此处指制作非常精巧。

【译文】

《开元天宝遗事》:"皇宫的府库有一盏七宝砚炉,制作非常精巧。每年冬季严寒时砚被冻住,放置在炉上,砚里的冰冻自然消融,不需劳烦生火。冬季,皇帝经常使用它。"

暖玉鞍

《天宝遗事》:"岐王有玉鞍一面①,每至冬月则用之。

虽天气严寒②,此鞍在座下,如有温火之气。”

【注释】

①岐王:即李范(? —726),本名李隆范,唐睿宗第四子,710年进封
　　岐王。

②严寒:底本作“寒严”,据《开元天宝遗事》改。

【译文】

《开元天宝遗事》:“岐王有一面玉鞍,每到冬季就用它。虽然天气严
寒,将这个玉鞍放置座下,就好像有温火加热一样。”

暖金合①

裴铏《传奇》②:“进士张无颇③,遇袁天罡女袁大娘受
药④,以暖金合盛之,曰:‘寒时,值出此合,则一室暄热⑤,不
假炉炭矣⑥。’合乃广利王宫中之宝⑦。”

【注释】

①合:盛物之器。即盒子。

②裴铏(xíng)《传奇》:三卷,唐裴铏撰。清人梁绍壬在《两般秋雨
　　庵随笔》中说:“《传奇》者,裴铏著小说,多奇异而可传示,故号
　　《传奇》。”裴铏,活动于唐懿宗至唐僖宗朝。唐传奇小说家。

③张无颇:裴铏《传奇》中的人物。

④袁天罡(gāng):又称袁天纲(约547—约634),益州成都(今四
　　川成都)人。隋末唐初著名相士、玄学家、天文学家。著有《九天
　　玄女六壬课》《袁天纲相书》《袁天纲要诀》《袁天纲气神经》等。
　　袁大娘:袁天纲的女儿。受:同“授”。授予。

⑤暄（xuān）热：暖和，温暖。

⑥不假：不需要。

⑦广利王：南海海神祝融的封号。

【译文】

裴铏《传奇》："进士张无颇，遇到袁天罡的女儿袁大娘授予药品，用暖金合盛放，说：'寒冷时候，只要取出这个金合，于是一室暖和，不需要借助炉中的炭火。'金合就是广利王宫中的珍宝。"

却寒帘

《杜阳杂编》："咸通九年①，同昌公主下降②，赐钱五百万贯，仍罄内库宝货③，以实其宅④，更赐金麦银米数斛⑤。堂设连珠之帐⑥，续真珠以成也⑦。却寒之帘，类玳瑁班⑧，有紫色，云却寒鸟骨所为也⑨，则未知出何国。"

【注释】

①咸通九年：868年。咸通，唐懿宗李漼年号（860—874）。

②下降：指公主出嫁。

③罄：用尽。宝货：宝物。

④实：充实。

⑤金麦：指用黄金打造的麦粒形状的装饰品，属于珍贵的工艺品。
　银米：与金麦类似，是用白银制成的米粒状物品。斛（hú）：古量器名，也是容量单位，十斗为一斛。

⑥连珠：连成串的珠子。

⑦续：添加。真珠：珍珠。

⑧玳瑁班：似玳瑁的花斑。班，通"斑"。

⑨却寒令:传说中的一种鸟。

【译文】

《杜阳杂编》:"咸通九年,同昌公主出嫁,皇帝赏赐五百万贯钱,仍用尽内库宝物,以充实同昌公主住宅,更赏赐金麦银米数斛。堂前设置连珠帐,添加珍珠做成。却寒帘,类似玳瑁的花斑,有紫色,说是用却寒鸟的骨骼制作而成,就是不知道出自哪个国家。"

却寒犀

《杜阳杂编》:"同昌公主堂中设却寒犀①。又缀五色香囊,贮辟寒香。"前辈诗云:"辟寒犀外冻云平②。"

【注释】

①却寒犀:即辟寒犀。犀角名。据说可驱除寒气。
②辟寒犀外冻云平:出处不详。

【译文】

《杜阳杂编》:"同昌公主堂中设置却寒犀。又缝制五色香囊,贮存辟寒香。"前辈有诗写道:"辟寒犀外冻云平。"

御寒球

《提要录》:"太祖登极①,九州各贡方物②。燕国刘大王守光使进御寒球一床③。"

【注释】

①太祖:即宋太祖赵匡胤(927—976),小名香孩儿,涿郡(今河北涿州)人。五代至北宋初年军事家、政治家、战略家,宋朝开国皇

帝（960—976年在位）。登极：指皇帝即位。

②九州：古代分中国为九州。此指天下。方物：本地产物。

③燕国：又名桀燕国（911—913），五代十国时期的一国。后梁乾化元年（911）八月，刘守光称帝，国号"大燕"，定都幽州（今北京）。刘大王守光（？—914）：刘守光，深州乐寿（今河北献县）人。五代时期桀燕政权建立者。一床：表数量。用于有支架或可搁置者。犹一架。

【译文】

《提要录》："宋太祖赵匡胤即位，天下各处进贡本地产物。燕国大王刘守光派使者进献御寒球一床。"

辟寒金

《古今诗话》①："嗽金鸟②，出昆明国③，形如雀，色黄。魏明帝时④，其国来献。饲以真珠及兔脑，常吐金屑如粟。宫人争取为钗钿⑤，名之辟寒金，此鸟不畏寒也。宫人相嘲曰⑥：'不取辟寒金，那得帝王心。不服辟寒钿，那得帝王怜⑦。'"《古乐府》云⑧："谁似辟寒金，聊借与、空床暖⑨。"

【注释】

①《古今诗话》：原书久佚，不知作者及卷数。郭绍虞以《宋史·艺文志》文史类有《古今诗话录》七十卷，题李颀撰，疑即此书。该书以记事为主，博采正史、野史、文集、笔记、小说、诗话、地志、类书，多抄录前人有关诗歌之旧说，而自撰者甚少。然采录广博，颇具资料价值，故又为后来诸家诗话辗转称引，影响不小。李颀，约生活于北宋后期。

②嗽金鸟：底本作"嗽寒鸟"，据《拾遗记》《太平御览》等改。三国
　魏明帝时，昆明国所献的灵鸟。

③昆明国：古国名。其地在今云南。

④魏明帝：即魏明帝曹睿（ruì，205—239），字元仲，沛国谯县（今安
　徽亳州）人。曹魏第二位皇帝（226—239年在位）。

⑤钗钿（tián）：指妇女的首饰。

⑥相嘲：相互嘲弄。

⑦"不取辟寒金"几句：出自魏晋无名氏《明帝时宫人谣》。怜，怜爱。

⑧《古乐府》：指汉魏、两晋、南北朝的乐府诗。对新乐府而言。后
　人袭用旧题，有时也称"古乐府"。

⑨谁似辟寒金，聊借与、空床暖：出自宋贺铸《辟寒金》。空床，指独
　宿的卧具。此比喻无偶独居。

【译文】

《古今诗话》："嗽金鸟，出自昆明国，这种鸟样子像雀，黄色。魏明帝
时，昆明国来进献这种鸟。用珍珠和兔脑喂养它，经常吐如粟米一样的
金屑。宫女争相取用这种金屑制作成首饰，称为辟寒金，因为这种鸟不
怕寒冷。宫女相互嘲弄说：'不取辟寒金，那得帝三心。不服辟寒钿，那
得帝王怜。'"《古乐府》写道："谁似辟寒金，聊借与、空床暖。"

辟寒香

　　《述异记》①："汉武帝时，外国贡辟寒香②，室中焚之，虽
大寒，必减衣。"

【注释】

①《述异记》：二卷，南朝梁任昉撰。该书记述怪异神话传说以及地
　理风俗。任昉（460—508），字彦升，小字阿堆，乐安郡博昌（今

山东寿光）人。南朝梁文学家、方志学家、藏书家。

②辟寒香：异香名。相传焚之可避寒气。

【译文】

《述异记》："汉武帝时，外国进贡辟寒香，在室中烧香，虽是大寒天气，必须要减少穿衣。"

衣狐裘

《吕氏春秋》曰："卫灵公天寒凿池[1]，言不寒。宛春曰[2]：'君衣狐裘[3]，坐熊席[4]，四隅有火[5]，所以不寒。'"

【注释】

①卫灵公（？—前493）：姬姓，名元，春秋时期卫国国君（前534—前493年在位）。凿：挖掘，开凿。

②宛春：人名。春秋时卫国大夫。

③衣：穿。狐裘：用狐皮制的外衣。《诗经·秦风·终南》："君子至止，锦衣狐裘。"朱熹集传："锦衣狐裘，诸侯之服也。"

④熊席：熊皮制作的垫子。

⑤四隅（yú）：四角。隅，角落。

【译文】

《吕氏春秋》记载："卫灵公在天气寒冷时让民众开凿水池，说天气不冷。宛春说：'君主身上穿着狐皮外衣，坐着熊皮席垫，四角生火，所以不会冷。'"

设黑褥[1]

《拾遗记》："周灵王起昆昭之台[2]，设狐腋素裘[3]，紫黑文褥。一人以指弹席上，而暄风入室④，裘褥皆弃台下。"

【注释】

①罴（pí）褥：黑皮褥子。罴，熊的一种。即棕熊。

②周灵王：即姬泄心（？—前545），姬姓，名泄心，东周第十一代君主（前571—前545年在位）。起：修建。昆昭之台：昆昭台。（雍正）《河南通志》卷五十二："在府城，周灵王筑。聚天下异木神工，筛水晶以为泥，高百尺，升之以望云气。"

③狐腋素裘：狐狸腋下的毛皮缝制的白色皮衣。狐腋，狐腋下的皮毛。

④暄（xuān）风：暖风。

【译文】

《拾遗记》："周灵王修建昆昭台，铺设了用狐狸腋下的毛皮缝制的白色皮衣，棕熊皮缝制的带有紫花的褥子。一人用手指在座席上一弹，而暖风入室，人们把皮大衣、褥子都扔到台下。"

捏凤炭

《天宝遗事》："杨国忠以炭屑用蜜捏塑成双凤，至冬至日，则燃于炉中①，及先以白檀木铺于炉底，余灰不许参杂。"

【注释】

①燃：底本作"焰"，据《开元天宝遗事》改。

【译文】

《开元天宝遗事》："杨国忠用木炭细屑和蜜捏塑成一对凤凰，到冬至那天，就放入炉火中燃烧，又先前用白檀木铺在炉底，其余的灰不许掺杂。"

置凤木

《杜阳编》："李辅国严凝之时^①，置凤首木于高堂大厦中。其木高一尺，而雕刻如鸾凤之形^②，和煦之气如二三月^③，故别名常春木。"

【注释】

①严凝：犹严寒。《礼记·乡饮酒义》："天地严凝之气，始于西南而盛于西北，此天地之尊严气也，此天地之义气也。"

②鸾凤：鸾鸟与凤凰。

③和煦（xù）：温暖。

【译文】

《杜阳杂编》："李辅国在严寒的时候，放置凤首木在高堂大厦中。这种木高一尺，而雕刻成鸾鸟与凤凰的形状，温暖之气如同二三月份，因此别名为常春木。"

呵牙笔

《天宝遗事》："李白尝于便殿对明皇撰诏诰^①，时十月，大寒，笔冻莫能书字。帝敕宫嫔十人，侍于李白左右，令各执牙笔呵之^②，白遂取而书诏。李白之受圣眷也如此之厚^③。"

【注释】

①便殿：正殿以外的别殿，古时帝王休息消闲之处。诏诰：文体名。古代帝王、皇太后或皇后发布的命令、文告。

②令各执牙笔呵之：底本作"令冬各执牙笔呵之"，据《开元天宝遗
　　事》改。

③圣眷：帝王的宠眷。

【译文】

　　《开元天宝遗事》："李白曾在便殿面对唐明皇撰写诏诰，当时正是
十月，天气极冷，毛笔被冻住不能写字。皇帝下令宫女十人，侍奉在李白
左右，命令她们各自拿着象牙笔用嘴呵气解冻，李白于是取笔而写诏诰。
李白受皇帝的宠眷竟到如此优厚的程度。"

得玉马

　　臧荣绪《晋书》①："新蔡王腾发于并州②，常山之真定
县③，遇天大雪，平地数丈，融不积。腾发怪而掘之，得玉
马，高尺许，上表献之。"藜藿野人《立春》诗云④："玉马自
能消朔雪⑤，土牛更为发春风⑥。"

【注释】

①臧荣绪《晋书》：底本作《续晋书》，误。该书一百一十卷，总括西
　　晋、东晋事迹为一书。纪、录、志、传具备，为唐初流行的十八家
　　《晋书》中最完备的一部。臧荣绪（415—488），东莞莒（今山东
　　莒县）人。南朝齐史学家。

②新蔡王腾：即新蔡王司马腾。司马腾（？—313），字元迈，河内温
　　县（今属河南）人。西晋宗室、诸侯王。永嘉元年（307），因迎晋
　　怀帝有功，改封新蔡王。发：发兵。并州：西汉十三刺史部之一，
　　元封五年（前106）置。东汉末治晋阳县（今山西太原）。

③常山之真定县：《异苑》句前有"行次"二字。常山，即常山郡。

西汉文帝元年（前179）以恒山郡改名,治所在真定县（今河北正
定南）。真定县,西汉高帝十一年（前196）以东垣县改名,治今
河北正定南。

③藜藿野人:人名。不详待考。

④朔雪:北方的雪。

⑤土牛:泥塑的牛。古时于立春日造土牛,举行一定的仪式,以鼓励
春耕。也称为"春牛"。

【译文】

臧荣绪《晋书》:"新蔡王司马腾发兵并州,到达常山郡真定县,遇天
下大雪,在平地有几丈高,都融化了没有积雪。司马腾感到奇怪而进行
挖掘,挖得玉马,高一尺多,上表进献皇帝。"藜藿野人《立春》诗写道:
"玉马自能消朔雪,土牛更为发春风。"

炷暖香

《云林异景志》:"宝云溪有僧舍①,盛冬②,若客至,不燃
薪火③,暖香一炷,满室如春。"詹克爱《题西山禅房》诗云:
"暖香炷罢春生室,始信壶中别有天。"

【注释】

①宝云溪:地名。不详待考。

②盛冬:寒冬,严冬。

③薪火:火把,柴火。此指供取暖用的炉子。

【译文】

《云林异景志》:"宝云溪有座寺院,寒冬时节,如果有客人来访,不用
点燃取暖用的炉子,只需焚一炷暖香,整个房间内如同春天般温暖。"詹
克爱《题西山禅房》诗写道:"暖香炷罢春生室,始信壶中别有天。"

吐气火

《葛仙翁别传》①："公与客谈话，时天寒。仙翁谓客曰：'居贫②，不能人人得炉火③，请作一大火④，共致暖者⑤。'仙公因吐气⑥，火从口中出，须臾火满室，客皆热脱衣也。"

【注释】

①《葛仙翁别传》：宋高似孙《剡录》卷五："《葛仙翁别传》，一卷。"葛仙翁，即葛玄（164—244），字孝先，别号葛仙公。道教尊之为葛仙翁。

②居贫：家贫。

③炉火：此指供取暖用的炉子。

④请：愿意。作：制造。

⑤致：获取。

⑥吐气：散发元气。

【译文】

《葛仙翁别传》："葛仙翁正与客人谈话，当时天气寒冷。仙翁对客人说：'家中贫困，不能人人都有火炉，愿意制造一场大火，共同获取温暖。'仙公因此散发元气，火从口中喷出，不一会儿大火充满房屋，客人都热得脱掉外衣。"

煮建茗①

《开元遗事》："逸人王休②，居太白山下③，日与僧道异人往还。每至冬日，取冰，敲其精莹者④，煮建茗，以供宾客饮之。"

【注释】

①建茗：即建茶。因产于福建建溪流域而得名。

②逸人：隐逸之人。王休：唐隐士。

③太白山：古称太乙山、太一山。在今陕西眉县南部与太白、周至二县交界处。

④精莹：晶莹，透明光亮。

【译文】

《开元天宝遗事》："隐逸之人王休，居住在太白山下，每天与僧徒道士等奇人交往。每到冬天，他就拾取冰块，把冰块中晶莹剔透的敲下来，烹煮建茶，以供宾客饮用。"

饮羊羔酒

《提要录》："世传陶穀学士买得党太尉家故妓①。遇雪，陶取雪水烹团茶②，谓妓曰：'党家应不识此？'妓曰：'彼粗人，安有此景③，但能于销金帐下④，浅酌低唱⑤，饮羊羔酒耳⑥。'陶默然愧其言⑦。"东坡诗云："试问高吟三十韵，何如低唱两三杯⑧。"

【注释】

①陶穀（903—970）：字秀实，本姓唐，后晋时避石敬瑭讳改，邠州新平（今陕西彬县）人。陶穀博学多识，历仕后晋、后汉、后周，入宋为翰林学士承旨。著有《清异录》等。党太尉：即党进（约927—约978），朔州马邑（今山西朔州）人。北宋初将领，历任团练使、彰信军节度兼侍卫步军都指挥使、忠武军节度使等。故妓：从前蓄养的歌伎舞女。也指侍女。

②团茶：宋代用圆模制成的茶饼。

③安有：哪有。景：景象。

④销金帐：一种用金线装饰的床帐。

⑤浅酌低唱：慢慢地喝酒，低低地歌唱。形容士大夫消闲享乐的情状。

⑥羊羔酒：酒名，因酿制材料中有羊肉，故名。

⑦默然：沉默不语。

⑧试问高吟三十韵，何如低唱两三杯：出自苏轼《赵成伯家有丽人，仆忝乡人，不肯开樽，徒吟春雪美句，次韵一笑》。三十韵，苏轼自注："世言，检死秀才衣带上，有《雪诗》三十韵。"

【译文】

《提要录》："世传陶穀学士买得党太尉家所蓄养的侍女。遇到大雪天气，陶穀取雪水烹煮团茶，对侍女说：'党家应该不知道这种雅事吧？'侍女说：'他是个粗俗的人，哪有这种景象，只是能在销金帐下，浅酌低唱，饮羊羔美酒罢了。'陶穀沉默不语，为自己的言论感到羞愧。"苏轼有诗写道："试问高吟三十韵，何如低唱两三杯。"

作妓围

《天宝遗事》："申王每冬月苦寒之际①，令宫女密围于坐侧，以御寒气②，谓之妓围。"

【注释】

①申王：指李捴。见"壬癸席"注。苦寒：严寒，极端寒冷。

②御：抵御。

【译文】

《开元天宝遗事》："申王李捴每到冬天严寒的时候，命令宫女坐在旁边紧密包围着他，以抵御寒气，称为妓围。"

揣妓肌

《天宝遗事》:"岐王每冬寒手冷①,不近火,惟于妙妓怀中②,揣其肌肤③,为之暖手。"

【注释】

①岐王:指李范,见前注。

②妙妓:容颜美丽、技艺精妙的歌妓。

③揣:藏在穿着的衣服或口袋里,此指将手放入妙妓怀里取暖。

【译文】

《开元天宝遗事》:"岐王李范每到冬天手冷时,不用火炉取暖,只是将手放在妙妓怀中,紧贴她们的肌肤,为他暖手。"

选肉阵

《开元遗事》:"杨国忠选婢妾肥大者①,行列于前令遮风②,谓之肉阵。"

【注释】

①婢妾:婢女。肥大:肥胖壮实。

②行列:纵横排列。

【译文】

《开元天宝遗事》:"杨国忠选取肥胖壮实的婢女,命令纵横排列在自己前面遮风,称为肉阵。"

暖寒会

《开元遗事》:"巨豪王元宝,每冬月大雪之时,令仆夫扫雪为径①,躬立坊前②,迎揖宾客③,具酒炙宴之④,为暖寒会。"

【注释】

①仆夫:仆人。径:小路。

②躬立:即躬身肃立。坊:牌坊。

③迎揖:迎接时作揖为礼。此指迎接。

④具:备办。酒炙:酒和肉。亦泛指菜肴。宴:招待。

【译文】

《开元天宝遗事》:"大富商王元宝,每年冬天下大雪时,命令仆人清扫积雪开出一条小路,躬身肃立在牌坊前,迎接宾客,备办酒肉招待,称为暖寒会。"

送腊粥

皇朝《东京梦华录》:"十二月,都城卖撒佛花①。至初八日,有僧尼三五为群,以盆盛金铜佛像,浸以香水,杨柳洒浴②,排门教化③。诸大寺作浴佛会,并送七宝五味粥④,谓之腊八粥。都人是日亦以果子杂料煮粥而食。"

【注释】

①撒佛花:底本作"散佛花",据《东京梦华录》改。宋代年货中的一种冬季时蔬,据《东京梦华录》等文献记载,其形似菩提树花（又称佛花）,实际为黄豆芽。因黄豆芽成簇生长,与佛花形态相

似,故得名"撒佛花"。

②浸以香水,杨柳洒浴:用杨枝和柳枝浸在香水中,将香水洒在佛像
　　身上,即浴佛会。这是腊八节进行的宗教活动。

③排门:挨家逐户。教化:行乞,乞讨。此指化缘。

④七宝五味粥:即七宝粥。七宝,也称七珍,佛教用语。旧俗农历十二
　　月八日,佛教寺院取香谷及果实等煮成粥,用以供佛并送与门徒。

【译文】

　　本朝《东京梦华录》:"十二月,都城到处在卖撒佛花。到初八那天,
有僧人尼姑三五人一伙,用盆盛放金铜制作的佛像,浸在香水中,用杨枝
和柳枝蘸着香水为佛像洒浴,挨家逐户化缘。各大寺院举办浴佛会,并
送七宝五味粥给门徒,称为腊八粥。京城的人在这一天也都用各种果子
杂料煮粥而食。"

省寮火

　　《前汉书》:"冬,民既入①,妇人同巷,相从夜绩②,一月
得四十五日③。以省寮火④,同巧拙而合习俗也。"寮,力召反。

【注释】

①民既入:民众都待在家里。

②相从夜绩:聚集在一起,夜里纺麻织布。绩,把麻搓捻成线或绳。

③一月得四十五日:每夜折算成半天,故妇女一个月有四十五个工
　　作日。

④省寮(liáo)火:节省灯火费用。寮,同"燎"。火炬。

【译文】

　　《前汉书》:"冬天,民众都待在家里,同里巷的妇女,聚集在一起,夜
里纺麻织布,这样一月可做四十五天的活。聚集在一起可节省灯火费

用,并相互取长补短,时间长了,便成为一种习俗。"寮,力召反。

温母席

《搜神记》^①:"罗威,字德行,少丧父,事母至孝。母年七十,天大寒,常以身自温席,而后授其母^②。"

【注释】

①《搜神记》:又称《搜神录》《搜神异记》《搜神传记》等,二十卷,晋干宝撰。该书所记大小故事四百五十四条,多为神怪灵异。干宝(?—336),字令升,新蔡(今属河南)人。东晋史学家、文学家,另著有《晋纪》二十卷。

②授:交给。

【译文】

《搜神记》:"罗威,字德行,少年时父亲去世,侍奉母亲极为孝顺。母亲已经七十岁了,天气十分寒冷的时候,他常常用自己的身体温暖床上的席被,然后再请母亲入睡。"

暖母枕

《东观汉记》^①:"黄香^②,字文疆,江夏安陆人。事母至孝,每冬寒则身暖枕席,夏则扇之使凉。"东坡诗云:"愿子聚为江夏枕,不劳挥扇自宁亲^③。"

【注释】

①《东观汉记》:又称《汉记》,现存二十四卷。东汉班固、陈宗、崔

寔、蔡邕等二十人先后参与编写。东观是东汉宫廷著述及藏书之处，此书在此处编成，故名。该书是纪传体东汉皇朝史，含纪、表、志、传、载记五个部分。记事自光武帝，讫止灵帝，为东汉时人所撰的本朝史巨著。

②黄香（？—122）：字文疆（一作文彊），东汉江夏安陆（今湖北云梦）人。"二十四孝"中"扇枕温衾"的主角。

③愿子聚为江夏枕，不劳挥扇自宁亲：出自苏轼《始于文登海上，得白石数升，如芡实，可作枕。闻梅丈嗜石，故以遗其子子明学士。子明有诗，次其韵》。江夏枕，源见"扇枕温衾"。谓孝养父母。宁亲，使父母安宁。

【译文】

《东观汉记》："黄香，字文疆，江夏安陆人。侍奉母亲极为孝顺，每到冬天就用身体温暖枕席，夏天就用扇子扇凉枕席。"苏轼有诗写道："愿子聚为江夏枕，不劳挥扇自宁亲。"

扣冰鱼

《孝子传》①："王祥少有德行②，事后母至孝。盛寒冰冻，网罟不施③。母欲生鱼④，祥解褐扣冰求之⑤，忽冰开，有双鱼跃出，祥获以奉母，时人谓之至孝所致⑥。"黄氏本后章云⑦："卧冰泣竹慰母心⑧。"

【注释】

①《孝子传》：一卷，西汉刘向撰。该书是以孝子为名的书传。

②王祥（184—268）：字休徵，谥元，琅邪临沂（今山东临沂）人。三国曹魏至西晋时孝子，"二十四孝"中"卧冰求鲤"的主角。

③网罟（gǔ）：捕鱼的工具。

④生鱼：活鱼。

⑤解褐扣冰：脱去粗布衣敲击冰块。褐，粗布衣。扣，敲击。

⑥所致：得到的。

⑦黄氏本：底本作"黄民本"，据《山谷诗注》改。即北宋黄庭坚手写旧本。

⑧卧冰泣竹慰母心：《山谷诗注》："黄氏本后亶曰：'卧冰泣竹慰母饥。'"卧冰泣竹，指晋王祥卧冰求鱼事母和楚人孟宗天寒求笋的故事。

【译文】

《孝子传》："王祥少年有德行，侍奉后母极其孝顺。严寒河水结冰，捕鱼的工具不能施用。母亲想吃活鱼，王祥脱去粗布衣敲击冰块以求鱼，忽然冰面打开，有两条鱼跃出，王祥得到以侍奉母亲，当时的人说他是极尽孝道才得到的。"黄庭坚后段文章写道："卧冰泣竹慰母心。"

号林笋

《楚国先贤传》①："左台御史孟宗②，事后母至孝。母性嗜笋，及母亡，冬节至③，宗入林哀号而笋生④，以供祭祀。"杜甫诗云："远传冬笋味，更觉彩衣春⑤。"

【注释】

①《楚国先贤传》：《隋书·经籍志》史部"杂传"下，著录有"《楚国先贤传赞》十二卷，晋张方撰"；《旧唐书·经籍志》乙部"杂传"本下，著录有"《楚国先贤志》十二卷，杨方撰"；《新唐书·艺文志》乙部"杂传记"下，著录有"张方《楚国先贤传》十二卷"。到了《宋史·艺文志》，已佚。

②左台御史:官职名。唐代武则天光宅元年(684),分御史台为左
　右台,左台掌百司、监军旅;右台察州县、省风俗。孟宗(218—
　271):又名孟仁,字恭武,荆州江夏鄂(今湖北鄂州)人。三国吴
　国孝子,"二十四孝"中"哭竹生笋"主角。

③冬节:冬至日。

④哀号:因悲伤痛哭。

⑤远传冬笋味,更觉彩衣春:出自杜甫《奉贺阳城郡王太夫人恩命
　加邓国太夫人》。彩衣,《艺文类聚》卷二十引《列女传》:"昔楚
　老莱子孝养二亲,行年七十,婴儿自娱,常著五色斑斓衣,为亲取
　饮。"后因以"彩衣"指孝养父母。

【译文】

《楚国先贤传》:"左台御史孟宗,侍奉后母极其孝顺。后母特别喜
欢吃竹笋,等到后母去世,到了冬至日,孟宗进入竹林悲伤痛哭而竹笋生
芽,因而把竹笋当作供品祭祀。"杜甫有诗写道:"远传冬笋味,更觉彩衣
春。"

问岁余

《魏略》①:"董遇好学②,人从学者③,遇不肯教,云:'当
先读书百遍,而义自见④。'学者云:'苦暇无日⑤。'遇曰:'当
以三余⑥。'或问三余之意,遇曰:'冬者岁之余,夜者日之
余,雨者晴之余⑦。'"又见任彦升《策》⑧。山谷诗云:"皇文开
万卷,家学陋三余⑨。"东坡诗云:"酒饱高眠真事业,此生有
味在三余⑩。"

【注释】

①《魏略》:五十卷(一作三十八卷),三国魏鱼豢撰。该书记曹魏史

事。鱼豢,长鱼氏,京兆(今陕西西安)人。三国魏史学家。

②董遇:字季直,弘农(今河南灵宝)人。三国魏学者,性质讷而好学。

③从学:跟从他学习。

④而义自见:读书上百遍,书意自然领会。指学要熟读才能真正领会。见,显现。

⑤苦暇无日:苦于没有闲暇时间。

⑥以:利用。

⑦雨者晴之余:底本作"闰者月之余",据《魏略》改。

⑧任彦升《策》:即任昉《天监三年策秀才文》。

⑨皇文开万卷,家学陋三余:出自黄庭坚《东观读未见书》。皇文,朝廷的文书资料。这里泛指东观所藏书籍。家学,家传之学。陋,见闻不广。

⑩酒饱高眠真事业,此生有味在三余:出自苏轼《二月十九日携白酒鲈鱼过詹使君食槐叶冷淘》。高眠,高枕安眠。指闲居。有味,有意味,有情趣。

【译文】

《魏略》:"董遇喜欢学习,有人想跟随学习,董遇不肯教,说:'当先读书上百遍,书意自然就能领会。'想跟随学习的人说:'苦于没有闲暇时间。'董遇说:'应当利用三余的时间。'问'三余'的意思,董遇说:'冬天是一年的空余时间,夜晚是白天的空余时间,下雨是晴天的空余时间。'"又见任昉《天监三年策秀才文》。黄庭坚有诗写道:"皇文开万卷,家学陋三余。"苏轼有诗写道:"酒饱高眠真事业,此生有味在三余。"

足文史

《汉书》:"方朔自言:'年十三学,三冬文史足用①。'"注云:"贫子冬日乃得学②。"

【注释】

①三冬文史足用：利用冬季三个月农闲时间读文史书籍足够应用。
　　比喻家贫好学。三冬，冬季三个月。

②贫子：穷人家的孩子。

【译文】

《汉书》："东方朔自己说：'我十三岁开始学习，利用冬季三个月农闲时间读文史书籍就足够使用。'"注释说："穷人家的孩子冬季农闲才能学习。"

卷五

元旦 上

【题解】

　　本卷《元旦上》篇。元旦又称"元日""岁旦""岁首""岁朝""端日"等，即今农历正月初一（春节）。宋吴自牧《梦粱录》："正月朔日，谓之元旦，俗呼为新年。"一岁节序，此为之首，元旦为我国传统节日中最隆重的大节日。

　　本卷条目均为元旦时俗节物，主要有元旦岁时仪式"屠苏散""燃爆竹""画桃梗""插桃梧""绘门神""造华胜""剪彩幡""贴画鸡"等；元旦饮食"胶牙饧""食索饼""治酒食"等；元旦进辟瘟"五辛盘""敷于散""服桃汤""煎术汤"等；元旦祭祀祈福"钉面蛇""挂兔头""悬苇索"等；元旦农桑种养"照桑果""嫁枣李"等；元旦岁时卜筮"呼畜类""验牛卧"等；元旦岁时宜忌"忌针线"。

　　（以上缺）时之礼也。故于此日采椒花①，以献尊者②。古词云："□□□□□金缕，探听春来处③。"又云："佳人重劝千长寿，柏叶椒花分翠袖④。"

【注释】

　　①椒花：椒的花。

②尊者：称辈分或地位高的人。

③□□□□□金缕，探听春来处：出自无名氏《失调名》。金缕，指
　　柳条。探听，打听。

④佳人重劝千长寿，柏叶椒花分翠袖：出自毛滂《玉楼春·己卯岁
　　元日》。柏叶椒花，即椒柏酒。农历正月初一用以祭祖或献之于
　　家长以示祝寿拜贺之意。翠袖，青绿色衣袖。泛指女子的装束。

【译文】

（以上缺）就是当时的礼仪。因此在这一天采摘椒花，以献给辈分
或地位高的人。古词写道："□□□□□金缕，探听春来处。"又写道：
"佳人重劝千长寿，柏叶椒花分翠袖。"

屠苏散

《岁华纪丽》①："俗说屠苏者，草庵之名也②。昔有人居
草庵之中，每岁除夕③，遗里闾药一贴④，令囊浸井中⑤。至
元日⑥，取水置于酒樽⑦，合家饮之⑧，不病瘟疫⑨。今人得
其方而不识名，但曰屠苏而已。"孙真人《屠苏饮论》云⑩：
"屠者，言其屠绝鬼炁⑪；苏者，言其苏省人魂⑫。其方用药
八品，合而为剂，故亦名八神散。大黄、蜀椒、桔梗、桂心、防
风各半两⑬，白术、虎杖各一分⑭，乌头半分⑮，咬咀⑯，以绛囊
贮之⑰。除日薄暮⑱，悬井中，令至泥。正旦出之⑲，和囊浸
酒中⑳。顷时，捧杯咒之曰㉑：'一人饮之，一家无疾；一家饮
之，一里无病㉒。'先少后长，东向进饮㉓。取其滓㉔，悬于中
门㉕，以辟瘟气。三日外㉖，弃于井中。此轩辕黄帝神方㉗。"

【注释】

①《岁华纪丽》：四卷，唐韩鄂撰。该书为唐代风俗志，采经史子传中岁时杂事，以四时十二月节序等分类，撷取骈俪之句，分注事实于其下。韩鄂，唐农学家，另著有《四时纂要》。

②草庵：草房，草舍。

③除夕：一年最后一天的夜晚。旧岁至此夕而除，次日即新岁，故称。

④遗：给予，馈赠。里闾：里巷，乡里。此指乡里人。

⑤囊浸井中：用小布袋装好浸泡在井里。

⑥元日：正月初一。

⑦酒樽（zūn）：古人温酒或盛酒的器皿。

⑧合家：指全家，一家老小。

⑨病：担心，忧虑。瘟疫：流行性急性传染病的总称。

⑩孙真人：即孙思邈（581—682），唐京兆华原（今陕西铜川）人。医药学家、道士，被后人尊称为"药王"。另著有《备急千金要方》《千金翼方》等。

⑪鬼炁（qì）：鬼怪的邪气。炁，道教多以指人的元气。

⑫苏省：苏醒。

⑬大黄：药草名。根茎可入药，主治实热便秘、腹痛胀满、瘀血闭经、痈肿等症。蜀椒：药草名。因产于蜀中，又称巴椒、川椒。主治邪气咳逆，温中，逐骨节皮肤死肌，寒湿痹痛，下气等症。桔梗：药草名。根可入药，有宣肺、祛痰、排脓等功用。桂心：药草名。肉桂树皮的里层，味辛香，可入药。主治一切风气，补五劳七伤。防风：药草名。根可药用，有镇痛、祛痰等作用。

⑭白术：药草名。根茎可入药。主治脾虚食少倦怠、消化不良、虚胀、泄泻、痰饮、水肿、胎动不安。虎杖：药草名。利湿退黄，清热解毒，活血祛瘀，祛痰止咳。分：药用衡量单位。旧医籍中，中药重量以16两为1市斤（500克），10钱为1两，10分为1钱。因此

中药的 1 分约为 0.3 克。

⑮乌头：药草名。可除寒湿痹、咳逆上气，破积聚寒热。

⑯㕮咀：同"呚咀"。中医用语。指用刀斧及砧板将药物砸、切细碎，以便煎制。

⑰绛囊：红色口袋。绛，深红色。

⑱除日：农历十二月最后一天。薄暮：傍晚。

⑲正旦：农历正月初一日。

⑳和：连带。

㉑咒：旧时僧、道、方士等自称可以驱鬼降妖的口诀。此指祝祷。

㉒里：古代五家为邻，五邻为里。

㉓东向：面向东。古代以东为上方、尊位。

㉔滓（zǐ）：渣滓。

㉕中门：门的当中。

㉖三日外：三天多。

㉗轩辕黄帝：即黄帝，五帝之首，被尊祀为"人文初祖"。

【译文】

韩鄂《岁华纪丽》："俗话说的屠苏，就是草庵的名字。以前有人居住在草庵之中，每年除夕，送给乡里每人一帖药，让他们用小布袋装好浸泡在井里。到正月初一，取水装入酒樽，一家人饮用，不用担心染上瘟疫。今人得到这个处方但不知道它的名字，只称作屠苏而已。"孙思邈《屠苏饮论》记载："屠，是说屠绝鬼怪的邪气；苏，说它使人的魂魄苏醒。这个处方用药八种，合为一剂，因此又名八神散。大黄、蜀椒、桔梗、桂心、防风各半两，白术、虎杖各一分，乌头半分，切细碎，用红色袋子贮存起来。除夕的傍晚，悬挂在井中，使之成泥状。农历正月初一日取出，连袋子一起浸泡于酒中。过一会，捧杯祝祷说：'一个人饮用，一家人没有疾病；一家人饮用，一里人没有疾病。'先年纪小的后年长的，依次面向东饮酒。饮后取出渣滓，悬挂于门当中，以辟疫疠之气。三天后，将之丢弃到井中。这是轩辕黄帝的仙方。"

李汉老词云①："一年适尽莲花漏，翠井屠苏沉冻酒②。"洪舍人迈《容斋续笔》云③："今人元日饮屠苏，自小者起，相传已久，然固有来处。后汉李膺、杜密④，以党人同系狱⑤。值元日，于狱中饮酒，曰：'正旦从小起。'《时镜新书》晋董勋云⑥：'正旦饮酒，先饮小者，何也？'勋曰：'俗以小者得岁⑦，故先酒贺之。老者失岁⑧，故后饮殿之⑨。'《初学记》载《四人月令》云⑩：'正旦进酒次第⑪，当从小起，以年小者起。'唐刘梦得、白乐天元日举酒赋诗⑫，刘云：'与君同甲子，寿酒让先杯⑬。'白云：'与君同甲子，岁酒合谁先⑭？'白又有《岁假内命酒》一篇云⑮：'岁酒先拈辞不得⑯，被君推作少年人。'顾况云⑰：'不觉老将春其至，更悲携手几人全。还丹寂寞羞明镜，手把屠苏让少年⑱。'裴夷直云⑲：'自知年几偏应少，先把屠苏不让春。倪更数年逢此日，还应惆怅羡他人⑳。'成文幹云㉑：'戴星先捧祝尧觞，镜里堪惊两鬓霜。好是灯前偷失笑，屠苏应不得先尝㉒。'方干诗云㉓：'才酌屠苏定年齿，坐中皆笑鬓毛班㉔。'然则尚矣㉕。东坡亦云：'但把穷愁博长健，不辞最后饮屠苏㉖。'其义亦然。"颍滨诗云㉗："井底屠苏浸旧方，床头冬酿压琼浆㉘。"

【注释】

①李汉老：即李邴（bǐng，1085—1146），字汉老，号云龛，巨野（今属山东）人，一作任城（今山东济宁）人。宋文学家，著有《玉堂制草》《云龛草堂集》等。

②一年适尽莲花漏,翠井屠苏沉冻酒:出自毛滂《玉楼春·己卯岁
　元日》,此处误为李邴。莲花漏,古代的一种计时器。北宋天圣八
　年(1030)燕肃制造。首次使用了漫流系统平水壶,在漏壶的上
　部开孔,使多余的水由此溢出,以保持漏壶有恒定的水,消除漏壶
　水位变化对流量的影响,提高了计时准确度,是为漏刻发展史上
　一大革新。

③洪舍人迈:即洪迈(1123—1202),字景卢,号容斋,又号野处,饶
　州乐平(今属江西)人。官至宰执(副相),封魏郡开国公、光禄
　大夫。著有《容斋随笔》《野处类稿》《夷坚志》等。舍人,洪迈曾
　担任起居舍人一职,后世也称其为洪舍人。《容斋续笔》:洪迈前
　后历经四十年,撰成《容斋随笔》《续笔》《三笔》《四笔》《五笔》,
　共五集七十四卷。对宋以前历史、政治、经济、词章、典故、人物等
　都有记述,考证精审,为笔记体著作中博大精深之作。其中,《容
　斋续笔》十六卷,二百四十九则。

④李膺(110—169):字符礼,东汉颍川襄城(今河南襄城)人。桓
　帝时,与太学生首领郭泰等结交,反对宦官专权,遭宦官诬陷下
　狱。灵帝时,复为长安少府,因谋诛宦官失败被废。后死于党锢
　之狱。杜密(? —169):字周甫,东汉颍川阳城(今河南登封)
　人。历代郡太守、北海相、尚书令、太仆等。与李膺齐名,时称
　"李杜"。建宁二年(169),因党锢之祸而自杀。

⑤党人:指政治上结成朋党的人。这里特指东汉末反对宦官专政的
　士人,与后代一般的"党人"有所区别。系狱:囚禁于牢狱。

⑥《时镜新书》:《宋史·艺文志四》农家类,前有"刘安靖《时镜新
　书》五卷",后又有"刘靖《时鉴杂—作新书》四卷",陈垣云:"当
　亦宋人避讳,改'镜'为'鉴',实一书也。"董勋:曾做晋议郎,著
　有《问礼俗》十卷。

⑦得岁:谓增长年岁。

⑧失岁：谓减少年岁。古时认为人生有定数，老了一岁就是失去一岁。

⑨殿：殿后，压阵。

⑩《初学记》：三十卷，唐徐坚撰。该书原为唐玄宗诸子作文时检查事类提供方便，故名《初学记》。徐坚（659—729），字固元，长城（今浙江长兴）人。唐文学家，另著有《晋书》《大隐传》等。《四人月令》：即《四民月令》，唐时为避李世民讳将"民"改为"人"。东汉后期崔寔创作的叙述一年例行农事活动的专书。崔寔（？—约170），字子真，一名台，字元始，涿郡安平（今河北安平）人。以经学、政论文出名。

⑪进酒：饮酒。次第：次序，顺序。

⑫刘梦得：即刘禹锡（772—842），字梦得，洛阳（今属河南）人。唐文学家，著有《刘禹锡集》《传信方》等。白乐天：即白居易。举酒：举行酒宴。赋诗：吟诗，写诗。

⑬与君同甲子，寿酒让先杯：出自刘禹锡《元日乐天见过因举酒为贺》。同甲子，同龄。同龄者其出生之年的甲子必同，故称。寿酒，祝寿的酒。

⑭与君同甲子，岁酒合谁先：出自白居易《新岁赠梦得》。岁酒，屠苏酒的别名。因在每年岁首元旦饮用，故名岁酒。合，应该。

⑮《岁假内命酒》：即白居易《岁假内命酒赠周判官萧协律》。

⑯拈：即拈酒。唐代口语。拿起酒杯吃酒。

⑰顾况：字逋翁，自号华阳山人，苏州（今属江苏）人。唐诗人。另著有《顾况诗集》等。

⑱"不觉老将春其至"几句：出自顾况《岁日作》。将，追随。携手，指相知好友。还丹，道家炼丹之术。道家炼金丹，以九转（循环反复烧炼）为贵。以九转丹再炼，化为还丹，据传服之可白日升天。这里代指诗人隐居养性的生活。羞明镜，羞于照镜子。喻指年老，容颜已衰。让少年，古俗，元日饮酒，年少者添岁故先饮。

让,指由少年人先饮。

⑲裴夷直(787—859):字礼卿,吴(今江苏苏州)人,郡望河东(今山西永济)。唐诗人,著有《裴夷直诗》。

⑳"自知年几偏应少"几句:出自裴夷直《戏唐仁烈》。年几,年纪,岁数。几,通"纪"。傥,同"倘"。惆怅,因失意或失望而伤感、懊恼。

㉑成文幹:即成彦雄,字文幹,上谷(今河北易县)人。五代南唐诗人,著有《梅岭集》。

㉒"戴星先捧祝尧觞(shāng)"几句:出自成彦雄《元日》。戴星,顶着星星。喻早出或晚归。祝尧,华地的守封疆人,以寿、富、多男子三事向尧祝愿。后世用作祝颂帝王的典故。事见《庄子·天地》。觞,古代盛酒器。作为动词时有敬酒、饮酒的意思。两鬓霜,两边的鬓发白如霜雪。宋刘辰翁《西江月·新秋写兴》词:"不觉新凉似火,相思两鬓如霜。"好是,恰是,正是。失笑,不自主的发笑。

㉓方干(836—888):字雄飞,号玄英,门人私谥曰"玄英先生",睦州青溪(今浙江淳安)人。为人质朴鄙俗,每见人设三拜,曰礼数有三,时人呼为"方三拜"。唐诗人,著有《方干诗集》。

㉔才酌屠苏定年齿,坐中皆笑鬓毛班:出自方干《元日》。年齿,年龄。班,通"斑"。

㉕尚:久远。

㉖但把穷愁博长健,不辞最后饮屠苏:出自苏轼《除夜野宿常州城外二首·其二》。博,换取。

㉗颍滨:指苏辙(1039—1112),晚年居许州,地临颍河,因自号颍滨遗老。著有《栾城集》等。

㉘井底屠苏浸旧方,床头冬酿压琼浆:出自苏辙《次韵王适元日并示曹焕二首·其一》。冬酿,冬季酿酒。琼浆,仙人的饮料。喻

美酒。

【译文】

李邴有词写道:"一年适尽莲花漏,翠井屠苏沉冻酒。"起居舍人洪迈《容斋续笔》记载:"今人正月初一饮屠苏酒,自年少的先饮,相传已久,然而原来就有出处。东汉的李膺、杜密,因政治上结成朋党一同被囚禁于牢狱。正值正月初一,在狱中饮酒,说:'正月初一饮酒从年少的开始。'《时镜新书》晋董勋说:'正月初一饮酒,年少的先饮酒,为什么呢?'董勋解释说:'习俗因年少的长大一岁,所以先饮酒祝贺。年老的失去一岁,因此后饮酒压阵。'《初学记》所引《四民月令》记载:'正月初一饮酒的次序,应从年纪小的开始,以年纪小的先饮。'唐刘禹锡、白居易正月初一饮酒赋诗,刘禹锡诗写道:'与君同甲子,寿酒让先杯。'白居易诗写道:'与君同甲子,岁酒合谁先?'白居易又有《岁假内命酒赠周判官萧协律》一篇写道:'岁酒先拈辞不得,被君推作少年人。'顾况有诗写道:'不觉老将春其至,更悲携手几人全。还丹寂寞羞明镜,手把屠苏让少年。'裴夷直有诗写道:'自知年几偏应少,先把屠苏不让春。倘更数年逢此日,还应惆怅羡他人。'成彦雄有诗写道:'戴星先捧祝尧觞,镜里堪惊两鬓霜。好是灯前偷失笑,屠苏应不得先尝。'方干有诗写道:'才酌屠苏定年齿,坐中皆笑鬓毛班。'由此看来这种习俗由来已久。苏轼有诗写道:'但把穷愁博长健,不辞最后饮屠苏。'其道理也是如此。"苏辙有诗写道:"井底屠苏浸旧方,床头冬酿压琼浆。"

五辛盘

《风土记》:"正月元日,俗人拜寿,上五辛盘、松柏颂、椒花酒①。五熏炼形②,五辛者,所以发五脏气也③。"《正一旨要》云④:"五辛者,大蒜、小蒜、韭菜、芸薹、胡荽是也⑤。"

《孙真人食忌》云⑥:"正月之节,食五辛,以辟疠气⑦。"《孙真人养生诀》云⑧:"元日,取五辛食之,令人开五脏⑨,去伏热⑩。"《卫生必用》云⑪:"韭性暖,春食补益⑫。"齐周颙隐钟山⑬,王俭谓曰⑭:"山中所食,何者最胜?"曰:"春初早韭,秋末晚菘⑮。"庾肩吾诗云⑯:"聊开柏叶酒,试奠五辛盘⑰。"一云,五辛,姜也。

【注释】

①五辛盘:即五辛菜。用葱、蒜、韭、蓼蒿、芥五种辛物做成的菜肴。
松柏颂:元旦祭祀或拜寿时诵读的祝词,常与椒花酒、五辛盘共同出现,赞颂松柏的坚贞品格,寓意长寿吉祥。椒花酒:一种以椒实浸制的酒,元旦饮用可驱邪避疫。

②五熏:五辛。炼形:道家谓修炼自身形体。

③发:挥发,散发。五脏:指心、肝、脾、肺、肾五种器官。

④《正一旨要》:即《正一法文修真旨要》,一卷。该书为古代气功养生术书。

⑤芸薹(tái):一名薹芥。种子可榨油供食用。茎叶、种子均可药用,有消肿散结的功效。明李时珍《本草纲目·菜一·芸薹》:"此菜易起薹,须采其薹食,则分枝必多,故名芸薹;而淮人谓之薹芥,即今油菜,为其子可榨油也。"胡荽(suī):即芫荽,俗称香菜。

⑥《孙真人食忌》:唐孙思邈撰,成书年代及内容未详。见《证类本草》所出经史方书。

⑦疠(lì)气:能致疫病的恶气。

⑧《孙真人养生诀》:唐孙思邈撰养生口诀。

⑨开:打通。

⑩伏热:指体内潜藏的热邪。

⑪《卫生必用》：书名。不详待考。

⑫补益：裨补助益。

⑬周颙（yóng？—485）：字彦伦，汝南安城（今河南汝南）人。南朝齐音韵学家，著有《四声切韵》《周易论》等。钟山：即紫金山。在今江苏南京东北。

⑭王俭（452—489）：字仲宝，琅邪临沂（今属山东）人。南齐文学家、目录学家，著有《七志》《元徽四部书目》《古今丧服记》等。

⑮晚菘（sōng）：秋末冬初的大白菜。

⑯庾肩吾（487—551）：字子慎，一作慎之，南阳新野（今属河南）人。南朝梁文学家、书法理论家，著有《书品》等。

⑰聊开柏叶酒，试奠五辛盘：出自庾肩吾《岁尽应令诗》。柏叶酒，古时年节，用柏叶浸泡制酒，用以祝寿和辟邪。

【译文】

《风土记》："正月初一，一般人拜贺寿辰，上五辛盘、松柏颂、椒花酒。五辛可修炼自身形体，所谓五辛，用来散发五脏之气。"《正一法文修真旨要》记载："所谓五辛，就是大蒜、小蒜、韭菜、芸薹、胡荽。"《孙真人食忌》记载："正月的节日，吃五辛，可以除去能致疫病的恶气。"《孙真人养生诀》记载："正月初一，取五辛而食，令人打通五脏，去除体内潜藏的热邪。"《卫生必用》记载："韭菜性温，春天食用对身体有好处。"南朝齐周颙隐居钟山，王俭问："山中所食，什么最好？"周颙说："初春的韭菜，秋末的大白菜。"庾肩吾有诗写道："聊开柏叶酒，试奠五辛盘。"另一种说法，五辛，就是姜。

敷于散

葛洪《炼化篇》①："敷于散②，用柏子仁、麻仁、细辛、干姜、附子等③，分为末④。元日，井花水服之⑤，抑阴助阳，却邪辟疫⑥。"一云《胡洽方》⑦。

【注释】

①葛洪《炼化篇》：葛洪撰，内容不详待考。

②敷于散：魏晋时期中药名。汉族节日服用的药物，流行于长江中游一带。

③柏子仁：中药名。具有养心安神，润肠通便，止汗的功效。麻仁：中药名。具有润肠通便之功效。细辛：中药名。具有祛风，散寒，行水，开窍的功效。并具有治风冷头痛，鼻渊，齿痛，痰饮咳逆，风湿痹痛等作用。附子：中药名。可治疗虚脱、水肿、霍乱等。

④分：此处同"粉"。粉碎。

⑤井花水：亦作"井华水"。清晨初汲的水。

⑥却：除，去。

⑦《胡洽方》：即《胡洽百病方》，二卷，胡洽撰。原书已佚，后世医籍如《外台秘要》《医心术》均有引录。胡洽，一作胡道洽，广陵（今江苏扬州江都区）人。南北朝时宋医学家。

【译文】

葛洪《炼化篇》："敷于散，用柏子仁、麻仁、细辛、干姜、附子等粉碎成屑末状。正月初一，用清晨初汲的水冲服，抑制阴气助长阳气，去除邪气驱除瘟疫。"另一种说法：出自《胡洽百病方》。

弹鬼丸

《刘氏方》①："弹鬼丸②，武都雄黄、丹砂二两③，合前五药为末，镕蜡五两④，和圆如弹大。正旦，男左女右佩之，大辟邪气⑤。"又有所谓却鬼丸⑥，唐人诗云："走鹿枯风吼夜阑，颂花还喜向椒盘。人情此日非前日，岁事新官对旧官。竹叶莫辞终日醉，梅花已拚隔年看。书生但恐寒为祟，不用朱泥却鬼丹⑦。"

【注释】

①《刘氏方》：医书名。不详待考。

②弹鬼丸：汉族民间节日药物。流行于全国各地。每年正月初一民间男女尽皆佩之。

③武都：郡名。西汉置，治今甘肃西和西南。雄黄：也称鸡冠石。橘黄色，有光泽。中医用作解毒杀虫药。丹砂：即朱砂。矿物名。色深红，古代道教徒用以化汞炼丹，中医作药用，也可制作颜料。

④镕：熔化。

⑤邪气：此指瘟疫。

⑥却鬼丸：民间方药，元旦服之避鬼。

⑦"走鹿枯风吼夜阑"几句：出自唐无名氏《却鬼丸》。枯风，干燥的风。夜阑，夜将尽，夜深。颂花，即《椒花颂》。晋代刘臻妻陈氏所作，为新年祝颂君王长寿的颂辞。后泛指新年颂辞。椒盘，盛有椒的盘子。古时正月初一日用盘进椒，饮酒则取椒置酒中。岁事，一年中应做的事。竹叶，酒名。即竹叶青。亦泛指美酒。书生，读书人。古代多指儒生。朱泥，指用丹砂调制的丸药。旧俗于岁除服用，谓可祛邪。

【译文】

《刘氏方》："弹鬼丸，用武都雄黄、丹砂各二两，与前面五味药一起研为粉末，熔化蜡五两，调和成像弹子大小的药丸。正月初一，男左女右佩戴，可躲避瘟疫。"又有所谓的却鬼丸，唐人有诗写道："走鹿枯风吼夜阑，颂花还喜向椒盘。人情此日非前日，岁事新官对旧官。竹叶莫辞终日醉，梅花已拚隔年看。书生但恐寒为祟，不用朱泥却鬼丹。"

辟瘟丹

《千金方》："辟瘟丹^①：皂角、苍术、降真香为末^②，水圆如龙眼大^③，朱砂为衣^④。正旦五更^⑤，当门焚之，禳灭瘟气^⑥。"

【注释】

①辟瘟丹：中成药品。功能主治时症伤寒，四时瘟疫、疟疾。

②皂角：即皂荚。豆科皂荚属，落叶乔木。苍术：多年生草本植物，秋天开白色或淡红色的花，嫩苗可以吃，根肥大，可入药。降真香：植物名。芸香科降真香属，常绿小乔木。木材有浓郁的香气，可做中药，具有止血镇痛、消肿等功效。

③龙眼：即桂圆。

④朱砂为衣：制作中药丸剂时，把药丸放在朱砂面里滚上颜色。

⑤五更：特指第五更的时候。即天将明时。

⑥禳（ráng）灭：去除，消灭。瘟气：疫疠之气。

【译文】

《千金方》："辟瘟丹：把皂角、苍术、降真香研为粉末，用水和成与桂圆一样大的药丸，把药丸放在朱砂里滚上颜色。正月初一五更时，对着门焚烧，去除疫疠之气。"

胶牙饧

《荆楚岁时记》："元日，食胶牙饧^①，取胶固不动之义^②。"今北人亦如之^③。白乐天诗云："一楪胶牙饧^④。"

【注释】

①胶牙饧（xíng）：一种用麦芽制成的糖，食之胶齿，故名。

②胶固：牢固。

③北人：泛指北方人。

④一楪（dié）胶牙饧：出自白居易《七年元日对酒五首·其三》。楪，同"碟"。

【译文】

《荆楚岁时记》："正月初一，吃胶牙饧，取牢固咬不动的意思。"如今北方人也是如此。白居易有诗写道："一楪胶牙饧。'

粉荔枝

《金门岁节》①："洛阳人家，正旦，造丝鸡、蜡燕、粉荔枝②，更相馈送③。"古词云："晓日楼头残雪尽。乍破腊、风传春信。彩燕丝鸡，珠幡玉胜，并归钗鬓④。"

【注释】

①《金门岁节》：书名。不详待考。

②丝鸡：底本作"鸡丝"，据《白孔六帖》引《金门岁节》改。丝鸡、蜡燕：旧俗正旦之日所做节日食品。粉荔枝：亦作"粉荔"。唐代洛阳人家正旦用米粉制成荔枝状作为节日食品。

③馈（kuì）送：赠送。

④"晓日楼头残雪尽"几句：出自宋无名氏《失调名》。晓日，清晨。楼头，楼上。残雪，尚未化尽的雪。破腊，残腊，岁末。春信，春天的信息。彩燕，旧俗，立春日剪彩绸为燕饰于头部。珠幡（fān），饰珠的旗幡。玉胜，玉制的发饰。钗鬓，插戴于鬓髻的首饰钗子。

【译文】

《金门岁节》：“洛阳的人家，正月初一，制作丝鸡、蜡燕、粉荔枝，相互赠送。”有古词写道：“晓日楼头残雪尽。乍破腊、风传春信。彩燕丝鸡，珠幡玉胜，并归钗鬓。”

擘柿橘

《琐碎录》：“京师人，岁旦用盘盛柏一枝①，柿、橘各一枚，就中擘破②，众分食之，以为一岁‘百事吉’之兆③。”

【注释】

①岁旦：一年的第一天。即正月初一。

②擘（bò）：分开，剖裂。

③一岁“百事吉”之兆：以柏、柿、橘谐音即为一岁“百事吉”的征兆。

【译文】

《琐碎录》：“京城的人，正月初一用盘子盛柏枝一枝，柿子、橘子各一枚，从中掰开，众人分而食之，以柏、柿、橘谐音即为一年‘百事吉’的征兆。”

餐蓬饵①

《西京杂记》：“汉宫中②，正旦，出池边盥濯③，食蓬饵，以被除邪恶气④。”

【注释】

①餐：吃。蓬饵：用蓬蒿制作的饼。

②汉宫：汉朝宫中。

③出：来到。盥濯（guàn zhuó）：洗去污垢。盥，洗手。濯，洗涤。

④祓（fú）：古代一种除灾去邪的祭祀活动。有斋戒、沐浴、举火或用牲口的血涂身等形式。

【译文】

《西京杂记》："汉朝宫中，正月初一，宫女们来到水池边洗去污垢，吃蓬蒿饼，然后举行仪式来祛除邪恶之气。"

食索饼

《岁时杂记》^①："元日，京师人家多食索饼^②。所谓年馎饦者^③，或此类。"

【注释】

①《岁时杂记》：二卷，吕希哲撰。该书多记东京节物与中原风俗。吕希哲（1039—1116），字原明，学者称荥阳先生，寿州（今安徽凤台）人。北宋文学家，另著有《吕氏家塾记》。

②索饼：面条。《释名·释饮食》："蒸饼、汤饼、蝎饼、髓饼、金饼、索饼之属皆随形而名之也。"王先谦补证引成蓉镜曰："索饼，疑即水引饼，今江淮间谓之切面。"清俞正燮《癸巳存稿·面条子》："索饼，乃今面条之专名。"

③年：过年。馎饦（bó tuō）：即馎饦。汤饼的别名。古代一种水煮的面食。北魏贾思勰《齐民要术·饼法》："馎饦，捋如大指许，二寸一断，著水盆中浸。宜以手向盆旁，捋使极薄，皆急火逐沸熟煮。非直光白可爱，亦自滑美殊常。"

【译文】

《岁时杂记》："正月初一，京城人家多吃索饼。所谓过年时吃的馎饦，也许就是这种。"

服桃汤

《荆楚岁时记》：“元旦，服桃汤①。桃者，五行之精②，能厌伏邪气③，制御百鬼④。”又《风俗通》云：“元日，饮桃汤及柏叶酒。”

【注释】

①服：吃，饮用。桃汤：用桃木煮成的液汁。古人迷信用以挥洒驱鬼。
②五行之精：万物的精华。
③厌（yā）伏：用巫术镇伏邪祟。
④制御：控制，驾驭。百鬼：各种鬼怪。

【译文】

《荆楚岁时记》：“正月初一，饮用桃木煮成的液汁。桃木，万物的精华，能用巫术镇伏邪祟之气，控制各种鬼怪。”又有《风俗通义》记载：“正月初一，饮用桃木煮成的液汁及柏叶酒。”

煎术汤

皇朝《岁时杂记》：“正月一日，京城人皆煎术汤以饮之①，并烧苍术，以辟除疫疠之气②。”

【注释】

①术汤：即苍术汤，中医方剂名。具有清湿热，祛风湿功效。主治湿
　热腰腿疼痛。
②辟除：祛除，禳除。疫疠：瘟疫。

【译文】

本朝《岁时杂记》：“正月初一，京城的人都熬苍术汤用来饮用，并燃

烧苍术,以祛除瘟疫之气。"

服藘豆①

《四时纂要》:"岁旦,服赤小豆二七粒②,向东以藘汁下,可终岁无疾。家人悉令饮之。"

【注释】

① 藘(jī):同"齑"。用来调味的辛辣食物或菜末。藘,底本作"蘆",据《四时纂要》改。

②赤小豆:"红豆"的别名。可供食用及入药。二七粒:即 $2 \times 7 = 14$ 粒。

【译文】

《四时纂要》:"正月初一,服用十四粒赤小豆,面向东以藘汁吞下,可保整年没有疾病。家里人都要服用。"

吞盐豉

皇朝《岁时杂记》:"元旦,吞盐豉七粒①,可令终岁不误食蝇子②。"

【注释】

①盐豉(chǐ):即豆豉。用黄豆煮熟霉制而成。常用以调味。

②蝇子:苍蝇的别名。

【译文】

本朝《岁时杂记》:"正月初一,吞服豆豉七粒,可使整年不误食苍蝇。"

咽鸡卵①

《风俗通》："元日，食鸡子一枚②，以炼形也。"又《庄子注》云③："正旦，皆当吞生鸡子一枚。"

【注释】

①咽：吞食。鸡卵：鸡蛋。

②鸡子：鸡蛋。

③《庄子注》：魏晋向秀、郭象注。该书为魏晋玄学的著作。向秀（约227—272），字子期，河内怀（今河南武陟西南）人。"竹林七贤"之一。郭象（252—312），字子玄，河南（今河南洛阳）人。关于此书的作者，历来有两种说法。《晋书·向秀传》言："庄周著内外数十篇，历世才士虽有观者，莫适论其旨统也。秀乃为之隐解，发明奇趣，振起玄风，读之者超然心悟，莫不自足一时也。惠帝之世，郭象又述而广之。"以为郭象在向秀注的基础上增改完成。《晋书·郭象传》称："先是注《庄子》者数十家，莫能究其旨统。向秀于旧注外而为解义，妙演奇致，大畅玄风。惟《秋水》《至乐》二篇未竟而秀卒。秀子幼，其义零落。然颇有别本迁流。象为人行薄，以秀义不传于世，遂窃以为己注。乃自注《秋水》《至乐》二篇，又易《马蹄》一篇，其余众篇或点定文句而已。其后秀义别本出，故今有向、郭二《庄》，其义一也。"言郭象仅自注《秋水》《至乐》二篇，改注《马蹄》一篇，其余均剽窃向注。此两说大相径庭，孰是孰非，学术界至今尚无一致结论。侯外庐赞同剽窃说，范文澜、任继愈同意《向秀传》的说法，冯友兰、汤用彤则取折衷说法，认为是向秀、郭象二人的共同著作。

【译文】

《风俗通义》："正月初一，吞食鸡蛋一枚，以修炼自身形体。"又有

《庄子注》记载："正月初一，都应当吞食生鸡蛋一枚。"

浴香汤①

《杂修养书》②："正月一日，取五木汤以浴③，令人至老须发稠黑④。"徐锴注云⑤："道家以青木香为五香⑥，亦名五木。道家多以此为浴。"《海录碎事》云："一木五香：根旃檀⑦，节沉⑧，花鸡舌⑨，叶藿⑩，胶薰陆⑪。"

【注释】

①浴：沐浴。香汤：调有香料的热水。

②《杂修养书》：书名。不详待考。

③五木汤：古代正月初一沐浴的药汤。五木一说为根旃檀、节沉、花鸡舌、叶藿、胶薰陆；一说"道家以青木香为五香，亦为'五木'"。

④稠黑：又黑又密。

⑤徐锴（920—974）：字楚金，原籍会稽（今浙江绍兴），后因父亲徐延休官江都少尹，遂家其地，故一作广陵（今江苏扬州）人。南唐文字训诂学家，著有《说文解字系传》《说文解字篆韵谱》等。

⑥青木香：香名。又名蜜香，木香。可入药。

⑦旃（zhān）檀：又名檀香、白檀。檀香木香味醇和，历久弥香，素有"香料之王"之美誉。

⑧沉：沉香。

⑨鸡舌：鸡舌香，即丁香。古代尚书上殿奏事，口含此香。汉应劭《汉官仪》："尚书郎含鸡舌香伏奏事，黄门郎对揖跪受，故称尚书郎怀香握兰，趋走丹墀。"

⑩藿：藿香。茎和叶有香味，可以入药，有清凉解热、健胃止吐作用，嫩叶供食用，多做调味剂，又可作香料用。

⑪薰陆：即薰陆香，又叫乳香。治瘀阻气滞的脘腹疼痛，风湿痹痛，
   跌打损伤，痛经，产后腹痛。

【译文】

《杂修养书》："正月初一，取五木汤进行沐浴，可使人到老须发又黑
又密。"徐锴注释说："道家以青木香为五香，又名五木。道家多以青木
香汤进行沐浴。"《海录碎事》记载："一种树木五种香：根檀香，节沉香，
花鸡舌香，叶藿香，胶薰陆香。"

烧丁香

《琐碎录》："枢密王博文①，正旦四更烧丁香，以辟瘟
气，取性烈也。"

【注释】

①王博文（973—1038）：字仲明，曹州济阴（今山东菏泽）人。宝元
   元年（1038），擢同知枢密院事。

【译文】

《琐碎录》："同知枢密院事王博文，正月初一四更时燃烧丁香，用来
驱除瘟疫之气，取丁香气性刚烈的意思。"

燃爆竹

《神异经》："西方深山中有人，长尺余，犯人则病寒热①，
名曰山臊②。以竹著火中，熚烞有声③，而山臊惊惮④。"《玄
黄经》云⑤："此鬼是也。俗以为爆竹起于庭燎⑥，不应滥于
王者⑦。"又《荆楚岁时记》云："元日，庭前爆竹，以辟山臊

恶鬼也。"颍滨《除日》诗云:"楚人重岁时,爆竹鸣磔磔^⑧。"又王荆公诗云:"爆竹惊邻鬼^⑨。"古词云:"南楼人未起。爆竹声闻,应在笙歌里^⑩。"又云:"竹爆当门庭,震门陛也^⑪。"

【注释】

①犯:侵犯,冒犯。寒热:发烧。

②山臊:即山魈。传说中山里的独脚鬼怪。

③烨炪(bì pò):亦作"烨烨剥剥"。象声词。

④惊惮(dàn):惊惧。

⑤《玄黄经》:亦题《玄黄录》,撰人不详。该书为汉代志怪小说集。玄黄者,天地之谓也。

⑥庭燎(liáo):一种古代礼祀的照明用具。铁制叉杆,上束绑松柴,遇国君行祭,则燃点照明。

⑦滥:任意,肆意。

⑧楚人重岁时,爆竹鸣磔磔(zhé):出自苏辙《辛丑除日寄子瞻》。磔磔,象声词。爆竹声。

⑨爆竹惊邻鬼:出自苏轼《荆州十首·其七》,此处误为王安石。

⑩"南楼人未起"几句:出自宋无名氏《失调名》。笙歌,泛指奏乐唱歌。

⑪竹爆当门庭,震门陛(bì)也:出自宋无名氏《失调名》。门庭,迎着门的空阔的地方。陛,宫殿的台阶。

【译文】

《神异经》:"西方深山中有人,身长一尺多,人被冒犯就得发烧病症,名字叫山魈。把竹子放入火中,发出烨烨剥剥的声音,而使山魈惊惧而走。"《玄黄经》记载:"这就是鬼。世俗以为爆竹起源于帝王的庭燎,一般人不应肆意使用帝王的仪式。"又有《荆楚岁时记》记载:"正月初一,在庭前燃放爆竹,以驱除山魈恶鬼。"苏辙《除日》诗写道:"楚人重岁时,爆竹鸣磔磔。"又苏轼有诗写道:"爆竹惊邻鬼。"古词写道:"南楼人未起。

爆竹声闻,应在笙歌里。"又写道:"竹爆当门庭,震门陛也。"

饰桃人①

《山海经》②:"东海有度朔山③,上有大桃树,蟠屈三千里④,其卑枝间⑤,东北曰鬼门,万鬼所出入也。上有二神,一曰神荼⑥,一曰郁垒⑦,主阅领众鬼之恶害人者⑧,执以苇索⑨,而用饲虎焉⑩。于是黄帝法而象之⑪,殴除毕⑫,因立桃梗于门户之上⑬,画郁櫑持苇索⑭,以御凶鬼,画虎于门,当食鬼也。"《后汉·礼仪志》注云:"虎者,阳物⑮,百兽之长,能击鸷鸟⑯,食魑魅者也⑰。"又《风俗通》云:"黄帝上古之时⑱,有神荼、郁櫑兄弟二人,性能执鬼。于度朔山桃树下,简阅百鬼之无道者⑲,缚以苇索,执而饲虎。是故县官常以腊祭夕⑳,饰桃人,垂苇索,画虎于门,以御凶也。"又《括地图》云:"桃都山有大桃树㉑,盘屈三千里㉒。上有金鸡㉓,日照此则鸣。下有二神,一名郁,一名垒,并执苇索,以伺不祥之鬼,得则杀之。"又《玄中记》云:"今人正朝作两桃人㉔,立门傍,以雄鸡毛置索中,盖示勇也。"张平子《东都赋》云:"度朔作梗,守以郁垒,神荼副焉,对操苇索。"李善注云:"梗,桃木人也。"

【注释】

①饰桃人:装饰成桃木刻成的木偶。旧时迷信谓鬼畏桃木,因削桃木为人形,用以驱鬼辟邪。

②《山海经》:十八卷,地理著作。《四库全书总目》以为乃"周秦间

人所述"。现一般认为是战国时记录成文,秦汉间又增补,故非一时一人所作。该书内容为古代民间故事和传说中的地理知识,包括山川、道里、民族、物产、药物、祭祀、巫医等等。

③度朔山:传说中的仙山。位于东海,传说神荼、郁垒二神所居。

④蟠(pán)屈:盘旋屈曲,回环曲折。

⑤卑枝:低小的树枝。

⑥神荼:门神名。通常位于左边门扇上,传说中能制伏恶鬼的神。

⑦郁垒:门神名。通常位于右边门扇上,传说中能制伏恶鬼的神。

⑧阅:考察。领:治理。

⑨执:捆绑。苇索:用苇草编成的绳索。古代民俗,年节时以之悬挂门旁,以祛除邪鬼。

⑩饲:喂。

⑪法而象之:即法象。效法,模仿。

⑫殴除:驱除。

⑬桃梗:用桃木刻制的木偶。旧俗置以辟邪。

⑭郁櫑(léi):即郁垒。

⑮阳物:阳气旺盛之物。

⑯击:搏杀。鸷(zhì)鸟:天性凶猛的鸟。如鹰鹯之类。

⑰魑魅(chī mèi):古谓能害人的山泽之神怪。亦泛指鬼怪。

⑱上古:远古。

⑲简阅:考察,察看。无道:不行正道,做坏事。

⑳县官:古指天子。腊祭:古时岁终祭祀。

㉑桃都山:传说中的仙山,为天鸡所栖。

㉒盘屈:盘曲。

㉓金鸡:传说中的一种神鸡。

㉔正朝:正月初一。

【译文】

《山海经》:"东海有度朔山,山上有棵大桃树,盘旋屈曲三千里,其中低小的树枝间,东北方向叫鬼门,众鬼所出入的地方。山上有二位神仙,一叫神荼,一叫郁垒,主要考察治理有恶行害人的鬼,将之用苇索捆绑,抓去喂老虎。于是黄帝效仿这个办法,驱除完恶鬼,于是在门上树立桃梗,画郁垒手持苇索,以抵御凶鬼,画老虎在门上,让它吃鬼。"《后汉书·礼仪志》注释说:"老虎,阳气旺盛之物,百兽之王,能搏杀天性凶猛的鸟,吃鬼怪。"又有《风俗通义》记载:"黄帝远古时代,有神荼、郁垒兄弟二人,天性就能捉鬼。在度朔山桃树下,考察百鬼中做坏事的,用苇索绑缚,抓住去喂老虎。因此天子常在岁终祭祀前夕,雕饰桃木为人,门上悬挂苇索,在门上画老虎,以抵御灾祸。"又有《括地图》记载:"桃都山上有大桃树,盘曲三千里。树上有只金鸡,太阳照在树上金鸡就打鸣。树下有二位神仙,一叫郁,一叫垒,两人手持苇索,以守候不祥的鬼怪,抓到就杀掉。"又有《玄中记》记载:"如今的人正月初一制作两个桃人,树立门旁,把雄鸡羽毛放在苇索中,以显示勇敢。"张衡《东都赋》写道:"度朔作梗,守以郁垒,神荼副焉,对操苇索。"李善注释说:"桃梗,就是桃木人。"

画桃梗

《战国策》[①]:"苏秦说孟尝君曰[②]:'土偶人语桃梗曰[③]:今子[④],东国之桃木[⑤],削子为人[⑥],假以丹彩[⑦],用子以当门户之疠[⑧]。'"高诱注云[⑨]:"东海中有山名度朔,上有大桃树。其枝间东北曰鬼门,下有二神人,一曰余与,二曰郁靁[⑩],主治害鬼。故世刊此桃[⑪],画余与、郁靁,正岁以置门户[⑫],号之曰桃梗。"《后汉·礼仪志》注云:"梗者,更也,岁终更始,受介祉也^⑬。"或曰即黄帝立桃人之事耳。

【注释】

①《战国策》:又称《国策》,三十三卷,西汉刘向编订的国别体史书。该书分十二国的"策"论。内容以战国时期策士的游说活动为中心,同时反映了战国时期的一些历史特点和社会风貌,是研究战国历史的重要典籍。

②苏秦(?—前284):己姓,苏氏,名秦,字季子,东周洛阳(今属河南)人。战国时期著名的纵横家、外交家和谋略家,著有《苏子》。说:游说,劝说。孟尝君:即田文,战国时齐国临淄(今山东淄博)人。"战国四公子"之一。

③土偶:用泥土做成的人像。

④子:你。尊称对方,通常为男性。

⑤东国:东方之国。上古指齐、鲁、徐夷等国。

⑥削:此指雕刻。

⑦假:施,涂抹。丹彩:朱红的色彩。

⑧当:阻挡。

⑨高诱:涿郡涿县(今河北涿州)人。东汉经学家、训诂学家,著有《孟子章句》《孝经注》《战国策注》《淮南子注》《吕氏春秋注》等。

⑩郁儽(léi):即郁垒。

⑪刊:刻,雕刻。

⑫正岁:指古历夏历正月。亦泛指农历正月。

⑬介祉(zhǐ):大福。

【译文】

《战国策》:"苏秦游说孟尝君说:'土偶人告诉桃梗说:如今的你,就是东方之国的桃木,把你雕刻成人形,涂抹朱红的色彩,用你来阻挡疫病进入大门。'"高诱注释说:"东海中有山名度朔,山上有大桃树。其枝间

东北方向叫鬼门，桃树下有二位神人，一叫余与，二叫郁霭，专门治理害
人的鬼怪。因此世间雕刻这种桃木，画成余与、郁霭的形象，正月放置在
大门上，称之为桃梗。"《后汉书·礼仪志》注释说："梗，就是更的意思，
年底重新开始，得到大福。"或者说就是黄帝树立桃人的事情。

插桃棓①

　　《淮南子·诠言训》②："羿死于桃棓③。"许慎注云：
"棓，大杖也。取桃为之，以击杀羿，由是以死④，鬼畏桃。"
今人以桃梗径寸许，长七八寸，中分之⑤，书祈福禳灾之
辞⑥，岁旦插于门左右地而钉之，即其制也。

【注释】

①桃棓（bàng）：底本作"桃梧"，据《淮南子·诠言训》改。桃木做
　的杖。后用以驱鬼邪。

②《诠言训》：《淮南子》篇名。

③羿：即后羿，又称夷羿。夏代第六任君主，后为家臣寒浞所杀。

④由是：因此。

⑤中分：从中间分开。

⑥祈福禳（ráng）灾：祈求福运降临，消除灾害。

【译文】

《淮南子·诠言训》："羿被桃木做的杖击打而死。"许慎注解说：
"棓，就是大杖。用桃木制作，用桃木做的杖击打羿，羿因此而死，鬼怪害
怕桃木。"如今的人以桃木人径长一寸多，长七八寸，从中间分开，书写
祈求福运降临、消除灾害的文辞，正月初一插在大门左右地面上固定住，
即成为制度。

写桃版①

皇朝《岁时杂记》："桃符之制，以薄木版长二三尺，大四五寸，上画神像、狻猊、白泽之属②，下书左郁垒、右神荼，或写春词③，或书祝祷之语④，岁旦则更之。"王介甫诗曰："总把新桃换旧符⑤。"东坡诗云："退闲拟学旧桃符⑥。"

【注释】

①桃版：即桃符，亦曰桃板。古用桃木薄板悬于户上，以驱鬼辟邪。

②狻猊（suān ní）：龙生九子之一。白泽：传说中的神兽名。

③春词：有关男女恋情的书信或文辞。

④祝祷：祈祷，祝告神明以祈福消灾。

⑤总把新桃换旧符：出自王安石《元日》。新桃，新的桃符。古代用画有门神或题着门神名字的桃木板挂在大门旁，用以驱鬼辟邪，每年正月初一更换一次，称为桃符。

⑥退闲拟学旧桃符：出自苏轼《除夜野宿常州城外二首·其二》，原诗为"退归拟学旧桃符"。退闲，退职闲居。拟学，仿效。

【译文】

本朝《岁时杂记》："桃符的制作，以薄木板长二三尺，大四五寸，上面画神像、狻猊、白泽之类，下面左边画郁垒、右边画神荼，或者书写春词，或者书写祈祷的话语，正月初一就更换。"王安石有诗写道："总把新桃换旧符。"苏轼有诗写道："退闲拟学旧桃符。"

造仙木

《玉烛宝典》："元日，造桃版著户，谓之仙木。以像郁垒、山桃树,百鬼畏之也。"

【译文】

《玉烛宝典》:"正月初一,制作桃木板悬挂在门上,称为仙木。画郁垒、山桃树,百鬼畏惧。"

辩荼垒^①

《艺苑雌黄》^②:"荼、垒之设,数说不同。《山海经》及《风俗通》则曰神荼、郁垒,高诱注《战国》又曰余与、郁垒^③,《玉烛宝典》直以郁垒为山名,《括地图》又分郁垒为二,而无神荼。"不知当以何说为是。然今人正旦书桃符,多用郁垒、神荼。古词云:"待醉里小王,书写副、神荼郁垒^④。"

【注释】

①荼垒:神荼、郁垒二神的并称。

②《艺苑雌黄》:二十卷,宋严有翼撰。《直斋书录解题》入子部杂家类,著录云:"大抵辩正论谬,故曰'雌黄'。其目子史、传注、诗词、时序、名数、声画、器用、地理、动植、神怪、杂事。卷为二十,条凡四百余。砚岗居士唐稷序之。"该书内容则多关乎考证,亦间涉记事。严有翼,建安(今福建建瓯)人。宋诗论家。

③《战国》:即《战国策》。

④待醉里小王,书写副、神荼郁垒:出自宋无名氏《失调名》。小王,指晋代书法家王献之。唐张怀瓘《书断·杂编·二王真迹》:"开元十六年五月,内出二王真迹及张芝、张昶等书,总一百六十卷,付集贤院令集字……小王、张芝等迹各随多少勒为卷帙。"

【译文】

《艺苑雌黄》："神荼、郁垒的设立，几种说法都不一样。《山海经》及《风俗通义》就说神荼、郁垒，高诱注解《战国策》又说荼与、郁垒，《玉烛宝典》直接以郁垒作为山名，《括地图》又把郁垒一分为二，而没有神荼。"因此不知道应当以哪种说法为准。然而如今的人正月初一书写桃符，大多用郁垒、神荼。有古词写道："待醉里小王，书写副、神荼郁垒。"

绘门神

《荆楚岁时记》："岁旦，绘二神披甲持钺①，贴于户之左右，谓之门神。"又吕原明《岁时杂记》云："除夕，图画二神形，傅于左右扉②，名曰门神户尉③。"

【注释】

①持钺（yuè）：手持钺斧。钺，古代兵器，青铜或铁制成，形状像板斧而较大。

②傅：张贴。扉：门扇。

③户尉：门神名。道教称门神左者为门丞，右者为户尉。

【译文】

《荆楚岁时记》："正月初一，画二位神仙身披铠甲手持钺斧，贴在大门的左右两边，称为门神。"又有吕希哲《岁时杂记》记载："除夕，绘画二位神仙形象，张贴在大门左右门扇上，名为门神户尉。"

书聻字①

《酉阳杂俎》："元日，俗好于门上画虎头②，书'聻'字。

谓阴司鬼名，可息虐疟也③。予读《汉旧仪》云④：'岁旦，傩
逐疫鬼⑤，立桃人、苇索、沧耳、虎头等于门⑥。'所谓'沧耳'
者，恐即'虘'字之讹也。"又《宣室志》云⑦："裴渐隐居伊
水⑧，善洞视鬼物⑨。时有道士李君，见渐于伊上，寓书博陵
崔公曰⑩：'当今制鬼，无过渐耳⑪。'是时朝士咸闻'渐耳'
之说⑫，而不审所谓⑬，竟书其字于门，以辟祟疠⑭。后人效
之，遂至成俗。"

【注释】

①虘（jiàn）：亦称"渐耳"。鬼死后称为"虘"，民间贴此字于门，以
　辟邪魅，称辟邪符。

②虎头：一种屋饰。

③息：平息。疟（nüè）疠：疟疾，疟疫。

④予读《汉旧仪》：底本作"又读《书旧仪》"，据《酉阳杂俎》改。《汉
　旧仪》，又名《汉官旧仪》，东汉卫宏撰。该书多载西汉杂事，诸如
　皇帝起居、名号职掌、官制、中宫及太子制度等。卫宏，字敬仲，东
　海（今山东郯城西南）人。东汉经学家、史学家。

⑤傩（nuó）：古代在腊月举行的一种驱疫逐鬼的仪式，是原始巫舞
　之一。

⑥沧耳：传说中的鬼名。

⑦《宣室志》：十卷，《补遗》一卷，唐张读撰。该书书名取义于汉文
　帝召贾谊问鬼神于宣室。其内容多记神鬼灵异、狐仙山精及释
　道之事，兼及历史异闻和民间传说，凡一百五十五条。张读，字
　圣用，一作圣朋，深州陆泽（今河北深州）人。唐文学家，另著有
　《建中西狩录》等。

⑧裴渐：底本作"斐渐"，据《酉阳杂俎》改。伊水：洛水支流。源出

河南栾川伏牛山北麓,东北流至偃师南入洛水。

⑨洞视:看透,透视。

⑩寓书:寄信,传递书信。博陵:古邑名。在今山东茌平西博平镇西北三十里。

⑪无过:没有超过。

⑫咸:全,都。

⑬不审:不审察。

⑭祟疠:鬼祟瘟疫。

【译文】

《酉阳杂俎》:"正月初一,世俗人喜欢在门上画虎头,书写'聻'字。说'聻'是阴司鬼怪的名字,可以平息灾害瘟疫。我读《汉官旧仪》写道:'正月初一,跳傩舞驱逐散布瘟疫的鬼怪,树立桃人、苇索、沧耳、虎头等在门上。'所谓的'沧耳',恐怕就是'聻'字的书写错误。"又有《宣室志》记载:"裴渐隐居伊水,擅长看透鬼怪。当时有道士李君,见裴渐隐居于伊水,寄信给博陵崔公说:'当今制鬼,无过渐耳。'此时朝廷官员都听到'渐耳'的说法,然而不审察所说的意思,竟书写'渐耳'于门上,用以驱除鬼祟瘟疫。后人仿效,于是就成了风俗。"

贴画鸡

《艺苑雌黄》:"古人以正旦画鸡于门①,七日贴人于帐②。"杜公瞻注《岁时记》云③:"余日不刻牛羊狗猪马之像,而二日独施人、鸡④,此则未喻。予以意度之⑤。正旦画鸡于门,谨始也⑥。七日贴人于帐,重人也⑦。"

【注释】

①古人以正旦画鸡于门:古人农历正月初一画只鸡贴在门上。正

旦,指正月初一,亦作"鸡日"。宋高承《事物纪原·天生地植·人日》:"东方朔《占书》曰:岁正月一日占鸡,二日占狗,三日占羊,四日占猪,五日占牛,六日占马,七日占人,八日占谷。皆晴明温和,为蕃息安泰之候,阴寒惨烈,为疾病衰耗。"

②七日贴人于帐:正月初七时剪彩为人贴在屏风上。七日,指正月初七,亦作"人日"。南朝梁宗懔《荆楚岁时记》:"正月七日为人日。以七种菜为羹,剪彩为人或镂金箔为人,以贴屏风,亦戴之头鬓。又造华胜以相遗,登高赋诗。"帐,此指屏风。

③杜公瞻:博陵曲阳(今河北曲阳西)人。隋文学家,曾奉敕编纂《编珠》。《岁时记》:即《荆楚岁时记》。

④施:给予。

⑤意度(duó):揣测,设想。

⑥谨始:谨慎的开始。

⑦重人:重视人类。

【译文】

《艺苑雌黄》:"古人在正月初一画只鸡贴在门上,正月初七时剪彩为人贴在屏风上。"杜公瞻注解《荆楚岁时记》说:"其他几天也不刻画牛羊狗猪马的形象,而初一、初七这两天祭祀的福食分给人和鸡吃,这一习俗的来历与意图都不明。我揣测,正月初一画鸡在门上,表示谨慎地开始新的一年。正月初七剪彩为人以贴屏风,表示人们对生命的尊重。"

刻明鸟

《拾遗记》:"尧在位七年①,祇支国献重明鸟②,似凤而小,云能禳妖灾③。或一岁数来,或数岁一来,国人每扫户以望其集④。或以金宝刻为其状,置户牖间⑤,则鬼类自伏⑥。今人元日刻为画鸡于户上,盖其遗像也。"

【注释】

①尧：即陶唐氏，名放勋，史称"唐尧"。传说中父系氏族社会后期部落联盟领袖。晚年，尧辞位，禅让制度由舜继位。后病逝于雷泽（今山东菏泽），安葬于谷林（今山东鄄城）。

②祇支国：国名。不详待考。重明鸟：神话中的鸟名。其形似鸡，鸣声如凤，此鸟两目都有两个眼珠，所以叫作重明鸟，亦叫重睛鸟。

③妖灾：反常的天时物象。

④扫户：清扫街道、门户。集：到来。

⑤户牖（yǒu）：门窗。

⑥伏：降伏。

【译文】

《拾遗记》："尧在位第七年，祇支国进献重明鸟，像凤凰而小，说能够去除妖灾。或一年来几次，或几年来一次，国人清扫街道、门户都希望重明鸟到来。或者用黄金珠宝刻画重明鸟的形象，贴在门窗间，这样鬼怪就自然被降伏。如今的人正月初一在门上刻画鸡的形象，这些都是过去重明鸟的画像。"

钉面蛇

《岁时杂记》："京师人以面为蛇形，又以炒熟黑豆、煮熟鸡子三物，于元日四鼓时①，用三姓人掘地②，逐件以铁钉各钉三下，咒曰：'蛇行则病行③，黑豆生则病行，鸡子生则病行。'咒毕，遂掩埋之。"

【注释】

①四鼓：四更。

②三姓人：三个不同姓的人。

③蛇行：此指面蛇爬行。病行：此指疫病流行。

【译文】

《岁时杂记》："京城的人用面粉做成蛇形，又用炒熟黑豆、煮熟鸡蛋三种物品，在正月初一四更时分，找三个不同姓氏的人掘地，用铁钉将三种物品各钉三下，念咒说：'蛇行就病行，黑豆生就病行，鸡蛋生就病行。'念咒完毕，于是就将三种物品掩埋掉。"

挂兔头

《岁时杂记》："元旦，取兔头，或兼用面蛇，或以竹筒盛雪水，与年幡、面具同挂门额①。"

【注释】

①年幡（fān）：一种古代风俗装饰。每年农历正月初一，人们用鸦青纸或青绢，剪成四十九幅小幡，或以家长年龄剪出对应数量的小幡，围成一个中心大幡，戴于头上，或贴在门楣上，有祝老人延年益寿之义。门额：门楣上边的部分。

【译文】

《岁时杂记》："正月初一，取兔头，或兼用面粉做成蛇形，或用竹筒盛雪水，与年幡、面具一同挂在门楣上边。"

斩鼠尾

《杂术》①："腊月捕鼠，断其尾。正月一日，日未出时，家长于蚕室祝曰②：'制断鼠虫③，切不得行④。'三祝而置之壁上⑤，永无暴鼠。"

【注释】

①《杂术》：书名。不详待考。

②家长：一家之主。蚕室：养蚕的处所。

③制断：裁决斩杀。

④切不得行：切断老鼠尾巴钉在墙上使之不能行走。

⑤三祝：旧时祝颂语，以祝人寿、富、多男子为"三祝"。此指连续祷告三遍。

【译文】

《杂术》："腊月捕捉到老鼠，斩断老鼠尾巴。正月初一，太阳未出时，一家之主在养蚕的处所祷告说：'制断鼠虫，切不得行。'连续祷告三遍后将老鼠尾巴钉在蚕房墙壁上，就能永远断绝鼠患。"

烧鹊巢

《四时纂要》："元旦，取鹊巢烧之，著厕①，辟兵②，极效。"

【注释】

①著：放置，安放。

②辟兵：躲避兵灾。

【译文】

《四时纂要》："正月初一，取鹊的巢穴焚烧，放置在厕所中，躲避兵灾，非常有效。"

取古砖

陈藏器《拾遗》云①："正月朝早②，将物去冢头，取古砖一口，祷咒③：'要断一年无时瘟。'悬安大门也④。"

【注释】

①陈藏器《拾遗》：即陈藏器《本草拾遗》。该书因《神农本草经》虽有陶弘景、苏敬补集诸说，但遗逸尚多，因而汇集前人遗漏的药物，于开元二十七年（739）撰《本草拾遗》十卷。陈藏器（约687—757），四明（今浙江宁波）人。唐药物方剂学家。

②正月朝：正月初一。月朝，月初。后多指旧历每月初一。

③祷咒：祷告。

④悬安：悬挂。

【译文】

陈藏器《本草拾遗》记载：“正月初一早晨，带着工具去坟头，取下古砖一块，祷告道：‘要断一年无时瘟。’将古砖悬挂在大门上。”

镂色土①

《易通卦验》：“正旦五更，整衣冠②，于家庭中燃爆竹③，帖画鸡，或镂五色土于户上，厌不祥也④。”

【注释】

①镂：雕刻。色土：五色土。古代帝王铺填社坛用的五种不同颜色的土。分封诸侯时，王者按封地所在方位取坛上一色土授之，供在封国内立社之用。

②衣冠：衣和冠。后泛指衣着，穿戴。

②家庭：庭院，院落。

④厌（yā）：压制，抑制。

【译文】

《易通卦验》：“正月初一五更，整理好衣着，在庭院中燃放爆竹，粘贴画鸡，或者雕刻五色土在门上，以压制不吉利的事情。”

造华胜

董勋《答问礼俗》[①]:"正月一日,造华胜以相遗[②],像瑞图金胜之形[③]。贾充李夫人《典诫》曰[④]:'每见时人月旦花胜[⑤],交相遗与。'谓正月旦也[⑥]。"李汉老《元旦》词云:"又喜椒觞到手[⑦],宝胜里、仍翦金花[⑧]。"东坡《元日》诗云:"萧索东风两鬓华[⑨],年年幡胜剪宫花[⑩]。"又云:"胜里金花巧耐寒[⑪]。"

【注释】

①董勋《答问礼俗》:原书十卷,已佚。该书以问答形式系统记录了中国古代岁时节令、人际交往等礼仪习俗。现存内容散见于《荆楚岁时记》《太平御览》等后世文献辑录中。

②华胜:亦作"花胜"。古代妇女剪纸或绢做花形为饰,系于花枝上,或插于妇女发髻上的装饰品。《释名·释首饰》:"华胜:华,象草木华也;胜,言人形容正等,一人著之则胜也。蔽发前为饰也。"

③像:仿效。瑞图:旧时指上天所赐,表示受命于天的图籍。金胜:祥瑞之物。一种形状似花的天然金首饰。古代以为天下太平时则出现于世。

④贾充李夫人《典诫》:又名《典式》,八篇,贾充夫人李婉撰。李婉,字淑文。西晋女文学家。另著有《女训》。

⑤月旦:每月初一。

⑥正月旦:正月初一。

⑦椒觞:盛有椒浆酒的杯子。亦指椒浆酒。到手:指得到,获得。

⑧宝胜:古代妇女首饰名。剪彩为胜,饰以金玉,有人胜、方胜、花胜、春胜等。翦(jiǎn):同"剪"。金花:指器物、衣履上雕刻、绣

制的花饰。

⑨萧索:萧条冷落,凄凉。华:花白。

⑩幡胜:即彩胜。唐宋风俗,每逢立春日,剪纸或绸作幡戴在头上或系在花下,以庆祝春日来临。宫花:宫中特制的花。供装饰之用。

⑪胜里金花巧耐寒:出自杜甫《人日二首·其二》,此处误为苏轼。

【译文】

董勋《答问礼俗》:"正月初一,制作华胜以相互赠送,仿效瑞图金胜的形状。贾充夫人李婉《典诫》记载:'每见当时的人初一制作华胜,相互赠与。'说在正月初一。"李邴《元旦》词写道:"又喜椒觞到手,宝胜里、仍翦金花。"苏轼《元日》诗写道:"萧索东风两鬓华,年年幡胜剪宫花。"杜甫有诗写道:"胜里金花巧耐寒。"

剪年幡

皇朝《岁时杂记》:"元旦,以鸦青纸或青绢剪四十九幡①,围一大幡,或以家长年龄戴之,或贴于门楣②。"仲殊《元日》词云③:"椒觞献寿瑶觞满④,彩幡儿轻轻剪⑤。"又云:"柏觞潋滟银幡小⑥。"

【注释】

①鸦青纸:纸名。色暗青若鸦羽,故称。

②门楣:门框上端的横木。

③仲殊:即张仲殊。

④献寿:献礼祝寿。瑶觞:玉杯。多借指美酒。

⑤彩幡儿:即彩胜。

⑥柏觞潋滟(liàn yàn)银幡小:出自张仲殊《失调名》。柏觞,亦称

"柏叶酒",即用柏叶浸泡的酒。因柏叶后凋而耐寒久,取之浸酒,元旦共饮,以祝健康长寿。潋滟,水满貌。泛指盈溢。银幡,用银箔制作的幡胜。

【译文】

本朝《岁时杂记》:"正月初一,用鸦青纸或青绢裁剪成四十九条小幡,围成一个大幡,或者以户主的年龄佩戴对应数量的小幡,或者粘贴在门楣上。"张仲殊《元日》词写道:"椒觞献寿瑶觞满,彩幡儿轻轻剪。"又写道:"柏觞潋滟银幡小。"

悬苇索

《荆楚岁时记》:"元日,悬苇索、桃棒于门户上。"《海录碎事》云:"南阳苇杖[1],用刘宽蒲鞭事[2]。"《韩诗外传》曰:"老蒲为苇[3]。"

【注释】

①南阳:郡名。秦置,汉因之,治宛县(今河南南阳)。此处借指东汉南阳太守刘宽。苇杖:以蒲苇为杖击打犯人,表示刑罚宽仁。
②蒲鞭:以蒲草为鞭。常用以表示刑罚宽仁。《后汉书·刘宽传》:"吏人有过,但用蒲鞭罚之,示辱而已,终不加苦。"事:典故。
③老蒲为苇:成熟的蒲草做成了苇杖。

【译文】

《荆楚岁时记》:"正月初一,在门外悬挂苇索、桃棒。"《海录碎事》记载:"南阳太守刘宽以苇子为杖击打犯人,就是用刘宽以蒲草为鞭的典故。"《韩诗外传》记载:"成熟的蒲草做成了苇杖。"

投麻豆

《杂五时书》[①]:"正旦及上元日[②],以赤豆、麻子二七粒置井中[③],辟瘟疬,甚效。"

【注释】

①《杂五时书》:书名。不详待考。

②上元日:节日名。俗以农历正月十五日为上元节,也叫元宵节。

③麻子:麻类植物的子实,可入药。

【译文】

《杂五时书》:"正月初一及上元日,把赤豆、麻子各一十四粒放置井中,驱除瘟疫,极其有效。"

折松枝

董勋《答问礼俗》:"岁首祝椒酒[①],饮毕,又折松枝于户,男一七,女二七,亦同此义。"

【注释】

①岁首:指一年的第一天。即正月初一。椒酒:即椒花酒。一种以椒实浸制的酒,据说元旦饮用可驱邪避疫。

【译文】

董勋《答问礼俗》:"正月初一饮椒花酒祝寿,饮用完毕,又折松枝挂在门上,男的折七枝,女的折一十四枝,也是这种意义。"

取杨柳

《苏氏演义》[①]:"正旦,取杨柳枝著户,百鬼不入家。"

【注释】

①《苏氏演义》:十卷,唐苏鹗撰。该书多涉经传、名物、掌故、文字,
作考证辨订。

【译文】

《苏氏演义》:"正月初一,摘取杨柳枝挂在大门上,各种鬼怪不入
家门。"

照桑果

《齐民要术》:"正旦鸡鸣时,把火遍照五果及桑树上
下[①],则无虫。时年有桑果灾生虫者,元旦照之,免灾。"

【注释】

①五果:指桃、李、杏、栗、枣五种水果。《素问·脏气法时论》:"五谷
为养,五果为助。"王冰注:"谓桃、李、杏、栗、枣也。"《灵枢经·五
味》:"五果:枣甘、李酸、栗咸、杏苦、桃辛。"

【译文】

《齐民要术》:"正月初一公鸡打鸣时,拿火把将所有果树和桑树上
下通通照一遍,就没有虫害。当年桑树、果树有虫害,正月初一用火把照
过,就能避免灾害。"

嫁枣李

《四时纂要》："元旦，日未出时，以斧斑驳锥斫枣、李等树①，则子繁而不落，谓之嫁树②。晦日同③。嫁李，则以石安树间。"

【注释】

①斑驳：颜色或纹理的混杂状态，此指零星散乱不均匀的分布。锥：锥子。指如锥刺般。斫（zhuó）：砍劈。

②嫁树：我国古代发明的果树环剥和纵刻技术。具体方法有两种：一是用斧背敲打树干，另一种是用砖石等物压于树杈上。目的在于使果树韧皮局部受伤，人为地控制和改善果树内部营养物质的分配，从而提高果品的产量和质量。

③晦日：农历每月最后一天。

【译文】

《四时纂要》："正月初一，太阳还没出来时，用斧头在枣树、李树等果树的树干上如锥刺般砍削呈现斑驳痕迹，于是果树结出的果实丰盛而不易脱落，称为嫁树。晦日也是如此。嫁接李树，就要用砖石等物压于树杈间。"

采款花①

《本草图经》②："款冬花生于冰下，十二月、正月旦采之。傅咸《款冬赋序》曰③：'余曾逐禽登北山④，于时中冬⑤，冰凌盈谷⑥，积雪被崖⑦。顾见款冬花⑧，炜然始敷华艳⑨，当是正于冰下为花也。'主欬逆⑩，古今方用之。"

【注释】

①款花:即款冬花。款冬花蕾及叶可入药,有止咳、润肺、化痰的功效。

②《本草图经》:又名《图经本草》,二十一卷,宋苏颂等撰。该书为收集全国各郡县的草药图,参考各家学说整理而成。苏颂(1020—1101),字子容,泉州同安(今福建厦门)人。北宋天文学家、天文机械制造家、药物学家。另著有《新仪象法要》等。

③傅咸(239—294):字长虞,北地泥阳(今陕西铜川耀州东南)人。西晋文学家。

④北山:泛指北面的山。

⑤中冬:指冬季的第二个月。

⑥冰凌:冰。盈:充满。

⑦被:覆盖。

⑧顾见:看见。

⑨炜(huī)然:光彩,华盛。敷:铺展,绽放。华艳:华丽。

⑩欬(kài)逆:咳喘气逆。

【译文】

《本草图经》:"款冬花生长在冰层下,十二月、正月初一早晨采摘。傅咸《款冬赋序》写道:'我曾因追逐禽兽登上北山,当时正是仲冬季节,冰凌充满山谷,积雪覆盖悬崖。回头看见款冬花,光彩明媚地开始绽放艳丽花朵,应当正是在冰层之下开花。'主治咳喘气逆,古今药方都用它。"

忌针线

《岁时杂记》:"京人元日皆忌针线之工,故谚有'懒妇思正月,馋妇思寒食'之语①。"

【注释】

①懒妇思正月,馋妇思寒食:懒惰的女人想过闲散的正月,嘴馋的女人想念冷食丰富的寒食节。馋妇思寒食,寒食节禁火三日,需提前备冷食,如枣馍、青团、枣糕等,民间有"寒食十八顿"之说,即冷食可随时取用,不受餐数限制,故贪吃的女人尤为期待。

【译文】

《岁时杂记》:"京城的人正月初一都忌讳做针线活儿,因此有'懒妇思正月,馋妇思寒食'的谚语。"

治酒食

《李晟传》①:"正岁②,崔氏女归宁③。晟曰:'尔有家,而姑在堂④,当治酒食,以待宾客。'即却之,不得进。"

【注释】

①《李晟传》:即《新唐书·李晟传》。李晟(727—793),字良器,谥忠武,洮州临潭(今甘肃临潭)人。唐中期名将。

②正岁:指农历正月。

③归宁:已嫁女子回娘家看望父母。

④姑:古称丈夫的母亲。即婆婆。在堂:谓母亲健在。

【译文】

《新唐书·李晟传》:"农历正月,嫁到崔家的女儿回娘家看望父母。李晟说:'你有家,而你婆婆健在,你应当备办酒食,以接待宾客。'随即拦住她,不让进门。"

祝富贵

《唐文粹》:"元稹《元旦》诗云①:'富贵祝来何所遂,聪明鞭得转无机②。'稹自注云:'祝富贵、鞭聪明③,皆正旦童稚语④。'"

【注释】

①元稹(779—831):字微之,别字威明,河南(今河南洛阳)人。唐文学家。元稹与白居易同科及第,结为终生诗友,同倡新乐府运动,共创"元和体",世称"元白"。著有《元氏长庆集》。

②富贵祝来何所遂,聪明鞭得转无机:尽管祈求富贵,但最终并未得到实际的结果;即使才智再高,也无法扭转命运的无常。祝来,指祈求、祝愿富贵到来。鞭,督促,驾驭。无机,没有机会、机遇。

③祝富贵、鞭聪明:唐时正月初一儿童游戏时的口号。祝富贵,通过口号或仪式祈求富贵吉祥。鞭聪明,通过游戏或仪式鞭策儿童勤学明理。

④童稚:儿童,小孩。

【译文】

《唐文粹》:"元稹《元旦》诗写道:'富贵祝来何所遂,聪明鞭得转无机。'元稹自己注解说:'祝富贵、鞭聪明,都是正月初一儿童游戏时的口号。'"

禳长短

《岁时杂记》:"小儿生太短者,元日五鼓,就厕傍偃卧①,从足倒曳跬步许②。太长者,以木枕拍其头③。"

【注释】

①就：靠近。偃（yǎn）卧：仰卧。

②倒曳：亦作"倒拽"。倒拖，倒拉。跬（kuǐ）步：半步。形容极短的距离。

③木枚（xiān）：即木锨。枚，同"锨"。

【译文】

《岁时杂记》："小儿生下来身体太短的，正月初一五更时，靠近厕所旁边仰卧，抓着脚倒拖半步。身体太长的，用木锨拍打小儿的头。"

卖懞懂①

《岁时杂记》："元日五更初，猛呼他人②，他人应之，即告之曰：'卖与尔懞懂。'卖口吃亦然。"

【注释】

①懞（měng）懂：糊涂。懞，昏昧无知。

②猛：突然。

【译文】

《岁时杂记》："正月初一五更初，突然大喊他人名字，他人应答，立即告诉他：'卖与你糊涂。'卖口吃也是这样。"

呼畜类

《五行书》："元日向晨①，至门前，呼牛马杂畜令来。仍置粟豆于灰②，散之宅内，云可以招牛马。未知所出。"

【注释】

①向晨：黎明，凌晨。

②粟：谷子。

【译文】

《五行书》："正月初一凌晨，到门前，呼唤牛马等各种牲畜叫它们前来。并把谷子、大豆拌在灰中，撒在宅内，说可以招来牛马。不知道这种说法怎么来的。"

验牛卧

《玉堂闲话》[①]："正月一日，于牛屋下验牛[②]，俱卧，则五谷难生苗。半卧半起，岁中平[③]。牛若俱立，则五谷大熟。"

【注释】

①《玉堂闲话》：三卷，五代王仁裕撰。该书内容繁杂，包罗万象。虽有荒诞不经之事，因果报应之言，但有些记人记事之作，则如隽逸小品，精悍而宛曲有致。

②验：察看。

③中平：中等，平常。

【译文】

《玉堂闲话》："正月初一，到牛棚去察看牛，如果牛都躺下，那么五谷很难出苗。如果牛半躺半立，这一年收成平常。如果牛都站起，那么五谷大丰收。"

卷六

元旦 中（原缺）

卷七

元旦 下

【题解】

　　本卷《元旦下》篇，均为元旦时俗节物，主要有元旦诗文典故"会两禁""请紫姑"等；元旦神话传说"入仙洞""游星宫""获仙药"等；元旦祭祀祈福"祭瘟神"等；元旦岁时卜筮"揲蓍卦""求响卜""占日干""决风候""卜晴雨"等；外族元旦岁时仪式"拜日月""斗马驼""来朝贺""改岁首""妳捏离"等。

会两禁①

　　《古今词话》②："庆历癸未十二月廿九日立春③，甲申元旦④，丞相晏元献公会两禁于私第⑤。丞梓席上自作《木兰花》以侑觞⑥，曰：'东风昨夜回梁苑⑦，日脚依稀添一线⑧。旋开杨柳绿蛾眉⑨，暗折海棠红粉面⑩。　　无情欲去云间雁，有意飞来梁上燕。无情有意且休论，莫向酒杯容易散⑪。'于时坐客皆和⑫，亦不敢改首句'东风昨夜'四字。今得三阕⑬，皆失姓名。其一曰：'东风昨夜吹春昼⑭，陡觉去年梅蕊旧。谁人能解把长绳，系得乌飞并兔走⑮。　　清香潋滟杯中酒⑯,新眼苗条江上柳。樽前莫惜玉颜酡⑰,且喜一年年入手。'其二曰:'东风昨夜传归耗⑱,便觉银屏寒料峭⑲。年华容易即凋零,春色只宜长恨少。　　池塘隐隐惊雷晓,柳眼初开梅萼小⑳,樽前贪爱物华新㉑,不道物新人渐老。'其三曰:'东风昨夜归来后,景物便为春意候㉒。金丝齐奏喜新春㉓,愿介香醪千岁寿㉔。　　寻花插破桃枝臭㉕,造化工夫先到柳㉖。镕酥剪彩恨无香,且放真香先入酒㉗。'"

【注释】

①两禁:北宋时,翰林学士直舍在皇宫北门两侧,因以两禁借指翰林院。禁,宫禁。

②《古今词话》:一卷,杨湜撰。胡仔《苕溪渔隐丛话》对此书已加称引,知杨湜为绍兴年间人。《古今词话》采辑五代以下词林逸事,仿唐宋说部体裁,所记本事每多不实,大都出于传闻。杨湜,字曼倩。

③庆历癸未:即庆历三年(1043)。庆历,宋仁宗赵祯年号(1041—1048)。

④甲申:即庆历四年(1044)。

⑤丞相晏元献公:庆历四年(1044)时,晏殊为检校太尉刑部尚书同平章事,加同中书门下平章事,集贤殿学士兼枢密使,故称为"丞相"。

⑥《木兰花》:词牌。本唐教坊曲名。宋人所作《木兰花》或《木兰花令》与此并非同调,实为《玉楼春》之别名,因五代欧阳炯填此调有"同在木兰花下醉"句得名。侑觞(yòu shāng):劝酒,佐助饮兴。侑,劝。

⑦梁苑:也称"兔园"。西汉梁孝王所建的东苑。故址在今河南开

封东南。园林规模宏大,方三百余里,宫室相连属,供游赏驰猎。梁孝王在其中广纳宾客,当时名士司马相如、枚乘、邹阳等均为座上客。

⑧日脚:太阳穿过云隙射下来的光线。添一线:旧以线量日影,冬至后每日添长一线。

⑨绿蛾眉:喻绿色的柳叶。

⑩红粉面:喻海棠花瓣。

⑪向:对。容易:轻易。

⑫于时:当时。和:以诗歌酬答,依照别人诗词的题材作诗词。

⑬阕(què):歌曲或词一首叫一阕。

⑭春昼:春日风光。

⑮乌飞并兔走:即"乌飞兔走"。形容光阴迅速流逝。乌,古代传说日中有三足乌,故称太阳为金乌。兔,古代传说中月中有玉兔,故称月亮为玉兔。

⑯潋滟(liàn yàn):水满貌。泛指盈溢。

⑰酡(tuó):同"酡"。饮酒脸红。

⑱耗:音信。

⑲银屏:镶银的屏风。料峭:形容微寒。

⑳柳眼:早春初生的柳叶如人睡眼初展,因以为称。梅萼:梅花的蓓蕾。

㉑樽前:在酒樽之前。指酒筵上。贪爱:贪恋,迷恋。物华:物的精华。

㉒景物:景致事物。春意:春天的意象。

㉓金丝:借指弦乐器。

㉔香醪(láo):美酒。千岁:古人祝寿之词。《诗经·鲁颂·閟宫》:"万有千岁,眉寿无有害。"

㉕寻花:出游赏花。臭:嗅,闻。

㉖造化:创造化育。

㉗真香:即"真香茗"。茶的一种。南朝梁任昉《述异记》卷上:"巴

东有真香茗，其花白色如蔷薇，煎服令人不眠，能诵无忘。"

【译文】

《古今词话》："庆历三年十二月二十九日立春，庆历四年正月初一，丞相晏殊在私家住所会见翰林学士。晏殊在酒席上自作《木兰花》以佐助酒兴，写道：'东风昨夜回梁苑，日脚依稀添一线。旋开杨柳绿蛾眉，暗折海棠红粉面。　　无情欲去云间雁，有意飞来梁上燕。无情有意且休论，莫向酒杯容易散。'当时座上的客人都以诗歌酬答，也不敢改首句'东风昨夜'四字。如今得到三首，都不知作者姓名。其一写道：'东风昨夜吹春昼，陡觉去年梅蕊旧。谁人能解把长绳，系得乌飞并兔走。　　清香激滟杯中酒，新眼苗条江上柳。樽前莫惜玉颜酡，且喜一年年入手。'其二写道：'东风昨夜传归耗，便觉银屏寒料峭。年华容易即凋零，春色只宜长恨少。　　池塘隐隐惊雷晓，柳眼初开梅萼小，樽前贪爱物华新，不道物新人渐老。'其三写道：'东风昨夜归来后，景物便为春意候。金丝齐奏喜新春，愿介香醪千岁寿。　　寻花插破桃枝臭，造化工夫先到柳。镕酥剪彩恨无香，且放真香先入酒。'"

入仙洞

《夷坚丁志》①："李大川，抚州人②，以星禽术游江淮③。政和间④，至和州⑤，值岁暮⑥，不盘术⑦。正旦日，逆旅主人拉往近郊⑧。见悬泉如帘⑨，下入洞穴，甚可爱。因相携登陇⑩，观水所注。其地少人行，阴苔滑足⑪，李不觉陨坠⑫，似两食顷⑬，乃坐于草壤上⑭，肌肤不少损⑮。睨穴中⑯，正黑如夜⑰，攀缘不能施力⑱，分必死⑲。试举右手，空无所着，左手即触石壁，循而下⑳，似有微径可步㉑。稍进渐明，右边石池，荷方烂熳㉒。虽饥渴交攻㉓，而花与水皆不可及。已而明甚^㉔，前遇双石洞门。欲从右入，恐益远^㉕，乃由左户而过。如是者三，则在大洞中，花水亦绝，了不通天日^㉖，而晃耀胜人间^㉗。中有石棋局，闻诵经声，不见人。远望若有坐而理发者，近则无所睹。

【注释】

①《夷坚丁志》：即《夷坚志》正集丁志卷。《夷坚志》，四百二十卷，宋洪迈撰。该书为文言志怪小说集，所录多为奇闻异事，神仙鬼怪，也有宋代文坛逸事，诗歌词赋，风土习尚，以及中医方药、吉祥梦卜等。

②抚州：隋开皇九年（589）改临川郡置，时总管杨武通奉使安抚，即以"抚"名州，治临川县（今江西临川）。

③星禽术：以五行二十八宿与各禽相配占吉凶祸福的方术。游：交游，来往。江淮：泛指长江与淮河之间的地区。

④政和：宋徽宗赵佶年号（1111—1118）。

⑤和州：北齐天保六年（555）置，治历阳县（今安徽和县）。

⑥岁暮：岁末，年底。

⑦盘术：宋代口语。谓串街卖艺。

⑧逆旅主人：旅馆主人。逆旅，旅馆，客舍。

⑨悬泉：瀑布。

⑩相携：互相搀扶，相伴。登陇：登上高地。

⑪苔：苔藓。

⑫陨（yǔn）坠：自高处落下。

⑬食顷：吃一顿饭的时间。多形容时间很短。

⑭草壤：草地。

⑮不少：毫无。

⑯睨（nì）：斜着眼看。

⑰正黑：纯黑。

⑱攀缘：援引他物而上，攀拉援引。

⑲分（fèn）：料想。

⑳循：顺着，沿着。

㉑微径：小路。

㉒烂熳：色泽绚丽。

㉓饥渴交攻：饥渴同时袭来。形容饥渴交加。

㉔已而：不久。

㉕益：更加。

㉖了：完全。

㉗晃耀：闪耀，辉映。

【译文】

《夷坚丁志》："李大川，抚州人，在江淮之间往来从事占卜相命之术。政和年间，到和州，正值年底，不再串街卖艺。正月初一，旅馆主人带着他前往近郊赏景。看见瀑布的流水下垂如帘，进入洞穴，更是可爱。因此互相挽扶登上高地，观看瀑布水所注入的地方。这个地方极少有人行走，地上的苔藓使人脚底打滑，李大川不料自高处落下，好像两顿饭的工夫，就坐在草地上，肌肤毫无损伤。斜着眼看洞穴中，如同黑夜，攀登不能施力，料想必死。试着举起右手，什么也摸不着，举起左手就碰到石壁，沿着石壁而下，似乎有小路可以行走。稍往前走渐渐有了光亮，右边石池里，荷花正开得烂熳。虽然饥渴交加，然而荷花与水都又不可触及。进而更加明亮，往前遇见两座石洞门。想从右门进入，恐怕走得更远，于是就由左门而进。这样过了三道石门，就在大洞中了，荷花泉水也都没有了，完全不见太阳，然而光亮闪耀胜过人间。中间有石头摆成的棋局，听到诵读佛经的声音，只是不见人影。远远望去好像有一位坐着梳理头发的人，走近却什么也看不见。

"俄抵一大林,阴森惨澹①,凄神寒骨②,悸怖疾走③,已出旷野间④。举头见日,自喜再生,始缓行。见道傍僧寺,憩于门⑤。僧出问故,皆大惊,争究其说⑥。李曰:'与我一杯水,徐当言之⑦。'便延入寺具饭⑧,悉道所历。僧叹曰:'相传兹山有洞,是华阳洞后门⑨,然素无至者。'李问:'此何处?'曰:'滁州境⑩。''今日是何朝?'曰:'人日也。'李曰:'吾已坠七日,才如一昼耳。'僧率众挟兵刃⑪,邀李寻故蹊⑫,但怪恶种种⑬,不容复进⑭。

【注释】

①阴森惨澹(dàn):谓树木浓密成荫暗淡无光。

②凄神寒骨:使人感到心情凄凉,寒气透骨。

③悸怖:恐惧。疾走:快速离去。

④旷野:空阔的原野。

⑤憩(qì):休息。

⑥争究其说:抢着让他说个究竟。

⑦徐:慢慢。

⑧延入:请进。

⑨华阳洞:传说中神仙所居的洞府。旧题唐柳宗元《龙城录·华阳洞小儿化为龙》:"茅山隐士吴绰,素擅洁誉。神凤初因采药于华阳洞口,见一小儿,手把大珠三颗,其色莹然,戏于松下。绰见之……儿犇忙入洞中,绰恐为虎所害,遂连呼,相从入,欲救之。行不三十步,见儿化作龙形,一手握三珠,填左耳中。绰素刚胆,以药斧斸之,落左耳,而三珠已失所在,龙亦不见。"

⑩滁(chú)州:隋开皇初改南谯州置,治新昌县(今安徽滁州)。

⑪挟:携带。

⑫故蹊（xī）：原路，旧路。蹊，小路。

⑬怪恶种种：各种怪异现象。

⑭不容：不允许。

【译文】

"一会儿到达一大片树林中，树木浓密成荫暗淡无光，使人感到心情凄凉，寒气透骨，因而恐惧快速离去，已经来到空阔的原野中。抬头看见太阳，庆幸获得重生，开始放慢脚步。看见路旁有座寺院，便在门前休息。僧人出来问他原因，都非常惊讶，抢着让他说个究竟。李大川说：'给我一杯水喝，慢慢地给你们讲述。'僧人便把他请入寺院准备了饭菜，李大川便把全部经历说了一遍。僧人感叹说：'相传这座山有个洞穴，是华阳洞的后门，然而从来没有人到过那里。'李大川问：'这是什么地方？'僧人说：'滁州境内。''今天是什么日子？'僧人说：'正月初七。'李大川说：'我已经坠落洞里七天了，感觉才过了一个白天而已。'僧人带领众人携带兵器，邀请李大川寻找原路，但却遇到各种怪异的情况，不能再次进入。

"李还和州①，访旧馆②。到已暮夜，扣户③，主人问为谁，以姓名对，举室吐骂曰④：'不祥！不祥！'李大声呼曰：'我非鬼也，何得尔！'遂启户⑤，留数日而归。每为人话其事，或诮之曰⑥：'尔亦愚人⑦，正旦荷花发⑧，讵非仙境乎⑨？且双石洞门，安知右之远而左可出也⑩？'李曰：'方以死为虑，岂暇念此⑪。虽悔之，何益？'"

【注释】

①和州：底本作"历阳"，据《夷坚志·丁志》改。

②旧馆：旧日的馆舍。

③扣户:敲门。

④举室:全家。此指旅馆所有的人。吐骂:唾骂。

⑤启户:开门。

⑥诮(qiào):讥讽。

⑦愚人:愚昧的人。

⑧发:花开放。

⑨讵(jù)非:难道不是。

⑩安知:怎么知道。

⑪暇:空闲。

【译文】

　　"李大川回到和州,寻访旧日的旅舍。到达时已夜幕降临,上前敲门,旅馆主人问是谁,李大川以姓名相答,全家人都唾骂道:'不吉利! 不吉利!'李大川大声叫道:'我不是鬼,你们怎么能这样!'于是才给他开门,留宿了几天才回去。每当给人讲起这件事,就有人讥讽他说:'你也是个愚昧的人,正月初一荷花开放,难道不是仙境吗? 而且双石洞门,你怎么知道右门远而左门可以出来呢?'李大川说:'那时正为生死考虑,哪里有空闲想这些。虽然后悔,又有什么用处?'"

游星宫①

　　《夷坚丙志》:"建昌李氏②,奉紫姑甚谨③。一子未娶,每见美女子往来家间,遂与狎昵④。时对席饮酒⑤,烹羊击鲜⑥,莫知所从致。父母知而禁之,乃闭诸空室⑦,女子犹能来。

【注释】

①星宫:天宫。

②建昌:东汉永元十六年(104)分海昏县置,治今江西奉新县西。

南朝宋元嘉二年（425）移治今江西永修县西北艾城。氏：姓。

③奉：供奉，供养。紫姑：又称子姑、坑三姑。神话中厕神名。谨：恭敬。

④狎昵（xiá nì）：指男女淫猥苟合。

⑤对席：坐在对面的席位。

⑥烹羊：烹煮羊肉。击鲜：宰杀活的牲畜禽鱼，充作美食。

⑦空室：陋室。

【译文】

《夷坚丙志》："建昌李姓一家，供奉紫姑很是恭敬。有一个儿子还没有娶亲，经常看见有美貌女子往来他家，于是就与美貌女子淫猥苟合。时常与美貌女子对席饮酒，烹煮羊肉海鲜下酒，也不知道这些酒菜从哪里弄来的。父母发现后禁止他与女子往来，于是就把他关在陋室里，而那女子仍然能来。

"经旬日，谓曰：'在此非乐处，盍一往吾家乎①？'即携手出外，高马文舆②，导从已具③。促登车，障以帷幔④，略无所睹。不移时⑤，到一大城，瑶宫珸砌⑥，佳丽列屋，气候和淑⑦，不能分昼夜。时时纵游他所，见珠球甚多，粲绚五色⑧，挂于橑间⑨。问其名，曰：'此汝常时望见，谓为星者也。'留久之。一日，凭栏立，女曰：'今日世间正旦也。'生豁然省悟⑩，私自悼曰⑪：'我在此甚乐，当新岁节⑫，不于父母前再拜上寿，得无贻亲念乎⑬？'女已知其意，怅然曰⑭：'汝有思亲之念，吾不可复留。汝宜亟还，亦宿缘止此尔⑮。'命酌酒语别⑯，取小襆纳其怀⑰，戒之曰：'但闭目敛手⑱，任足所向。道上逢奇兽异鬼、百灵秘怪⑲，从汝觅物⑳，可探怀以一与之㉑，切不得过此数，过则无继矣。俟足踏地，则到人间，然后为还家计。’生泣而诀。

【注释】

①盍（hé）：何不。

②文：装饰华丽。舆：车。

③导从：古时帝王、贵族、官僚出行时，前驱者称导，后随者称从，因谓之导从。

④障：遮挡。帷幔：帐幕。

⑤不移时：指不到一个时辰，犹言不一会。

⑥瑶宫珤（bǎo）砌：底本作"瑶宫瑶砌"，据《夷坚志·丙志》改。形容以美玉雕砌而成的宫殿建筑。珤，通"宝"。指美玉。

⑦和淑：指气候温和美好，四季如春。

⑧粲绚五色：各种颜色鲜明绚丽。粲，鲜明。绚，绚丽。五色，本指青、黄、赤、白、黑五种颜色，后泛指各种颜色。

⑨椽（chuán）：椽子，承托屋面用的木构件。

⑩豁然省悟：形容突然明白。

⑪悼：哀伤。

⑫新岁节：新年。此指农历正月初一。

⑬得无：恐怕，是不是。贻（yí）：原指赠送，后引申为遗留、贻误，此处指留下。

⑭怅然：失望，不痛快的样子。

⑮宿缘：佛教谓前生的因缘。

⑯酌酒：斟酒。

⑰襆（fú）：巾帕，布袱。纳：放进。

⑱敛手：收紧双手。

⑲奇兽：稀奇走兽。异鬼：奇异鬼怪。百灵：各种神灵。秘怪：指潜藏而不经见之神奇怪物。

⑳觅：找，寻求。此处指要。

㉑探：摸取。

【译文】

"过了十多天，女子对李生说：'这里不是行乐的地方，何不到我家去？'随即他俩携手而出，门外停着高头大马装饰华丽的车辆，随从都已在等候。催促他们登车，车子用帐幕遮挡，什么也看不见。不一会儿，来到一个大城，众多美女居住在排列整齐的屋舍中，气候温和美好，四季如春，不能区分白天与黑夜。他们经常到其他地方纵情游览，看见很多珠球，各种颜色鲜明绚丽，挂在庭中椽子间。李生问珠球的名字，女子说：'这是你平常看到的星星。'李生在这里逗留了很久。一天，李生靠着栏杆而立，女子说：'今天是人间的正月初一。'李生突然明白，私下叹道：'我在这里很快乐，当新年到来时，不在父母面前叩拜上寿，恐怕留下会让双亲挂念吧？'女子已明白他的意思，失望地说：'你有思念双亲的想法，我就不可再留你。你应当快速回去，咱们的前世因缘也到此为止。'于是命仆人斟酒话别，她取来一个小包袱放进李生怀里，告诫李生说：'你只管闭上眼睛紧握双手，任凭两脚行走。道上碰到奇兽异鬼、神灵怪物，向你要东西，你可从怀里摸取一个给它，千万不要给多了，给多就无法继续向前走了。等你感觉双脚踏地时，就到人间了，然后再想法回家。'李生与女子垂泪而别。

"既行，觉耳旁如崩崖飞湍①，响振河汉②，天风吹衣③，冷透肌骨。巨兽张口衔其祛④，生忆女所戒，与物即去⑤。俄又一物来，如是者殆百数。摸索所携，只余其一。忽闻市声嘈嘈⑥，足亦履地⑦。开目问人，乃泗洲也⑧。空子一身⑨，茫不知为计。启襆视之，正存金钥匙一个，货于市⑩，得钱二十千。会网舟南下⑪，随以归。家人相见悲喜，曰：'失之数月矣。'"

【注释】

①崩崖飞湍：山崖崩裂瀑布急流。

②河汉：天河，银河。

③天风：风。风行天空，故称。

④祛（qū）：衣袖，袖口。

⑤与：给予。

⑥市声嘈嘈：街市上众人嘈杂声。

⑦履：踩，踏。

⑧泗洲：北周大象二年（580）改安州置，治宿预县（今江苏宿迁）。隋大业初废，唐武德四年（621）复置，开元二十三年（735）治临淮县（今江苏盱眙西北）。

⑨空孑（jié）一身：孤孤单单一个人。孑，单独。

⑩货：卖。

⑪会：恰巧，正好。网舟：指渔船或船只。

【译文】

"既而出发，李生感觉耳旁如山崖崩裂瀑布急流，声音响振银河，天风吹打衣服，冷气浸透肌骨。一头巨兽张口咬住他的衣袖，李生想起女子的告诫，给予那巨兽一件东西就走了。一会儿又有一个怪物来，如此这样差不多上百个。李生摸索小包袱所带东西，只剩下一个。忽然听到街市上众人嘈杂声，双脚也踏在地面上。睁开双眼问人，竟是泗洲地界。李生孤单一人，完全不知道怎么回家。打开小包袱一看，正好剩下一把金钥匙，在市场卖掉，得二万钱。李生恰好遇到一艘南下的船只，他就跟随这艘船返回家乡。家人相见又悲又喜，说：'走失已好几个月了。'"

遇真人

《夷坚志》："丹阳苏养直庠居后湖①，暮年②，徙太湖马迹山③。绍兴甲子十一月④,中酒病困卧⑤,所使村童持谒扣床,曰:'有客称江宣赞⑥,欲求见。'视其谒刺⑦,曰:'惠州罗浮山水帘洞长生道人江观潮⑧。'两畔各书诗一句曰⑨:'富贵易逢日月短,此中虽遇是长生。'苏悦其语⑩,强起延之⑪。客曰:'罗浮黄真人以君不欲世间声利⑫,姓名已书仙籍⑬,命我持丹授君⑭。'苏时年八十矣,应之曰:'庠平生未尝识真人,且又形骸已坏⑮,何以丹为哉!'客曰:'此非五金八石比⑯,盖真人真气所化也,服之无嫌⑰。'苏视之,客衣服侈丽类贵游⑱,言辞鄙俗⑲,甚恶之,冀其速去,曰:'虽然⑳,终不愿得也。老病缺于承迎㉑,当令儿曹奉陪次㉒。'客曰:'我专为君来,君不欲丹,当复持以归。但路绝远㉓,愿借一宿,明旦晴即去。不然,须少留也。'不获已㉔,命馆于菊墅㉕。

【注释】

①丹阳:即丹阳郡。唐天宝元年(742)改润州置,治丹徒(今江苏镇江)。苏养直庠(xiáng):即苏庠(1065—1147),字养直,初以病目,自号眚翁,澧州(今湖南澧县)人,后徙居润州丹阳(今属江苏)之后湖,改称后湖病民、后湖居士。北宋诗人。

②暮年:晚年,老年。

③徙:迁徙。太湖:湖名。古称震泽,又称具区、笠泽、五湖。苏浙界湖。大部水面在江苏苏州、无锡、常州辖境内。马迹山:即今江苏无锡西南,太湖北岸的马山。

④绍兴甲子:即绍兴十四年(1144)。绍兴,宋高宗赵构年号(1131—1162)。

⑤中酒:指醉酒或饮酒后身体不适。病困卧:因疾病或醉酒而卧床休养。

⑥宣赞：宣赞舍人的省称。官名。宋代设置，原名通事舍人，政和中改称宣赞舍人，掌传宣赞谒之事。

⑦谒刺：名片。

⑧惠州：北宋天禧五年（1021）以祯州改名，治归善县（今广东惠州）。罗浮山：又称东樵山。在广东中部、东江右侧。跨博罗、增城、龙门三县市。由罗山、浮山合称为罗浮山。为道教圣地，被称为"第七洞天""第三十二泉源福地"。

⑨畔：边，旁边。

⑩悦：高兴，愉快。此指喜欢。

⑪强起：勉强起床。延：邀请。

⑫欲：贪图。声利：名利。

⑬书：记录。仙籍：仙人的名籍。

⑭授：给予。

⑮形骸：人的躯体。坏：衰老。

⑯五金八石：道家炼丹时所用的药物。五金指金、银、铜、铁、锡五种金属。八石指朱砂、雄黄、云母、空青、硫黄、戎盐、硝石、雌黄。《吴越春秋·阖闾内传》："越王元常使欧冶子造剑五枚……一名湛卢，五金之阴，太阳之精，寄气托灵，出之有神，服之有威，可以折冲拒敌。"晋葛洪《抱朴子·论仙》："长斋久洁，躬亲炉火，夙兴夜寐，以飞八石哉。"

⑰无嫌：无妨。

⑱侈丽：奢侈华丽。贵游：指无官职的王公贵族。

⑲言辞鄙俗：说话粗俗。鄙俗，粗俗。

⑳虽然：就算如此。

㉑老病：年老多病。承迎：欢迎，接待。

㉒儿曹：儿辈。尊长称呼后辈的用词。奉陪：陪伴。

㉓绝远：极远。

㉔不获已：不得已。

㉕馆：住，住宿。

【译文】

《夷坚志》："丹阳人苏庠居住在后湖，晚年，迁徙到太湖马迹山。绍兴十四年十一月，醉酒后卧床修养，他所雇佣的村童手持名片轻敲床沿来通报事务，说：'有客人自称江宣赞，想求见您。'看他的名片，写道：'惠州罗浮山水帘洞长生道人江观潮。'两旁各书写一句诗：'富贵易逢日月短，此中虽遇是长生。'苏庠喜欢这两句诗，勉强起床邀请进来。客人说：'罗浮黄真人认为您不贪图人世间名利，姓名已记录于仙人的名籍，命我拿仙丹给您。'苏庠当时已八十岁了，回答说：'我平生没有见过真人，而且又躯体衰老，仙丹又能为我做什么呢？'客人说：'这绝非五金八石可比，是真人真气所化育而成，服用无妨。'苏庠看客人，客人衣服奢侈华丽像王公贵族，说话粗俗，很厌恶他，希望他赶紧离去，说：'就算这样，我终归不愿得到。我年老多病接待不周，当让儿辈陪您。'客人说：'我专门为您而来，您不想要仙丹，我应再拿仙丹返回。但路途极远，希望借宿一晚，明早天晴立刻就走。如果不这样，就必须暂时留下。'不得已，只好安排住在菊墅。

"时天久晴，五更大雨作。苏忆昨日语，颇悔。亟邀致具酒①，未及饮，苏曰：'丹可见否？'客喜，便于腰间箧中取授苏②，连云：'且延一纪③。'药仅如豆大，紫黄色，亦不作丸剂④。客曰：'困笃则服之⑤，方见奇效。凡身有疾，但敬想丹力所行至即愈。饵此者⑥，当飞升度世⑦。若情欲未毕⑧，故自延一纪寿，寿终亦为仙官矣⑨。'饮罢遂别去，约五年复来，'来时君异于今日'。苏以丹并刺字置箧中⑩。岁未尽五日，忽大病，至除夕，气绝。家人以顶暖⑪，不忍敛⑫。及明,诸子记前事,发笥视之^⑬,药故在,取投口中,须臾即起,洒然若无疾^⑭,饮啖自如^⑮。再令拾刺字于丹贴,欲烧末饮之,不复见。苏须发如霜,自是其半再黑。初,建炎中^⑯,丧右目瞳子^⑰,至此亦瞭然^⑱。

【注释】

①邀致:招请。具:备办。

②箧（qiè）:小箱子,藏物之具。大曰箱,小曰箧。

③一纪:岁星（木星）绕地球一周约需十二年,故古称十二年为一纪。《国语·晋语四》:"文公在狄十二年……狐偃曰:'蓄力一纪,可以远矣。'"韦昭注:"十二年,岁星一周为一纪。"

④丸剂:小球形或椭圆形的固体制剂。

⑤困笃:病重,病危。

⑥饵:服用。

⑦飞升度世:羽化而超脱尘世为仙。

⑧情欲:人的各种情感和本能欲望。

⑨仙官:道教称有尊位的神仙。

⑩刺字:名片。笥（sì）:竹箱。

⑪顶暖:头顶发热。

⑫敛:收殓。把尸体装到棺材里去。

⑬发:打开。

⑭洒然:神气清爽。

⑮饮啖:吃喝。

⑯建炎:宋高宗赵构年号（1127—1130）。

⑰瞳子:瞳孔。泛指眼睛。

⑱瞭然:眼睛明亮。

【译文】

"当时天气长期晴朗，五更时大雨突降。苏庠想起昨天的话语，很是后悔。立即邀请备办酒席，还没饮酒，苏庠说:'丹药可以看看吗?'客人大喜，便从腰间携带的小箱子里取出丹药赠予苏庠，接着说:'暂且延长十二年寿命。'丹药仅如豆粒大，紫黄色，也未制作成丸剂。客人说:'病危时就服用，才能见奇效。凡人身体若有疾病，只要虔诚相信丹力所至之处，疾病自会痊愈。服用这种丹药，应当羽化而超脱尘世为仙。若修行者未能完全断绝世俗情欲，可通过延长十二年寿命继续修炼，最终寿终时仍能位列仙班。'饮完酒，就告别而去，约定五年后再来，说'到那时你的状态将与现在不同'。苏庠将丹药及名片放在竹箱里。距离岁末还有五天，苏庠忽然得了重病，到除夕，就气绝身亡了。家人因为他头顶发热，不忍心收殓。等到天亮后，家中的儿子们回忆起之前的事情，打开竹箱一看，丹药仍然在，将丹药投入苏庠口中后，他很快就起身，神清气爽就像没生病时一样，恢复了正常饮食。苏庠再让人寻找刻有符文的刺字和丹药药贴，想要烧成灰末服用，但这些东西再也找不到了。苏庠的胡须和头发此前都白如霜雪，服用丹药后他的须发有一半重新变黑。当初，在建炎年间苏庠的右眼失明，到现在也恢复了视力。

"后十二年，作书与芗林向伯恭云①:'吾耳中时闻异音，罗浮山人期以数年相见②。应尽便尽③，余不复较。'十二月，往茅山别诸道友④。元日，聚族欢饮达旦⑤，披衣曳杖出门⑥，云:'黄真人至矣。'其行如驰，婢仆惊奔⑦，仅能挽衣裳⑧，已立化矣⑨。"

【注释】

①作书:写信。芗林向伯恭:即向子諲(1085—1152)，字伯恭，号芗

　　林居士,临江(今属江西)人。宋词人。

②期:约定。

③尽:死亡。

④茅山:山名。道教名山,位于江苏常州金坛区和句容。有"第一福地,第八洞天"之美誉。

⑤欢饮:欢乐宴饮。达旦:直到第二天早晨。

⑥曳杖:拄着拐杖。

⑦惊奔:惊慌奔跑。

⑧挽:拉。

⑨立化:站着死亡。

【译文】

　　"后十二年,写信给向子湮说:'我耳中时常听到异常的声音,罗浮山人约定数年后相见。该死亡就死亡,我不再计较。'十二月,前往茅山告别诸位道友。正月初一,聚集家族的人欢乐宴饮直到第二天早晨,披上衣服拄着拐杖出门,说:'黄真人到了。'他行走如飞,婢仆惊慌奔跑,仅能拉着他的衣服,他已站着死去了。"

乞如愿①

　　《录异记》②:"庐陵邑子欧明者③,从贾客④,道经彭泽湖⑤,每过,辄以船中所有,多少投湖中。忽大道之上,有数吏,皆着黑衣,乘车马,云是青洪君使⑥,邀明过⑦。明知是神,然不敢不往。吏车载明,须臾,见有府舍,门下吏卒。吏曰:'青洪君感君有礼,故邀君,以重送君,皆勿取,独求如愿耳。'去,果以缯帛赠之⑧,明不受,但求如愿。神大怪明知之,意甚惜之⑨,不得已,呼如愿,使随明去。如愿者,青洪君婢,常使取物。明将如愿归[10],所须辄得之。数年,成富人,意渐骄盈[11],不复爱如愿。正月岁朝,鸡初鸣,呼如愿。如愿不即起,明大怒,欲捶之[12]。如愿乃走于粪上,有故岁扫除聚薪[13],足以偃人[14],如愿乃于此逃得去。明谓逃在积薪粪中,乃以杖捶粪使出。又无出者,乃知不能得,因曰:'汝但使我富贵,后不捶汝。'今人岁朝鸡鸣时,辄往捶粪,云使人富。"山谷诗云:"政当为公乞如愿,作笺远寄君亭湖。"《荆州记》曰[15]:"君亭湖即彭泽湖,又谓之彭蠡湖。"

【注释】

①乞如愿:唐冯贽《云仙杂记》卷十:"有商人过清湖,见清湖君。君问所需,商曰:'但乞如愿。'君许之,果得一婢,'如愿'即其名也。商有所求,悉能致之。后因正旦,如愿晚起,商人挞之,走入粪壤中不见。今人正旦,以细绳系绵人投粪扫中,云'乞如愿'。"后用为典故。为有乞求时所用符咒之名称也。如愿,本婢名。

②《录异记》:八卷,五代前蜀杜光庭撰。该书为志怪小说集。杜光庭(850—933),字宾圣(一作宾至),号东(一作登)瀛子,又号华顶羽人,京兆杜陵(今陕西长安)人,寓居处州缙云(今属浙江)。有才学,方干称其为"宗庙中宝玉大圭"。后入五台山为道士,赐号广成先生、传真天师,著有《道德真经广圣义》《道门科范大全集》《广成集》等。

③庐陵:郡名。东汉兴平元年(194)孙策分豫章郡置,故治在庐陵县(今江西吉安)。

④从:跟随。贾客:商人。

⑤彭泽湖:即鄱阳湖,古称彭蠡、彭蠡泽、彭泽,位于江西北部,地处九江、南昌、上饶三市,是中国第一大淡水湖。

⑥青洪君：彭泽湖神。

⑦过：前去坐客。

⑧缯（zēng）帛：丝绸的统称。

⑨惜：舍不得。

⑩将：携带。

⑪骄盈：骄傲自满。

⑫捶（chuí）：用棍棒敲打。

⑬故岁：往年。聚薪：积聚的木柴。

⑭偃（yǎn）：覆盖。此处指躲藏。

⑮《荆州记》：三卷，南朝宋盛弘之撰。该书记述荆州地区的郡县城郭、山水名胜，内容翔实，语言峻洁优美。盛弘之，南朝宋文学家、史学家。曾任临川王刘义庆侍郎，与鲍照友善。

【译文】

《录异记》："庐陵人欧明，跟随商人做生意，途经彭泽湖，每次路过这里，就把船中所载的货物，多少投一些到湖中。一次，欧明看见大道上有几名吏卒，都穿黑衣，乘车马，说是彭泽湖神的使者，邀请欧明前去做客。欧明知道他们是神，然而不敢不去。黑衣吏人用车载着欧明，一会儿，看见有一座官府，门口站着吏卒。吏卒说：'彭泽湖神感念您有礼节，因此邀请您来，如果送您厚重礼物，您都不要接受，只求得到如愿而已。'见到彭泽湖神，果然赠送丝绸之类，欧明不要，只求得到如愿。彭泽湖神惊奇欧明知道如愿，心里非常不舍，不得已，叫出如愿，让她跟随欧明而去。所谓如愿，就是彭泽湖神的一个婢女，彭泽湖神常常让她拿取物品。欧明携带如愿回家，所需要的就能得到。过了几年，欧明就成了富人，态度渐渐骄横，不再喜爱如愿了。正月初一早晨，公鸡刚打鸣，欧明呼叫如愿。如愿没有立即起床，欧明大怒，想用棍棒敲打她。如愿于是跑到粪堆旁，那里有往年扫除时堆积的柴草，完全可以把人藏在里面，如愿就从这里逃跑了。欧明认为如愿钻进粪堆中，就用棍棒敲打粪堆想使如愿出来。如愿没出来，才知道找不到了，于是说：'你只要使我富贵，以后再不用棍棒敲打你了。'如今人们正月初一早晨公鸡打鸣时，就用棍棒去敲打粪堆，说能使人富贵。"黄庭坚有诗写道："政当为公乞如愿，作笺远寄君亭湖。"《荆州记》记载："君亭湖就是彭泽湖，又称为彭蠡湖。"

吞寿丹

　　《稽神录》①："张武者，始为庐江道中一镇副将②，颇以拯济行旅为事③。尝有老僧过其所，武谓之曰：'师年老④，前店尚远，今夕止吾庐中可乎⑤？'僧欣然。其镇将闻之，怒曰：'今南北交战，间谍如林⑥，知此僧为何人，而敢留之也！'僧乃求去，武曰：'吾业已留师⑦，行又益晚，但宿无苦也⑧。'武室中唯有一床，即以奉其僧，己即席地而寝⑨，盥濯之备⑩，皆自具焉。夜数视之。至五更，僧乃起而叹息⑪，谓武曰：'少年乃如是耶！吾有药，赠子十丸，每正旦吞一员⑫，可延十年之寿。善自爱。'珍重而去。出门，忽不见。武今为常州团练副使⑬，有识者计其年已百岁，常自称七十，轻健如故⑭。"

【注释】

①《稽神录》：六卷，宋徐铉撰。该书为志怪小说集，所记皆为唐末、五代异闻。徐铉（917—992），字鼎臣，会稽（今浙江绍兴）人。幼年丧父流寓广陵（今江苏扬州）。北宋文字学家、书法家，另著有《徐文公集》等。

②庐江：隋开皇初置，治今安徽庐江。

③拯济：救助，救济。行旅：远行的人，往来的旅客。

④师：对僧、尼、道士的尊称。

⑤止：居住。

⑥如林：形容多。

⑦业已：已经。

⑧无苦：没关系。

⑨席地：铺席于地。

⑩盥濯（guàn zhuó）之备：指洗涤用具。

⑪叹息：赞叹。

⑫员：物品的数量。

⑬常州：隋开皇九年（589）于常熟县置，后移治晋陵县（今江苏常州）。团练副使：官名。唐代始置，为团练使副职。五代沿置，后周世宗显德五年（958），定为准从六品。宋明常用以安置贬降官员，无职掌，哲宗元祐（1086—1094）中定为从八品。

⑭轻健：轻捷矫健。

【译文】

《稽神录》："张武，起初是庐江道中一个镇的副将，他把救助远行的人作为事业。曾经有个老年僧人路过他的驻所，张武对他说：'大师年纪大了，前面距离客店还远，今晚居住在我屋里可以吗？'僧人听了很高兴。这个镇的主将听说此事，气愤地说：'如今南北交战，到处都是间谍，你知道这个僧人是什么人，竟敢把他留下！'僧人于是请求离去，张武说：'我已经留下大师，要走又太晚了，只是夜里睡觉没关系。'张武卧室中只有一张床，他立即把床让给僧人使用，自己铺席于地而睡，洗涤用具，都亲自为他准备好。夜间几次起来看他。到五更时，僧人起床赞叹，对张武说：'你年纪轻轻就能如此！我有药，赠给你十粒，每年正月初一吞食一粒，可以延长十年的寿命。你要好好地保重自己。'说了一声珍重就走了。出了屋门，忽然就不见了。张武如今为常州团练副使，有认识他的人估计他已有一百岁了，他常常自称七十岁，仍然跟以前一样轻捷矫健。"

服岁丹

《丽情集》①："开宝中②，贾知微遇曾城夫人、杜兰香及舜二妃于巴陵③，二妃诵李群玉《黄陵庙》诗曰④：'黄陵庙前春草生⑤，黄陵女儿茜裙新⑥。轻舟短楫唱歌去⑦，水远天长愁杀人⑧。'贾与夫人别，命青衣以秋罗帕覆定命丹五十粒⑨，曰：'此罗是织女采玉蚕织成，遇雷雨密收之⑩。其丹每岁旦服一粒，可保一年。'后大雷雨，见箧中一物，如云烟腾空而去。"

【注释】

①《丽情集》：北宋张君房纂辑。该书专录古今情感事，故名。张君房，字允方，安陆（今属湖北）人。北宋藏书家、道藏目录学家，另著有《云笈七签》《乘异记》等。

②开宝：宋太祖赵匡胤年号（968—976）。

③贾知微：《丽情集》中的人物。曾城夫人：《丽情集》中的人物。杜兰香：神话传说中的仙女。舜二妃：指传说中舜之妻娥皇、女英。死后成为湘水之神。巴陵：郡名。南朝宋元嘉十六年（439）分长沙、江夏二郡置，治巴陵县（今湖南岳阳）。

④李群玉（约808—约860）：字文山，澧州（今湖南澧县）人。唐诗人。著有《李群玉诗集》《后集》等。

⑤黄陵庙：庙名。传说为舜二妃娥皇、女英之庙，亦称二妃庙。在湖南湘阴之北。

⑥茜（qiàn）裙：绛红色的裙子。

⑦短楫：小船桨。

⑧愁杀：谓使人极为忧愁。杀，表示程度深。

⑨青衣：指婢女。秋罗帕：秋罗手帕。秋罗，丝织物，质薄而轻，有条纹。覆：包住。

⑩密收：封闭保存。密，封闭。收，保存。

【译文】

《丽情集》："开宝年间，贾知微在巴陵遇见曾城夫人、杜兰香以及舜帝的二位妃子，二位妃子诵读李群玉《黄陵庙》诗道：'黄陵庙前春草生，黄陵女儿茜裙新。轻舟短楫唱歌去，水远天长愁杀人。'贾知微与曾城夫人告别，命婢女用秋罗手帕包住定命丹五十粒，说：'这个秋罗是织女采集玉蚕的丝织成，遇到雷雨天气封闭保存。这个定命丹每年正月初一服用一粒，可保一年没有疾病。'后来大雷雨天气，看见小箱子中有一个东西，像云烟一样向天空飞升而去。"

获仙药

《刘贡父诗话》①："黄觉旅舍见一道士②，共饮，举杯撅水写'吕'字③，觉乃悟其为洞宾也④。怀中出七大钱、三小钱，曰：'数不可益也⑤。与药可数寸许⑥，岁旦以酒磨服⑦，可一岁无疾。'觉如其言，至七十余，药亦垂尽⑧，作诗曰：'床头历日无多子⑨，屈指明年七十三。'果以是岁终。"

【注释】

①《刘贡父诗话》：又称《中山诗话》《贡父诗话》，一卷，刘攽撰。该书以纪事为主而兼考证，间或亦论作诗，主张"诗以意为主，文词次

之"。刘攽（1023—1089），字贡父（或作赣父、赣父），号公非，临江
军新喻（今江西新余）人。北宋文史学家，另著有《东汉刊误》。

②黄觉：字民先，宋浦城（今属福建）人。真宗景德二年（1005）进
士，官终殿中丞。有诗名。

③摭（zhí）：拾取，用。

④洞宾：即吕嵒（yán，796—?），或作吕岩，字洞宾，号纯阳子、岩客
子，自称回道人，世称"吕洞宾"，唐河东蒲州河中府（今山西芮
城）人。道教丹鼎派祖师，民间传说中"八仙"之一。

⑤益：增加。

⑥数寸许：指药物的剂量，约为"几寸长"。古时一寸约等于现代1
克，此处可能指将药物切成数寸长的段，便于研磨或煎煮。

⑦以酒磨服：将药物打磨成粉末状，用白酒调服。

⑧垂尽：快要用完。

⑨历日：日历。

【译文】

《刘贡父诗话》："黄觉在旅馆见到一位道士，道士邀他一起饮酒，道
士用杯中的酒水写下一个'吕'字，黄觉于是明白道士就是吕洞宾。道
士从怀中拿出七枚大钱、三枚小钱，说：'数目不能增加了。给了黄觉长
度约数寸的药物，嘱咐正月初一将药物打磨成粉末状，用白酒调服，可
保一年没有疾病。'黄觉依照道士所说的话去做，到七十多，药也快要
用完，作诗道：'床头历日无多子，屈指明年七十三。'果然在七十三岁时
去世。"

知饮馔①

《逸史》②："李宗回者，有文词③，应进士举。曾与一客
自洛至关④，客云：'吾能先知人饮馔。'临正旦，将谒华阴

县令⑤，李谓客曰：'明日到彼，得何物吃？'客抚掌曰⑥：'大奇！当与公各饮一盏椒葱酒，食五般馄饨⑦，不得饭吃。'李亦未信。翌日同见⑧，令喜曰：'二贤冲寒⑨，且速暖两杯酒来，仍着椒葱。'良久⑩，台盘至，有小奴与令耳语⑪，令曰：'总煮来。'谓二客曰：'某有小女⑫，常言何不令我勾当家事⑬，因恼渠⑭，检点作岁饮食⑮，适来云有五般馄饨，问煮那般，某云总煮来。'逡巡⑯，以大碗盛，二客食尽。忽报敕使到⑰，旧例合迎，令忙鞭马而去。客出，而仆已结束⑱，先行数里。二客大笑登途⑲，竟不得饭吃。异哉！饮啄之分也⑳。"

【注释】

①饮馔（zhuàn）：饮食。

②《逸史》：轶事小说集，唐卢肇撰。该书所记较为庞杂，虽有志怪内容，但人物皆取之当时，其故事也不是侈谈妖异，具有一定的社会批判性。卢肇，字子发，宜春（今属江西）人。

③文词：文才。

④洛：洛阳。关：关中。此指长安。

⑤华阴：西汉高帝八年（前199）改宁秦邑置，治所在今陕西华阴东南。

⑥抚掌：拍手。多表示高兴、得意。

⑦五般馄饨：五种馄饨。般，种。

⑧翌（yì）日：次日。

⑨贤：对人的敬称。冲寒：冒着寒冷。

⑩良久：很长一段时间。

⑪耳语：附耳低语。

⑫某：自称之词。指代"我"或本名。

⑬勾当：操办，办理。

⑭渠：她。

⑮检点：检查盘点。

⑯逡（qūn）巡：顷刻，极短时间。

⑰敕使：皇帝的使者。

⑱结束：整治行装。

⑲登途：上路，起程。

⑳饮啄：饮水啄食。引申为吃喝、生活。

【译文】

　　《逸史》："李宗回，很有文才，应举参加进士科考试。曾经与一客人自洛阳前往长安，客人说：'我能预知人每天吃什么。'临近正月初一，将拜见华阴县令，李宗回问客人：'明天到了那里，我能得到什么东西吃呢？'客人拍着手说：'大为奇怪！应该与您各饮一盏加些胡椒和大葱的酒，吃五种馄饨，但吃不到饭。'李宗回也不相信。次日一同进见，县令高兴地说：'二位冒着寒冷而来，快热两杯酒来，加些胡椒和大葱。'过了很长时间，酒端上来了，有个小奴仆与县令附耳低语，县令说：'全部煮上来。'县令对二位客人说：'我有个小女儿，经常说为何不让我操办家中事情，因此被她纠缠得很苦恼，便叫她检查盘点准备过年的食物，刚才说有五种馄饨，问我煮哪种，我说全部煮上来。'不一会儿，用大碗将馄饨盛来，两人很快将馄饨吃光。忽然有吏卒报告皇帝的使者到了，按照惯例应该去迎接，县令急忙快马加鞭而去。两人出了县衙，而做饭的仆人已整治行装，先行走了数里地。两人大笑上路，竟得不到饭吃。太奇怪了！吃喝也是由上天注定。"

作斋会①

　　《岁时杂记》："僧家以冬年为俗节②，唯重解、结夏日为受岁③，又以一夏为一腊④。冬、正日⑤，在京寺院常作大斋会，不受贺。禅老又颂曰⑥：'众人皆拜岁⑦，山僧不贺年⑧。孟春寒犹在，日月几曾迁？'大率以斋会为重。"

【注释】

①斋会：禅寺在特定日期的集会。

②僧家：僧人，和尚。冬年：冬至。

③解、结夏日：即解夏日、结夏日。解夏，佛教语。谓僧尼一夏九旬安居期满而散去。结夏，佛教僧尼自农历四月十五日起静居寺院九十日，不出门行动，谓之"结夏"。受岁：即受岁日。佛教修行制度。佛教规定在夏安居期满之日，举行全僧团的集会，邀请别人任意揭发自己所犯之过错，也可以随他人之愿尽情检举他人的过失。凡有过失者，应当众忏悔。忏悔清净，自生喜悦，称为"自恣"。因佛教规定安居结束为岁暮，于自恣日众僧均添一岁，故亦称"受岁日"。

④一夏：僧徒以四月十六日至七月十五日为静修之期，谓之一夏。佛经中称为安居。一腊：佛教沿用印度古代婆罗门雨期禁足的旧习，在戒律中规定比丘受戒后每年于夏季（雨期）三个月安居一处，修习教义，完毕后，称为"一腊"，受戒后一年亦称"一腊"。

⑤冬、正日：即冬至与正月初一。

⑥颂：指偈颂。佛经中的唱颂词。通常以四句为一偈。

⑦拜岁：拜年。

⑧山僧：僧人自称的谦辞。贺年：向别人庆贺新年。

【译文】

《岁时杂记》："僧人认为冬至是世俗节日，唯独看重解夏、结夏为受岁日，又认为一夏就为一腊。冬至与正月初一，在京城寺院常作大斋会，不接受庆贺。老禅师又唱偈颂道：'众人皆拜岁，山僧不贺年。孟春寒犹在，日月几曾迁？'大致以斋会为重。"

请紫姑

　　《诗词纪事》①："曹抢者②,戊子岁旦集会亲友,先夕雪作,至旦尤甚。抢请紫姑乞诗,运笔不可遏③,书五十六字云:'朝元初退紫宸班④,花落东风响佩环⑤。瑞雪再飞天有意,好诗未就我何颜。青罗带露中流水,白玉屏开四面山。鹤驾欲归归未得⑥,水晶宫阙在人间⑦。'"

【注释】

①《诗词纪事》:书名。不详待考。

②曹抢:人名。不详待考。

③运笔:书写或写作。遏:阻止。

④紫宸(chén)班:喻指在朝做官。紫宸,即紫宸殿,唐宋皇帝接见群臣的内朝正殿。每当皇帝设朝时,以宰相为首的文武百官在此殿排班,在阁门吏的导引下,北向朝见皇帝,故称"紫宸班"。

⑤佩环:玉佩。

⑥鹤驾:谓仙人的车驾。

⑦水晶宫阙:神话传说龙王所居的地方。

【译文】

　　《诗词纪事》:"曹抢,戊子年正月初一召集亲友聚会,前一天晚上下大雪,到天亮时雪下得更大。曹抢请求紫姑写诗,紫姑运笔书写不可阻止,书写五十六字:'朝元初退紫宸班,花落东风响佩环。瑞雪再飞天有意,好诗未就我何颜。青罗带露中流水,白玉屏开四面山。鹤驾欲归归未得,水晶宫阙在人间。'"

祭瘟神

《岁时杂记》："元旦四鼓,祭五瘟之神①,其器用、酒食并席,祭讫②,皆抑弃于墙外③。"

【注释】

①五瘟:亦称"五瘟神"。迷信传说中主管人间疫病之神。

②讫:完毕。

③抑弃:丢弃。

【译文】

《岁时杂记》："正月初一四更时分,祭祀五瘟神,其中器皿用具、酒与饭菜并坐席,祭祀完毕,全都丢弃在墙外。"

遇疫鬼

《夷坚丁志》："缙云管枢密师仁为士人时①,正旦,出门遇大鬼数辈②,形见狂恶③。管叱问之④,对曰:'我等疫鬼也。岁首之日,当行病于人间。'管曰:'吾家有之乎?'曰:'无之。'管曰:'何以得免?'曰:'或三世积德,或门户将兴,又不食牛肉,三者有一者,我不能入,家无疫患。'遂不见。"

【注释】

①缙云:县名。唐武德四年(621)置,治今浙江永康,为丽州治。管枢密师仁:即同知枢密院事管师仁。管师仁(1045—1109),字元善,龙泉(今属浙江)人。宋熙宁六年(1073)进士,大观三年(1109)由吏部尚书升任同知枢密院事。

②数辈：底本作"一阵"，据《夷坚志·丁志》改。

③狂恶：狰狞可恶。

④叱问：大声喝问。

【译文】

《夷坚丁志》："缙云人同知枢密院事管师仁为秀才时，正月初一，出门遇见一群大鬼，形象狰狞可恶。管师仁大声喝问他们是什么东西，回答说：'我们都是散布瘟疫的鬼神。每年正月初一，就传播疫病给人间。'管师仁问：'我家有疫病吗？'鬼说：'没有。'管师仁问：'怎么才能免除瘟疫？'鬼说：'或是三代积有善行阴德，或是门族将要兴旺发达，又或是不吃牛肉，这三件事如有一件，我就不能进入他家，家里就没有疫病灾难。'说完就不见了。"

化青羊

《法苑珠林》①："唐长安市里②，每岁元日已后，递饮食相邀③，号为传坐④。东市笔生赵大次当设之⑤。有客先到，见碓上有童女⑥，青衫白帽，以索系颈⑦，属于碓柱⑧，泣谓客曰：'我，主人女也。往年未死时⑨，盗父母钱，欲买脂粉，未及而死⑩。其钱今在厨舍壁中⑪。然我未用，既以盗之，坐此得罪⑫，今当偿命。'言毕，化为青羊，白头。客惊，告主人。主人问其形貌，乃是小女，死已二年。果厨壁得钱，于是送羊僧寺，阖门不复食肉焉⑬。"

【注释】

①《法苑珠林》：又名《法苑珠林传》《法苑珠林集》，一百卷（或一百二十卷），唐道世撰。该书依据佛教经、律、论原典和一百四十余

种旧籍,分类排纂佛教故实。道世(? —683),俗名韩玄恽,京兆
(今陕西西安)人。十二岁入青龙寺出家,深研律学。唐高宗显
庆年中,皇太子诏住京师西明寺,与道宣共扬律学,著述是务。另
著有《诸经要集》《信福论》《大小乘禅门观》《四分律尼钞》《金
刚经集注》等。

②市里:街市里巷。

③递:交替,轮流。

④传坐:唐代长安市里对聚饮春酒的称谓。长安风俗,元日后,民间
　　邻里轮流做饮食相邀。今在此家,明在彼家,故称传坐。

⑤笔生:谓以书写为业的人。

⑥碓(duì):舂米用具,用柱子架起一根木杠,杠的一端装一块圆形
　　的石头,用脚连续踏另一端,石头就连续起落,去掉下面石臼中的
　　糙米的皮。

⑦索:大绳子。颈:脖子。

⑧属:连接。

⑨往年:从前。

⑩未及:没有来得及。

⑪厨舍:厨房。

⑫坐:因为,由于。

⑬阖门:全家。

【译文】

《法苑珠林》:"唐代长安城街市里巷,每年正月初一以后,亲朋们都
要轮流请客,号为传坐。轮到东市以书写为业的赵大该做东设宴。有客
人先到,看见石碓上有个女孩,穿青色的上衣戴白色帽子,用大绳子拴住
脖子,绳子连接在支撑舂米器具的木柱上,哭着对客人说:'我是这家主
人的女儿。从前没死的时候,偷盗父母的钱,想买脂粉,没来得及买就死
了。偷的钱如今藏在厨房的墙壁中。虽然钱我还没用,然而已有偷盗行

为，因此获罪，如今应当偿命。'说完，变化成青羊，羊头是白色。客人大惊，告诉主人。主人问幼女的形体相貌，就是小女儿，死了已经二年了。果然在厨房墙壁得到钱，于是把羊送到寺院，全家不再吃肉了。"

揲蓍卦

《夷坚丙志》①："王昇待制素精礼学②，又传《易》象数于葆光张弼先生③，占筮如神④。每岁首月旦⑤，辄探蓍定卦⑥，以考一岁一月休咎⑦，虽一日亦然。宣和中⑧，为明堂司令⑨，朝廷兴伐燕之役⑩，发书占之⑪，知必贻后害⑫，挂冠归严州⑬，结庐于乌龙山下⑭。与江邈侍郎先有中外亲⑮，建炎四年冬十月⑯，江丁家难⑰，王来吊，言曰：'吾处世亦不久矣。'江曰：'翁春秋虽高⑱，殊无衰态，何遽至尔⑲？'曰：'天数已定，岂复分毫可增损耶⑳？'江曰：'然则在何时？'曰：'正月也。'先是㉑，王尝言：'我已受玉帝敕，当为天地水三官㉒。'乡人莫之信。入新岁两日㉓，遣信呼江甚急㉔，江犹未卒哭㉕，辞不可往。翌日㉖，顾其子，取所为礼书㉗，亲镵藏之㉘，戒曰：'勿轻示人。更十二年㉙，乃可开，当以畀江十三官也㉚。'端坐而绝㉛，时年八十余。绍兴中㉜，造五辂㉝，或以其书可用，言于时相者㉞，诏本郡给笔札缮写上进㉟，距其卒正一纪㊱。"

【注释】

①《夷坚丙志》：即《夷坚志》正集丙志卷。

②王昇：字逸老，晚号羔羊居士，汴（今河南开封）人。南宋书法家。

待制：职官名。唐代始设，由六品以上的文官担任，为侍从顾问之职。礼学：礼经，礼书之学。

③《易》：即《易经》。儒家经典之一，分《经》《传》两部分，由卦、爻两种符号重叠演成64卦、386爻，依据卦象推测吉凶。象数：《易经》的象与数。《周易》以天、日、山、泽等为象，初、上、九、六之类为数。象数并称，即指龟筮。葆光张弼先生：即张弼，字舜元，号葆光处士，北宋兴化军（今福建莆田）人。《易》学象数派学者。著有《葆光易解》等。

④占筮（shì）：古以蓍草卜问祸福。后亦泛指占卜活动。

⑤岁首月旦：正月初一。岁首，一年开始的时候。一般指第一个月。月旦，每月初一。

⑥探蓍（shī）定卦：古人用蓍草得出卦象，进行占卜。

⑦考：探究。休咎：吉凶，善恶。

⑧宣和：宋徽宗赵佶年号（1119—1125）。

⑨明堂司令：即明堂令。官名。南朝宋、齐、梁、陈皆置，掌明堂之事。明堂，古代帝王宣明政教的地方，凡朝会、祭祀、庆赏、选士等大典均在此进行。

⑩兴：发动。伐燕之役：此指宣和四年（1122），童贯率二十万大军北伐燕京，大败而回。

⑪发书：翻开书。特指打开卦书。

⑫贻（yí）：遗留。后害：犹后患。

⑬挂冠：王莽摄政，其子王宇进谏，为莽所杀。逢萌知道后说："三纲绝矣，祸将及人。"随即脱下衣冠，挂在东都城门，带其家属客居辽东。后因以"挂冠"指辞官、弃官。严州：北宋宣和三年（1121）改睦州置，治建德县（今浙江建德东北梅城镇）。咸淳元年（1265）升为建德府。

⑭结庐：构筑房舍。此指隐居。乌龙山：又称乌龙岭。在浙江建德

东。山势雄伟,为古严州府的镇山。

⑮江邈:字退举,南宋初时人。曾官殿中侍御使、吏部侍郎。中外亲:指表亲。

⑯建炎四年:1130年。建炎,宋高宗赵构年号(1127—1130)。

⑰丁家难:同"丁家艰"。指遭遇父母之丧。

⑱春秋:年纪,岁数。

⑲何遽:如何,怎么。

⑳岂复:难道。

㉑先是:在此以前。多用于追述往事之词。

㉒天地水三官:道教所奉的神。天官、地官、水官三帝的合称。传说天官赐福,地官赦罪,水官解厄。

㉓新岁:犹新年。

㉔遗信:犹传信。

㉕犹未:还没有。卒哭:古代丧礼,百日祭后,止无时之哭,变为朝夕一哭,称卒哭。《仪礼·既夕礼》:"卒哭。"郑玄注:"卒哭,三虞之后祭名。始,朝夕之间哀至则哭,至此祭止也。朝夕哭而已。"

㉖翌(yì)日:明日。

㉗所为:所作。礼书:古代记礼法之书。

㉘镵(jué):箱子上安锁的环状物。此借指锁。

㉙更:经过。

㉚畀(bì):给。江十三官:应指江邈。

㉛端坐:安坐,正坐。绝:逝世。

㉜绍兴:宋高宗赵构年号(1131—1162)。

㉝五辂(lù):古代帝王所乘的五种车子,即玉辂、金辂、象辂、革辂、木辂。

㉞时相:当朝宰相。

㉟诏:诏书。本郡:指原籍所在之郡的郡守。笔札:笔和纸。缮

（shàn）写：誊写，抄写。上进：谓进呈君上。

㊱一纪：岁星（木星）绕地球一周约需十二年，故称十二年为一纪。

【译文】

　　洪迈《夷坚丙志》："王昇待制向来精通礼学，又向葆光张弼先生学习传承《易经》象数之学，占卜非常灵验。每年正月初一，就用蓍草卜卦，以探究一年一月的吉凶，虽一天也是如此。宣和年间，王昇为明堂令，当时朝廷发动北伐辽国燕京的战争，王昇打开卦书占卜，知道此次北伐必定会遗留后患，于是辞官回到严州，隐居于乌龙山下。王昇与江邈侍郎是表亲，建炎四年冬十月，江邈有父母之丧，王昇前去吊丧，说道：'我在人间也不久了。'江邈问：'您年纪虽大，但完全没有衰老之态，怎么这样说呢？'王昇回答说：'天数已定，难道会有丝毫的增减吗？'江邈问：'那么在什么时候呢？'王昇回答说：'在正月。'在此之前，王昇曾说：'我已受玉皇大帝诏令，当为天地水三官。'同乡的人都不相信他的话。进入新年两天后，王昇很急切地传信叫江邈，江邈因自家丧事还没满百日，推辞不能前往。第二天，王昇回头看看自己的儿子，取出自己所作有关礼的著作亲自上锁收藏，告诫儿子说：'不要轻易给人看。过十二年后，才能打开，应当给江邈。'于是端坐而逝，当时八十多岁。绍兴年间，朝廷制造帝王所乘的五辂之车，有人认为王昇的礼书可用，于是告诉当朝宰相，皇帝诏令本郡的郡守用笔札誊写进呈，距离王昇逝世正好十二年。"

求响卜①

　　《鬼谷子响卜法》②："灶者，五祀之首也③。吉凶之柄④，悉归所主⑤。凡有疑虑，俟夜稍静，扫洒爨室⑥，涤釜注水令满⑦。以木杓一个顿灶上⑧，燃灯二盏，一置灶腹，一置灶上,安镜一面于灶门边。炷香镜前^⑨,叩齿咒曰^⑩:'维年月日,某官敢爇信香昭告于司命灶君之神^⑪:窃闻福既有基,咎岂无征^⑫?事之先兆,唯神是司。以今某伏为某事,中心营营,罔知攸措^⑬。敬于神静夜,移薪息爨^⑭,涤釜注泉^⑮,求趋响卜之途^⑯,恭俟指迷之柄^⑰。情之所属,神实鉴之,某不胜听命之至^⑱。'祷毕,以手拨锅水,令左旋,执杓祝之曰:'四纵五横,天地分明。神杓所指,祸福攸分^⑲。'祝毕,以杓置水之上,任自旋自定,随柄所指之处,抱镜出门徐去^⑳,不得回顾^㉑。密听傍人言语,才闻第一句,即是响卜。急归,置镜床上。细推其意,自合所祷^㉒,便见吉凶。事应后,方得言之,香灯亦未得撤去^㉓。其或杓柄指处,无路可行,则是所占有阻,别日再占。凡秽亵不诚之语^㉔,则不可占,恐速祸也^㉕。元旦,宜占一岁之休咎^㉖。"

【注释】

①响卜:古代民间杂占的一种。据说按神明所示方向走去,偷听旁人言语,便可获得吉凶的启示。因以言语声响为卜,故称。

②《鬼谷子响卜法》:一种以人的言语占卜吉凶的方法。因本《鬼谷子》的记述,故名。

③五祀:祭祀住宅内外的五种神。《礼记·月令》:"(孟冬之月)天子乃祈来年于天宗,大割祠于公社及门闾,腊先祖五祀。"郑玄注:"五祀,门、户、中霤、灶、行也。"

④柄:权柄。

⑤主:主宰。

⑥爨(cuàn)室:厨房。

⑦釜（fǔ）：汤锅。

⑧杓（sháo）：杓子。杓，同"勺"。顿：放置。

⑨炷：燃。

⑩叩齿：道家所行的祝告仪式之一。叩左齿为鸣天鼓，叩右齿为击天磬，驱祟降妖用之。当门上下八齿相叩，为鸣法鼓，通真、朝奏用之。

⑪爇（ruò）：点燃。信香：旧时以香为信使，可以把愿望传达给神明，故称。昭告：明白地告知。司命：掌握命运。

⑫福既有基，咎岂无征：福泽既然有根基，祸患怎么会没有征兆。基，根基。

⑬中心营营，罔知攸措：内心躁急不安，不知所措。营营，形容内心躁急不安。

⑭移薪息爨（cuàn）：移开柴薪，熄灭灶火。

⑮涤釜注泉：清洗汤锅灌入泉水。

⑯趋（qū）：同"趋"。

⑰恭俟：恭候。指迷：指点迷津。

⑱不胜：无法承受。此处作谦辞，表示情感（如惶恐、感激）达到极致。

⑲祸福攸分：祸患与福报截然不同。

⑳徐去：缓慢而去。

㉑回顾：回头看。

㉒自合：自然契合。

㉓香灯：即长明灯。

㉔秽亵（xiè）：言语下流肮脏。今多指淫秽。

㉕速祸：招致祸害。

㉖休咎：吉凶。

【译文】

《鬼谷子响卜法》："灶神，是五祀中的首位。吉凶的权柄，都归它主宰。凡是有疑虑,等到夜里稍微安静,打扫冲洗厨房,清洗汤锅灌满泉水。将一个木勺放在灶上,点燃两盏灯,一盏放在灶腹,一盏放在灶上,安一面镜子在灶门边。在镜子前燃香,叩齿祷告说:'某年某月某日,某官敢点燃信香明白地告知掌握命运的灶神:我听说福泽既然有根基,祸患怎么会没有征兆? 事情的先兆,唯有神来掌握。今天我为某事俯伏下拜,内心躁急不安,不知所措。虔敬地在清静的夜里,移开柴薪,熄灭灶火,清洗汤锅灌入泉水,寻求'响卜'占卜途径,恭敬等待神明赐予指引之权。情之所属,神定能鉴察,我对接受命令的恭敬态度达到极致。'祷告完毕,用手拨动锅里的水,往左旋,手持木勺祷告说:'四纵五横,天地分明。神杓所指,祸福攸分。'祷告完毕,将木勺放置在水上,任其随水旋转静止,随着勺柄停转后所指的方向,抱着镜子出门缓慢而去,不能回头看。偷听别人说话,才听到第一句,就是响卜。急忙返回家,把镜子放床上。细细推想其中意思,最终所求之事会与祈祷的愿望相契合,便能看出吉凶。事情应验后,才能说出来,长明灯也不能撤走。若木勺柄指的方向,无路可通,就是占卜有阻碍,选其他日子再占卜。凡是淫秽不诚的言辞,就不能占卜,恐招致祸害。正月初一,适合占卜一年的吉凶。"

占日干

《四时纂要》:"元旦值甲[①],米贱,人民疫。值乙,米麦贵,人病死。值丙,四十日旱,人安。一云四月旱。值丁,丝绵六十日贵。值戊,粟鱼盐贵,又旱四十五日。值己,稻贵蚕凶[②],多风雨。值庚,金铜贵,禾熟,民多病。值辛,麻麦贵,禾大收。值壬,米麦贱,绢布、大豆贵。值癸,禾灾,人疫,多雨。"

【注释】

①值：指向。

②凶：歉收。

【译文】

《四时纂要》："正月初一北斗斗柄指向甲位，稻米价低，百姓有疫病。指向乙位，稻米、小麦价高，百姓因病而死亡。指向丙位，有四十日大旱，百姓安宁。也有一种说法，四月大旱。指向丁位，丝绵六十日价高。指向戊位，稻谷、鱼、盐价高，又大旱四十五日。指向己位，稻米价贵桑蚕歉收，多有风雨。指向庚位，金、铜价高，稻谷成熟，百姓多病。指向辛位，大麻、小麦价高，稻谷大丰收。指向壬位，稻米、小麦价低，绢布、大豆价高。指向癸位，稻谷歉收，百姓有疫病，多雨水。"

决风候

《史记·天官书》："正月旦决八风①。从南方来，大旱；西南，小旱；西方，有兵；西北，胡豆成②，趣兵③；北方，为中岁④；东北，为上岁⑤；东方，大水；东南，民有疾疫，岁恶。"

【注释】

①八风：八方之风。《吕氏春秋·有始》："何谓八风？东北曰炎风，东方曰滔风，东南曰熏风，南方曰巨风，西南曰凄风，西方曰飂风，西北曰厉风，北方曰寒风。"古人认为风从东、南、西、北、东北、西北、东南、西南八方而来，与立春、立夏、立秋、立冬、春分、夏至、秋分、冬至八个节气对应，用以占卜年内的风雨岁时和收成丰歉。

②胡豆：蚕豆的别名。

③趣（cù）兵：促使战争迅速发生。

④中岁：中等年成。

⑤上岁：丰收之年。

【译文】

《史记·天官书》："正月初一决八风占候法。风从南方来，有大旱；风从西南来，有小旱；风从西方来，有战争；风从西北来，蚕豆收成好，促使战争迅速爆发；风从北方来，中等年成；风从东北来，是丰收之年；风从东方来，有大水；风从东南来，百姓有疫病流行，粮食歉收。"

卜晴雨

《占书》："元旦，清明而温①，不风至暮，蚕善而米贱②。若有疾风雨，折木发屋③，扬沙走石④，丝绵贵，蚕败，而谷不成。"

【注释】

①清明：晴朗。

②善：多。此指价高。

③折木发屋：吹折树木，刮倒房屋。

④扬沙走石：沙土飞扬，石块滚动。

【译文】

《占书》："正月初一，天气晴朗而温和，到傍晚也不刮风，桑蚕价高而稻米价低。如有狂风暴雨，就会吹折树木，刮倒房屋，沙土飞扬，石块滚动，丝绵价高，桑蚕歉收，而稻谷没有收成。"

验民食

《天官书》："正月旦比数雨①，率日食一升②，至七升而极③。"注云："月一日雨，民有一升之食；二日雨，民有二升之食。如此至七日。"又数十二日,占水旱。注云:"月一日雨,则正月水。"《占书》云:"元日温,正月籴贱④。十二日占十二月,取最风最寒之日,为最贵之日。"

【注释】

①比:连续,排列。

②率:大概。

③极:顶点。

④籴(dí):买进粮食。

【译文】

《天官书》:"从正月初一起计算连续下雨的天数,大概按照一天雨每人一天有一升粮食,到七升为顶点。"注解说:"正月初一有雨,百姓有一升粮食;正月初二雨,百姓有二升粮食。这样累至正月初七。"又从正月初一计数到正月十二,以占卜水灾和旱灾。注解说:"正月初一有雨,于是正月有水灾。"《占书》记载:"正月初一天气温和,正月买进粮食价低。用十二天占卜十二月,取风最大最寒冷的日子,为最吉利的日子。"

望气色

《占书》:"元旦,四面有黄云气,其岁大丰,四方普熟;有青气杂黄,有蝗虫;赤气,大旱;黑气,大水。"

【译文】

《占书》:"正月初一,四面有黄云气,这一年大丰收,四方全面丰收;有青气杂着黄气,有蝗虫;有赤气,大旱灾;有黑气,大水灾。"

秤江水

凤台《麈史》^①:"京师槐放花盛,则多河鱼疾。比北人乔麦熟^②,则早晚霜降,罔有差焉^③。江湖间常于岁除汲江水秤^④,与元日又秤,重则大水。"

【注释】

①凤台《麈(zhǔ)史》:三卷,王得臣撰。麈,本为兽名,俗称"四不像"。魏晋人重清谈,名士手持麈尾,因以客座清谈为"麈谈"。王氏与客清谈,获益良多,于是记下有关史事,因以"麈史"题书。王得臣(1036—1116),字彦辅,自号凤台子,安州安陆(今属湖北)人。北宋学者,另著有《江夏辨疑》《凤台子和杜诗》《江夏古今纪咏集》等。

②乔麦:即荞麦。

③罔有:没有。

④岁除:年终。汲:打水。

【译文】

王得臣《麈史》:"京城里槐花怒放盛开,于是河里的鱼多有疾病。比北方的荞麦早成熟,于是早晚会有霜降,丝毫不差。江湖间常在年终把江水打上来秤一下,与正月初一的江水再秤一下比较,重的话就有水灾。"

观云霞

《占书》:"元旦,日初出时,有赤云如霞蔽日^①,蚕凶,绵帛贵^②;四面并有赤云,岁犹善,但小旱。"

【注释】

①蔽日:遮蔽日光。

②绵帛:丝绵绢帛的总称。

【译文】

《占书》:"正月初一,太阳刚出来时,有红色云霞遮蔽日光,桑蚕歉收,丝绵绢帛价高;四面都有红色的云,这一年收成较好,但有小的旱灾。"

认雷鸣

《占书》:"元旦,雷鸣,禾黍麦善。"又云:"元日雷雨者,下田与麦善①,禾黍小熟。"

【注释】

①下田:下等的田。

【译文】

《占书》:"正月初一,雷声轰鸣,小米、黍子、小麦收成好。"又记载:"正月初一雷电交加而下雨,下等的田里小麦收成好,小米、黍子收成较好。"

听人声

《史记·天官书》:"正月旦,听都邑人民之声。声宫,则岁善,吉;商,则有兵;徵,旱;羽,水;角,岁恶。然必察太岁所在。金①,穰②;水,毁;木,饥;火,旱。此其大经也③。"

【注释】

①金:指西方。本篇中的水指北方,木指东方,火指南方。

②穰（ráng）：庄稼丰收。

③大经：常规。

【译文】

《史记·天官书》："正月初一，就用倾听京城民众发出的歌声作占。发出宫声，就是好年成，吉利；发出商声，就有兵祸；发出徵声，有旱灾；发出羽声，有水灾；发出角声，这一年歉收。然而必须要观测太岁所在方位。太岁在西方，庄稼丰收；在北方，庄稼受损，歉收；在东方，有饥荒；在南方，有旱灾。以上是占候的常规原则。"

受符禁①

《四时纂要》："正月朔旦②，宜受符禁。"

【注释】

①符禁：符咒与禁架。禁架，指通过禁忌规范约束行为的社会机制，常见于岁时节令、人生礼仪及生产活动中，如正月忌动土、丧葬忌触棺等。

②朔旦：旧历每月初一。亦专指正月初一。

【译文】

《四时纂要》："正月初一，适宜接受符咒与禁架。"

拜日月

《唐书》："新罗俗，以元旦拜日月①。"

【注释】

①日月：即日月神。在远古时期，由于太阳、月亮带给人类光明和温

暖,日月昼夜运转不息,以至人们将太阳、月亮作为神明崇拜,从而产生祭祀日月的习俗。

【译文】

《新唐书》:"新罗国的习俗,在正月初一祭拜日月神。"

占丰歉

《酉阳杂俎》:"拔汗那[①],十二月及元旦,王及首领分为两朋[②],各出一人着甲,众人执瓦石棒杖[③]。东西互击,甲人先死即止,以占当年丰歉。"

【注释】

①拔汗那:底本作"龟兹国",据《酉阳杂俎》改。西域古国名。汉时称大宛,在今吉尔吉斯斯坦费尔干纳盆地。

②两朋:两队,两组。朋,队,组。

③棒杖:棍棒。

【译文】

《酉阳杂俎》:"拔汗那国,十二月及正月初一,国王及部落首领分为两队,每队各出一人身穿铠甲,众人手执瓦块、石头、棍棒,相互攻击对方穿铠甲的人,有一方穿铠甲的人先被打死活动立即停止,用这种方法占卜当年农作物收成的好坏。"

卜善恶

《提要录》:"西域宁远[①],每元日,王及首领判二朋[②],朋出一人,被甲斗。众以瓦石相及,有死者止。以卜岁善恶。"

【注释】

①西域：汉以来对玉门关、阳关以西地区的总称。宁远：即拔汗那国。唐天宝三载（744），改拔汗那国号为宁远。

②判：分。

【译文】

《提要录》："西域的宁远国，每年正月初一，国王及部落首领分为两队，每队各出一人，身穿铠甲进行搏斗。众人用瓦块、石头相互攻击穿铠甲的人，有一方穿铠甲的人先被打死活动立即停止，用这种方法占卜当年农作物收成的好坏。"

斗马驼

《酉阳杂俎》："龟兹国①，元日，斗羊、马、驼，为戏七日，观胜负，以占一年羊马减耗繁息②。婆罗遮③，并服狗头猴面④，男女无昼夜歌舞。"

【注释】

①龟兹国：西域古国名。《汉书·西域传》："龟兹国，王治延城。"国都即今新疆维吾尔自治区库车东皮郎旧城。

②繁息：繁殖生息。

③婆罗遮：梵语音译，又作"苏莫遮""苏摩遮"。本西域乞寒戏（一种面具舞），后来传入中原，唐时为教坊曲，盛行于两京地区。

④狗头猴面：狗的脑袋，猴子脸庞。形容丑陋不堪。

【译文】

《酉阳杂俎》："龟兹国，正月初一，举行斗羊、斗马、斗骆驼的活动，持续七天，通过观察胜负，来占卜一年中羊马损耗和繁殖生息的情况。跳婆罗遮舞时，大家都戴着狗头猴脸的面具，男女不分昼夜地唱歌跳舞。"

来朝贺①

皇朝《东京梦华录》:"正旦,驾坐大庆殿②,诸国使人朝贺③。大辽大使顶金冠④,后檐尖长如大莲叶⑤,服紫窄袍⑥,金蹀躞⑦;副使展裹⑧,金带,如汉服。大使拜,则立左足,跪右足⑨,以两手着右肩为一拜;副使拜,如汉仪⑩。夏国使、副皆金冠⑪,短小样制⑫,绯窄袍⑬,金蹀躞,吊敦⑭,皆叉手展拜⑮。高丽与南蕃交州使人⑯,并如汉仪。回纥皆长髯高鼻⑰,以匹帛缠头⑱,散披其服⑲。于阗皆小金花毡笠⑳,金丝战袍,束带,并妻男同来㉑,乘骆驼,毡兜、铜铎入贡㉒。三佛齐皆瘦脊㉓,缠头,绯衣上织成佛面㉔。又有南蛮五姓番㉕,皆堆髻乌毡㉖,并如僧人礼拜入见㉗,旋赐汉装锦袄之类㉘。更有大理、真腊、大食等国㉙,亦有时来朝贺。"

【注释】

①朝贺:朝觐庆贺。

②驾:特指帝王的车,借指帝王。大庆殿:北宋东京(今河南开封)宫城中的重要宫殿。是宣德门内的正殿。

③诸国使人:各国派到北宋的使臣。

④大辽:朝代名。契丹族耶律阿保机建立,建都皇都(今内蒙古巴林左旗附近),国号契丹。947年改国号辽,改皇都为上京。后为金所灭。顶:戴。金冠:金饰的帽子。

⑤后檐:金冠后面的帽檐儿。

⑥服:穿。窄袍:紧身的袍服。

⑦蹀躞(dié xiè):即蹀躞带,一种多功能腰带,是由北朝胡服中的腰带演变而来。

⑧展裹：辽、金职官公服名。《辽史·仪卫志二》："公服：谓之'展裹'，著紫。"

⑨立左足，跪右足：当指单膝跪时，右腿先屈膝触地，左腿保持直立，双手配合行礼动作（如拱手或触地叩首）。

⑩汉仪：汉人的礼仪。

⑪夏国：即西夏（1038—1227）。宋仁宗宝元元年（1038）李元昊在今宁夏、陕北、甘肃西北部和内蒙古部分地区建立的大夏，因在宋之西，宋人称之为西夏。

⑫样制：式样。

⑬绯：红色。

⑭吊敦：又作"钓墩"，即裤袜，俗名膝裤。形制似长筒袜，但造型较为疏阔宽松，长度及膝，以吊带加以辅助固定。起源于秦汉时期的北方匈奴游牧民族。

⑮叉手：两手在胸前相交，表示恭敬。展拜：叩首，行跪拜之礼。

⑯南蕃交州：泛指今岭南及今越南一带。交州，东汉建安八年（203）改交州刺史部置，治所在广信县（今广西梧州）。十五年（210）移治番禺县（今广东广州）。辖境相当今广东、广西的大部，越南承天以北诸省。

⑰回纥（hé）：亦称"回鹘"。我国古代西北方少数民族名。《旧唐书·回纥传》："回纥，其先匈奴之裔也……在薛延陀北境，居娑陵水侧，去长安六千九百里，随逐水草，胜兵五万，人口十万人。"

⑱匹帛：整匹的帛。帛，丝织物。

⑲散：随意。

⑳于阗：西域古国名。位于今新疆和阗县一带。《汉书·西域传上·于阗国》："于阗国，王治西城，去长安九千六百七十里……多玉石。"毡笠：毡制的笠帽。

㉑妻男：妻和儿子。

㉒毡兜：毡制的口袋等一类东西。铜铎（duó）：铜制的风铃。铎，大铃。

㉓三佛齐：古国名。唐时称室利佛逝、尸利佛近、室利佛誓，又省作"佛逝"。宋以后始称"三佛齐"。七至十三世纪立国，故地在今印度尼西亚苏门答腊。瘦脊：即瘦瘠。指人长得瘦小。

㉔佛面：佛像。

㉕南蛮：南方的少数民族。五姓番：即"五姓蕃"，宋代西南少数民族中的五个部族。《宋史·蛮夷传四·黔涪施高徼外诸蛮》："黔州、涪州徼外有西南夷部……宋初以来，有龙蕃、方蕃、张蕃、石蕃、罗蕃者，号'五姓蕃'，皆常奉职贡，受爵命。"

㉖堆髻（jì）：亦作"椎结"。一撮之髻，其形如椎。乌毡：黑色毡帽。

㉗礼拜：信教者向神行礼致敬。入见：上殿拜见皇帝。

㉘旋：即。锦袄：锦制的袄。

㉙大理：古国名。五代至宋时以白族为主体所建立的封建领主政权。五代后晋天福二年（937）初白蛮段思平灭白蛮杨氏大义宁国所建。都羊苴咩城（今云南大理旧县城西）。辖今云南全境、四川西南部等地，分八府、四郡、三十七部。真腊：古国名。亦称"占腊"。故地在今柬埔寨和越南最南部，与宋隔南海相望。大食：原是波斯一个部族的名称。我国唐代以后把阿拉伯帝国称为大食。

【译文】

本朝《东京梦华录》："正月初一，皇帝坐在大庆殿，各国派到北宋的使臣朝觐庆贺。大辽国的使臣头戴金冠，金冠后沿尖长宛如一片大莲叶，穿紫色紧身袍，腰带上以金蹀躞为饰物；副使身穿紫色官服，腰束金带，如同汉人服饰。使臣拜见天子时，左腿屈膝，右膝跪地，用两手抱拳碰右肩为一拜；副使拜见天子，如同汉人礼仪。西夏国使臣、副使都头戴金冠，式样短小，穿红色紧身袍，腰带上以金蹀躞为饰物，穿裤袜，都两手在胸前相交行跪拜之礼。高丽与南蕃交州的使节，都如同汉人礼仪。回纻使臣都长胡子高鼻梁,用整匹的帛缠绕在头上,随意披着衣服。于阗国使臣都头戴小金花毡笠,身穿金丝战袍,束着腰带,他们带着妻儿,骑着身披毡兜、脖子上悬挂铜铎的骆驼前来进贡。三佛齐国的使臣都长得瘦小,用布帛缠绕在头上,红色的衣服上织有佛像图案。又有南蛮五姓番的使臣,都把发髻梳成椎形,戴黑色毡帽,如同僧人礼拜一样一起上殿拜见皇帝,随即被赏赐汉式锦袄之类的衣物。又有大理、真腊、大食等国,有时也派使臣前来朝觐庆贺。"

改岁首

《贤己集》①:"唐南诏以寅为正②,四时大抵与中国同。又环王以二月为岁首③,又西赵蛮以十二月为岁首④,西戎东女国以十一月为岁首⑤,西戎未禄国以五月为岁首⑥。"

【注释】

①《贤己集》:三十二卷,宋李端彦撰。李端彦,字相之,武进(今属江苏)人。崇宁二年(1103)进士。

②南诏:古国名。唐代以乌蛮为主体,包括白蛮等族建立的政权。唐初为蒙舍诏,贞观二十三年(649),细奴罗建大蒙政权,以巍山(今云南巍山彝族回族自治县境)为首府。开元年间,其王皮罗阁在唐朝的支持下统一六诏,迁治太和城(今云南大理北太和村)。因蒙舍诏在其他五诏之南,故称为南诏。以寅为正:以北斗斗柄指向寅位为正月。

③环王:即环王国,又称"占婆国"。在今越南中南部。约758年至9世纪后期亦称"环王"。《新唐书·南蛮传下》:"环王,本林邑也,一曰占不劳,亦曰占婆。直交州南,海行三千里。地东西三百里而赢,南北千里。"

④西赵蛮:亦称"西赵英子蛮""明州僚"。古族名。唐代分布在今贵州东部。首领赵氏。贞观三年(629),遣使入朝。二十一年(647)以其地置明州(今贵州思南以南地区),命首领赵磨为刺史,隶黔州都督府。

⑤西戎:古代西北戎族的总称。东女国:亦作"女国"。在今西藏昌都东北部及四川西北部。《旧唐书·东女国传》:"东女国,西羌之别种,以西海中复有女国,故称东女焉。俗以女为王。东与茂州、党项接,东南与雅州接,界隔罗女蛮及白狼夷。其境东西九日行,南北二十日行。有大小八十余城,其王所居名康延川,中有弱水南流,用牛皮为船以渡。"

⑥未禄国:阿拉伯古国名。其地在今土库曼斯坦之马里市东30公里的木尔加布河畔。

【译文】

《贤己集》:"唐时南诏国以北斗斗柄指向寅位为正月,四季大抵与中国相同。又环王国以二月为一年的开始,又西赵蛮以十二月为一年的开始,西戎东女国以十一月为一年的开始,西戎未禄国以五月为一年的开始。"

妳捏离①

武珪《燕北杂记》②:"每正月一日,戎主以糯米饭、白羊髓相和为团③,如拳大,于逐帐内各散四十九个。候五更三点④,戎主等各于本帐内窗中掷米团在帐外。如得双数,当夜动蕃乐饮宴;如得只数⑤,更不作乐,便令师巫十二人外边绕帐⑥,撼铃执箭唱叫⑦。于帐内诸火炉内爆盐,并烧地拍鼠⑧,谓之惊鬼。本帐人第七日方出,乃禳度之法⑨,番呼此谓之妳捏离,汉人译曰'妳'是'丁','捏离'是'日'。"

【注释】

①妳（nǎi）捏离：又记作"迺捏咿呪"。契丹语,"妳"意"丁","迺"意
"正","捏离""捏咿呪"意"旦"。为契丹族对"正旦节"的称谓。

②武珪《燕北杂记》：五卷,宋武珪撰。该书以记述契丹民族语言、
风俗为主。武珪,字思卿,宋镇州（今河北正定）人。原居辽,颇
知辽事。后逃归宋,历任下班殿侍、河北沿边安抚司指挥。

③戎主：敌人的首领。此指契丹首领。羊髓：羊的骨髓或脊髓。

④五更三点：五更的第三点。古人将一夜分五更,一更分五点。凡
有朝贺时,皆在五更三点行之。

⑤只数：单数。只,单。

⑥师巫：巫师。

⑦撼：摇。

⑧地拍鼠：田鼠。

⑨禳（ráng）度之法：一种通过祭祀、占卜等手段消灾解厄的古代仪
式。禳,指禳除灾祸。度,测算、化解之意。

【译文】

武珪《燕北杂记》："每年正月初一,契丹首领就用糯米饭、白羊髓糅
合成团子,如拳头一般大小,在每个毡帐内赐四十九个。等到五更三点,
契丹首领等就各自在本帐内通过窗户向帐外掷米团。帐外米团如得双
数,当夜举行盛大宴会,把盏畅饮;如得单数,不举行宴会,就命令十二
个巫师在外边围绕毡帐,摇铃执箭大声呼叫。并在帐内的火炉中爆炒食
盐,并烧田鼠,称为惊鬼。居于本毡帐里的人第七天才能走出去,这就是
禳度的方法,契丹人称呼它为妳捏离,汉人翻译'妳'为'丁','捏离'为
'日'。"

卷八

立春

【题解】

本卷《立春》。立春为二十四节气之首。立，是"开始"之意；春，代表着温暖、生长。立春标志着万物闭藏的冬季已过去，开始进入风和日暖、万物生长的春季。卷首一段总叙文字概说立春之义。

本卷条目均为立春时俗节物，主要有立春岁时仪式"出土牛""送寒牛""示农牛""鞭春牛""争春牛""买春牛""造春牛""缠春杖""立春幡""赐春幡""簪春幡""赐春胜""剪春胜""剪春花""戴春燕""为春鸡""进春书""贴春字""撰春帖""请春词"等；立春饮食"赐春馔""作春饼""馈春盘""食春菜""设酥花""酿柑酒""飧冷淘""进浆粥""尚烹豚"等；立春岁时卜筮"占气候""验风雨"等；立春诗文典故"移芒儿"；立春农桑耕种"浴蚕种"。

《玉泉记》曰①："立春之日，取宜阳金门竹为管②，河内葭草为灰③，以候阳气。"

【注释】

①《玉泉记》：书名。不详待考。

②宜阳：北周明帝二年（558）置，治今河南宜阳西。金门：指金门

山。陈循《寰宇通志》卷八十五：“在永宁县西南三十里，一名律
管山。《九州要记》：‘金门之竹，可为笙管。’”

③河内：春秋战国时期以黄河以北为河内，黄河以南为河外。后以
今河南黄河以北地区为河内。葭（jiā）草为灰：芦苇内壁上薄膜
烧制成灰。

【译文】

《玉泉记》记载：“立春之日，取宜阳县金门山的竹子做成律管，河内
地区芦苇内壁上薄膜烧制成灰，吹之用以占候阳气。”

出土牛

《礼记·月令》：“季冬之月，命有司大傩①，旁磔②，出土
牛③，以送寒气。”注云：“出，犹作也。作土牛者，丑为牛④，牛
可牵止⑤。送，犹毕也。”《月令章句》云：“是月之会建丑⑥，丑
为牛，寒将极，故出其物类形像，以示送寒之意，且以升阳也。”

【注释】

①有司：官吏。古代设官分职，各有专司，故称。傩（nuó）：驱除灾
　疫的祭祀。

②旁磔（zhé）：在四方之门割裂牲牲，举行祭祀，以禳除附近阴气。
　旁，遍。磔，割牲祭神。

③出：制作。土牛：冬于五行属水，而土能胜水，故作土牛以送寒气。

④丑为牛：丑是地支的第二位，十二生肖以丑为牛。

⑤牛可牵止：底本作“牛可牵上”，据《礼记·月令》郑玄注改。

⑥建丑：指农历十二月。招摇星十二月指丑，为建丑之月。

【译文】

《礼记·月令》：“季冬十二月，天子命令官吏举行傩祭，在四方之门

割牲祭神,制作土牛,用来送走寒气。"注解说:"出,就是制作。制作土牛,十二生肖以丑为牛,牛可以牵止。送,就是毕。"《月令章句》记载:"这个月是建丑月,十二生肖以丑为牛,寒气将达到极点,因此制作牛的形象,以表示送走寒气的意思,并且用以提升阳气。"

送寒牛

《后汉·律历志》:"季冬,立土牛六头于国都、郡、县城外丑地①,以送大寒。"又《礼仪志》云:"立春之日,施土牛耕人于门外②,以示兆民也③。"

【注释】

①国都:京城。丑地:指东北偏北方位。

②施:安放。耕人:农人。此指泥塑的农人。

③兆民:百姓。

【译文】

《后汉书·律历志》:"季冬十二月,分别在京城、郡和县城外东北偏北方位竖立六头土牛,以送走大寒节气。"又有《礼仪志》记载:"立春之日,在门外安放土牛与泥塑的农人,以告知百姓。"

应时牛

《论衡》①:"立春,为土象人,男女各二,秉耒锄②。或立土象牛,土牛未必耕也,顺气应时③,示率下也④。"

【注释】

①《论衡》：八十五篇，东汉王充撰。《自纪》："论衡者，论之平也。"意谓无偏见的平正之论，故名。该书以批判天人感应和谶纬迷信为主。王充（27—约97），字仲任，会稽上虞（今浙江绍兴）人。东汉哲学家、无神论者。

②秉：拿着，握着。耒（lěi）：古代的一种农具，形状像木叉。锄：锄头。

③顺气应时：顺应节气时令。

④示率下也：即示范农事、鼓励春耕。

【译文】

《论衡》："立春之日，用泥塑成人像，男女各二人，手里拿着耒和锄头。或者用泥塑成牛的形象，土牛并非实际耕作的工具，而是顺应节气，示范农事、鼓励春耕。"

示农牛

《删定月令》①："季冬，出土牛，以示农耕之早晚。说者谓若立春在十二月望前，策牛人近前②，示农早也。月晦及正旦，则在中，示农平也③。正月望，则近后，示农晚也。其成周之制乎④？"

【注释】

①《删定月令》：即唐玄宗《御刊定礼记月令》，一卷。

②策牛人：驾驭牛的人。策，用鞭棒驱赶骡马役畜等。引申为驾驭。

③平：正，当。

④成周：古地名。即西周的东都洛邑。故址据传在今河南洛阳东郊。借指周公辅成王的兴盛时代。

【译文】

《御刊定礼记月令》："季冬十二月，制作土牛 以显示农耕的早晚。说如果立春在十二月十五前，策牛人靠近前面，显示农耕还早。如果立春在十二月末或正月初一，策牛人就在中间，显示农耕正当时。如果立春在正月十五，策牛人就靠近后面，显示农耕晚了。这是成周的制度吗？"

进春牛

皇朝《东京梦华录》："立春前一日，开封府进春牛入于禁中鞭春①。开封、祥符两县②，置春牛于府前，四鼓③，府僚鞭春讫④，官属大合乐⑤。燕饮讫⑥，辨色⑦，即入朝门谢春幡胜⑧。"

【注释】

①开封府：官署名。始于五代，北宋沿置，治都城开封府事。春牛：打春用的土牛。旧俗，立春前一日，用土牛打春，以示迎春和劝农。打春之牛，后亦以苇或纸制。禁中：指帝王所居宫内。鞭春：旧俗，州县于立春日鞭打春牛，以祈丰年。也称"打春"。

②开封：西汉元鼎五年（前112）改开封侯国为县，治今河南开封西南。祥符：北宋大中祥符三年（1010）改浚仪县置，以年号为名。与开封县同城而治，即今河南开封。

③四鼓：四更，凌晨一点到三点。鼓，古代计时单位。因击鼓报时，故称。

④府僚：开封府的僚属。讫（qì）：完毕。

⑤官属：所属的官吏。合乐：谓诸乐合奏。

⑥燕饮：摆宴畅饮。燕，通"宴"。

⑦辨色：犹黎明。谓天色将明，能辨清东西的时候。

⑧春幡胜：春幡和春胜。春幡，春旗。唐宋时于立春日挂春幡，作为

　　春天到来的象征，或剪彩做成小幡，插在头上或缀在枝头为戏。

【译文】

　　本朝《东京梦华录》："立春前一天，开封府进献春牛到宫中供打春之用。开封、祥符两县，把春牛安放在县府衙门前，四更时，开封府的僚属打春完毕，所属的官吏诸乐合奏。摆宴畅饮完毕，黎明，立即入朝叩谢皇帝赏赐春幡和春胜。"

鞭春牛

　　《国朝会要》[①]："令立春前五日，都邑并造土牛、耕夫、犁具于大门外之东。是日黎明，有司为坛[②]，以祭先农[③]。官吏各具彩仗[④]，环击牛者三，所以示劝耕之意[⑤]。"

【注释】

①《国朝会要》：又名《三朝会要》，一百五十卷，北宋章得象等撰。该书起建隆元年（960），讫庆历三年（1043），分十五类，凡本朝故实、制度沿革，大小毕录。章得象（978—1048），字希言，建宁军浦城（今福建浦城）人。谥文宪。皇祐中，改谥文简。北宋文史学家，另著有《章文简公诗集》等。

②坛：祭坛。

③先农：传说中最先发明农业生产的人，一说为神农氏，一说为后稷。

④彩仗：用彩绸装饰的木杖。

⑤劝耕：犹劝农。鼓励农民努力耕种。

【译文】

　　《国朝会要》："在立春前五天，京城掌管农事的官员打造土牛、耕夫、犁具并搬放在大门外的东边。立春之日黎明，官吏筑建祭坛，以祭祀先农。官员各自拿着用彩绸装饰的木杖，围绕土牛转圈且击打土牛三次，以此鼓励农民努力耕种。"

争春牛

皇朝《岁时杂记》："立春，鞭牛讫，庶民杂遝如堵[①]，顷刻间分裂都尽[②]。又相攘夺[③]，以至毁伤身体者，岁岁有之。得牛肉者，其家宜蚕，亦治病。"《本草》云[④]："春牛角上土，置户上，令人宜田。"

【注释】

①庶民：百姓。杂遝（tà）：拥挤纷乱。

②分裂：分割。

③攘夺：掠夺，夺取。

④《本草》：即《证类本草》。

【译文】

本朝《岁时杂记》："立春之日，鞭打春牛完毕，百姓拥挤纷乱像一堵墙一样，顷刻间把春牛都分割完了。又相互掠夺，以至于毁坏损伤了身体，这种情况年年都有。得到牛肉的人，他家适宜养蚕，也能治病。"《证类本草》记载："春牛角上的土，放置在家里，可以使人家宜种田。"

买春牛

《东京梦华录》："立春之节，开封府前左右，百姓卖小春牛，大者如猫许。清涂板而立牛其上[①]，又或加以泥为乐工、为柳等物。其市在府南门外，近西至御街[②]。贵家多驾安车就看[③]，买去相赠遗[④]。"

【注释】

①清涂板：指表面涂刷清漆或素色涂料的木板。

②御街：京城中皇帝出行的街道。

③安车：古代可以坐乘的小车。古车立乘，此为坐乘，故称安车。供年老的高级官员及贵妇人乘用。高官告老还乡或征召有重望的人，往往赐乘安车。安车多用一马，礼尊者则用四马。后多用为迎养老亲之词。

④赠遗：赠送，赠给。

【译文】

《东京梦华录》："立春之日，开封府署前左右两边，百姓出售小春牛，大的如猫一样。把春牛立在清涂板上，又或者用泥加工为乐工、柳枝等物。市场在府署南门外，近西至御街。豪贵人家大多乘坐小车靠近观看，买回去相互赠送。"

造春牛

《嘉泰事类》①："诸州县依形色造土牛、耕人②，以立春日示众。倚郭县③，不别造。"

【注释】

①《嘉泰事类》：又名《嘉泰条法事类》，原为八十卷，现存三十六卷，敕令所集体编修，谢深甫监修。该书按专题分为职制、选举、文书、榷禁等十六门，每门又按专题分为若干小类，是具有行政法特色的综合性法典。谢深甫（1139—1204），字子肃，号东江，临海（今属浙江）人。乾道进士，庆元二年（1196）迁参知政事，五年（1199）拜右丞相，封鲁国公。

②形色：形制颜色。

③倚郭：宋、元、明、清时期州、路、府治所在之县。

【译文】

《嘉泰条法事类》："各个州县要依据与京城的相对方位来确定制造土牛、耕人的形制颜色，在立春之日告知大众。倚郭县，不另外制造。"

送春牛

《东京梦华录》："立春之日，凡在外州郡公库^①，造小春牛，分送诸厅^②。"《岁时杂记》云："天下唯真定府土牛最大^③。"

【注释】

①州郡：州和郡的合称。亦泛指地方上。公库：官府的仓库。

②厅：官署中办公的厅堂。

③真定府：五代唐同光元年（923）升镇州置，治真定县（今河北正定）。

【译文】

《东京梦华录》："立春之日，凡是在外的地方官府的仓库，制造小春牛，分别送到各个官署中办公的厅堂。"《岁时杂记》记载："天下只有真定府制造的土牛最大。"

评春牛

《艺苑雌黄》："立春日，祀勾芒，决土牛^①，其来尚矣^②。然土牛有二说，一曰以送寒气，一曰以示农之早晚。予谓二说可合为一。土爱稼穑^③，牛者，稼穑之具，故用之以劝农。冬则水用事，季冬建丑，寒气极矣，土实胜水^④，故用以送寒。古人制此，良有深意^⑤。"

【注释】

①决：评选。

②来：来历。尚：久远，古远。

③稼穑（sè）：指庄稼。

④土实胜水：古人相信五行相克之学，认为土可克水。

⑤良有：确有。

【译文】

《艺苑雌黄》："立春之日，祭祀勾芒，评选土牛的优劣，这个由来已久了。然而土牛有两种说法，一说可以送走寒气，一说可以显示农耕的早晚。我认为这两种说法可合为一种。土可以生长庄稼，牛，是耕种庄稼的工具，因此用土牛以表示鼓励农耕。冬天五行对应着水，季冬十二月是建丑月，寒冷之气到了极点，古人认为土可以克水，因此用土牛以送走寒气。古人制造土牛，确有深刻用意。"

绘春牛

《提要录》："春牛之制，以太岁所属彩绘颜色，干神绘头①，支神绘身②，纳音绘尾足③。如太岁甲子，甲属木，东方青色，则牛头青。子属水，北方黑色，则牛身黑。纳音属金，西方白色，尾足俱白。太岁庚午，则白头、赤身、黄足尾。他并以是推之，田家以此占水旱云④。"谑词云⑤："捏个牛儿体态。按年令，旋拖五彩⑥。鼓乐相迎⑦，红裙捧拥⑧，表一个、胜春节届。"

【注释】

①干神：即天干。

②支神：即地支。

③纳音：纳音与古乐和五行相关。古乐是用三分损益法将一个八度分为十二个不完全相等的半音，从低到高依次为黄钟、大吕、太簇、夹钟、姑洗、仲吕、蕤宾、林钟、夷则、南吕、无射、应钟。奇数称"律"，偶数称"吕"，总称"六律、六吕"或"律吕"，也称"十二律"，每律又有宫、商、角、徵、羽五音，合起来共六十音。六十音与六十甲子相配，再按金、火、木、水、土五行的顺序旋相为宫。就叫纳音。

④田家：农家。

⑤谑词：亦作"谑辞"。戏笑的言辞，开玩笑的话。

⑥旋：随即。拖：此处引申指悬挂、披戴装饰物。

⑦鼓乐：击鼓和奏乐。此借指乐队。

⑧红裙：指美女。捧拥：簇拥。

【译文】

《提要录》："春牛的制作，以值年太岁所在天干地支以确定春牛的颜色进行绘画，天干画牛头，地支画牛身，纳音画牛尾和牛蹄。如值年太岁为甲子，甲在五行中属木，东方青色，于是牛头绘青色。子在五行中属水，北方黑色，于是牛身绘黑色。纳音在五行中属金，西方白色，牛尾和牛蹄都绘白色。值年太岁为庚午，于是春牛就要绘成白头、红身、黄蹄和黄尾。其他年份以此类推，农家以此占卜水灾和旱灾。"有谑词写道："捏个牛儿体态。按年令，旋拖五彩。鼓乐相迎，红裙捧拥，表一个、胜春节届。"

异牧人①

皇朝《岁时杂记》："郡县每击春牛罢，民间争取其肉。唯牧牛人号太岁，皆不敢争，多是守土官舁去②，置土地庙中。闽中以牧人为大小哥③,实勾芒神也。"

【注释】

①舁(yú):抬,扛。

②守土官:守卫地方的官员。

③闽中:郡名,战国秦王政二十五年(前222)置,治东冶县(今福建福州)。后指福建一带。

【译文】

本朝《岁时杂记》:"郡县每年击碎春牛后,百姓都争抢春牛碎块。只是牧牛人号称太岁,都不敢争,多为地方官员抬走,放置在土地庙中。福建一带称牧人为大小哥,牧人实际就是勾芒神。"

缠春杖

《岁时杂记》:"春杖子用五彩丝缠之,官吏人各二条,以鞭春牛。"东坡词云:"春牛春杖,无限春风来海上①。"

【注释】

①春牛春杖,无限春风来海上:出自苏轼《减字木兰花·立春》。

【译文】

《岁时杂记》:"春杖是用五彩丝缠绕,官吏每人各二条,用以击打春牛。"苏轼有词写道:"春牛春杖,无限春风来海上。"

立春幡

《续汉书·礼仪志》:"立春之日,夜漏未尽五刻①,京都百官皆衣青，郡国县官下至令史皆服青帻②，立青幡于门外③。"
陈徐陵《新曲》云④："立春历日自当新，正月春幡底须故。"

【注释】

①夜漏：夜间的时刻。漏，古代滴水记时的器具。刻：计算时间的单
位。古代用漏壶记时，一昼夜共一百刻。

②郡国：郡和国的并称。令史：官名。汉代兰台尚书属官，居郎之
下，掌文书事务，历代因之。帻（zé）：古代的一种头巾。

③青幡：古代春令作劝耕、护花等用的青旗。

④陈（557—589）：朝代名。南朝之一。陈霸先灭萧梁后建立。建
都建康（今江苏南京）。为隋所灭。徐陵（507—583）：字孝穆，
东海郡郯县（今山东郯城）人。南朝文学家、诗人，著有《徐孝穆
集》《玉台新咏》。

【译文】

《续汉书·礼仪志》："立春之日，夜间还不到五刻，京城的百官都穿
青色衣服，郡国的县官下至令史都戴青色头巾，在门外竖立青旗。"南朝
陈徐陵《新曲》写道："立春历日自当新，正月春幡底须故。"

赐春幡

《东京梦华录》："立春日，自郎官、御史、寺监长贰以上①，
皆赐春幡胜，以罗为之。宰执、亲王、近臣皆赐金银幡胜②。
入贺讫，戴归私第。"周美成内制《春帖子》云③："鸾辂青旂
殿阁宽④，祠官奠璧下春坛⑤。晓开鱼钥朝衣集⑥，彩胜飘扬
百辟冠⑦。"

【注释】

①郎官：谓侍郎、郎中等职。御史：古代官名。战国时为史官，秦时方有弹劾纠察之权，至后汉始专任弹劾。其后历朝皆沿用之，而职衔略有变化，如唐有侍御史、监察御史，至明清则仅存监察御史。寺监：古时太常寺、光禄寺、将作监、都水监等寺、监两级官署的并称。长贰：指官的正副职。

②宰执：指宰相等执掌国家政事的重臣。亲王：皇帝或国王近支亲属中封王者。近臣：指君主左右亲近之臣。

③周美成：即周邦彦（1056—1121），字美成，号清真居士，杭州钱塘（今浙江杭州）人。北宋文学家、音乐家，著有《片玉集》。内制：翰林学士的别称。《春帖子》：我国民俗文化，是一种在立春日撰写的帖子词。多为五、七言绝句，文字工丽，或歌颂升平，或寓意规谏，贴于禁中门帐。

④鸾辂（luán lù）：天子王侯所乘之车。青旂（qí）：借指帝王车驾。殿阁：宋代大学士皆带殿阁衔，以崇其资望，如集贤殿、右文殿之类。

⑤祠官：掌管祭祀之官。奠璧：献玉璧以祭祀。

⑥鱼钥：鱼形的锁钥，宫禁所用。

⑦百辟：原指诸侯，后泛指百官。

【译文】

《东京梦华录》："立春之日，自郎官、御史、寺监正副职以上，都赏赐春胜和春幡，用罗纱制作。宰相、亲王、近臣都赏赐金银幡胜。入朝庆贺完毕，戴着幡胜回到私人住宅。"翰林学士周邦彦《春帖子》写道："鸾辂青旂殿阁宽，祠官奠璧下春坛。晓开鱼钥朝衣集，彩胜飘扬百辟冠。"

簪春幡①

《提要录》："春日，刻青缯为小幡样②，重累十余③，相连缀而簪之④,亦汉之遗事也⑤。"古词云:"彩缕幡儿花枝小。凤钗上、轻轻斜袅⑥。"稼轩词云:"春已归来。看美人头上,袅袅春幡⑦。"陈简斋《春日》诗云:"争新游女幡垂鬓⑧。"山谷诗云:"邻娃似与春争道,酥酒花枝剪彩幡⑨。"

【注释】

①簪:插,戴。

②刻:雕刻。青缯(zēng):青色的帛。

③重累:指重复。

④连缀:连接。

⑤遗事:前代或先人流传下来的事迹。

⑥彩缕幡儿花枝小。凤钗上、轻轻斜袅:出自宋无名氏《失调名》。彩缕,彩色丝线。幡儿,即彩胜。凤钗,钗的一种。妇女的首饰。钗头作凤形,故名。

⑦"春已归来"几句:出自辛弃疾《汉宫春·立春》。袅,摇曳,飘动。

⑧游女:出游的女子。

⑨邻娃似与春争道,酥酒花枝剪彩幡:出自黄庭坚《再次前韵·其二》。邻娃,邻家的姑娘。

【译文】

《提要录》:"立春之日,刻画青色的帛为小幡的式样,重复十多个,相互连接插在头上,也是汉代流传下来的习俗。"有古词写道:"彩缕幡儿花枝小。凤钗上、轻轻斜袅。"辛弃疾有词写道:"春已归来。看美人头上,袅袅春幡。"陈与义《春日》诗写道:"争新游女幡垂鬓。"黄庭坚有诗写道:"邻娃似与春争道,酥酒花枝剪彩幡。"

赐春胜

《文昌杂录》:"唐制,立春日,赐三省官彩胜各有差^①,谢于紫宸门^②。"又《续翰林志》云^③:"立春,赐镂银饰彩胜之类^④。"

【注释】

①三省:指中书省、门下省、尚书省。自南北朝至唐,三省同为最高政务机构。有差:不一,有区别。

②紫宸门:殿门名。唐长安大明宫紫宸殿院的南门,位于宣政殿正北,南距宣政殿约35米许。

③《续翰林志》:二卷,苏易简撰。该书记录翰林院之沿革、建置等方面的史实。苏易简(958—997),字太简,梓州铜山(今四川射洪)人,或作绵州盐泉(今四川绵阳)人。宋文学家,另著有《文房四谱》等。

④镂银:指雕镂物体,中间嵌银。

【译文】

《文昌杂录》:"唐代制度,立春之日,皇帝赏赐中书省、门下省、尚书省官员的彩胜会根据官员品级高低而各有差异,群臣在紫宸门前行谢恩礼。"又《续翰林志》记载:"立春之日,赏赐雕镂银饰的彩胜之类。"

剪春胜

《后汉书》:"立春之日,皆立青幡。"今世或剪彩错缯为幡胜^①,以戴于首。杜台卿云:"公卿之家^②,尤重此日,莫不镂刻金缯^③,加饰珠翠^④,或以金银,穷极工巧^⑤,交相遗问⑥。"东坡诗云:"分为纤手裁春胜,况有新诗点蜀酥⑦。"

【注释】

①剪彩错缯:指以彩缯为原料,通过剪裁、编织、镶嵌等工艺制作立
　春饰品的技艺,如春幡、春胜等。

②公卿:三公九卿的简称。后泛指高官。

③镂刻:雕刻。金缯:黄金和丝织品。

④珠翠:珍珠及翠玉。

⑤穷极工巧:形容工艺技术十分精巧。

⑥交相遗问:相互赠送礼物和问候。

⑦分为纤手裁春胜,况有新诗点蜀酥:出自苏轼《章钱二君见和,复
　次韵答之,二首其一》,原诗为:"分无纤手裁春胜,况有新诗点蜀
　酥。"纤手,指女子细而柔嫩的手。

【译文】

《后汉书》:"立春之日,都在门外竖立青旗。"如今的人或剪彩错缯
为彩胜,以戴在头上。杜台卿说:"三公九卿之家,尤其重视今日,无不
雕刻金缯,用珍珠翠玉装饰,或者加以金银装饰,制作工艺十分精巧,
相互赠送礼物和问候。"苏轼有诗写道:"分为纤手裁春胜,况有新诗点
蜀酥。"

剪春花①

《唐书》:"景龙四年正月八日立春②,上令侍臣自芳林
门经苑东③,度入仗至望春宫迎春④。内出彩花树,人赐一
枝,令学士赋诗。"宋之问《立春咏剪彩花应制》诗云⑤:"今
年春色好,应为剪刀催。"又周美成《内制帖》云:"明朝春

仗当行乐⑥,刻燕催花掷万金⑦。"又赵彦昭《剪彩花》诗云⑧:"花随红意发,叶就绿情新。"

【注释】

①春花:旧时宫廷中立春日以金银珠翠等造饰的座花,表示迎春。

②景龙四年:710年。景龙,唐中宗李显年号(707—710)。

③侍臣:皇帝左右的近臣。芳林门:位于隋唐长安城外郭城北侧,是北三门中最东的一座,三个门洞。北面中部因为宫城所占,而把北面三门开在宫城以西的位置上。

④度:同"踱"。慢步行走。入仗:进入帝王春日行幸的仪仗。望春宫:唐代京城长安郊外的行宫,分南、北两处,此指南望春宫,在东郊万年县(今陕西西安东),南对终南山。

⑤宋之问(约656—712):又名少连,字延清,汾州(治今山西汾阳)人,一说虢州弘农(今河南灵宝)人。唐诗人,今传《宋之问集》。

⑥明朝:明天。春仗:帝王春日行幸的仪仗。行乐:消遣娱乐,游戏取乐。

⑦刻燕:镂刻春燕。掷:投、扔。此指花费。万金:极多的钱财。

⑧赵彦昭:底本作"赵彦若",据《文苑英华》《全唐诗》改。字奂然,甘州张掖(今甘肃张掖)人。唐诗人。

【译文】

《唐书》:"景龙四年正月初八日立春,皇帝命令侍臣自芳林门经苑东,慢步进入帝王春日行幸的仪仗到望春宫迎春。从宫内拿出彩花树,每人赏赐一枝,命令翰林学士写诗。"宋之问《立春咏剪彩花应制》诗写道:"今年春色好,应为剪刀催。"又有周美成《内制帖》写道:"明朝春仗当行乐,刻燕催花掷万金。"又有赵彦昭《剪彩花》诗写道:"花随红意发,叶就绿情新。"

戴春燕①

《荆楚岁时记》："立春日，悉剪彩为燕以戴之。"傅咸《燕赋》云②："四时代至③，敬逆其始④。彼应运而东方⑤，乃设燕以迎止⑥。翚轻翼之岐岐⑦，若将飞而未起。何夫人之工巧⑧，式仪形之有似⑨。衔青书以赞时⑩，著宜春之嘉祉⑪。"王沂公《春帖子》云⑫："彩燕迎春入鬓飞，轻寒未放缕金衣⑬。"又欧阳永叔云："不惊树里禽初变，共喜钗头燕已来⑭。"郑毅夫云⑮："汉殿斗簪双彩燕，并知春色上钗头⑯。"皆春日帖子句也。曹松《春》诗云⑰："彩燕表年春⑱。"又古词云："钗头燕，妆台弄粉，梅额故相夸⑲。"

【注释】

①春燕：古代妇女的立春饰物，又称彩胜、彩燕、宜春髻子。就是把女性头饰做成燕子形状，书"宜春"二字于头饰上。

②傅咸（239—294）：字长虞，北地泥阳（今陕西铜川耀州区）人。西晋文学家。

③四时代至：底本作"四气代王"，据《荆楚岁时记》改。四时，指春夏秋冬四季。代，替代，更替。

④敬：诚心诚意。逆：迎。

⑤彼应运而东方：底本作"彼应运而方臻"，据《荆楚岁时记》改。应，顺应。运，天运，指气候。

⑥设燕以迎止：通过宴饮仪式祈求吉祥。燕，通"宴"。迎，迎接。止，通"祉"，福气。

⑦翚（huī）：五彩山鸡。此处代指彩燕。岐岐：飞行的样子。

⑧夫人：泛指众人。功：精善之力。巧：巧妙。

⑨仪形：容止，形态。

⑩衔：含。青书：道家的典籍。南朝梁简文帝《仙客》诗："青书长命
　　篆，紫水芙蓉衣。"

⑪宜春：旧时立春及春节所剪或书写的字样。民间与官中将其贴于
　　窗户、器物、彩胜等之上，以示迎春。嘉祉（zhǐ）：犹福祉，福气。

⑫王沂公：即王曾（978—1038），字孝先，谥文正，青州益都（今山
　　东青州）人。咸平五年（1002）状元，累官吏部侍郎，两拜参知政
　　事。仁宗即位，太后刘氏听政，拜相。后因裁抑太后姻家，出知青
　　州。景祐二年（1035），复入为相，封沂国公，故称。北宋名相、诗
　　人。著有《王文正公笔录》。

⑬缕金衣：即金缕衣。

⑭不惊树里禽初变，共喜钗头燕已来：出自欧阳修《春日词五首·其
　　二》。钗头，即钗燕。钗上之燕状镶饰物。传说佩之吉祥。

⑮郑毅夫：即郑獬（xiè，1022—1072），字毅夫，一作义夫，安州安陆
　　（今湖北安陆）人。宋诗人。

⑯汉殿斗簪双彩燕，并知春色上钗头：出自郑獬《新春词·其三》。

⑰曹松：字梦征，舒州（今安徽潜山）人。唐诗人。

⑱彩燕表年春：底本作"彩燕表年时"，据曹松《客中立春》改。意
　　为彩燕宣告春天来临。表，标志。年春，新春时节。

⑲"钗头燕"几句：出自吴则礼《满庭芳·立春》。梅额，指梅花妆
　　装点的额头。

【译文】

《荆楚岁时记》："立春之日，人们都剪彩绸为燕子形状并且戴在头
上。"傅咸《燕赋》写道："四时代至，敬逆其始。彼应运而东方，乃设燕
以迎止。羣轻翼之岐岐，若将飞而未起。何夫人之工巧，式仪形之有似。
衔青书以赞时，着宜春之嘉祉。"王曾《春帖子》写道："彩燕迎春入鬓飞，
轻寒未放缕金衣。"又有欧阳修诗写道："不惊树里禽初变，共喜钗头燕

已来。"郑獬有诗写道:"汉殿斗簪双彩燕,并知春色上钗头。"都是春日帖子诗句。曹松《春》诗写道:"彩燕表年春。"又有古词写道:"钗头燕,妆台弄粉,梅额故相夸。"

为春鸡

《文昌杂录》:"唐岁时节物,立春则有彩胜、鸡、燕。"皇朝《岁时杂记》云:"立春日,京师人皆以羽毛杂缯彩为春鸡、春燕[1]。又卖春花、春柳。"万俟公《立春》词云[2]:"寒甚正前三五日,风将腊雪侵寅[3],彩鸡缕燕已京春[4]。玉梅飞上苑[5],金柳动天津[6]。"又《春》词云:"晓月楼头未雪尽[7],乍破腊风传春信[8]。彩鸡缕燕,珠幡玉胜[9],并归钗鬓。"

【注释】

①杂缯:各种颜色的帛。

②万俟(mò qí)公:即万俟咏,字雅言,号大梁词隐,大梁(今河南开封)人。宋哲宗元祐间,以诗赋闻名。著有《大声集》。

③将:与。寅:十二地支的第三位。古代用以纪年月日时,夏历正月为建寅之月。

④彩鸡缕燕:古代立春时的应节饰物。

⑤玉梅:白梅花。上苑:供帝王游赏或打猎的园囿。

⑥金柳:指人工制作的柳状应时饰物。天津:桥名。在今河南洛阳西南。隋炀帝大业元年(605)迁都,以洛水贯都,有天汉津梁的气象,因建此桥。

⑦晓月:指拂晓的月亮。

⑧破腊:残腊,岁末。

⑨珠幡：饰珠的旗幡。玉胜：玉制的发饰。

【译文】

《文昌杂录》："唐代一年中应节的物品，立春之日就有彩胜、春鸡、春燕。"本朝《岁时杂记》记载："立春之日，京城的人都用羽毛和各种颜色的帛制作成春鸡、春燕。又卖春花、春柳。"万俟咏《立春》词写道："寒甚正前三五日，风将腊雪侵寅，彩鸡缕燕已惊春。玉梅飞上苑，金柳动天津。"又有《春》词写道："晓月楼头未雪尽，乍破腊风传春信。彩鸡缕燕，珠幡玉胜，并归钗鬓。"

进春书①

《酉阳杂俎》："北朝妇人②，立春，进春书，以青缯为帜③，刻龙、象衔之，或为虾蟆。"

【注释】

①春书：一种春联。即后来宋代翰林院于立春日时，书写词句贴于禁中门帐的春帖子。

②北朝：自北魏一统北方至杨坚建隋，我国北方先后出现了北魏、东魏、西魏、北齐、北周五个朝代，史称北朝（386—581），与南朝（宋、齐、梁、陈）对峙。

③青缯为帜：指用青缯制作春幡。

【译文】

《酉阳杂俎》："北朝妇女，立春之日，送春书，用青缯制作春幡，用木雕的龙、象或是虾蟆衔着。"

贴春字

《荆楚岁时记》："立春日，贴'宜春'字于门。"王沂公
《皇帝阁立春帖子》云："北陆凝阴尽①，千门淑气新②。年年
金殿里，宝字贴宜春③。"周美成《内制春帖》云："夹辇司花
百士人④，绣楣琼璧写宜春⑤。"

【注释】

①北陆：指夏历十二月或冬天。凝阴：阴凉之气。

②千门：犹千家。淑气：温和之气。

③宝字：称帝王神仙所写的字。

④夹辇：指随行于皇帝车驾（辇）两侧的仪仗或官员。司花："司花
　女"的省称。此处指管理百花的仕女。

⑤绣楣：指彩绘的门楣。琼璧：美玉雕琢的璧饰。

【译文】

《荆楚岁时记》："立春之日，贴'宜春'二字在门上。"王曾《皇帝
阁立春帖子》写道："北陆凝阴尽，千门淑气新。年年金殿里，宝字贴宜
春。"周邦彦《内制春帖》写道："夹辇司花百士人，绣楣琼璧写宜春。"

撰春帖

皇朝《岁时杂记》："学士院立春前一月①，撰皇帝、皇
后、夫人阁门帖子，送后苑作院②，用罗帛缕造③，及期进
入④。前辈诸学士所撰，但宫词而已⑤，及欧阳公入翰林⑥，
始伸规谏⑦，后人率皆依仿之。端午亦然。或用古人诗，或
后生拟撰⑧。作为门帖，亦有用厌胜祷祠之言者⑨。"《隐居

诗话》云^⑩："温成皇后初薨^⑪，会立春进帖子，是时欧阳、王珪同在翰苑^⑫，以其虚阁故不进^⑬。俄有旨令进温成阁帖子^⑭，欧阳未能成诗，王珪遽口占一首云^⑮：'昔闻海上有仙山，烟锁楼台日月闲。花下玉容长不老，只应春色胜人间。'欧公深叹其敏丽^⑯。"王珪，字禹玉。

【注释】

①学士院：官署名。开元二十六年（738）唐玄宗改翰林供奉为翰林学士，于翰林院之外，另置学士院，令翰林学士入直其中，直属皇帝。掌起草任免将相等的机密诏令，并备皇帝咨询。至宋改称翰林学士院。

②后苑作院：即宋后苑造作所。掌制造宫中及皇族婚娶物品。

③缕造：缝制。

④及期：到时候。

⑤宫词：古代的一种诗体，专咏宫中琐事的诗。

⑥欧阳公：即欧阳修。

⑦伸：申述，陈述。规谏：谓以正言劝诫谏诤。

⑧拟撰：拟定撰写。

⑨厌胜：古代一种巫术，谓能以诅咒制胜，压服人或物。祷祠：谓向神求福及得福而后报赛以祭。

⑩《隐居诗话》：即《临汉隐居诗话》，一卷，宋魏泰撰。该书为诗论著作。魏泰，字道辅，号溪上丈人，襄阳（今湖北襄樊）人。宋诗人，另著有《临汉隐居集》《东轩笔录》等。

⑪温成皇后（1024—1054）：张氏，名字不详，河南永安（今河南巩义）人。北宋宋仁宗赵祯的宠妃。皇祐六年（1054）去世，宋仁宗追封皇后，谥号温成。薨（hōng）：君主时代称诸侯或大官等的死。

⑫王珪（1019—1085）：字禹玉，谥文恭，华阳（今四川成都）人，后徙舒县（今安徽庐江）。北宋文学家，著有《华阳集》。王珪，底本作"王瑀"，据《宋诗纪事》改。翰苑：翰林苑。

⑬虚阁：空阁。此指温成皇后去世。

⑭旨令：圣旨。

⑮遽：马上。口占：谓诗文不起草稿，随口而成。

⑯深叹：深深赞叹。敏丽：敏捷，华丽。

【译文】

本朝《岁时杂记》："翰林学士院，在立春前一月撰写皇帝、皇后、夫人阁门帖子，送到后苑造作所，用罗帛缝制，到时候进献。前辈诸学士所撰，仅是宫词而已，到欧阳修进入翰林院，开始陈述正言劝诫谏诤，后人都依照模仿。端午节也是如此。或用古人诗，或后生拟定撰写。作为门联，也有用厌胜祷祠之类的话语。"《临汉隐居诗话》记载："温成皇后刚刚去世，恰巧立春进献帖子，此时欧阳修、王珪同在翰林苑，认为温成皇后已去世因而没有进献帖子。突然有圣旨让进献温成阁帖子，欧阳修一时不能成诗，王珪马上随口吟诗一首道：'昔闻海上有仙山，烟锁楼台日月闲。花下玉容长不老，只应春色胜人间。'欧阳修深深叹服王珪才思敏捷华丽。"王珪，字禹玉。

请春词

司马文正公《日录》云①："翰林书待诏请春词②，以立春日剪贴于禁中门帐③。皇帝阁六篇，其一曰：'漠然天造与时新④，根着浮沤一气均⑤。万物不须雕刻巧，正如恭己布深仁⑥。'皇后阁五篇，其一曰：'春衣不用蕙兰薰⑦，领缘无烦刺绣纹⑧。曾在蚕宫亲织就⑨，方知缕缕尽辛勤。'夫人阁四篇,其一曰:'圣主终朝亲万机^⑩,燕居专事养希夷^⑪。千门永昼春岑寂^⑫,不用车前插竹枝。'"

【注释】

①司马文正公《日录》:即司马光《日记》,《日记》有《日录》《手录》《实录》等异称。

②翰林书待诏:即翰林御书院书写待诏省称。掌书诏命、图书、赐目及各种节庆、祠祭表词,题书春帖子、端午帖子等事务。

③剪贴:手工工艺。用彩纸剪成文字或图案等,贴在纸或其他东西上。禁中:指帝王所居宫内。

④漠然天造与时新:底本作"□然天造与时新",据《温国文正公文集》补。

⑤浮沤(ōu):水面上的泡沫。因其易生易灭,常比喻变化无常的世事和短暂的生命。一气:指混沌之气。古人认为是构成天地万物之本原。

⑥恭己:恭肃己身。深仁:深厚的仁爱。

⑦蕙兰:多年生草本植物。叶丛生,狭长而尖,初夏开花,色黄绿,有香味。

⑧领缘:领子的边。刺绣纹:用刺绣装饰。

⑨蚕宫:古代王室养蚕的宫馆。

⑩圣主:对皇帝的尊称。终朝:整天。万机:即万几。《尚书·皋陶谟》:"无教逸欲有邦,兢兢业业,一日二日万几。"孔传:"几,微也,言当戒惧万事之微。"后以"万几"指帝王日常处理的纷繁的政务。

⑪燕居:退朝而处,闲居。希夷:指虚寂玄妙之境。《老子》:"视之不见名曰夷,听之不闻名曰希。"河上公注:"无色曰夷,无声曰希。"

⑫千门:众多宫门。亦借指众多宫殿。永昼:漫长的白天。岑(cén)

寂：高而静。亦泛指寂静。

【译文】

司马光《日记》写道："翰林御书院书写待诏请示春词，在立春之日裁剪张贴在禁中门帐上。皇帝阁六篇，其一写道：'漠然天造与时新，根著浮沤一气均。万物不须雕刻巧，正如恭己布深仁。'皇后阁五篇，其一写道：'春衣不用蕙兰薰，领缘无烦刺绣纹。曾在蚕宫亲织就，方知缕缕尽辛勤。'夫人阁四篇，其一写道：'圣主终朝亲万机，燕居专事养希夷。千门永昼春岑寂，不用车前插竹枝。'"

赐春馔

皇朝《岁时杂记》："立春前一日，大内出春盘并酒①，以赐近臣。盘中生菜，染萝卜为之装饰②，置奁中③，烹豚、白熟饼、大环饼④，比人家馓子⑤，其大十倍。民间亦以春盘相馈。有园者，园吏献花盘。"

【注释】

①大内：皇宫。春盘：古代风俗，立春日以韭黄、果品、饼饵等簇盘为食，或馈赠亲友，称春盘。

②染：点缀。

③奁（lián）：泛指盒、匣一类的盛物器具。

④烹豚：烹煮猪肉。

⑤馓子：即馓子。一种北方点心。用面粉做成一束细丝之后，加以油炸即成。

【译文】

本朝《岁时杂记》："立春前一日，皇宫中拿出春盘和酒，以赏赐亲近之臣。春盘中有生菜，点缀萝卜为之装饰，放置盒中，烹煮猪肉、白熟饼、大环饼，比人家的馓子，要大十倍。民间也以春盘相互馈赠。有花园的，管理花园的官吏进献花盘。"

作春饼①

　　唐《四时宝镜》②："立春日，食芦菔、春饼、生菜③，号春盘。"屏山先生《次韵张守立春》云④："晓院帘帏卷⑤，春盘饼饵香⑥。殷勤分彩胜，为掩鬓边霜⑦。"

【注释】

①春饼：一种薄饼，因立春日食饼，故名。

②《四时宝镜》：书名。不详待考。

③芦菔（fú）：即萝卜。

④屏山先生：即刘子翚（huī，1101—1147），字彦冲，一作彦仲，号屏山，又号病翁，学者称屏山先生，建州崇安（今属福建）人。宋理学家，著有《屏山集》。张守（1084—1145）：字子固，一字全真，号东山居士，谥文靖，常州晋陵（今江苏常州）人。宋文学家，著有《毗陵集》。

⑤帘帏：帘幕。

⑥饼饵：饼类食物。用面或米制成。

⑦为掩鬓边霜：底本作"□□□□□"，据《屏山集》补。

【译文】

　　唐代《四时宝镜》："立春之日，吃萝卜、春饼、生菜，号称春盘。"刘子翚《次韵张守立春》写道："晓院帘帏卷，春盘饼饵香。殷勤分彩胜，为掩鬓边霜。"

馈春盘

《摭遗》[①]:"东晋李鄂,立春日,命芦菔、芹芽为菜盘馈貺[②],江淮人多效之。"《尔雅》曰:"芦菔,即萝卜也。"古诗云:"芦菔白玉缕,生菜青丝盘[③]。"老杜诗云:"春日春盘细生菜,忽忆两京梅发时。盘出高门行白玉,菜传纤手送青丝[④]。"

【注释】

①《摭遗》:二十卷,北宋刘斧撰。该书记述唐宋时期的各种传奇故事及名人逸事。

②芹芽:芹菜的嫩芽。馈貺(kuàng):馈赠。

③芦菔白玉缕,生菜青丝盘:出处不详。

④"春日春盘细生菜"几句:出自杜甫《立春》。两京,唐显庆二年(657)以后,京城长安和东都洛阳合称为"两京"。

【译文】

《摭遗》:"东晋人李鄂,立春之日,令用萝卜、芹芽装为菜盘馈赠,江淮一带的人大多仿效。"《尔雅》说:"芦菔,就是萝卜。"古诗写道:"芦菔白玉缕,生菜青丝盘。"杜甫有诗写道:"春日春盘细生菜,忽忆两京梅发时。盘出高门行白玉,菜传纤手送青丝。"

食春菜

《齐人月令》[①]:"凡立春日,食生菜不可过多,取迎新之意而已。"东坡诗云:"渐觉东风料峭寒,青蒿黄韭试春盘[②]。"又云:"蓼茸蒿笋试春盘[③]。"石学士《春日》诗云[④]:"春菜红牙□,春盘黄雀花[⑤]。"万俟雅言《立春》词云[⑥]:"春盘共饤饾^⑦，绕坐庆时新。"

【注释】

①《齐人月令》：《宋史·艺文志》："孙思邈《齐人月令》，三卷。"

②渐觉东风料峭寒，青蒿黄韭试春盘：出自苏轼《送范德孺》。料峭，形容微寒。亦形容风力寒冷、尖利。青蒿，也叫"香蒿"。菊科生二年草本植物。茎、叶可入药，嫩者可食。黄韭，蔬菜名。即韭黄。

③蓼（liǎo）茸蒿笋试春盘：出自苏轼《浣溪沙·细雨斜风作晓寒》。蓼茸，蓼菜的嫩芽。蒿笋，青蒿的茎。

④石学士：即石延年（994—1041），字曼卿，一字安仁，应天府（今河南商丘）人。北宋文学家、书法家，著有《石曼卿诗集》。

⑤黄雀花：又名金雀花。豆科常绿灌木。《群芳谱·金雀》："花生叶旁，色黄形尖，旁开两瓣，势如飞雀，甚可爱。"

⑥万俟雅言：即万俟咏。

⑦饤饾（dìng dòu）：将食品堆叠在盘中，摆设出来。

【译文】

《齐人月令》："凡立春之日，吃生菜不可过多，取其迎新之意而已。"苏轼有诗写道："渐觉东风料峭寒，青蒿黄韭试春盘。"又写道："蓼茸蒿笋试春盘。"石延年《春日》诗写道："春菜红牙□，春盘黄雀花。"万俟咏《立春》词写道："春盘共饤饾，绕坐庆时新。"

设酥花^①

《复雅歌词》^②："熙宁八年乙卯^③，杨绘在翰林^④。十二月立春日，肆筵^⑤，设滴酥花，陈汝羲即席赋《减字木兰花》

云⑥：'纤纤素手，盘里酥花新点就⑦。对叶双心，别有东风意思深。　　琼沾粉缀，消得玉堂留客醉⑧。试嗅清芳，别有红萝巧袖香⑨。'"

【注释】

①酥花：宋时立春日肆筵设滴酥花。

②《复雅歌词》：原书五十卷，宋铜阳居士辑。该书收录唐至北宋词作四千三百余首，附有词语评话。铜阳居士：姓名不详，其祖籍或为铜阳（今属河南），南渡后，侨寓南方，因以自号。

③熙宁八年乙卯：1075年。熙宁八年正是乙卯年。

④杨绘（1027—1088）：字元素，号无为子，绵竹（今属四川）人。宋文学家，著有《群经索蕴》《无为编》《西垣集》等。

⑤肆筵：摆宴席。

⑥陈汝羲：泉州晋江（今福建泉州）人。皇祐五年（1053）进士，元丰元年（1078）知应天府。即席：当场。《减字木兰花》：词牌名，定格为欧阳修《减字木兰花·歌檀敛袂》，此调双调四十四字，前后段各四句，两仄韵两平韵。

⑦酥花：宋代立春习俗中的特色食品，以酥油（乳制品）塑形为花鸟等吉祥图案，常点缀于春盘或宴席。点就：点缀。

⑧玉堂：神仙的居处。留客：使人流连忘返。

⑨红萝：红色的轻软丝织品。多用以制作妇女衣裙。

【译文】

《复雅歌词》："熙宁八年乙卯，杨绘在翰林院。一二月立春之日，摆宴席，设滴酥花，陈汝羲当场吟咏《减字木兰花》：'纤纤素手，盘里酥花新点就。对叶双心，别有东风意思深。　　琼沾粉缀，消得玉堂留客醉。试嗅清芳，别有红萝巧袖香。'"

酿柑酒①

《摭言》②："安定郡王立春日作五辛盘③，以黄柑酿酒，谓之洞庭春色。"东坡诗云："辛盘得青韭，腊酒是黄柑④。"又稼轩《立春》词云："浑未辨、黄柑荐酒⑤，更传青韭堆盘。"

【注释】

①柑酒：以柑子为原料酿的酒。

②《摭（zhí）言》：即《唐摭言》。十五卷，五代王定保撰。该书记载唐代科举制度、文士风气及诗人墨客的逸闻轶事。王定保（870—941？），字翊圣，南昌（今属江西）人。唐末五代文学家。

③安定郡王：即赵令畤。南渡后袭封安定郡王。

④辛盘得青韭，腊酒是黄柑：出自苏轼《立春日小集戏李端叔》。腊酒，腊月酿制的酒。黄柑，果名。柑的一种。

⑤荐酒：以果品时鲜以佐酒。荐，进献。

【译文】

《唐摭言》："安定郡王赵令畤立春之日作五辛盘，用黄柑为原料酿酒，称为洞庭春色。"苏轼有诗写道："辛盘得青韭，腊酒是黄柑。"又有辛弃疾《立春》词写道："浑未辨、黄柑荐酒，更传青韭堆盘。"

飧冷淘①

《岁时杂记》："立春日，京师人家以韭黄、生菜食冷淘。"

【注释】

①飧（sūn）：用水泡饭。冷淘：过水面及凉面一类食品。

【译文】

《岁时杂记》:"立春之日,京师人家用韭黄、生菜拌饭吃过水面。"

进浆粥[1]

《齐人月令》:"凡立春日,进浆粥,以导和气[2]。"

【注释】

①进:喝。浆粥:粥。

②和气:指调和血气。

【译文】

《齐人月令》:"凡是立春之日,喝粥,以疏导调和血气。"

尚烹豚[1]

《岁时杂记》:"都人立春日尚食烹豚,为之暴贵[2]。其牒切有细如丝者[3],用此为工巧,堂厨供诸公[4],各一拌[5]。"

【注释】

①尚:喜欢,爱好。

②暴贵:急遽涨价。

③牒(zhé):肉切得薄。

④堂厨:政事堂的公膳房。

⑤拌:指拌菜。

【译文】

《岁时杂记》:"京城的人立春之日喜欢吃烹煮猪肉,猪肉因此急遽涨价。其中猪肉切得薄细如发丝,刀工精湛,政事堂的公膳房供给参与宴会的官员,每人一份拌菜。"

忌食齑①

《岁时杂记》:"俗说立春日食齑者,至纳妇拜门日②,腰间有声如嚼齑然,皆以为戒。"

【注释】

①齑(jī):同"𩟀"。用来调味的辛辣食物或菜末。

②纳妇:娶媳妇。拜门:也称"回门"。新婚夫妇首次往拜岳家。

【译文】

《岁时杂记》:"俗说立春之日吃齑的人,到娶媳妇回门之日,腰间有声音如同嚼齑一样,人们都以此为戒。"

浴蚕种①

《博闻录》②:"闽俗,以立春日,采五果枝并桑柘枝烧灰③,淋水候冷,以浴蚕种藏之。或只以五果置灰汁中亦得,但取其成实之义也。"

【注释】

①浴:浸洗。蚕种:作种用的蚕卵。

②《博闻录》:十卷,宋陈元靓撰。久佚。

③桑柘(zhè):桑木与柘木。

【译文】

《博闻录》:"福建风俗,在立春之日,选取桃、李、杏、栗、枣五种木枝并桑木与柘木枝焚烧成灰，后淋水冷却以后，用以浸洗蚕种进行贮藏。或者只把桃、李、杏、栗、枣五种果实放置在灰汁中也可，只是选取其成为果实的意义。"

辟蚰蜒^①

《琐碎录》："立春日，打春罢，取春牛泥撒檐下，蚰蜒不上。"

【注释】

①蚰蜒（yóu yán）：动物名。节足动物，与蜈蚣同类，黄黑色，有细长脚十五对，捕食小虫，有益农事。

【译文】

《琐碎录》："立春之日，鞭打春牛完毕，取春牛的泥撒在屋檐下，蚰蜒不上身。"

贮神水

《治生要术》^①："立春日贮水，谓之神水，酿酒不坏。"

【注释】

①《治生要术》：书名。不详待考。

【译文】

《治生要术》："立春之日贮存水，称为神水，酿酒不会坏。"

占气候

《四时纂要》："立春日，鸡鸣丑时^①，艮上有黄气出^②，乃艮气也,宜大豆。艮气不至,万物不成。应在冲,冲乃七月也^③。"

【注释】

①丑时:又称"鸡鸣""荒鸡"。十二时辰的第二个时辰。指夜里一点到三点。

②艮:方位名。东北方。

③应在冲,冲乃七月也:艮卦(东北)的方位对冲为坤卦(西南),时间上则对应立春后180天的立秋节气(约公历8月7—9日),即农历七月。冲,指八卦方位或时间周期的对冲关系。

【译文】

《四时纂要》:"立春之日,公鸡在丑时打鸣,东北方有黄气出现,就是艮气,适宜大豆生长。艮气不出现,万物不能生长。艮卦的方位对冲坤卦,对冲的时间是七月。"

验风雨

《占书》:"立春日,艮卦用事^①。艮风来,宜大豆。其日雨,伤五谷。"

【注释】

①艮卦用事:艮卦强调顺应天时。艮卦,八卦之一,卦形为☶,代表山,主立春。用事,强调顺应天时。

【译文】

《占书》:"立春之日,艮卦强调顺应天时。艮风来,适宜大豆生长。当日有雨,损伤五谷。"

望白云

　　《修真入道秘言》^①："以立春日清朝北望^②,有紫、绿、白云者,为三元君三素云也^③。三元君以是日乘八舆之轮^④,上诣天帝^⑤。子候见,当再拜自陈^⑥:'某乙乞得给侍轮毂三过^⑦。'见元君之辇者^⑧,白日升天^⑨。"注云:"不见舆服之形^⑩,亦宜拜乞之。"《岁时广记》载此事^⑪。臣锴按^⑫:"举场尝试《立春日望三素云》诗^⑬,盖取此也。"苏子容作《皇太妃阁春帖子》云:"万年枝上看春色^⑭,三素云中望玉晨^⑮。"许冲元作《皇帝阁春帖子》云^⑯:"三素飞云依北极,九农星正见南方^⑰。"

【注释】

①《修真入道秘言》:道教典籍。

②清朝:清晨。

③三元君:道教谓元始天尊居玉清天之三元宫,因而称"三元君"。三素云:八节之日空中八方出现的三种云气。谓皆有神所主,即立春日正月甲乙日清朝,北望有紫、绿、白云者,是为太上三元君三素飞云。

④八舆之轮:道教神话中神明专用的八轮车辇,象征神圣权能与天地八方的通达。

⑤天帝:我国古代指天上主宰万物的神。

⑥自陈:自陈名讳。

⑦某乙:自称的代词。轮毂(gǔ):车轮中心装轴的部分。此代指八轮车辇。过:遍,次。

⑧辇(niǎn):车辇。

⑨白日升天：道教指白昼升天成为神仙。

⑩舆服：车舆冠服与各种仪仗。此指三元君八轮车辇。

⑪《岁时广记》：底本作"岁时广纪"，据《通志》改。《通志》："《岁时广记》一百一十二卷，徐锴撰。"

⑫臣锴按：底本作"臣锴"，据《苕溪渔隐丛话》补。锴，即南唐徐锴。

⑬举场：科举考场。

⑭万年枝：指年代久远的大树，常象征王朝基业的长久稳固。

⑮玉晨：即道教尊神"玉晨大道君"，亦指玉晨观等道教圣地，隐喻仙境与皇权神授的结合。

⑯许冲元：即许将（1037—1111），字冲元，谥文定，改谥文恪，福州闽县（今福建闽侯）人。宋文学家，著有《许文定集》。

⑰九农星：或指与农事相关的星宿（如南斗、荧惑等），寓意风调雨顺、五谷丰登。九农，泛指各类农事活动。

【译文】

《修真入道秘言》："在立春之日清晨向北望去，天上有紫、绿、白云，当为元始天尊的三素云。元始天尊在立春之日乘坐八轮车辇，上天拜访天帝。你若看到，应当叩拜并自陈名讳：'我祈求随侍元始天尊车辇三次。'看到元始天尊车辇的人，可白昼升天成为神仙。"注解说："即使未直观感应到元始天尊车辇的具象显现，也应当保持礼拜与祈请。"《岁时广记》记载此事。大臣徐锴按语："科举考场曾考《立春日望三素云》诗，大概就取此义。"苏颂《皇太妃阁春帖子》写道："万年枝上看春色，三素云中望玉晨。"许将《皇帝阁春帖子》写道："三素飞云依北极，九农星正见南方。"

移芒儿①

《成都记》②："太平兴国二年冬③，县司以春牛呈④，知府就午门外安排，荐以香灯酒果⑤。其芒儿壒之颇精⑥，同判王洗马晦伯虑触损阙事⑦，移置厅上。知府程给事晚忽见厅角有一土偶，问左右，对曰：‘春牛芒儿。’遽令移出，仍问何人置此，欲罪之。对云：‘乃同判指拟⑧。’遂召同判过厅泪见⑨，谓曰：‘上自开封府，中至刺史，下至县令，皆有衙厅，是行德教政令之所⑩，其余则公厅而已。某虽不才，忝为刺史⑪。且芒儿者，耕垦之人，不合将上厅⑫，乃不佳之兆，将来恐村夫辈或有不轨耳⑬。’至甲午年⑭，果顺贼之乱⑮，乃其应焉。”

【注释】

①芒儿：指牧童。李鼎超《陇右方言·释亲属》："俗呼春牛牧童为芒儿。"

②《成都记》：五卷，唐卢求撰。卢求，范阳（今河北涿州）人。宝历二年（826）进士，累佐节度使幕。宣宗时，白敏中节度西川，辟为从事，后以刺史终。大中九年（855），奉白敏中之命，撰《成都记》五卷，今佚。

③太平兴国二年：977年。太平兴国，宋太宗赵光义年号（976—984）。

④县司：知县或县衙通称。

⑤荐：祭献。香灯：祭堂所设的灯。酒果：酒和茶食、水果之类食品的总称。

⑥壒（sù）：同"塑"。

⑦同判：官名。宋初始于诸州府设置，即共同处理政务之意。地位略次于州府长官，但握有连署州府公事和监察官吏的实权，号称"监州"。洗马：即太子洗马。官名，为东宫属官，负责典籍文书及辅佐太子。触损：因触忤而受到损害。阙事：误事。

⑧指挥（huī）：指挥。

⑨洎（jì）：到，及。

⑩德教：道德教化。政令：政策法令。

⑪忝（tiǎn）：谦辞，荣幸做。

⑫不合：不应当。

⑬村夫：乡下人，农人。辈：类。不轨：图谋叛乱。

⑭甲午年：即淳化五年（994）。

⑮顺贼之乱：即北宋初期以王小波、李顺为代表的四川茶农、佃户反抗官府欺压而进行的大规模武装起义。

【译文】

《成都记》："太平兴国二年冬天，县司以春牛进献，知府将之放置于午门外，用香灯酒果祭献。其中牧童塑造很精妙，同判王晦伯洗马担心损坏而误事，因而将之移放在厅堂。知府程给事晚上忽然看见厅角有一土偶，就问左右，左右回答：'春牛牧童。'知府立即下令移出，继续问是何人放置在此，想要治罪。左右回答：'是同判指挥。'于是召同判到厅堂相见，说道：'上自开封府，中至刺史，下至县令，都有官衙厅堂，这是施行道德教化、政策法令的场所，其他则是官衙而已。我虽然没有才能，但愧为刺史。而且牧童，是负责耕种开垦的人，不应当将他放置在厅堂，这是不好的征兆，将来恐怕农民会有图谋叛乱啊。'到淳化五年，果然有李顺等人的武装叛乱，这就应了牧童移入厅堂而农民叛乱的征兆。"

卷九

人日

【题解】

本卷《人日》。人日亦称"人胜节""人节""人生日""七元日"。时在农历正月初七,源于古代的占卜活动。古人相信天人感应,以岁后第七日为人日,看此日天气阴晴,占终岁的灾祥。卷首一段总叙文字概说人日之义。

本卷条目均为人日时俗节物,主要有人日岁时仪式"最重人""尤重谷""镂金薄""剪华胜""赐彩胜""送穷鬼"等;人日岁时卜筮"占禽兽""验阴明"等;人日饮食"造面茧""食煎饼""迸节料""为菜羹"等;人日游戏宴饮娱乐"上君寿""宴群臣""侍御宴"等;人日诗文典故"升西山""得旧诗""诏赋诗""括新词"等;人日道家习俗"谒真君""授经诀""述道要""建善功"等。

《北史·魏收传》曰①:"魏孝静宴百僚②,问何故名'人日',皆莫能知。魏收对曰:'晋议郎董勋《问答礼俗》云:'正月一日为鸡,二日为狗,三日为猪,四日为羊,五日为牛,六日为马,七日为人。'时邢邵在侧③,甚恶之④。"

【注释】

①《北史·魏收传》：《北史》所载魏收的传记。《北史》，一百卷，唐李延寿撰。该书记载始自北魏拓跋珪登国元年（386），至隋恭帝义宁元年（618），合北魏、东魏、西魏、北齐、北周和隋六朝233年历史。魏收（506—572），字伯起，小字佛助，巨鹿下曲阳（今河北晋州西）人。北齐史学家、文学家。

②魏孝静：即孝静帝元善见（524—551），河南洛阳（今属河南）人。鲜卑族，东魏皇帝（534—550年在位），后禅位于齐王高洋。百僚：百官。

③邢邵（496—?）：字子才，小字吉，河间鄚（今河北任丘）人。北齐文学家，与温子升齐名，时称"温邢"，又与魏收并称"邢魏"。

④恧（nù）：惭愧。

【译文】

《北史·魏收传》记载："魏孝静帝元善见宴请百官，问为什么取名'人日'，百官都不知道原因。魏收回答说：'晋议郎董勋《问答礼俗》说：'正月初一为鸡日，初二为狗日，初三为猪日，初四为羊日，初五为牛日，初六为马日，初七为人日。'当时邢邵在旁边，很是惭愧。"

最重人

董勋《问礼俗》曰："正月一日为鸡，二日为狗，三日为猪，四日为羊，五日为牛，六日为马，七日为人。"则正旦画鸡于门，七日镂人户上，良为此也①。予以意求之，正旦画鸡于门，谨始也。七日镂人户上，重人故也。

【注释】

①良：确实，果然。

【译文】

董勋《问答礼俗》记载："正月初一为鸡日，初二为狗日，初三为猪日，初四为羊日，初五为牛日，初六为马日，初七为人日。"于是正月初一画只鸡贴在门上，正月初七雕刻成人形贴在门上，确实因为这个原因。我凭借主观想法求证，正月初一画只鸡在门上，这是一年谨慎的开始。正月初七雕刻成人形贴在门上，这是重视人类的缘故。

尤重谷

《容斋五笔》："《东方朔占书》①：'岁后八日，一为鸡，二为犬，三为豕，四为羊，五为牛，六为马，七为人，八为谷。'谓其日晴，则所主之物育②，阴则灾。杜诗云：'元日到人日，未有不阴时③。'用此也。八日为谷，所系尤重，而人罕知者，故书之。"

【注释】

①《东方朔占书》：托名西汉文人东方朔的占卜类典籍，内容以农事、气象、吉凶预测为主。

②育：成长。

③元日到人日，未有不阴时：出自杜甫《人日两篇·其一》。

【译文】

《容斋五笔》："《东方朔占书》记载：'进入新年后八日，初一为鸡日，初二为狗日，初三为猪日，初四为羊日，初五为牛日，初六为马日，初七为人日，初八为谷日。'说那一日天气晴朗，所代表的生物就会成长，那一日天气阴暗，所代表的生物就会有灾难。杜甫有诗写道：'元日到人日，未有不阴时。'就是采用这个说法。初八日为谷日，与人类生存关系尤为密切，但人们很少知道，因此记在这里。"

占禽兽

《月令占候图》曰①："元首至八日②，占禽兽。一日鸡，天清气朗③，人安国泰④，四夷远贡⑤，天下丰熟。二日狗，无风雨，即大熟。三日猪，天晴朗，君安。四日羊，气色和暖，即无灾，臣顺君命。五日马，晴朗，四望无怨气，天下丰稔⑥。六日牛，日月光明，即大熟。七日人，从旦至暮，日色晴明，夜见星辰，人民安，君臣和会⑦。八日谷，如昼明，夜见星辰，五谷丰稔⑧。"

【注释】

①《月令占候图》：书名。不详待考。

②元首：岁之始。即正月初一。

③天清气朗：天气晴朗。

④人安国泰：人民安居，国家太平。泰，太平。

⑤四夷：古代华夏族对四方少数民族的统称。

⑥丰稔（rěn）：富足。

⑦和会：和谐安定。

⑧丰稔：此指农作物丰收。

【译文】

《月令占候图》记载："正月初一到初八，每天通过对应的禽兽以占卜年景吉凶。初一为鸡日，天气晴朗，人民安居国家太平，四方少数民族前来进贡，天下丰收。初二为狗日，无风雨，即大丰收。初三为猪日，天气晴朗，君主安康。初四为羊日，气候温暖，就没有灾祸，臣民顺从君主命令。初五为马日，天气晴朗，四下望去没有怨气，天下富足。初六为牛日，天气晴朗，昼夜分明，就会大丰收。初七为人日，从早到晚，白天晴朗无云，夜晚可见星辰，人民安居，君臣和谐安定。初八为谷日，若白天晴朗，夜晚可见星辰，就会五谷丰登。"

验阴阳①

《西清诗话》②："都人刘克穷该典籍③，尝与客论杜子美《人日》诗，而云：'四百年中，惟子美与克会耳④。'就架取书与客⑤，曰：'此《东方朔占书》也。岁后八日，一日鸡，二日犬，三日豕，四日羊，五日牛，六日马，七日人，八日谷。其日晴明温暖，乃蕃息安泰之祥⑥；阴寒惨冽⑦，为疾病衰耗之兆⑧。子美诗云："元日到人日，未有不阴时。"子美意谓天宝乱离⑨，四方云扰幅裂⑩，人物岁俱灾，岂《春秋》书"王正月"之意耶⑪？'深得古人用心如此。又韩文公诗云：'初正候才兆，涉七气已弄。霭霭野浮阳，晖晖水披冻⑫。'东坡诗云：'晓雨暗人日，春愁连上元⑬。'"

【注释】

①阴阳：底本作"阴明"，误。古代指宇宙间贯通物质和人事的两大对立面。指天地间化生万物的二气。

②《西清诗话》：三卷，宋蔡絛（tāo）撰。据宋曾敏行《独醒杂志》卷二称："（絛）为徽猷阁待制时，作《西清诗话》一编，多载元祐诸公诗词。"蔡絛，字约之，自号百衲居士，别号无为子，兴化军仙游

（今属福建）人。宋文学家，另著有《铁围山丛谈》等。

③穷该：谓博览。典籍：泛指古今图书。

④会：理解。

⑤就：到。

⑥蕃息安泰：万物滋生身体平安康泰。蕃息，滋生，繁衍。

⑦阴寒惨冽：天气阴沉且极度寒冷。

⑧衰耗：衰弱亏损。

⑨天宝乱离：指天宝末年发生的安史之乱（755—763）。

⑩四方：各处，天下。云扰幅裂：比喻社会动乱，四分五裂。云扰，像云一样纷乱。比喻动荡不安。幅裂，像一幅布被撕裂成多块一样，形容天下大乱，纷纷割据。

⑪《春秋》书"王正月"：王正月，出自《春秋》纪年体例，如隐公元年首句"元年春王正月"，表面记载鲁国纪年，实则隐含"尊周天子"的政治理念。周代以周王历法为天下正统，"王正月"强调遵奉周王室权威。

⑫"初正候才兆"几句：出自韩愈《人日城南登高》。初正，农历正月初。候，古代分一年为七十二候，以草木鸟兽的生长变化来验证节气的变化。每候五天，三候为一个节气。兆，开始。弄，作，发动。霭霭（ǎi），云烟密集。浮阳，日光。晖晖，闪亮、艳丽。披冻，解冻。

⑬晓雨暗人日，春愁连上元：出自苏轼《新年五首·其一》。

【译文】

《西清诗话》："京城人刘克博览古今图书，曾与客人评论杜甫《人日》诗时，说道：'四百年来，只有杜甫与我理解而已。'到书架上取书给客人，说：'这就是《东方朔占书》。进入新年后八日，初一为鸡日，初二为狗日，初三为猪日，初四为羊日，初五为牛日，初六为马日，初七为人日，初八为谷日。那一日天气晴朗温暖，就是万物滋生身体安泰的吉兆；

那一日天气阴沉且极度寒冷,是人畜健康受损的凶兆。杜甫有诗写道:"元日到人日,未有不阴时。"杜甫认为天宝末年经历安史之乱,社会动荡,国家四分五裂,人们连年遭受灾难,岂不有违《春秋》书写"王正月"的本意吗?杜甫对《春秋》笔法的理解如此深得古人之意。又韩愈有诗写道:'初正候才兆,涉七气已弄。霭霭野浮阳,晖晖水披冻。'苏轼有诗写道:'晓雨暗人日,春愁连上元。'"

镂金薄①

《荆楚岁时记》:"正月七日,剪彩为人②。或镂金薄为人以相遗。"刘臻妻陈氏《进见仪》云③:"正月七日,上人胜于人④。"李商隐《人日即事》云:"镂金作胜传荆俗,剪彩为人起晋风。"

【注释】

①镂金薄:雕刻金箔。镂,雕刻。金薄,即金箔。黄金锤成的薄片。
②剪彩:指裁剪彩色丝帛。
③刘臻妻陈氏:见《晋书·列女传·刘臻妻陈氏传》。
④上:进献。人胜:人形的首饰物。

【译文】

《荆楚岁时记》:"正月初七,将彩色丝帛剪裁为人形饰物。或者雕刻金箔为人形以相馈赠。"刘臻妻陈氏《进见仪》记载:"正月初七,给人进献人形的首饰物。"李商隐《人日即事》诗写道:"镂金作胜传荆俗,剪彩为人起晋风。"

剪华胜

　　董勋《问礼俗》:"人日,剪彩为人胜,帖屏风上,亦戴诸头鬓^①,像人入新年形容改新也^②。"陈无己诗云:"巧胜向人真奈老,衰颜从俗不宜新^③。"贺方回《人日》词云^④:"巧剪合欢罗胜子^⑤,钗头春意翩翩^⑥。"

【注释】

　　①头鬓:指头发。

　　②形容:外貌,模样。

　　③巧胜向人真奈老,衰颜从俗不宜新:出自陈师道《立春》。真奈,怎奈。从俗,依从习俗。

　　④贺方回:即贺铸(1052—1125),字方回,又名贺三愁,人称贺梅子、贺鬼头,自号庆湖遗老,卫州(今河南卫辉)人。北宋词人,著有《庆湖遗老集》等。

　　⑤合欢:一种花纹图案。它象征和合欢乐,凡器物以此种花纹图案为装饰者,皆以"合欢"为名。罗胜子:即罗胜。古代饰物。用丝罗剪制。

　　⑥春意翩翩:形容罗胜饰物灵动如春景,充满生机。

【译文】

　　董勋《问答礼俗》记载:"正月初七,将彩帛剪裁为人形的首饰,贴在屏风上,也可作为发饰戴在头上,像人到新年改变为新模样。"陈师道有诗写道:"巧胜向人真奈老,衰颜从俗不宜新。"贺铸《人日》词写道:"巧剪合欢罗胜子,钗头春意翩翩。"

效梅妆^①

《宋书》^②:"武帝女寿阳公主^③,人日卧于含章殿檐下^④,梅花落公主额上,成五出花^⑤,拂之不去。皇后留之,看得几时,三日洗之乃落。宫人奇其异,竞效之,今人梅花妆是也。"章简公《帖子》云^⑥:"太极侍臣皆贺雪^⑦,含章公主正妆梅。"陈简斋《墨梅》诗云:"含章檐下春风面^⑧,造化功成秋兔毫^⑨。"又《梅花》诗云:"同心不见昭仪种^⑩,五出时惊公主花。"

【注释】

①梅妆:即梅花妆。古时女子妆式,描梅花状于额上为饰。相传始于南朝宋寿阳公主。

②《宋书》:一百卷,南朝梁沈约撰。该书为记述南朝刘宋一代历史的纪传体史书。沈约(441—513),字休文,吴兴郡武康县(今浙江德清)人。南朝梁文学家、史学家。另著有《晋书》《齐纪》《梁武帝本纪》等。

③武帝:即宋武帝刘裕(363—422),字德舆,小名寄奴,彭城(今江苏徐州)人。南朝刘宋开国皇帝(420—422年在位)。

④含章殿:南朝宋宫殿名。

⑤五出花:即梅花。梅花花瓣呈五出状,故称。出,花瓣。

⑥章简公:即元绛,谥章简。

⑦太极:即太极殿。为皇帝举行"中朝"听政之处。贺雪:冬雪为丰年瑞兆,古代群臣每于雪后奉表献诗祝贺,称贺雪。

⑧春风面:底本作"春风雨",据《诗林广记》改。比喻美丽的容貌。

⑨秋兔毫:指毛笔。因用秋季兔的毫毛所制,故称。宋黄庭坚《刘

晦叔洮河绿石研》诗:"莫嫌文吏不知武,要试饱霜秋兔毫。"

⑩昭仪:女官名,也是皇帝的妃子。西汉元帝始置。《汉书·外戚传》:"元帝加昭仪之号,凡十四等云。昭仪位视丞相,爵比诸侯王。"昭仪,言昭显女仪,以示隆重。

【译文】

《宋书》:"宋武帝刘裕女儿寿阳公主,正月初七日躺卧在含章殿的檐下小憩,几朵梅花落在公主额头上,成为五瓣花,经汗水浸渍拂拭不去。皇后特意让公主保留着,看能保持多长时间,三日后用水洗才脱落。宫人感到很奇异,竞相仿效,就是今天的梅花妆。"元绛《帖子》写道:"太极侍臣皆贺雪,含章公主正妆梅。"陈与义《墨梅》诗写道:"含章檐下春风面,造化功成秋兔毫。"又有《梅花》诗写道:"同心不见昭仪种,五出时惊公主花。"

造面茧①

《岁时杂记》:"人日,京都贵家造面茧,以肉或素馅,其实厚皮馒头馂馅也②,名曰探官茧③。又立春日作此,名探春茧。馅中置纸签,或削木书官品④,人自探取⑤,贵人或使从者。以卜异时官品高下⑥。街市前期卖探官纸,言多鄙俚⑦,或选取古今名人警策句,可以占前程者,然亦但举其吉祥之词耳。灯夕亦然⑧。"欧阳公诗云:"来时擘茧正探官⑨。"

【注释】

①面茧:一种包有馅的馒头。

②馂(jùn)馅:唐宋时期厚皮馒头内部包裹的荤素馅料,主要用于占卜仕途的节令食品"探官茧"。

③探官茧：唐宋官僚家庭于正月制作的面食，在馅中放置写有官职品级的纸签或木片，各人自取，以卜来日官位的高下。

④官品：官职品级。

⑤探取：摸取。

⑥异时：以后。

⑦鄙俚：粗俗。

⑧灯夕：旧俗于农历正月十五日元宵节夜张灯游乐，故称其夕为"灯夕"。

⑨来时擘（bò）茧正探官：出自梅尧臣《和永叔内翰》，此处误为欧阳修。擘茧，擘开探官茧。擘，分开，剖开。

【译文】

《岁时杂记》："正月初七日，京城豪贵人家制造面茧，用肉馅或素馅，其实就是厚皮馒头包上馅，名叫探官茧。又因立春之日制作，名叫探春茧。馅中放置纸签，或将木片削薄后书写官品名称藏在馅料中，食用时人们自行抽取纸签或木片，贵人有时会指使随从人员摸取。以占卜以后官职品级的高下。街市前期售卖探官纸，语言大多粗俗，或者选取古今名人的警策句，可以占卜功名前程的，然只选用吉祥之词而已。元宵节也是如此。"欧阳修有诗写道："来时擘茧正探官。"

食煎饼

《述征记》："北人以人日食煎饼于庭中，俗云薰天。未知所从出也。"

【译文】

《述征记》："北方人正月初七日在院子里吃煎饼，世俗称为薰天。不知道出处在哪里。"

进节料

《唐六典》[①]:"膳部有节日食料[②],谓正月七日煎饼。"
又《文昌杂录》云:"唐岁时节物,人日则有煎饼。"

【注释】

①《唐六典》:即《大唐六典》,三十卷,唐玄宗时官修,题唐玄宗撰,
实由徐坚、韦述等编撰,李林甫修订补充注释。该书依照唐玄宗
的意图,按《周官》分理、教、礼、政、刑、事典六事分撰,故名《唐
六典》。是一部大型的职官志。

②膳部:古官署名。掌祭器、牲豆、酒膳及藏冰等事。

【译文】

《唐六典》:"膳部有节日食料,说正月初七日吃煎饼。"又有《文昌杂
录》记载:"唐代一年中应节的物品,正月初七日吃煎饼。"

为菜羹

《荆楚岁时记》:"人日,以七种菜为羹。"

【译文】

《荆楚岁时记》:"正月初七日,用七种蔬菜做成菜羹。"

服麻豆

《肘后方》[①]:"正月七日,吞麻子、小豆各二七粒[②],消疾
疫[③]。"

【注释】

①《肘后方》:即《肘后备急方》,晋葛洪撰。该书系葛洪从其著作《玉函方》中精选急救有效的方剂编成《肘后救卒方》(3卷),后经南朝陶弘景、金代杨用道增补,形成现存的8卷本。

②麻子:芝麻。

③疾疫:瘟疫,疫病。

【译文】

《肘后备急方》:"正月初七日,吞服芝麻、小豆各十四粒,可以消除瘟疫。"

上君寿

《寿阳记》^①:"正月七日,宋王登望仙楼^②,会群臣父老集于城下,令皆饮一爵^③,文武千人拜贺上寿。"

【注释】

①《寿阳记》:南朝宋王玄谟撰。该书记载了南北朝时期寿阳(今属山西)地理、民俗与社会制度等。王玄谟(388—468),字彦德,太原祁(今山西祁县)人。南朝宋将领。

②宋王:即刘裕。晋恭帝元熙元年(419),刘裕受封为宋王。望仙楼:楼名。

③爵:古代饮酒的器皿。青铜制。

【译文】

《寿阳记》:"正月初七日,宋王登上望仙楼,与群臣父老在城下相聚宴饮,命令都饮一爵,文武官员上千人敬贺上寿。"

劳卿至①

唐刘𫗧《传记》②："魏郑公尝出行③,以正月七日谒见④。太宗劳之曰⑤:'今日卿至,可谓人日。'"

【注释】

①劳:烦劳。

②刘𫗧(sù)《传记》:即《隋唐嘉话》。

③魏郑公:即魏徵(580—643),字玄成,因功被封为郑国公,故称。魏郡馆陶(今属河北)人。唐初思想家、文学家和史学家,著有《魏郑公文集》《魏郑公诗集》。

④谒(yè)见:拜见。

⑤太宗:即唐太宗李世民。劳:慰劳。

【译文】

唐刘𫗧《隋唐嘉话》:"魏徵曾外出旅行,在正月初七日拜见唐太宗。唐太宗慰劳他说:'今日您来,可真应了人日这个时令。'"

宴群臣

《谈薮》①:"北齐高祖②,正月七日升高宴群臣③,问曰:'何故名人日?'魏收对以'董勋《问俗》:正月一日为鸡,七日为人'。"

【注释】

①《谈薮》:二卷,北齐阳松玠撰。该书为志人小说集,记述多为志人故事。阳松玠,或作杨松玠,北齐信都(今河北满城)人。另著

有《解颐》等。

②北齐高祖：即高欢（496—547），小字贺六浑，渤海郡蓨县（今河
　北景县）人。东魏权臣，北齐王朝奠基人。东魏武定八年（550）
　正月，其次子高洋建立北齐，追尊高欢为献武皇帝，庙号太祖；后
　被改尊为神武皇帝，庙号高祖。

③升高：登高。

【译文】

《谈薮》："北齐高祖高欢，正月初七日登高宴请群臣，问道：'为什么
称为人日？'魏收对以'董勋《问答礼俗》记载，正月初一日为鸡日，初七
日为人日'。"

赐彩胜

《景龙文馆记》①："中宗景龙四年正月七日②，宴大明殿③，
赐王公以下彩胜。"

【注释】

①《景龙文馆记》：又作《景龙记》，八卷，一作十卷，唐武平一撰。该
　书记述中宗景龙间弘文馆诸学士事迹。武平一（？—约741），名
　甄，并州文水（今属山西）人。唐文学家。

②中宗：即唐中宗李显（656—710），原名李哲，陇西成纪（今甘肃秦
　安）人。唐代第四位皇帝（683—684年、705—710年两度在位）。
　景龙四年：710年。景龙，唐中宗李显年号（707—710）。

③大明殿：即大明宫。位于唐京师长安（今陕西西安）北侧的龙首
　原，是唐长安城三座主要宫殿"三大内"中规模最大的一座，称为
　"东内"。

【译文】

《景龙文馆记》："唐中宗李显在景龙四年正月初七日,设宴大明殿,赏赐王公以下彩胜。"

诏赋诗

《景龙文馆记》："三年正月七日,上御清辉阁①,令学士赋诗,云:'青阳既兆人为日②。'"

【注释】

①上御:皇帝驾临。清辉阁:阁名。唐长安大明宫建筑之一,位于蓬莱殿西,阁北有太液池。

②青阳既兆人为日:出自唐韦元旦《奉和人日宴大明宫恩赐彩缕人胜应制》,原诗为"青韶既肇人为日"。

【译文】

《景龙文馆记》："景龙三年正月初七日,皇帝驾临清辉阁,命令学士吟诗,韦元旦吟道:'青阳既兆人为日。'"

著假令

《艺苑雌黄》云："古今著令①,自元日以后,唯人日有假。"

【注释】

①著令:法令制度。

【译文】

《艺苑雌黄》记载："古今法令制度,从正月初一以后,只有正月初七有法定假期。"

侍御宴①

《隋书》②:"阳休之正月七日登高侍宴③,赋诗云:'广殿丽年年,上林起春色。风生拂雕辇,云回浮绮翼④。'"

【注释】

①御宴:谓以君王名义所设的宴会。

②《隋书》:八十五卷,唐魏徵等撰。该书为纪传体的隋朝史。

③阳休之(509—582):字子烈,北平郡无终(今天津蓟州区)人。北齐文学家,著有《幽州人物志》《韵略》等。阳休之,底本作"杨休之",据《初学记》改。

④"广殿丽年年"几句:出自阳休之《正月七日登高侍宴》。广殿,即广明殿。汉未央宫殿名。《三辅黄图》卷三:"宣明、广明,皆在未央殿东。"上林,即上林苑。东汉光武帝时建造。故址在今河南洛阳东,汉魏洛阳故城西。东汉永平十五年(72)冬,车骑校猎上林苑,即此。雕辇,玉饰的车子。多为对车驾的美称。绮翼,色彩美丽的翅膀。

【译文】

《隋书》:"阳休之正月初七日登高陪侍筵宴,吟诗道:'广殿丽年年,上林起春色。风生拂雕辇,云回浮绮翼。'"

登仁峰

郭缘生《述征记》:"寿张县安仁峰①,魏东平王凿山顶为会望处②,以正月七日登峰。李充《铭》之曰③:'正月元七④,厥日惟人。策我良驷⑤,陟彼安仁⑥。'"

【注释】

①寿张县：东汉改寿良县置,治今山东东平西南。安仁峰：寿张县所辖山名,在今山东东平境内。

②魏东平王：即曹操的儿子曹徽。曹徽(?—242),字子隽,沛国谯县(今安徽亳州)人。太和六年(232)封为东平王。魏东平王,底本句后多一"苍"字,据《太平御览》删。

③李充：字弘度,江夏郡钟武县(今湖北安陆)人。东晋文学评论家、书法家、目录学家,著有《论语注》《学箴》等。《铭》：即《登安仁峰铭》。

④正月元七：即正月初七。

⑤策：驾驭。良驷(sì)：快马。

⑥陟(zhì)：远行,长途跋涉。安仁：安仁峰。

【译文】

郭缘生《述征记》："寿张县安仁峰,魏东平王凿平山顶作为正月初七日登峰集会和望远的场所。李充《登安仁峰铭》写道:'正月元七,厥日惟人。策我良驷,陟彼安仁。'"

立义楼

《寿阳记》："赵伯符为豫州刺史①,立义楼,每元日、人日、七夕、月半②,乃于楼上作乐,楼下男女,盛饰游观行乐③。"

【注释】

①赵伯符(?—445)：字润远,下邳僮县(今江苏沭阳)人。南朝宋将领。豫州：古地名。东晋咸和四年(329)侨置,初治芜湖(今安徽芜湖东),后移治历阳(今安徽和县)、姑孰(今安徽当涂)、寿春(今安徽寿县)等地。

②七夕：农历七月初七之夕。月半：指农历每月十五日。

③盛饰：华丽的服饰。游观：游览。行乐：消遣娱乐。

【译文】

《寿阳记》："赵伯符为豫州刺史时，设立义楼，每逢正月初一、正月初七日、七月初七日、每月十五日，就在义楼上奏乐宴饮，楼下的男女，身穿华丽的服饰游览娱乐。"

升西山①

晋李充正月七日登剡西寺②，赋诗云："命驾升西山③，寓目眺原畴④。"

【注释】

①升：登。西山：山名。不详待考。

②剡（shàn）西寺：寺名。不详待考。

③命驾：命人驾车马。

④寓目：犹过目，观看。眺：望，向远处看。原畴（chóu）：原野，汉王粲《从军诗》之五："鸡鸣达四境，黍稷盈原畴。"

【译文】

晋人李充正月初七日登剡西寺，吟诗道："命驾升西山，寓目眺原畴。"

谒真君①

《岁时杂记》："每月三、七日，士庶拜谒醴泉观真君②。正月七日，人盛③，仍争趁第一炉香④。"

【注释】

①真君：道教对神仙的尊称。

②拜谒：拜见。醴泉观：道观名。《汴京遗迹志》卷十："醴泉观在东
　水门里。宋真宗大中祥符元年五月，泰山醴泉出，诏于其地建醴
　泉观。后复建观于京城。"

③盛：众多。

④争趁：争上。第一炉香：也称"烧头炉香"。时礼神拜佛，信徒争
　上第一炉香，以示虔诚。

【译文】

《岁时杂记》："每月初三、初七日，人们前往拜见醴泉观真君。正月
初七日，游人众多，仍然争上第一炉香。"

授经诀

《北斗经》①："尔时太清天中大圣老君②，以永寿元年正
月七日③，授与天师《北斗本命经诀》④，广宣要法，作人舟
船，津梁男女⑤，普济众生⑥，使不失人路。"

【注释】

①《北斗经》：旧题汉张道陵撰。该书为道教经书，为道教徒日常奉
　诵经书之一。张道陵（34—156），一名张陵，自号天师，世称"张
　天师"，东汉沛国丰（今江苏丰县）人。道教创始者。

②尔时：犹言其时或那时。太清天：即太清。道教所称三清境之一。
　谓为其中的"大赤天"，为道德天尊（亦称太上老君）所治，称太
　清仙境。大圣老君：疑为太上老君。

③永寿元年：155年。永寿，汉桓帝刘志年号（155—158）。

④天师：即天师张道陵。

⑤津梁:引导,接引。

⑥普济众生:指救济帮助众人。原佛家语。佛认为世间的人和生物都在苦海之中,于是施用法力,普度众生脱离苦海,援救他们登上彼岸。

【译文】

《北斗经》:"那时太清仙境中的太上老君,在永寿元年正月初七日,授与天师张道陵《北斗本命经诀》,让他向人间传播《北斗经》的要义法门,以自身为渡船,引导男女众生脱离苦难,普济世人,使其不迷失人生正道。"

述道要①

《天师二十四化记》②:"玉局化在益州城南门③,周回百步④。汉桓帝永寿元年正月七日⑤,天师与老君自鹤鸣山来息此⑥。时地上忽涌出玉局玉床⑦,方广一丈⑧。老君升座⑨,重述道要,却自升天,玉局陷入地中。"东坡诗云:"剑阙西望七千里,乘兴真为玉局游⑩。"

【注释】

①道要:道教的要义。

②《天师二十四化记》:书名。不详待考。

③玉局化:地名,在今四川成都南。五代唐同光元年(923)前蜀设道场于此。益州:西汉元封五年(前106)置,为十三州刺史部之一。王莽改为庸部。公孙述改为司隶校尉。东汉复为益州,治雒县(今四川广汉北),后移治今四川成都。

④周回:周围。

⑤汉桓帝:即汉桓帝刘志(132—167),东汉第十一位皇帝(146—167年在位)。

⑥老君:即太上老君。鹤鸣山:亦作鹄鸣山。在今四川大邑西北。东晋常璩《华阳国志·汉中志》:"汉末,沛国张陵学道于蜀鹤鸣山,造作道书,自称太清玄元,以惑百姓。"息:休息。

⑦玉局:棋盘的美称。玉床:玉制或饰玉的床。

⑧方广:面积,范围。

⑨升座:登上座位。

⑩剑阙西望七千里,乘兴真为玉局游:出自苏轼《过岭二首·其一》,原诗为"剑关西望七千里,乘兴真为玉局游"。

【译文】

《天师二十四化记》:"玉局化在成都城南门,周围百步。汉桓帝永寿元年正月初七日,天师张道陵与太上老君自鹤鸣山来此休息。当时地上忽然涌出玉局和玉床,面积有一丈。太上老君登上座位,重新讲述道教要义,反而自己修道仙去,玉局陷入地中。"苏轼有诗写道:"剑阙西望七千里,乘兴真为玉局游。"

建善功

《正一旨要》:"正月七日,上元天官三宫九府三十六曹同地、水二官六宫十八府①,同考罪福②。此日大宜斋醮③,建置善功④。"

【注释】

①上元天官:道教所奉三官之一,三官为天官、地官、水官。传说天官赐福,地官赦罪,水官解厄。三官九府三十六曹:即上元天官所设机构,考核天上诸仙的功过罪福。

②罪福：苦难福禄。

③斋醮（jiào）：请僧道设斋坛，祈祷神佛。

④建置：建立。

【译文】

《正一法文修真旨要》："正月初七日，上元天官三宫九府三十六曹以及地、水二官六宫十八府，一同考核苦难福禄。这一天非常适合请僧道设斋坛，祈祷神佛，建立善行功德。"

宜斋戒①

《杂五行书》②："正月七日上会日③，可斋戒早起，男吞小豆七粒，女二七粒，一年不病。"

【注释】

①斋戒：古人在祭祀前沐浴更衣、整洁身心，以示虔诚。

②《杂五行书》：书名。不详待考。

③上会日：三会日之一，汉魏南北朝道教的组织制度。三会日的日期，道书记载不一，多以正月初七日为上会，七月七日为中会，十月初五日为下会。

【译文】

《杂五行书》："正月初七日上会日，可以早起斋戒，男人吞服小豆七粒，女人吞服十四粒，可保一年不生病。"

送穷鬼①

《岁时杂记》："人日前一日，扫聚粪帚，人未行时，以煎饼七枚覆其上，弃之通衢②，以送穷。"石曼卿《送穷》诗云："世人贪利意非均③，交送穷愁与底人④。穷鬼无归于我去⑤，我心忧道不忧贫⑥。"

【注释】

①穷鬼：指使人穷困的鬼。六朝以来风俗，民间多于农历正月某日作诗文祭送之，谓之送穷。

②通衢（qú）：四通八达的道路。

③世人贪利意非均：世人追逐利益的欲望存在严重的不平等，暗指社会财富分配失衡、人心逐利成风。

④交送穷愁与底人：社会的贪婪与不公将贫穷与苦难转嫁给最底层的民众。底人，最底层的民众。

⑤穷鬼无归于我去：穷鬼无法再依附于我而离去。无归，指穷鬼无处可归，暗示其无法再依附于诗人。

⑥我心忧道不忧贫：我忧虑的是道义存亡而非个人贫富。忧道不忧贫，《论语·卫灵公》："子曰：'君子谋道不谋食。耕也，馁在其中矣；学也，禄在其中矣。君子忧道不忧贫。'"

【译文】

《岁时杂记》："正月初六日，人们用扫帚把粪便聚在一起，趁人们还未出门时，用七枚煎饼将其遮住，扔在四通八达的道路上，用来送穷。"石延年《送穷》诗写道："世人贪利意非均，交送穷愁与底人。穷鬼无归于我去，我心忧道不忧贫。"

得旧诗

杜甫《人日草堂即事诗序》①："开文书帙中②，检所遗忘③，因得故常侍高适④，往岁在成都时，任蜀州刺史⑤，《人日相忆见寄》诗⑥。泪洒行间⑦，读终篇末。自枉诗已十余年⑧，莫记存亡，又六七年矣。老病怀旧，生意可知⑨。"诗云："自蒙蜀州人日作⑩，不意清诗久零落⑪。今晨散帙眼忽开⑫，迸泪幽吟事如昨⑬。"

【注释】

①《人日草堂即事诗序》：即《追酬故高蜀州人日见寄》并序。

②帙（zhì）：书套。

③检：查检。

④故：已故，死亡。常侍高适：即高适（约700—765），字达夫，渤海蓨（今河北景县）人。唐中期名臣、边塞诗人。曾任刑部侍郎、散骑常侍，封渤海县侯，世称"高常侍"。

⑤蜀州：唐垂拱二年（686）析益州置，治晋原县（今四川崇州）。

⑥《人日相忆见寄》诗：指高适《人日赠杜二拾遗》诗。

⑦行间：字里行间，此指高适的诗。

⑧枉诗：底本作"作诗"，据《杜工部集》改。枉，谦辞，谓使对方受屈。

⑨生意：人生的意趣或情怀。

⑩蒙：承蒙。蜀州：因高适任蜀州刺史，代指高适。

⑪清诗：底本作"清明"，据《杜工部集》改。清新的诗篇。久零落：因为杜甫将高适的赠诗卷在书卷里面，因此"久零落"。

⑫散帙：打开书帙。亦借指读书。

⑬迸泪：形容伤心痛哭，泪如泉涌。幽吟：幽咽低吟。

【译文】

杜甫《追酬故高蜀州人日见寄》并序："我打开书套观看诗文书信，查检一些遗忘的文字，因此也得到已故散骑常侍高适寄我的这首诗，过去居住在成都时，高适任蜀州刺史，他寄我《人日赠杜二拾遗》诗。读完诗,我泪洒诗间。自己使这首诗受屈,已有十多年;忘记他的生死,又有六七年了。如今我年老多病开始怀旧,他人生的意趣我这才知晓。"《追酬故高蜀州人日见寄》诗写道:"自蒙蜀州人日作,不意清诗久零落。今晨散帙眼忽开,逆泪幽吟事如昨。"

括新词

《古今词话》:"白云先生之子张才翁①,风韵不羁②,敏于词赋③。初任临邛秋官④,邛守张公庠不知之⑤,待之不厚⑥。临邛故事⑦,正月七日有白鹤之游⑧,郡守率属官同往⑨,而才翁不预焉⑩。才翁密语官妓杨皎曰:'此老子到彼⑪,必有诗词,可速寄来。'公庠既到白鹤,登信美亭⑫,便留题曰⑬:'初眠官柳未成阴⑭,马上聊为拥鼻吟⑮。远宦情怀销壮志⑯,好花时节负归心⑰。别离长恨人南北,会合休辞酒浅深⑱。欲把春愁闲抖擞⑲,乱山高处一登临。'杨皎录此诗以寄,才翁得诗,即时增减作《雨中花》一阕,以遗杨皎,使皎调歌之,曰:'万缕青青,初眠官柳,向人犹未成阴。据征鞍无语⑳,拥鼻微吟。远宦情怀谁问?空劳壮志销沉。好花时节,山城留滞,又负归心。   别离万里,飘蓬无定㉑,谁念会合难凭。相聚里、莫辞金盏酒还深㉒。欲把春愁抖擞,春愁转更难禁。乱山高处,凭栏垂袖,聊寄登临。'公庠再坐晚筵,皎歌于公庠侧,公庠怪而问。皎进禀曰㉓:'张司理恰寄来㉔。'令杨皎歌之,以献台座㉕。公庠遂青顾才翁㉖,尤加礼焉。"

【注释】

① 白云先生：疑为张俞，字少愚，自号白云居士，益州郫县（今属四川）人。北宋诗人，著有《白云集》。张才翁：曾为临邛司理。宋词人。

② 风韵：风度姿态。不羁：行为不遵循礼法。

③ 敏于词赋：词赋反应敏捷。

④ 临邛（qióng）：秦置，治今四川邛崃。秋官：《周礼》六官之一，掌刑狱。《周礼·秋官》唐贾公彦题解："郑《目录》云，象秋所立之官。寇，害也。秋者，遒也，如秋义杀害收聚敛藏于万物也。天子立司寇，使掌邦刑。刑者，所以驱耻恶，纳人于善道也。"后世常以秋官为掌司刑法官员的通称。

⑤ 张公庠：字元善。皇祐元年（1049）进士，曾任著作佐郎，后以朝议大夫、尚书都官员外郎知晋州，改苏州。著有《泗州集》。

⑥ 厚：重视。

⑦ 故事：先例。

⑧ 白鹤：即白鹤山。在今四川邛崃市区西侧。因常有鹤筑巢其上，故名。

⑨ 属官：属下的官吏。

⑩ 预：参与。

⑪ 老子：此指张公庠。

⑫ 信美亭：在白鹤山上，庆历二年（1042）建。

⑬ 留题：题字留念。

⑭ 初眠官柳：谓柳色青青，尚未浓密成荫。《三辅旧事》："汉苑中有柳，状如人形，号曰人柳，一日三眠三起。"

⑮ 拥鼻吟：《晋书·谢安传》："安本能为洛下书生咏，有鼻疾，故其音浊，名流爱其咏而弗能及，或手掩鼻以效之。"后以"拥鼻吟"指用雅音曼声吟咏。

⑯远宦：在远方做官。

⑰归心：回家的念头。

⑱休辞：不要推辞。

⑲抖擞：抖动，振动。此处指抖去，抛去。

⑳征鞍：犹征马。指旅行者所乘的马。

㉑飘蓬：飘飞的蓬草。比喻飘泊无定。

㉒金盏：酒杯的美称。

㉓禀：禀报。

㉔司理：官名，主管狱讼刑罚。

㉕台座：旧时称呼当官者的敬词。此指座中客人。

㉖青顾：谓另眼看待，看重。

【译文】

《古今词话》："白云先生之子张才翁，风流放荡不羁，对词赋反应敏捷。起初担任临邛秋官，临邛太守张公庠不知他有才情，对他不重视。临邛先例，正月初七日有白鹤山之游，郡守率属下官吏同往，而不让张才翁参与。张才翁悄悄对官妓杨皎说：'这张公庠太守一到白鹤山，必定写诗词，可速速递送过来。'张公庠既到白鹤山，登上信美亭，便题字留念：'初眠官柳未成阴，马上聊为拥鼻吟。远宦情怀销壮志，好花时节负归心。别离长恨人南北，会合休辞酒浅深。欲把春愁闲抖擞，乱山高处一登临。'杨皎抄录此诗以递送，张才翁得到诗，马上增减作《雨中花》一首，送给杨皎，让杨皎用调歌唱：'万缕青青，初眠官柳，向人犹未成阴。据征鞍无语，拥鼻微吟。远宦情怀谁问？空劳壮志销沉。好花时节，山城留滞，又负归心。　　别离万里，飘蓬无定，谁念会合难凭。相聚里、莫辞金盏酒还深。欲把春愁抖擞，春愁转更难禁。乱山高处，凭栏垂袖，聊寄登临。'张公庠晚上再举行筵席，杨皎在张公庠旁边歌唱，张公庠感到奇怪而问杨皎。杨皎进前禀报说：'张司理正好寄来。'张公庠令杨皎歌唱，以敬献座中客人。张公庠于是看重张才翁，对他尤加礼敬。"

上元 上

【题解】

本卷《上元上》篇。俗以农历正月十五为上元节，又称元宵节、元夕节、灯节。上元烧灯，唐以前岁不常设。烧灯故事，多出于佛书。据经典所载，燃灯有大功德，系对佛菩萨之一种供养。后渐演变成为灯会。卷首一段总叙文字概说上元之义。

本卷条目均为上元时俗节物，主要有上元节观灯"敕燃灯""请燃灯""九华灯""百杖灯""千炬灯""三夜灯""四夜灯""五夜灯""弛禁夜""不禁夜""作灯轮""观灯山""州郡灯""公厍灯""竹䉺灯""衮球灯""坐车灯""黄龙灯""寺院灯""大明灯"等；上元节游乐"结彩楼""缚山棚""立棘盆"等；上元节宴饮"赐御宴""赐御筵"等；上元节道家仪式"会群仙""拜章表""诵道经"等。

吕原明《岁时杂记》曰："道家以正月十五日为上元。"洪迈舍人《容斋五笔》云："上元张灯①。《太平御览》所载《史记·乐书》曰②：'汉家祀太一③，以昏时祠到明④。今人正月望日夜游观灯，是其遗事。'而今《史记》无此文。"《提要录》云："梁简文帝有《列灯》⑤，陈后主有《光璧殿遥咏山灯》诗⑥。唐明皇先天中⑦，东都设灯⑧。文宗开成中⑨，以灯迎三宫⑩。是则唐以前岁不常设。"烧灯故事⑪，多出佛书。

【注释】

①张灯：张挂灯笼。

②《太平御览》：初名《太平编类》，又称《太平总类》《太平类编》，一千卷，北宋李昉、扈蒙等十四人，于太平兴国二年（977），奉宋太宗之命编撰。据宋敏求《春明退朝录》所载：书成之后，太宗日览三卷，一岁而周读，故赐《太平御览》之名。李昉（925—996），字明远，深州饶阳（今属河北）人。北宋文学家，另参与编写《文苑英华》《太平广记》等。

③汉家：汉室，汉朝。太一：传说中的天神。战国宋玉《高唐赋》："醮诸神，礼太一。"《史记·封禅书》："天神贵者太一。"司马贞索隐引宋均云："天一、太一，北极神之别名。"

④昏时：傍晚。

⑤《列灯》：即《列灯赋》。

⑥陈后主：即陈叔宝（553—604），字元秀，小名黄奴，吴兴郡长城县（今浙江长兴）人。南朝陈末代皇帝（582—589年在位）。

⑦先天：唐玄宗李隆基年号（712—713）。

⑧东都：隋唐时指洛阳。时京都在长安。

⑨文宗开成：唐文宗开成年间。开成，唐文宗李昂年号（836—840）。

⑩灯：灯会。三宫：三宫太后。《新唐书·后妃列传》："开成中，正月望夜，帝御咸泰殿，大然灯作乐，迎三宫太后，奉觞上寿。"

⑪烧灯：指举行灯会或灯市。

【译文】

吕希哲《岁时杂记》记载："道家以正月十五日为上元节。"舍人洪迈《容斋五笔》说："上元节张挂灯笼。《太平御览》所引《史记·乐书》

记载:'汉代祭祀天帝,从傍晚祭祀到第二天天亮。如今人们正月十五夜晚漫游观灯,就是汉代祭祀天帝留下的遗风。'而今天存世的《史记》中没有这段文字。"《提要录》记载:"梁简文帝有《列灯赋》,陈后主有《光璧殿遥咏山灯》诗。唐明皇先天年间,东都洛阳设置灯会。唐文宗开成年间,设置灯会以迎接三宫太后。虽然唐代以前这节不经常设置灯会。"上元节举行灯会的故事,大多出自佛教书籍。

敕燃灯①

《僧史略》②:"太平兴国六年③,敕燃灯放夜④,为著令。"

【注释】

①燃灯:原为佛教的一种仪式。《无量寿经》下曰:"悬缯燃灯,散花烧香。"后又演为正月十五坊市燃灯的节俗。

②《僧史略》:又名《大宋僧史略》,三卷,宋释赞宁撰。该书虽名为僧史,事实上是佛教事物及佛教典章制度的起源和沿革的记载。赞宁(919—1001),俗姓高,吴兴德清(今属浙江)人。出家于杭州祥符寺,精南山律学,时称"律虎"。吴越王钱俶署为两浙僧统,赐号"明义宗文大师"。宋太宗太平兴国三年(978)赐号"通慧大师"。北宋僧人,佛教史学家,另著有《大宋高僧传》《三教圣贤事迹》等。

③太平兴国六年:981年。

④放夜:古时都市有宵禁惯例,晚间街道断绝通行。唐代开始正月十五元宵节前后各一日暂弛禁,准许百姓夜行观灯,称"放夜"。

【译文】

《大宋僧史略》:"太平兴国六年,皇帝下令准许百姓夜行观灯,定为法令制度。"

请燃灯

《唐书·严挺之传》^①:"睿宗先天二年正月望夜^②,胡人婆陁请于玄武楼外燃百千灯供佛^③,纵都民出观。"

【注释】

①《唐书·严挺之传》:《旧唐书》中所载严挺之的传记。严挺之（约673—742），名浚,华州华阴（今属陕西）人。好佛,撰有《大智禅师塔铭》。

②睿宗:即唐睿宗李旦（662—716）,唐代第五位皇帝（684—690年、710—712年在位）。先天元年（712）,李旦退位为太上皇。开元四年（716）崩,葬于桥陵。先天二年:713年。先天,唐玄宗李隆基年号（712—713）。此处原文当为"玄宗先天二年"。正月望夜:即正月十五夜。

③婆陁（tuó）:西域胡僧。玄武楼:楼名。在唐长安大明宫北面,唐德宗所建。元稹《连昌宫词》:"往来年少说长安,玄武楼成花萼废。"即指此。百千:成百上千。极言其多。

【译文】

《旧唐书·严挺之传》:"唐玄宗先天二年正月十五夜,胡人婆陁请求在玄武楼外点燃千百盏灯供佛,允许京城百姓出来观赏。"

九华灯^①

《西京杂记》:"元夜^②,燃九华灯于南山上,照见百里。"杜甫诗云:"紫殿九华灯^③。"

【注释】

①九华灯：灯名。"九"言其繁多，"华"言其色彩缤纷。

②元夜：正月十五日晚上。

③紫殿九华灯：出自杜甫《寄刘峡州伯华使君四十韵》。紫殿，帝王宫殿。《三辅黄图·汉宫》："武帝又起紫殿，雕文刻镂黼黻，以玉饰之。"

【译文】

《西京杂记》："正月十五日晚上，在南山上点燃九华灯，可以照见百里。"杜甫有诗写道："紫殿九华灯。"

百枝灯

《天宝遗事》："韩国夫人置百枝灯树①，高八十尺，竖之高山。上元点之，百里皆见，光明夺月色也②。"

【注释】

①韩国夫人：即杨贵妃之姐，于天宝七载（748）被封为韩国夫人。

②夺：胜过，压倒。

【译文】

《开元天宝遗事》："韩国夫人置办一株百枝灯树，高八十尺，竖立在高山上。上元夜点燃，可以照见百里，光亮胜过月色。"

千炬烛①

《天宝遗事》："杨国忠子弟，每至上元夜，各有千炬烛围绕于左右。"

【注释】

①炬烛：指蜡烛。

【译文】

《开元天宝遗事》："杨国忠的子侄，每到上元夜，各有上千支蜡烛围绕在左右。"

三夜灯

《古今诗话》："正月望夜，许三夜金吾弛禁^①，察其寺观及前后街巷^②，要盛造灯笼烧灯，光明若昼，山棚高百余尺。神龙已后^③，复加严饰^④，士女无不夜游，罕有居者。车马塞路，有足不蹑地^⑤，被浮行数十步者。王公之家，皆数百骑行歌^⑥。苏味道诗云^⑦：'火树银花合，星桥铁锁开。暗尘随马去，明月逐人来。游伎皆秾李，行歌尽落梅。金吾不禁夜，玉漏莫相催^⑧。'郭利贞诗云^⑨：'九陌连灯影，千门度月华。倾城出宝骑，匝路转香车。烂漫惟愁晓，周旋不问家。更闻清管发，处处落梅花^⑩。'"

【注释】

①金吾弛禁：即金吾不禁。指古时元宵及前后各一日，终夜观灯，地方官解除夜禁。金吾，古代掌管京城戒备保卫的官。弛，解除。

②寺观：佛寺和道观。僧人所居曰寺，道士所居曰观。

③神龙：周武则天年号，唐中宗李显沿用，共三年（705—707）。

④复加：增加。严饰：装饰美盛，盛饰。

⑤蹑：踩。

⑥骑：一人一马的合称。行歌：边行走边歌唱。借以发抒自己的感

情,表示自己的意向、意愿等。

⑦苏味道(648—705):字守真,赵州栾城(今河北石家庄)人。唐诗人,与杜审言、崔融、李峤并称为"文章四友",与李峤并称"苏李"。

⑧"火树银花合"几句:出自苏味道《正月十五夜》。火树银花,比喻灿烂的灯火或焰火。星桥,神话中的鹊桥。暗尘,积累的尘埃。游伎,底本作"游骑",据《搜玉小记》改。指出游的歌妓。秾(nóng)李,原为华美的李花。此指出游的歌妓打扮得花枝招展。落梅,即《梅花落》。古笛曲名。玉漏,古代计时漏壶的美称。

⑨郭利贞:底本作"郭利正",据《全唐诗》改。神龙中为吏部员外郎,赋上元灯会诗,与苏味道、崔液并为绝唱。

⑩"九陌连灯影"几句:出自郭利贞《上元》。九陌,汉长安城中的九条大道。此指京城长安。月华,月光,月色。匝(zā)路,环绕路途。香车,用香木做的车。泛指华美的车或轿。周旋,引申为交往,交际应酬。清管发,清亮的乐声响起。清管,本指声音清越的管乐器。落梅花,即《梅花落》。

【译文】

《古今诗话》:"正月十五夜,允许掌管京城警卫的金吾解除夜禁,察看佛寺和道观以及前后街巷,要制造更多的灯笼举办灯会,光明如同白天,彩棚高百余尺。神龙年以后,增加装饰,官宦家的女子没有不夜出游玩,很少有呆在家里的。车马堵塞道路,有脚不着地,被人挤着凌空走了数十步的。达官贵人之家,都是数百骑边行边歌。苏味道有诗写道:'火树银花合,星桥铁锁开。暗尘随马去,明月逐人来。游伎皆秾李,行歌尽落梅。金吾不禁夜,玉漏莫相催。'郭利贞有诗写道:'九陌连灯影,千门度月华。倾城出宝骑,匝路转香车。烂漫惟愁晓,周旋不问家。更闻清管发,处处落梅花。'"

四夜灯

《岁时杂记》:"张乖崖帅蜀,增十三日一夜灯,谓之挂搭,不敢明言四夜灯。三数年来[1],杭、益先为五更观灯[2],尔后诸郡,但公帑民力可办者[3],多至五夜。"

【注释】

①三数年:几年。

②五更:特指第五更的时候。即天将明时。

③公帑(tǎng):公款。民力:民众的人力、物力、财力。

【译文】

《岁时杂记》:"乖崖公张咏掌管蜀中,在正月十三日提前一夜挂灯,称为挂搭,不敢明说是四夜灯。几年来,杭州、益州先为五更观灯,从此以后各个郡县,只要公款民力可以操办的,大多为五夜灯。"

五夜灯

《国朝会要》:"乾德五年诏[1]:'朝廷无事[2],区宇咸宁[3]。况年谷之屡丰[4],宜士民之纵乐[5]。上元可更增两夜,起于十四,止于十八。'自后,十六日开封府以旧例,奏请增放两夜。"又赵德璘《侯鲭录》云[6]:"京师上元旧例,放灯三夕。钱氏纳土[7],进金钱买两夜[8],今十七、十八夜是也。"《本事词》载[9]:"宣和盛时[10],京师宫禁五夜上元灯[11]。"少监张仲宗《上元》词云[12]:"长记宫中五夜,东风鼓吹。"

【注释】

①乾德五年:967年。乾德,宋太祖赵匡胤年号(963—968)。

②无事:没有变故。多指没有战事、灾异等。

③区宇咸宁:天下全都安定。区宇,天下。

④年谷:一年中种植的谷物。

⑤士民:泛指人民、百姓。纵乐:纵情欢乐。

⑥《侯鲭(qīng)录》:八卷,赵令畤撰。该书取其书似美味佳肴之意,诠释名物、习俗、方言、典故,记叙时人的交往、品评、佚事、趣闻及诗词之作。

⑦钱氏纳土:指太平兴国三年(978),吴越国王钱弘俶做"纳土归宋"。

⑧进金钱买两夜:钱弘俶归顺宋后,以进献财物的方式请求延长灯会,最终朝廷特许增加正月十七、十八两夜,形成"五夜灯"的习俗。

⑨《本事词》:约作于南宋中期,其作者、卷数不详,已佚。

⑩宣和:宋徽宗赵佶年号(1119—1125)。盛时:盛世。

⑪京师宫禁五夜上元灯:京城上元节放灯五夜。《宣和遗事·前集》:"且如前代庆赏元宵,只是三夜……从十四至十六夜,放三夜元宵灯烛。至宋朝开宝年间,有两浙钱王献了两夜浙灯,展了十七、八两夜,谓之'五夜元宵'。"

⑫少监:官名。隋唐以下诸监之副贰,通称少监。张仲宗:即张元幹(1091—约1161),字仲宗,号芦川居士、真隐山人,晚年自称芦川老隐,芦川永福(今福建永泰)人。南宋词人,与张孝祥号称南宋初期"词坛双璧",著有《芦川归来集》《芦川词》等。

【译文】

《国朝会要》:"乾德五年皇帝下诏:'朝廷没有战事,天下全都安定。何况一年中种植的谷物屡获丰收,适合人民纵情欢乐。上元节可增加放灯两夜,正月十四开始,正月十八结束。'从此以后,正月十六日开封府依据旧例，上奏请求增加放灯两夜。"又有赵德璘《侯鲭录》记载："京城上元节旧例，放灯三夜。钱弘俶'纳土归宋'，又以进献财物的方式请求延长两夜灯会，就是正月十七、正月十八两夜。"《本事词》记载："宣和盛世时，京城上元节放灯五夜。"少监张元幹《上元》词写道："长记宫中五夜，东风鼓吹。"

弛禁夜

　　唐《西京新记》①："京师街衢有金吾②，晓暝传呼③，以禁夜行。唯正月十五日夜，敕许金吾弛禁，前后各一日，以看灯。"《上元》词云："金吾不禁元宵，漏声更莫催晓。"又古词云："况今宵好景，金吾不禁，玉漏休催④。"

【注释】

①《西京新记》：五卷，唐韦述撰。该书记载隋开皇至唐开元时西京长安情况。韦述（？—757），京兆万年（今陕西西安）人。唐史学家、文学家，另著有《唐春秋》《开元谱》《高宗实录》等。

②街衢（qú）：街道。

③晓暝：清晨和傍晚。传呼：传声呼喊。

④"况今宵好景"几句：出自宋无名氏《木兰花·其六》。

【译文】

　　唐代《西京新记》："京城街道上有掌管京城警卫的金吾，清早和傍晚传声，以禁止夜间出行。只有正月十五夜，敕命准许掌管京城警卫的金吾解除禁令，正月十五前后各一日，用来观看花灯。"《上元》词写道："金吾不禁元宵，漏声更莫催晓。"又有古词写道："况今宵好景，金吾不禁，玉漏休催。"

不禁夜

《春明退朝录》^①：“本朝太宗时^②，三元不禁夜^③。上元御乾元门^④，中元、下元御东华门^⑤，而上元游观独盛，冠于前代。”吕原明《岁时杂记》云：“真宗以前^⑥，御东华门，或御角楼^⑦。自仁宗来^⑧，唯御正阳门^⑨。即宣德门。”

【注释】

①《春明退朝录》：三卷，北宋宋敏求撰。该书是一部杂录见闻的笔记，因作者居家开封春明里，每日退朝后即撰述旧闻，故以《春明退朝录》为名。宋敏求（1019—1079），字次道，赵州平棘（今河北赵县）人。北宋文学家、方志学家，另著有《长安志》等。

②太宗：即宋太宗赵光义（939—997），本名赵匡义，后因避其兄宋太祖赵匡胤名讳而改名赵光义，即位后又改名赵炅。宋朝第二位皇帝（976—997年在位）。

③三元：即三元节。上元节、中元节、下元节的合称。

④乾元门：北宋汴京城门。南面三门，中为乾元门，两侧为左掖、右掖二门。

⑤中元：即中元节。农历七月十五日。道家因相信地官于此日下降，定人间善恶，故道观于此日设坛向神祈祷，求福免灾。后演变为民间的祭祖日，家家追悼祭奠祖先亡灵，并以丰富的菜肴、放河灯等仪式，普度众家孤魂野鬼。下元：即下元节。农历十月十五日，亦称“下元日”。道教以下元节为水官解除厄运而举行普度仪式，民间亦在此时祭拜祖先、神灵以祈求福祉。东华门：宫城东门名。宋孟元老《东京梦华录·大内》：“殿前东西大街，东出东华门，西出西华门。”

⑥真宗:即宋真宗赵恒(968—1022),本名赵德昌,改名赵元休、赵
　元侃。宋朝第三位皇帝(997—1022年在位)。

⑦角楼:古代供瞭望和防守用的城楼。建于城垣四角,故称。

⑧仁宗:即宋仁宗赵祯(1010—1063),初名赵受益。宋朝第四位皇
　帝(1022—1063年在位)。

⑨正阳门:又称宣德门。北宋东京(今河南开封)皇城中南门,为正
　门。《宋史·地理志》:"宋初,依梁、晋之旧,名曰明德,太平兴国
　三年改丹凤,大中祥符八年改正阳,明道二年改宣德。雍熙元年
　改今名。"

【译文】

　《春明退朝录》:"本朝宋太宗时,三元节不禁止夜行。上元节皇帝驾
临乾元门,中元节、下元节皇帝驾临东华门,而唯独上元节游览最为盛大,
盛况超过以前朝代。"吕希哲《岁时杂记》记载:"宋真宗以前,皇帝驾临东
华门,或驾临角楼。自宋仁宗以来,皇帝只驾临正阳门。就是宣德门。"

开坊门①

　《南史》:"朱梁开平中②,上元诏:'开坊门三夜。'"

【注释】

①坊门:古时街巷之门。

②朱梁:指五代后梁。因朱温所建,故称。开平:后梁太祖朱温年号
　(907—911)。

【译文】

　《南史》:"后梁开平年间,上元节皇帝发布诏令:'开坊门三夜。'"

开重门^①

《唐实录》^②："睿宗先天二年正月望夜^③，初弛门禁。玄宗天宝六年正月十八日^④，诏重门夜开，以达阳气。"

【注释】

①重门：宫门。《文选·谢朓〈观朝雨〉诗》："平明振衣坐，重门犹未开。"吕向注："重门，帝宫门也。"

②《唐实录》：书名。唐所修每个皇帝统治时期的编年大事记。唐以后，每一皇帝死后，继嗣之君，必敕史臣撰修实录，沿为定例。

③先天二年：713年。先天，唐玄宗李隆基年号（712—713）。

④天宝六年：747年。天宝，唐玄宗李隆基年号（742—756）。

【译文】

《唐实录》："唐玄宗先天二年正月十五夜，开始解除夜里关门的禁令。唐玄宗天宝六年正月十八日，皇帝发布诏令夜里打开宫门，以使阳气通达。"

作灯轮^①

《朝野佥载》^②："唐睿宗先天二年正月十五、十六夜，于京安福门外作灯轮^③，高二十丈，衣以锦绣^④，饰以金银，燃五万盏灯，竖之如花树。宫女千数，衣罗绮，曳锦绣^⑤，耀珠翠^⑥，施香粉^⑦。一花冠、一巾帔不下万钱^⑧，装束一妓女皆至三百贯。妙简长安、万年少女妇千余人^⑨，衣服、花钗、媚子称是^⑩，于灯轮下踏歌三日夜，欢乐之极，未始有之。"

【注释】

①灯轮:一种大型的彩灯。

②《朝野佥载》:六卷,唐张鷟撰。该书记载隋唐两代朝野遗闻,对武后朝事多有讥讽。张鷟(zhuó,约660—740),字文成,号浮休子,史称"青钱学士",深州陆泽(今河北深州)人。唐文学家,另著有《龙筋凤髓判》《游仙窟》等。

③安福门:唐长安皇城西面偏北门。建于隋初,上有楼观,下有三门洞。

④衣:遮盖,包扎。锦绣:精美鲜艳的丝织品。

⑤衣罗绮,曳锦绣:指身穿精美鲜艳的丝绸。

⑥耀:耀眼。珠翠:珍珠及翠玉。指首饰或饰物。

⑦施:施加。

⑧花冠:指妇女所戴的装饰美丽的帽子。巾帔(pèi):头巾和披肩。

⑨妙简:精选。长安、万年:即长安县、万年县,都是唐代国都长安的附郭县。

⑩花钗:妇女的头饰。由两股合成,上有饰物。媚子:首饰名。称是:谓与此相称或相当。

【译文】

《朝野佥载》:"唐睿宗先天二年正月十五、十六日夜晚,在京城安福门外制作一座大型彩灯,高二十丈,彩灯用精美的丝织品包扎,上面装饰金银,点燃五万盏彩灯,竖起如同花树。数千宫女,身穿绮罗,肩披锦绣,头戴耀眼的珍珠和翠玉,脸施香粉。一顶花冠、一件头巾和披肩都价值不下万钱,装饰打扮一名妓女都要三百贯钱。精选长安县、万年县少女美妇千余人,所穿衣服、所戴头饰、首饰都跟宫女一样,在彩灯下以脚踏地为节拍跳舞三天三夜,欢乐之极,以前从未有过。"

结彩楼^①

《广德神异录》^②:"唐玄宗于正月十五夜,移仗上阳宫^③,大陈影灯^④,设庭燎,自禁中至殿庭^⑤皆设蜡炬^⑥,连属不绝^⑦,洞照宫室^⑧,荧煌如昼^⑨。时有尚方都匠毛顺^⑩,心多巧思^⑪,结缔缯彩^⑫,为灯楼二十间,高一百五十尺,悬以珠玉金银,微风一至,锵然成韵^⑬。仍以灯为龙凤虎豹腾跃之状,似非人力。"

【注释】

①彩楼:用彩色绸帛结扎的棚架。一般用于祝贺节日盛典喜庆之事。

②《广德神异录》:书名。不详待考。

③移仗:谓天子出行。唐郭湜《高力士传》:"因此被贼臣李辅国阴谋不轨,欲令猜阻,更树勋庸,移仗之端,莫不由此。"上阳宫:唐代宫名。唐高宗上元年间建造,故址在今河南洛阳西洛水北岸。

④陈:安放,排列。影灯:以取影装饰为主的彩灯。上绘有人物、花卉或四时景致等的彩画,如走马灯之类。

⑤殿庭:宫殿阶前平地。

⑥蜡炬:蜡烛。

⑦连属不绝:连续不断。

⑧洞照:明照。宫室:指帝王的宫殿。

⑨荧煌:灯火辉煌。

⑩尚方:古代制造帝王所用器物的官署。都匠:大匠。对在某种技艺上造诣极高的人的称呼。毛顺:唐玄宗时的尚方御匠,擅制灯楼。

⑪巧思:精巧的构思。

⑫缔:连接。缯彩:彩色缯帛。

⑬锵（qiāng）然：形容金宝珠玉等声音清脆。

【译文】

《广德神异录》："唐玄宗在正月十五日夜晚，到上阳宫，在上阳宫大摆影灯，设置庭燎，从禁中到宫殿阶前平地，都点燃蜡烛，连续不断，光照皇宫，灯火辉煌如同白天。当时有为皇帝制造器物的大匠毛顺，心中多有精巧的构思，用彩带捆绑连接，制作成灯楼二十间，高一百五十尺，上面悬挂金银珠玉的坠饰，微风吹来，发出清脆悦耳的声音。又把灯做成龙凤虎豹腾空跳跃的形状，似乎不是人力所为。"

缚山棚

皇朝《东京梦华录》："正月十五日，元宵。大内前①，自岁前冬至后，开封府绞缚山棚②，立木正对宣德楼。游人已集御街，两廊下奇术异能③，歌舞百戏④，鳞鳞相切⑤，乐声嘈杂十余里。击丸⑥，蹴踘⑦，踏索⑧，上竿⑨，赵野人倒吃冷淘⑩，张九哥吞铁剑，李外宁药法傀儡⑪，小健儿吐五色水⑫，旋烧泥丸子⑬，大特落灰药，榾柮儿杂剧⑭，温大头、小曹稽琴⑮，党千箫管⑯，孙四烧炼药方⑰，王十二作剧术⑱，邹遇、田地广杂扮⑲，苏十、孟宣筑球⑳，尹常卖《五代史》㉑，刘伯禽虫蚁㉒，杨文秀鼓笛㉓。更有猴呈百戏㉔，鱼跳刀门㉕，使唤蝶蜂㉖，追呼蝼蚁㉗。其余卖药、卖卦、沙书地谜㉘，奇巧百端，日新耳目。

【注释】

①大内：皇宫。

②绞缚：犹结缚。此有扎建之意。

③奇术异能：奇特技艺、新异本领。

④百戏：古代乐舞杂技的总称。

⑤鳞鳞：形容多得像鱼鳞。切：靠近，贴近。

⑥击丸：古时的一种杂技表演。亦指这种杂技的表演者。

⑦蹴鞠（cù jū）：一种古代踢球游戏。用以练武、娱乐、健身。传说始于黄帝，初以练武士。《汉书·枚乘传》："游观三辅离宫馆，临山泽，弋猎射驭狗马蹴鞠刻镂，上有所感，辄使赋之。"颜师古注："蹴，足蹴之也。鞠以韦为之，中实以物，蹴蹋为戏乐也。"

⑧踏索：即走索。杂技的一种，演员在悬空的绳索上来回走动，并表演各种动作。

⑨上竿：古代杂技名，类似今天的爬竿。

⑩赵野人：艺人名。倒吃冷淘：一种杂技。表演者向后弯腰成反弓状，衔起"冷淘"来吃。

⑪药法傀儡：宋代傀儡戏的一种。又一说认为系以火药为动力，使傀儡活动。宋金盈之《醉翁谈录·京城风俗记》载："（四月）八日（浴佛）：或见佛子于金盘中周行七步，观者愕然。今之药傀儡者，盖得其遗意。"

⑫吐五色水：百戏的一种。五色水，指用草药制成的青、赤、黑、白、黄五种颜色的药水。吐五色水的杂技，可能与佛教的浴佛习俗有关。

⑬旋烧泥丸子：流行于宋代城市中的一种表演，以泥丸为道具，属于幻术或戏法类型，表演者多为道士。

⑭榾柮（gǔ duò）：原指树根疙瘩、木柴块，此处疑指木偶道具，或借喻表演的粗朴风格。杂剧：一种戏曲。原为宋代以滑稽方式表演的戏，至元代则指以北曲为主干的戏剧。

⑮嵇琴：即奚琴。古代的一种弦乐器。原为隋唐时中国北部（今辽宁西喇木伦河流域及河北北部）少数民族部落奚所使用，故称。宋陈旸《乐书·胡部·八音》："奚琴，本胡乐也，出于弦鼗而形亦

类焉,奚部所好之乐也。盖其制,两弦间以竹片轧之,至今民间用焉,非用夏变夷之意也。"

⑯ 箫管:宋代对竖笛的称呼之一。宋陈旸《乐书·胡部·八音》:"箫管之制,六孔,旁一孔,加竹膜焉。具黄钟一均声。或谓之尺八管,或谓之竖笛,或谓之中管。尺八,其长数也,后世官县用之;竖笛,其植如笛也;中管,居长笛、短笛之中也。今民间谓之箫管,非古之箫与管也。"

⑰ 烧炼药方:南唐尉迟偓《中朝故事》中一则可与"烧炼药方"互证:"咸通初,有布衣爨,忘记其名。到就辇,云黔巫,间来王公之第。以羊挺炭三十斤,自出小锯并小刀斧,剪截其炭,叠成二楼,数刻乃成。散药末于上,下用火烧之。药引火势,斯须即通彻二楼,光明赫然。望其檐宇窗户、雕楹刻桷并阑槛,罔不周备。又有飞桥连接二楼,有人物男女若来往其上。移时后,炭渐飞扬成灰,方无所睹。懿皇闻之,召入宫禁,久而不知所之。"

⑱ 剧术:杂手艺之一种。南宋耐得翁《都城纪胜·瓦舍众伎》亦载:"杂手艺皆有巧名:踢瓶、弄碗、踢磬、弄花鼓捶、踢墨笔、弄球子、拶筑球、弄斗、打硬、教虫蚁及鱼、弄熊、烧烟火、放爆仗、火戏儿、水戏儿、圣花、撮药、藏压、药法傀儡、壁上睡。小则剧术:射穿、弩子打弹、攒壶瓶、手影戏、弄头钱、变线儿、写沙书、改字。"

⑲ 杂扮:宋代流行的一种小戏。宋吴自牧《梦粱录·妓乐》:"又有杂扮,或曰'杂班',又名'纽元子',又谓之'拔和',即杂剧之散段也。顷在汴京时,村落野夫罕得入城,遂撰此端,多是借装山东、河北村叟,以资笑端。"

⑳ 筑球:有球门的蹴鞠形式,多用单门制。门柱竖于场中,高约3丈,结络杂彩,其上设门,蒙以网,中留一洞尺许,称"风流眼"。参赛者一般为32人,亦可稍做增减,均分为两队,隔门站位,间接对抗。每队有球头1名,戴长脚幞头,为唯一的攻击手,余皆戴卷

脚幞头,亦各有名称。抽签以定开球次序。开球方由球头将球开出,众队员互相传踢,待球稳正后,再供给球头,由其一脚高筑,射球穿过"风流眼"。对方接球后亦如法射回。如球撞网而落,本方接住,可再射。一来一回,直至落地,由射球过门多的一方得一筹。一般赛三或五筹。宋朝廷每遇"圣节"、接待外国使节等喜庆大宴时,例由左右军表演筑球。胜方可获银碗、锦彩等赏赐,输方球头须挨麻鞭,脸上还抹上灰泥。著名球头北宋有孟宣、苏述,南宋有张俊、李正。

㉑卖:卖艺,说书。

㉒虫蚁:此指虫蚁表演。虫蚁常为对禽鸟等小动物的通称。

㉓鼓笛:指鼓笛曲。《宋史·乐志十七》:"法曲、龟兹、鼓笛三部,凡二十有四曲。"

㉔猴呈百戏:指猴戏。用猴子耍的把戏。演员指挥已驯服的猴子做穿衣脱衣、翻筋斗、骑羊奔走等动作。

㉕鱼跳刀门:疑指让鲤鱼从水中跃起,跳过刀门。刀门,用刀斧等兵器交错架成门状。

㉖使唤蝶蜂:宋佚名《分门古今类事·燕王遇张》:"张九哥,不知何地人。万历间游京师,人皆言有道者,燕王营以酒与之。一日,诣门见王,取匹帛重叠,剪为蜂蝶,随剪飞去,或集王衣,或聚美人钗髻,王甚悦。少顷,九哥曰:'恐失王帛。'乃乎之,一一皆来,复为罗一端。"

㉗追呼蝼蚁:驱使蝼蚁做各种表演,属于动物戏之一种。

㉘沙书地谜:一种技艺表演。表演者往往于露天设场,以白沙撒成字形,有单字、对联、诗词、边撒边唱。沙字结构匀称漂亮。沙书之字小者仅三四寸,大则二三尺。

【译文】

本朝《东京梦华录》:"正月十五日,元宵节。皇宫前面,从年前的冬至日以后，开封府就开始扎建山棚，所竖立的巨木正对着宣德楼。从那里起，游人已开始聚集，御街东西两廊下有表演各种奇特技艺、新异本领的人，歌舞百戏，一个接着一个，乐声喧闹声闻十余里。表演包括：击丸，蹴踘，踏索，上竿，赵野人倒吃冷淘，张九哥吞铁剑，李外宁的药法傀儡，小健儿吐五色水，旋烧泥丸子，大特落灰药，楣柚儿的杂剧，温大头、小曹演奏嵇琴，党千吹箫管，孙四烧炼药方，王十二表演的剧术，邹遇、田地广表演杂扮，苏十、孟宣表演筑球，尹常卖说《五代史》，刘伯禽训练虫蚁，杨文秀演奏鼓笛。此外还有猴子表演百戏，鲤鱼跳刀门，使唤蝶蜂，追呼蝼蚁等。其余还有卖药、卖卦、沙书地谜等，奇异机巧的演出多种多样，每天都能使人耳目一新。

　　"至正月七日，外国人使朝辞①，出门，灯山上彩，金碧相射②，锦绣交辉③。面北，悉以彩结山沓④，上皆画神仙故事，或坊市卖药、卖卦之人。横列三门，各有彩结金书大牌⑤，中曰'都门道'，左右曰'左右禁卫之门'，上有大牌，曰'宣和与民同乐'。彩山⑥，以彩结文殊、普贤⑦，跨狮子、白象，各以手指出水五道，其手摇动。用辘轳绞水上灯山尖高处⑧，用木柜贮之，逐时放下⑨，如瀑布状。又于左右门上，各以草把缚成戏龙之状，用青布遮笼⑩。草上密置灯烛数万盏，望之蜿蜒如双龙飞走。山东西旁，又为龙象积百千灯，以绛纱笼之⑪。梅圣俞诗有'烛龙衔火夜珠还'之句⑫，又云'火龙跻跻红波翻'⑬。

【注释】

①朝辞：入朝叩辞帝王。

②金碧相射：金碧辉煌相互照射。

③锦绣交辉：锦绣灿烂交相辉映。

④山沓（tà）：堆叠如山。形容器物众多。

⑤金书：指用金简刻写或金泥书写的文字。

⑥彩山：宋代元宵节放花灯，宫内灯彩堆叠成山形，称为彩山。

⑦文殊：即文殊菩萨，佛教菩萨名。中国佛教四大菩萨之一，以论述
　　"般若性空"和"般若方便"的理论著称。与毗卢遮那如来、普贤
　　菩萨被尊称为"华严三圣"。普贤：即普贤菩萨，佛教菩萨名。中
　　国佛教的四大菩萨之一，象征着理德、行德。

⑧辘轳：利用滑轮原理制成的井上汲水用具。绞：把绳索一端系在
　　轮上，转动轮轴，使系在另一端的物体移动。

⑨逐时：按时。

⑩遮笼：遮蔽，笼罩。

⑪绛纱：红纱。

⑫梅圣俞：即梅尧臣（1002—1060），字圣俞，宣州宣城（今属安徽）
　　人。世称"宛陵先生"。因曾任国子监直讲，累迁尚书都官员外
　　郎，故也称"梅直讲""梅都官"。北宋诗人，与苏舜钦齐名，时
　　号"苏梅"，又与欧阳修并称"欧梅"。著有《宛陵集》及《毛诗小
　　传》等。烛龙衔火夜珠还：出自梅尧臣《上元从主人登尚书省东
　　楼》。烛龙，古代神话中的神名。传说其张目（亦有谓其驾日、衔
　　烛或珠）能照耀天下。《山海经·大荒北经》："西北海之外，赤水
　　之北，有章尾山。有神，人面蛇身而赤，直目正乘，其瞑乃晦，其
　　视乃明，不食，不寝，不息，风雨是谒。是烛九阴，是谓烛龙。"《楚
　　辞·天问》："日安不到，烛龙何照？"王逸注："言天之西北，有幽
　　冥无日之国，有龙衔烛而照之也。"这里形容灯火之盛。

⑬火龙矫矫（jiǎo）红波翻：出自梅尧臣《和宋中道元夕十一韵》。
　　火龙，形容绵延不绝或连成一串的灯火。矫矫，强壮、威武，形容
　　火龙形态雄壮。

【译文】

"到了正月初七日,外国使者入朝辞行,出了宫门,灯山上已经装饰了各种彩带,金碧辉煌,相互照射,锦绣灿烂,交相辉映。灯山朝向面北,全都以彩带连接,堆叠如山,上面都画着各种神仙故事,或是坊市中卖药、卖卦人的形象。山棚前横列三座彩门,各自有彩带装饰用金泥书写的大牌匾,中间彩门为'都门道',左右彩门为'左右禁卫之门',上面有大牌匾,为'宣和与民同乐'。彩山左右,用彩带装饰成文殊、普贤菩萨的形象,分别骑跨着狮子、白象,各从手指中流出五道水柱,他们的手不停地摇动。又用辘轳把水提到灯山的最高处,用木柜贮存,按时放下,就如瀑布一样。又在左右两座彩门上,各用草把扎缚成嬉戏的巨龙形状,用青色的布笼罩。草把上紧密放置几万盏灯烛,远远望去蜿蜒起伏,如双龙腾飞游走。灯山东西两旁,又有为龙象积聚的成百上千盏灯烛,用红纱笼罩。梅尧臣诗有'烛龙衔火夜珠还'之句,又有'火龙跻跻红波翻'之句。

"自灯山至宣德门横大街,约百余丈,用棘刺围绕,谓之'棘盆'①。内设两长竿,高数十丈。以缯彩结束②,纸糊百戏人物,悬于竿上,风动宛若飞仙。内设乐棚③,差衙前乐人作杂戏动乐④,并左右军百戏在其中⑤,驾坐一时呈拽⑥。宣德楼上,皆垂黄缘帘⑦。中一位乃御座,用黄罗设一彩棚,御龙直执黄盖、掌扇⑧,列于帘外。两朵楼各挂灯球一枚⑨,约方圆丈余,内燃椽烛⑩。帘内亦作乐,宫嫔嬉笑之声,下闻于外。楼下用枋木垒成露台一所⑪,彩结栏槛,两边皆禁卫排立。乐棚、教坊、钧容直、露台子弟⑫,更互杂戏⑬。万姓皆在露台下观看⑭,乐人时引万姓山呼⑮。"梅圣俞诗云:"露台鼓吹声不休⑯,腰鼓百回红臂鞲⑰。先打《六么》后《梁州》⑱，棚帘夹道多夭柔⑲。"又彭器资《上元》诗云⑳："楼前乐奏九成曲㉑，楼下人呼万岁声。"

【注释】

①棘盆：用棘刺围绕起来的临时演出场地。

②结束：此处意为捆扎、装饰。

③乐棚：古时艺人表演歌舞、戏剧的棚帐。

④衙前乐人：即衙前乐。宋代州、府教集的乐部及妓女，为应奉帝后上寿等宴会的班子，称衙前乐。《宋史·乐志十七》："诸州皆有衙前乐。"南宋吴自牧《梦粱录·皇太后圣节》："初八日，寿和圣福皇太后圣节。前一月，尚书省、枢密院文武百僚诣明庆寺，启建祝圣首场，州府教集衙前乐、乐部及妓女等。"杂戏：又称"杂伎"。古代娱乐形式之一，包括百戏、杂乐、歌舞戏、傀儡戏等。

⑤左右军百戏：指代隶属于禁军的左右两支部队，实际职能并非作战，而是专司百戏表演，故称"左右军百戏"。

⑥驾坐：驾驶，乘坐。此指表演。呈拽：安置，安排。

⑦黄缘帘：带有黄色镶边的帘幕。

⑧御龙直：宋禁军番号名。宋皇帝最亲近之扈从禁军步军诸直中有簇御马直，太平兴国二年（977）改称簇御龙直，后改御龙直。黄盖：黄色的伞或黄色车盖，为皇帝专用。掌扇：古时仪仗的一种，长柄掌形扇。

⑨朵楼：正楼两旁的楼。灯球：球形的彩灯。

⑩椽（chuán）烛：如椽之烛。指大烛。

⑪枋（fāng）木：在柱子之间起联系和稳定作用的水平方向或者与梁垂直方向的穿插构件。枋，较小于梁的辅材，也是主要的木作构件，截面为矩形。露台：临时搭建的露天舞台。

⑫教坊：官署名。历代掌管承应宫廷宴会、祭祀声乐歌舞之机构。

钩容直：宋时从禁军中选拔组成的仪仗乐队。它们以骑吹形式在
"御驾"出行时演奏教坊乐。《宋史·乐志十七》："钩容直，亦军乐
也。太平兴国三年，诏籍军中之善乐者，命曰引龙直。每巡省游
幸，则骑导车驾而奏乐……淳化四年，改名钩容直，取钩天之义。"
露台子弟：宋元时称民间剧团的艺人，与官府的教坊、钩容直相对
而言，也简称为"弟子"。

⑬更互：轮流交替，体现不同演出团体或节目类型的竞演模式。

⑭万姓：万民。

⑮山呼：封建时代对皇帝的祝颂仪式，叩头高呼"万岁"三次。

⑯鼓吹：原指古代仪仗乐队或军乐，此处指热闹的乐舞表演。

⑰腰鼓：古时打击乐器。框用瓦或木制。两头大，中腰细，用手掌拍
击。臂韝（gōu）：臂衣，古人用以套于臂上者。

⑱《六么》：唐教坊曲名。又名《六幺》《绿腰》。以柔美婉转著称，
常用于宴会开场。《梁州》：即《凉州》曲。唐教坊曲名。风格激
昂豪迈，属于边塞大曲。

⑲棚帘：棚阁珠帘。夭柔：妖娆。

⑳彭器资：即彭汝砺（1041—1095），字器资，饶州鄱阳（今江西鄱
阳）人。宋文学家，著有《易义》《诗义》《鄱阳集》等。

㉑九成：犹九阕。乐曲终止叫成。《尚书·益稷》："箫韶九成，凤凰
来仪。"孔颖达疏："成，犹终也，每曲一终，必变更奏。故《经》言
九成，《传》言九奏，《周礼》谓之九变，其实一也。"

【译文】

"从灯山到宣德门城楼前东西向的横大街，大约有一百多丈，用荆
棘芒刺围绕，称为'棘盆'。棘盆内设置两根长竿，高达数十丈。用彩色
缯帛扎缚，纸糊的百戏人物，悬挂在长竿上，随风飘动就像空中飞行的神
仙。棘盆内设置乐棚，差遣衙前乐队演奏乐曲，表演杂戏，并连同左右
军百戏，统一安排表演。宣德楼上，都垂挂镶黄边的帘子。正中一个座

位是天子的御座，用黄罗设置一个彩棚，御龙直军士手执黄盖、掌扇，排列在帘子外面。宣德楼两旁的朵楼上各自悬挂一只灯球，方圆大约一丈多，灯球内燃着椽烛。帘子里面也奏乐，宫嫔嬉笑的声音，飘下城楼传到外面。楼下用枋木垒成一座露台，用彩带装饰栏杆，露台两边都有禁卫军排列站立。乐棚、教坊、钩容直、露台子弟，轮流表演杂戏。万民都在露台下观看演出，乐人不时带领万民三呼'万岁'。"梅尧臣有诗写道："露台鼓吹声不休，腰鼓百回红臂韝。先打《六么》后《梁州》，棚帘夹道多天柔。"又有彭器资《上元》诗写道："楼前乐奏九成曲，楼下人呼万岁声。"

立棘盆

皇朝《岁时杂记》："阙下灯山前为大乐场[①]，编棘为垣[②]，以节观者[③]，谓之棘盆。山棚上、棘盆中，皆以木为仙佛、人物、车马之像。又左右厢尽集名娼[④]，立山棚上。开封府奏衙前乐，选诸绝艺者[⑤]，在棘盆中，飞丸、走索、缘竿、掷剑之类[⑥]。每岁正月十一日或十二日、十四日，车驾出时[⑦]，虽驾前未作乐，然山棚、棘盆中百戏皆作。昼漏尽[⑧]，上乘平头辇从寺观出[⑨]，由驰道入[⑩]，穿山楼下过[⑪]，卫士皆戴花，钩容、教坊乐导从，山楼上下皆震作。至棘盆中，回舆南向，人人竭尽其长，旨召精绝至辇前优赐[⑫]，其余等级沾赉[⑬]。从官亦从山楼中过至棘盆中[⑭]，分左右出，辇从露台侧迁过[⑮]，辟宣德中阖而入[⑯]。丞相晏公诗云：'金翠光中宝焰繁，山楼高下鼓声喧。两军伎女轻如鹊，百尺竿头电线翻[⑰]。'至尊时御看位内[⑱]，门司、御药、知省、太尉悉在帘前[⑲]，用弟子三五人祗应[20]。棘盆照耀,有同白日。仕女观者,中贵邀住[21],赐酒一金杯。当时有夫妇并游者,忽宣传声急[22],夫不获进,其妇蒙赐饮罢,辄怀其杯,进谢恩词一阕,名《鹧鸪天》[23]:'灯火楼台处处新[24],笑携郎手御街行。回头忽听传呼急,不觉鸳鸯两处分[25]。　　天表近[26],帝恩荣[27],琼浆饮罢脸生春[28]。归来恐被儿夫怪[29],愿赐金杯作证明。'上览词,命赐之。"

【注释】

①阙下:宫阙之下。借指帝王所居的宫廷。

②编棘为垣(yuán):把棘刺编扎在一起做成护墙。

③节:限制。

④娼:指从事歌舞的女艺人。

⑤绝艺:绝妙技艺。

⑥飞丸:一种民俗杂技。表演者把几个球抛向空中,再用手接住,弄出各种花样。走索:一种古代的杂戏。演员在悬空的绳索上行走,并表演各种动作。缘竿:古代百戏杂技中的爬竿节目。亦称"缘竿伎""缘竿戏"。掷剑:传统杂技的表演。表演者将几把小剑,顺序抛向空中,然后一一用手接住,周而复始,不使落地。

⑦车驾:天子出巡时乘坐的马车。后亦用为天子的代称。《汉书·高帝纪下》:"车驾西都长安。"颜师古注:"凡言车驾者,谓天子乘车而行,不敢指斥也。"

⑧昼漏尽:谓白天漏刻已尽,指夜将深。漏,漏壶,古代计时的器具。

⑨平头辇:天子乘舆的一种。《宋史·舆服志一》:"平辇,又名平头辇,亦曰太平辇,饰如逍遥辇而无屋。"

⑩驰道:古代供君王行驶车马的道路。

⑪山楼:临时搭建的彩饰楼棚。

⑫精绝:精妙绝伦。优赐:厚赐。

⑬沾赉(lài):受赏赐,赏赐。

⑭从官:侍从的官吏。

⑮辇从:同车的随从。迂:绕。

⑯辟:古同"避"。躲,设法躲开。阖:门。

⑰"金翠光中宝焰繁"几句:出自晏殊《上元》。金翠,黄金和翠玉制成的饰物。宝焰,珍宝射出的光辉。两军,即左右军。伎女,指女歌舞艺人。鹘(hú),鸷鸟名。即隼。百尺竿头,桅杆及杂技长竿的顶端。

⑱至尊:皇帝的代称。

⑲门司:守门的吏役。御药:指御药院官员。掌禁中医药并兼管礼文。宋高承《事物纪原·京邑馆阁·御药院》:"唐尚药局有内药院,宋朝太宗至道三年,又置御药院于禁中也。《东京记》曰:'掌合和御药。'"知省:宫廷的内侍官。省,指内侍省。南宋周密《武林旧事》:"(淳熙三年五月二十一日天申圣节)太上宣谕知省云:'官家已醉,可一路小心照管。'知省等领圣旨还内来。早上,遣知省至宫,恭问二圣起居,并奏欲亲到宫谢恩。"

⑳祗应:恭敬地伺候,照应。

㉑中贵:即中官、宦官。古代泛指皇帝宠爱的近臣。

㉒宣传:宣布传达。

㉓《鹧鸪天》:词牌名,又名思佳客、思越人、醉梅花、半死梧、剪朝霞等。此调双调五十五字,前段四句三平韵,后段五句三平韵。

㉔灯火:指灯彩。

㉕鸳鸯:比喻夫妻。

㉖天表:指天子的仪容。

㉗恩荣:谓受皇帝恩宠的荣耀。

㉘脸生春:指喝完酒脸色红润。

㉙儿夫：古代妇女自称其丈夫。

【译文】

　　本朝《岁时杂记》："宫阙之下灯山前为大乐场，把棘刺编扎在一起做成护墙，以限制观灯的人，称为棘盆。山棚上、棘盆中，都是用木头制作成仙佛、人物、车马的形象。又左右厢房汇集有名的从事歌舞的女艺人，站立在山棚上。开封府奏衙前乐，选取许多有绝妙技艺的人，在棘盆中，表演飞丸、走索、缘竿、掷剑之类的杂艺。每年正月十一日或十二日、十四日，皇帝出行时，虽然皇帝车驾前没有演奏乐曲，然而山棚、棘盆中各种乐舞杂技都在表演。白天漏刻已尽，皇帝乘坐平头辇从寺观出来，由驰道进入，从山楼下穿越而过，卫士都戴花，钧容、教坊奏乐引导前行，山楼上下都乐声大作。到棘盆中，回车南向，表演者人人竭尽所长，皇帝下旨召见表演精妙绝伦的到辇前接受赏赐，其余的都按等级赏赐。随从官员也从山楼中通过到棘盆中，分左右两边出来，同车的随从从露台一旁绕过，打开宣德门中门进入。丞相晏殊有诗写道：'金翠光中宝焰繁，山楼高下鼓声喧。两军伎女轻如鹊，百尺竿头电线翻。'皇帝有时就在看位里面，门司、御药、知省、太尉等人都在帘前站立，有三五个教坊弟子恭敬地伺候。棘盆中灯火照耀，有如白天一样明亮。官宦家的女子前来观灯，皇帝身边的宦官邀请她们停留下来，赏赐美酒一金杯。当时有夫妇一同游览的，忽然宣召传呼急切，丈夫不能进，其妇人得到赏赐饮酒后，就把酒杯藏在怀里，进献感恩词一首，名为《鹧鸪天》：'灯火楼台处处新，笑携郎手御街行。回头忽听传呼急，不觉鸳鸯两处分。　　天表近，帝恩荣，琼浆饮罢脸生春。归来恐被儿夫怪，愿赐金杯作证明。'皇帝看了这首词，将把金杯赏赐于她。"

观灯山

　　《东京梦华录》："正月十四日，车驾幸五岳观迎祥池①，至晚还内。围子亲从官②,皆顶球头大帽③,簪花④,红锦团答戏狮子衫⑤,金镀天王腰带⑥,数重骨朵⑦。天武官⑧,皆顶双卷脚幞头⑨,紫上大搭天鹅结带宽衫。殿前班⑩,顶两脚屈曲向后花装幞头⑪,着绯、青、紫三色撚金线结带望仙花袍⑫,跨弓剑,乘马,一札鞍辔⑬,缨绋前导⑭。御龙直⑮,一脚指天、一脚圈曲幞头,着红方胜锦袄子⑯,看带、束带⑰。执御从物,金交椅、唾盂、水罐、果垒、掌扇、缨绋之类⑱。御椅子皆黄罗珠蹙⑲,背座则亲从官执之。诸班直皆幞头、锦袄、束带。

【注释】

①五岳观:即集禧观。真宗大中祥符五年(1012)创建,观内东西列五岳圣帝五殿。后赐名"会灵观"。迎祥池:凝祥池的俗称。北宋真宗大中祥符八年(1015)凿池命名凝祥。在五岳观内,池内的水心殿上供奉有玉石三清真像。

②围子:帝王巡幸时的仪卫。宋周密《武林旧事·四孟驾出》:"亲从方围子,两行各一百四十人,围子两边各四重:第一重,内殿直已下两边各一百人;第二重,崇政殿围子夹边各一百人;第三重,御龙直两边各一百人;第四重,崇政殿围子两边各一百人。"亲从官:指皇帝的贴身侍卫。

③球头大帽:似指装饰有球状饰物的大帽子。

④簪花:插花于冠。古时喜庆之日,朝廷百官巾帽上都簪花。

⑤红锦:红色锦缎。团答:指圆形图案。戏狮子:衣饰绣有狮子纹样。

⑥金镀天王腰带:似指天王腰带款式的镀金腰带。金镀,镀金。

⑦骨朵:俗称"金瓜"。古代的一种兵器。由西羌传入。为一长棒,棒端缀一蒜形或蒺藜形的头,以铁或坚木制成。后来用为仪仗。

《宋史·仪卫志》:"凡皇城司随驾人数,崇政殿祗应亲从四指挥,共二百五十二人,执擎骨朵充禁卫。"

⑧天武官:北宋禁军,隶属殿前司,主要负责皇帝出行仪仗、禁卫及宫廷礼仪活动。此指天武军中的宽衣天武,专选身材高大、仪容出众者,穿金甲担任皇家仪仗,象征威仪。

⑨双卷脚幞(fú)头:其形制是幞头两脚弯曲,幞头脚向上挽起。北宋邵伯温《邵氏闻见录》:"熙宁初,洛阳有老人党翁者卖药,日于水街南北往来,行步甚快,少年不及也。自言五代清泰年为兵,尝事柴世宗,有放停公帖可验。戴卷脚幞头,衣黄衫,系革带,犹唐装也……至元丰中,不知所在。余尝亲见之,亦异人也矣。"

⑩殿前班:指殿前司诸班中的指挥使左右班,是皇帝出行时的随驾马队。

⑪顶两脚屈曲向后花装幞头:幞头两脚屈曲向后,上面插花。

⑫绯(fēi):红色。撚(niǎn)金线:用金线揉搓丝用作装饰。

⑬一札:一式。鞍辔(pèi):鞍子和驾驭牲口的嚼子、缰绳。

⑭缨绋(fú):犹拂尘。

⑮御龙直:宋代殿前司步军诸军之一,专掌仪仗之事。

⑯方胜:由两个菱形压角相叠组成的几何图案,形似同心结,常见于古代首饰、建筑、服饰、器物等装饰中。

⑰看带:或为装饰性附属带饰,可能与仪仗用具(如掌扇、缨绋)的悬挂方式相关。束带:通常指皮革或织锦材质的腰带,用于固定衣物并佩戴仪仗器物(如佩剑、鱼袋)。宋代官员束带颜色和材质与品级挂钩,但仪卫可能采用统一制式。

⑱金交椅:金漆交椅。帝王或显贵的坐具。唾盂:即痰盂。果垒:用各式"看果"垒叠在盘中,作为观赏的摆设。

⑲御椅子:北宋对皇帝专用坐具的称呼。黄罗珠蹙(cù):黄色罗纱,边沿镶缀着密集连缀的珍珠。蹙,蹙金。一种刺绣方法。用金

　　线绣花而皱缩其线纹,使其紧密而匀贴。亦指这种刺绣工艺品。

【译文】

　　《东京梦华录》:"正月十四日,皇帝驾临五岳观迎祥池行香祈福,到晚上皇帝才返回皇宫。作为禁卫围子的亲从官,全都头戴球头大帽,插花于冠,身穿红锦团答戏狮子衫,腰束金镀天王腰带,手持数重骨朵作为仪仗。天武军官,都头戴双卷脚幞头,身穿紫色上衣搭天鹅结带宽衫。殿前司诸班中的指挥使左右班军士,头戴两脚屈曲向后花装幞头,穿红、青、紫三色撚金线结带望仙花袍,佩带弓剑,骑马,马匹统一装饰鞍鞯,手持拂尘在前面开路。御龙直的军士,头戴一脚指天、一脚圈曲幞头,身穿红色方胜纹的锦袄子,系着看带、束带。手捧皇帝的随身用具,如金交椅、痰盂、水罐、果垒、掌扇、拂尘之类的东西。皇帝的御用椅子铺着黄色罗纱,边沿镶着密集连缀的珍珠,背座就由亲从官拿着。殿前司诸班直的军士全都戴幞头、穿锦袄、束腰带。

　　"每常驾出,有红纱帖金烛笼一百对①,元夕加以琉璃玉柱掌扇灯②。快行家各执红纱珠络灯笼③。驾将至,则围子。外有一人捧月样兀子④,锦覆于马上。天武官十余人,簇拥扶策⑤,喝曰:'看驾头⑥!'次有吏部小使臣百余人⑦,皆公裳⑧,执珠络球仗⑨,乘马听唤。近侍余官皆服紫、绯、绿公服⑩,三衙、太尉、知阁、御带罗列前导⑪。两边皆内等子⑫,选诸军膂力者⑬,着锦袄、顶帽,握拳顾望,有高声者,捶之流血。教坊、钧容直乐部前引⑭,驾后诸班直马队作乐。驾后围子外,左前宰执、侍从⑮,右则亲王、宗室南班官⑯。驾近则列横门,十余人击鞭⑰。驾后有曲柄小红绣伞,亦殿侍执坐马上⑱。驾入灯山,御辇院人员辇前喝'随竿媚来'⑲,

御辇团转一遭㉑,倒行观灯山㉑,谓之'鹁鸽旋'㉒,又谓之'踏五花儿'㉓,则辇官有喝赐矣㉔。驾登宣德楼,游人奔赴露台下。十五日,驾诣上清宫㉕,至晚还内。"

【注释】

①帖金:贴金。烛笼:灯笼。

②掌扇灯:宫中的仪仗用灯,下部为长柄,上面为灯笼,多用彩色宝石饰物,由一个人手执而行。

③快行家:宋代宫廷中供奔走传达命令的吏役。珠络:缀着珍珠。

④兀子:即杌子。小矮凳。一种方形而没有靠背的小凳子。

⑤扶策:搀扶,支撑。

⑥看驾头:圣驾到了,小心。驾头,帝王出行时仪仗队中的宝座。

⑦吏部:古代官制六部之一。主管吏的任免、考课、升降、调动等事务。小使臣:宋代宫廷下级内侍官员的统称,常充当内廷侍役和三省六部监门官等职。

⑧公裳:犹公服。

⑨球仗:原为击球用具。宋时以击球之杖涂饰金银,作为仪仗,用于导引。《宋史·仪卫志六》:"球杖,金涂银裹,以供奉官骑执之,分左右前导。"

⑩服紫、绯、绿公服:《宋史·舆服志五》:"公服:凡朝服谓之'具服',公服从省,今谓之'常服'。宋因唐制,三品以上服紫,五品以上服朱,七品以上服绿,九品以上服青。其制,曲领大袖,下施横襕,束以革带,幞头,乌皮靴。自王公至一命之士,通服之。"

⑪三衙:宋代以殿前司、侍卫亲军马军司、侍卫亲军步军司掌领禁军,谓之"三衙"。此当指三衙首领。太尉:宋代三公之一,政和二年(1112)改为武臣之首。知阁:"知阁门事"的省称。宋代阁门司主管官员,掌朝会、游幸、宴享赞相礼仪等事。御带:带御器

械旧名。元马端临《文献通考·职官考》一二《带御器械》:"宋初尝选三班以上武干亲信者佩橐鞬、御剑,或以内臣为之。初,是职止名'御带'。咸平元年改为'带御器械'。"

⑫内等子:皇宫中的禁卫。

⑬膂(lǚ)力:体力,力气。

⑭乐部:乐队。

⑮宰执:又称"宰执官",为宰相与执政官的合称,是宋元时期的政治概念。在宋代,宰执具有举足轻重的地位。

⑯宗室:指北宋皇帝的宗族。南班官:宋仁宗于南郊大祀时,赐皇族子弟的官爵,谓之南班。宗室的所有官衔,名义上都属于皇帝的环卫官。宗室都带有环卫官官衔,总称为"南班官"。南班,指他们在朝会中处于殿廷南部的位置。班,爵禄。

⑰击鞭:挥动静鞭,发出响声,使人肃静。静鞭,皇帝的仪仗之一。

⑱殿侍:宋代最低级的供奉武官,在三班借差之下,大将上。政和后,改名"下班祗应"。

⑲御辇院:宋朝掌御用车辇的机构。掌乘舆步辇供奉及宫闱车乘之事,以诸司使及内侍三人为监官,下设供御指挥使、副兵马使、供御辇官、次供御辇官、下都军使等。随竿媚来:本是当年在京城表演杂技的艺人们用的口令。当杂技演员表演的时候,其师父或班主会手拿一根小指挥棒来指挥其做动作。竿,小指挥棒。媚来,把这个动作做出来。

⑳团转:绕着周围转。

㉑倒行:倒退行走。

㉒鹁(bó)鸽旋:皇帝倒行观灯,居高临下,如同鹁鸽俯视。鹁鸽,鸽子。

㉓踏五花儿:推测其为"鹁鸽旋"的别称,应是具有一定表演性质的花式进行方式。五花儿,一种舞蹈动作。南宋周密《癸辛杂识·舞谱》:"予尝得故都德寿宫舞谱二大帙,其中皆新制曲,多妃

娱诸阁分所进者。所谓谱者,其间有所谓……五花儿:踢、揸、刺、撅、系、搠、捽……"

㉔喝赐:赏赐。

㉕上清宫:即上清宝箓宫。位于北宋东京城景龙门东,与晨晖门相对,密连禁署。为当时著名的宫观。政和五年(1115),徽宗听信林灵素之言,建上清宝箓宫。

【译文】

"平常皇帝车驾出行,有红纱贴金灯笼一百对,元宵节增加琉璃玉柱掌扇灯。快行家各自手执缀有珍珠的红纱灯笼。车驾将至,布设数重卫士。外面有一人手捧月牙形制的小矮凳,用锦缎覆盖在马上,十余名天武军官,簇拥扶持,大声喝道:'看驾头!'接着百余名吏部小使臣,都穿公服,手持缀着珍珠的球仗,骑在马上听候召唤。近侍和其余官员都身穿紫色、红色、绿色公服,三衙的长官、太尉、知阁门事、带御器械排列成行在前面引导。两边全是皇宫禁卫,是从殿前司诸军选取有力气的,身穿锦袄、戴帽,握着拳头巡视,有高声喧哗的,就拳打脚踢直至流血。教坊、钧容直的乐队在前面引路,皇帝车驾后诸班直马队奏乐。车驾后方禁卫的外面,左边是宰执、侍从,右边是亲王、宗室南班官。车驾临近,于是仪仗队列成横门,十余人击鞭以壮声威。车驾后面有曲柄的小红绣伞,也由殿侍手持骑马跟随。车驾进入灯山,御辇院人员辇前大喝'随竿媚来',御辇围着灯山转一圈,倒退行走观看灯山,称为'鹁鸽旋',又称为'踏五花儿',于是辇官得到赏赐。皇帝登上宣德楼,游人奔赴露台下,观看演出。正月十五日,皇帝前往上清宫,到晚上返回皇宫。"

御制《胜胜慢》词云①:"宫梅粉淡②,岸柳金匀,皇都乍庆春回③。凤阙端门④,端门,宣德门也。鳌山彩结蓬莱⑤。沉沉洞天向晚⑥,宝舆还、花满钧台⑦。谁将金莲⑧,陆地匀开⑨。　　　是处箫鼓声沸⑩，雕鞍趁⑪，金轮隐隐轻雷⑫。万家罗幕⑬，千步锦绣相挨。蟾光夜色如昼⑭，共成欢、争忍归来⑮。疏钟断、听行歌、犹在禁街⑯。"

【注释】

① 《胜胜慢》：词牌名。又名"声声慢""人在楼上""寒松叹""凤求凰"等。此调最早见于北宋晁补之词，古人多用入声，有平韵、仄韵两体。

② 宫梅：宫中的梅花。

③ 皇都：帝都，京城。

④ 凤阙端门：宫殿南面的正门。凤阙，汉代宫阙名。《史记·孝武本纪》："其东则凤阙，高二十余丈。"司马贞索隐引《三辅故事》："北有圜阙，高二十丈，上有铜凤皇，故曰凤阙也。"后泛指宫殿。端门，宫殿的正南门。

⑤ 鳌山：元宵节时布置花灯，叠成鳌形，高峻如山，称为"鳌山"。《大宋宣和遗事》："自冬至日，下手架造鳌山，高一十六丈，阔三百六十五步，中间有两条鳌柱。"蓬莱：指蓬莱山。古代传说中的神山名。《史记·封禅书》："自威、宣、燕昭使人入海求蓬莱、方丈、瀛洲。此三神山者，其傅在勃海中。"

⑥ 沉沉：深沉，厚重。此处可引申为时间流逝的幽深感或环境深邃静谧。洞天：道教术语，指神仙居所，后比喻隐秘而瑰丽的境地。

⑦ 宝舆：天神、天子等尊贵所乘的车。钧台：古台名。亦名夏台。在今河南禹县南。《左传·昭公四年》："夏启有钧台之享，商汤有景亳之命。"杜预注："河南阳翟县南有钧台陂，盖启享诸侯于此。"此谓宫廷。

⑧ 金莲：金莲花烛灯。宫廷用的蜡烛，因烛台似莲花瓣，故名。

⑨ 陆地匀开：遍地盛开。此指遍地摆满了金莲花烛灯。

⑩箫鼓：箫与鼓。泛指乐奏。

⑪雕鞍：指雕饰有精美图案的马鞍。

⑫金轮：月亮。

⑬罗幕：丝罗帐幕。

⑭蟾光：月光。

⑮争忍：犹怎忍。

⑯疏钟：稀疏的钟声。禁街：犹御街。京城街道。

【译文】

皇帝《胜胜慢》词写道："宫梅粉淡，岸柳金匀，皇都乍庆春回。凤阙端门，端门，就是宣德门。鳌山彩结蓬莱。沉沉洞天向晚，宝舆还、花满钧台。谁将金莲，陆地匀开。　　是处箫鼓声沸，雕鞍趁，金轮隐隐轻雷。万家罗幕，千步锦绣相挨。蟾光夜色如昼，共成欢、争忍归来。疏钟断、听行歌、犹在禁街。"

赡御表

《东京梦华录》："正月十六日，车驾不出。自进早膳讫①，登门②，乐作，卷帘，御座临轩③，宣百姓。先到门下者，得瞻见天表④，小帽红袍，独卓子⑤。左右近侍，帘外伞、扇执事之人⑥。须臾下帘⑦，则乐作，纵万姓游赏。华灯宝烛，月色花光，霏雾融融⑧，洞烛远近⑨。

【注释】

①早膳：早饭。讫（qì）：结束，完毕。

②登门：指登上宣德楼门楼。

③御座：皇帝的宝座。此指皇帝。

④瞻见：远望，仰观。天表：尊称帝王的仪容。

⑤卓子：桌子。

⑥执事：供使唤差遣的人。

⑦须臾：片刻。

⑧霏雾：飘拂的云雾。霏，弥漫，笼罩。融融：此指和乐愉快的气氛。

⑨洞烛：明亮的烛火。

【译文】

《东京梦华录》："正月十六日，皇帝不出皇宫。自用完早饭，登上宣德楼门楼，音乐奏起，卷起帘子，皇帝在宣德楼门楼靠近栏杆而坐，宣召百姓。先赶到门楼下的，还能远远望到皇帝的仪表，头戴小帽身穿红袍，单独一张桌子。左右近侍拱立，帘外是撑盖伞、扛掌扇等供使唤差遣的人。片刻之后放下帘子，于是乐声大作，听任百姓游览观赏。此时华灯巨烛竞放，月色映着花光，飘拂的云雾中洋溢着和乐愉快的气氛，明亮的烛火远近连成一片。

"至三鼓①，楼上以小红纱灯球，缘索而至半空②，都人皆知车驾还内矣。须臾，闻楼外击鞭之声，则山楼上下灯烛数十万盏，一时灭矣。于是，贵家车马，目内前鳞切③，悉南去，游相国寺④。诸门皆有官中乐棚，万街千巷，尽皆繁盛。每一坊巷口⑤，无乐棚去处⑥，多设小影戏棚子⑦，以防本坊游人小儿相失，以引聚之⑧。殿前班在禁中右掖门里⑨，则相对右掖门设一乐棚，放本班家口登皇城观看⑩。宫中有宣赐茶酒、妆粉钱之类⑪。诸营、班、院，于法不得夜游⑫，各以竹竿出灯球于半空，远近高低，若飞星焉⑬。阡陌纵横⑭，城阘不禁⑮。别有深坊小巷⑯，绣额珠帘⑰，巧制新妆⑱，竞夸华丽。春情荡扬⑲，酒兴融怡⑳，雅会幽欢㉑，寸阴可惜㉒，景色浩闹㉓,不觉更阑㉔。宝骑骎骎㉕,香尘辘辘㉖,五陵年少㉗,满路行歌,万户千门,笙簧未彻㉘。"自古太平之盛,未有斯也。

【注释】

①三鼓:三更。

②缘索:沿着绳索。

③鳞切:紧密排列如鱼鳞。

④相国寺:在今河南开封。本名建国寺,北齐天保六年(555)建。唐睿宗时改名相国寺。

⑤每一坊巷口:底本作"每一切巷口",据《东京梦华录》改。

⑥去处:场所,地方。

⑦影戏:亦称"影灯戏"。宋代技艺。用纸或皮剪作人物形象,以灯光映于帷布上操作表演的戏剧。宋高承《事物纪原·博弈嬉戏·影戏》:"少翁夜为方帷,张灯烛。帝坐他帐,自帷中望见之,仿佛夫人像也,盖不得就视之。由是世间有影戏。"

⑧引聚:招引聚集。

⑨右掖门:古时宫殿的右门。

⑩家口:家属。

⑪宣赐:谓皇帝的赏赐。妆粉钱:指赏赐给女眷的钱。

⑫诸营、班、院:指各军营、诸班直以及为皇帝服务的机构。

⑬飞星:流星。

⑭阡陌:本指田间小路,用来区分田界,东西为阡,南北为陌。亦有南北为阡,东西为陌。此指街道、道路。

⑮城闉(yīn):城内重门。亦泛指城郭。闉,古指瓮城(古代城门外层的曲城)的门。

⑯深坊小巷:此指东京城中妓馆聚集的地方。深坊,幽深的坊巷。指离闹市较远的街坊。

⑰绣额:指帘子的顶端装饰。珠帘:贯串或缀饰珍珠的帘子。

⑱巧制新妆:女子刚修饰好的容妆。

⑲春情:男女互相恋慕的情意。荡扬:飘扬,飘荡。

⑳融怡:融洽,和乐。

㉑雅会:风雅的集会。幽欢:欢愉的幽会。

㉒寸阴可惜:日影移动一寸的时间也值得珍惜。表示时间极其宝贵。阴,日影。

㉓浩闹:繁华热闹。

㉔更阑:更漏已残。指夜已深。

㉕宝骑:指装饰华贵的马匹或车驾,代指权贵、富家子弟的出行工具。骎骎(qīn):形容马匹奔驰之态。

㉖香尘:带有香气的尘土,既指女子车驾扬起的芳香尘埃,也暗喻繁华奢靡的氛围。辘辘:拟车轮滚动声。

㉗五陵年少:指京都富豪子弟。五陵,汉代五位皇帝的陵寝,即长陵、安陵、阳陵、茂陵、平陵。皆位于长安,为当时富家豪族和外戚居住的地方。

㉘笙簧:指笙的乐音。簧,笙中的簧片,由铜制成,气流通过时可使之振动发音。彻:尽,完。

【译文】

"到三更时分,城楼上用小红纱灯球,沿着绳索而升至半空,京都的人都知道皇帝回宫了。一会儿,就听到城楼外面击鞭的声音,于是山棚上下几十万盏灯烛,一时之间全部熄灭了。于是,富贵人家的车马,从皇宫前面如鱼鳞般紧密排列,全部向南驶去,游览相国寺。京都各门都有官府设置的乐棚,城中万街千巷,到处都繁华热闹。每一处坊巷口上,没有乐棚场所,大多设有小影戏棚子,以防备本街坊游人的小孩与家人相互失散,以便招引聚集。殿前指挥使直左右班驻扎在皇宫的右掖门里,因此在相对右掖门的地方设置一个乐棚,允许本班禁军的家属登上皇城观看。宫中有皇帝赏赐的茶酒、妆粉钱之类。各营、各班、各院的禁军，按照法律不能夜间出游，各自用竹竿挂出灯球悬在半空，远近高低，就像流星一样。京城内道路纵横交错，节日间城门不禁止通行。另外有深坊小巷，门上悬挂着缀饰珍珠的帘子，歌妓舞女都描画出容妆，竞相夸耀华美艳丽。男女互相恋慕的情意随风飘荡，饮酒的兴致融洽和乐，风雅的聚会，欢愉的幽会，每一寸光阴也值得珍惜，景色繁华热闹，没有察觉夜已深。华贵的车马接连不断，疾驰而行，车轮滚动，香氛弥漫，京都富家子弟，满路上边走边唱，千家万户吹笙鼓簧，乐声彻夜不绝。"自古太平盛世，没有这样的。

　　《拾遗词》中有《绛都春慢》云①："融和又报②。乍瑞霭霁开③，皇都春早④。翠幰竞飞⑤，玉勒争驰都门道⑥。鳌山彩结蓬莱岛。向晚、双龙衔照⑦。绛绡楼上⑧，琼芝盖底⑨，仰瞻天表⑩。　　缥缈⑪。风传帝乐⑫，庆三殿共赏⑬，群仙同到⑭。迤逦御香⑮，飘落人间闻嬉笑。须臾一点星球小⑯，隐隐、鸣鞘声杳⑰。游人月下归来，洞天未晓⑱。"

【注释】

①《拾遗词》：书名。不详待考。《绛都春慢》：即《绛都春》，词牌名。以吴文英《绛都春·为李筼房量珠贺》为正体，双调一百字，前段十句六仄韵，后段九句六仄韵。另有双调一百字，前段九句六仄韵，后段九句五仄韵等变体。

②融和：代指暖和的春风。

③瑞霭（ǎi）：祥云。霁（jì）开：雨雪后初晴的天色。

④皇都：指当时的京都汴梁（今河南开封）。

⑤翠幰（xiǎn）：绿色车缦。指华丽的车子。

⑥玉勒：玉饰的马笼头。指宝马。都门：京都。

⑦双龙衔照：《东京梦华录》："又于左右门上，各以草把缚成戏龙之状，用青幕遮笼，草上密置灯烛数万盏，望之蜿蜒如双龙飞走。"

⑧绛绡（xiāo）楼：此指汴京皇宫正门宣德楼。这是皇帝观灯的地方。

⑨琼芝：指玉芝或华美的灵芝状装饰。

⑩仰瞻：仰望。

⑪缥缈：形容隐隐约约、若有若无的样子。

⑫风传：风传送。

⑬三殿：指大庆殿、文德殿、紫宸殿。泛指皇宫各殿。

⑭群仙：喻指宫中妃嫔们。

⑮迤逦（yǐ lǐ）：此指香味连续不断。御香：指宫中所用名贵香料。

⑯星球：指楼两端所悬挂的灯球。

⑰鸣鞘（shāo）：谓挥动鞭鞘使发声。鞘，拴在鞭子头上的细皮条。杳：无影无声。

⑱洞天：道教称神仙的居处，意谓洞中别有天地。这里喻指元夜的汴京，如同仙境一样。

【译文】

《拾遗词》中有《绛都春慢》写道："融和又报。乍瑞霭霁开，皇都春早。翠辇竞飞，玉勒争驰都门道。鳌山彩结蓬莱岛。向晚、双龙衔照。绛绡楼上，琼芝盖底，仰瞻天表。　　缥缈。风传帝乐，庆三殿共赏，群仙同到。迤逦御香，飘落人间闻嬉笑。须臾一点星球小，隐隐、鸣鞘声杳。游人月下归来，洞天未晓。"

赐御筵①

《岁时杂记》："祖宗以来②，每灯夕，命辅臣诣太一焚香③，赐会寺中，或大臣私第。自仁宗以来④，专在景德⑤。

嘉祐中⑥，曹相公恳请诸公迁就开化一次⑦。元丰末⑧，王丞相就宝梵行香厅作御筵⑨，后又迁在开宝⑩。元祐中⑪，又于启圣⑫，皆出临时主席之意⑬。

【注释】

①御筵：皇帝命设的酒席。

②祖宗：指宋朝太祖、太宗时期。

③辅臣：辅弼之臣。后多用以称宰相。诣：到。太一：即太一宫，亦作"太乙官"。祭祀太一神的宫殿。焚香：烧香，此指祭祀祈福。

④仁宗：即宋仁宗赵祯（1010—1063），初名赵受益，宋朝第四位皇帝（1022—1063年在位）。

⑤景德：即景德寺。北宋东京城（今河南开封）寺院。在旧宋门（丽景门）外以东，上清宫北面。明人李濂《汴京遗迹志·寺观》："景德寺，在丽景门外迤东。周世宗显德五年（958），以相国寺僧多居隘，诏就寺之蔬圃，别建下院分处之，俗呼'东相国寺'。显德六年（959），赐额'天寿寺'。宋真宗景德二年（1005），改名'景德'。"

⑥嘉祐：宋仁宗赵祯年号（1056—1063）。

⑦相公：对宰相的尊称。迁就：迁往，迁到。开化：即开化寺。北宋东京城（今河南开封）寺院。

⑧元丰：宋神宗赵顼年号（1078—1085）。

⑨宝梵：即相国寺宝梵律院。

⑩开宝：即开宝寺。北宋东京城（今河南开封）寺院。在东京城东北安远门里上方寺西。北齐天保十年（559）建，唐开元十七年（729）改名封禅寺，北宋开宝三年（970）改名开宝寺。

⑪元祐：宋哲宗赵煦年号（1086—1094）。

⑫启圣：即启圣寺。北宋东京城（今河南开封）寺院。

⑬主席：指主筵席者。

【译文】

《岁时杂记》："本朝自太祖、太宗以来，每年元宵夜，皇帝命辅臣到太一宫主持祭祀祈福仪式，仪式结束后皇帝在寺中或大臣私第赐宴群臣。自宋仁宗以来，专在景德寺赐宴群臣。嘉祐年间，曹相公恳请众位公卿迁就一次在开化寺赐宴群臣。元丰末年，王丞相在宝梵律院行香厅筹备御筵，后来因故迁到开宝寺。元祐年间，又迁到启圣寺，都是临时主办筵席人的建议。

"宣和间，上元赐观灯御筵，范左丞致虚进《满庭芳慢》一阕云①：'紫禁寒轻②，瑶津冰泮③，丽月光射千门④。万年枝上，甘露惹祥氛⑤。北阙华灯预赏ⓒ，嬉游盛、丝管纷纷⑦。东风峭，雪残梅瘦，烟锁凤城春⑧。风光何处好，彩山万仞⑨，宝炬凌云⑩。尽欢陪舜乐⑪，喜赞尧仁⑫。天子千秋万岁⑬，征招宴、宰府师臣⑭。君恩重，年年此夜，长祝奉嘉辰⑮。'御制《同韵赐范左丞序》云：'上元赐公师宰执观灯御筵，遵故事也⑯。卿初获御坐⑰，以《满庭芳》词来上，因俯同其韵以赐⑱。'词云：'寰海清夷⑲，元宵游豫⑳，为开临御端门㉑。暖风摇曳，香气蔼轻氛㉒。十万钩陈灿锦㉓，钧台外、罗绮缤纷㉔。欢声里，烛龙衔耀，黼藻太平春㉕。灵鳌擎彩岫㉖，冰轮远驾㉗，初上祥云。照万宇嬉游，一视同仁。更喜维垣大第㉘，通宵燕、调燮良臣㉙。从兹庆㉚，都俞赓载㉛，千岁乐昌辰。'"

【注释】

①范左丞致虚：即范致虚（？—1137），字谦叔，建阳（今属福建）人。哲宗元祐三年（1088）进士，宣和间，进左丞。宋文学家。《满庭芳慢》：即《满庭芳》，又有《满庭霜》《锁阳台》等别名。词牌名。有平韵、仄韵二体。

②紫禁：古以紫微垣比喻皇帝的居处，因称官禁为"紫禁"。《文选·谢庄〈宋孝武宣贵妃诔〉》："掩彩瑶光，收华紫禁。"李善注："王者之官，以象紫微，故谓宫中为紫禁。"

③瑶津：宫中池名。冰泮（pàn）：冰冻融解。泮，融解。

④丽月：指皎洁明亮的月光。千门：众多宫门。亦借指众多宫殿。汉班固《西都赋》："张千门而立万户，顺阴阳以开阖。"

⑤祥氛：吉祥的气氛。

⑥北阙：古代宫殿北面的门楼。是臣子等候朝见或上书奏事之处。《汉书·高帝纪下》："萧何治未央宫，立东阙、北阙、前殿、武库、太仓。"颜师古注："未央宫虽南向，而上书、奏事、谒见之徒皆诣北阙。"华灯：雕饰精美的灯，彩灯。预赏：谓提前放灯供人观赏。宋孟元老《东京梦华录·十六日》："粃盆照耀，有同白日，仕女观者，中贵邀住，劝酒一金杯令退，直至上元，谓之'预赏'。"

⑦丝管：弦乐器与管乐器。泛指乐器。亦借指音乐。北魏杨炫之《洛阳伽蓝记·高阳王寺》："入则歌姬舞女，击竹吹笙，丝管迭奏，连宵尽日。"

⑧烟锁：烟雾笼罩。凤城：京都的美称。唐沈佺期《奉和立春游苑迎春》："歌吹衔恩归路晚，栖乌半下凤城来。"

⑨万仞：形容极高。

⑩宝炬：蜡烛的美称。

⑪舜乐：指上古圣君舜时期的礼乐。

⑫尧仁：尧帝以仁德治世。

⑬千秋万岁：祝长寿之辞。

⑭宰府：宰相办公之所。《后汉书·马严传》："旧丞相、御史亲治职事，唯丙吉以年老优游，不案吏罪，于是宰府习为常俗。"师臣：对居师保之位或加有太师官号的执政大臣的尊称。

⑮嘉辰：良辰。

⑯故事：先例，旧日的典章制度。

⑰御坐：侍坐。

⑱俯同：敬辞。屈驾，劳驾。

⑲寰海：犹天下。清夷：清平，太平。

⑳游豫：指帝王出巡。春巡为"游"，秋巡为"豫"。

㉑临御：谓皇帝坐朝或临幸至某地。端门：宫殿的正南门。

㉒香气蔼轻氛：芳香在空气中氤氲缭绕，形成一层若有若无的香雾。蔼，原指云气，此处作动词，形容香气如薄雾般弥漫。轻氛，指轻盈的香气。

㉓钩陈：指后宫。《文选·班固〈西都赋〉》："屋以钩陈之位，卫以严更之署。"李善注引《乐叶图》："钩陈，后宫也。"

㉔钩台：原指夏代帝王宴饮诸侯的场所（如禹州钩台），此处借指北宋皇家御苑或庆典场所。罗绮：指华美的丝织衣物，引申为身着锦衣的贵族、宫人。

㉕黼（fǔ）藻：指华美的辞藻或文字。

㉖灵鳌：神话传说中的巨龟。此指元宵灯景中搭建的鳌形装饰。擎：托举。彩：指绚丽装饰。岫（xiù）：原指山洞或山峰，此处指人工堆砌的灯山或假山景观。

㉗冰轮：指月亮。

㉘维垣：《诗经·大雅·板》："价人维藩，大师维垣。"毛传："垣，墙也。"郑玄笺："大师，三公也。"大，通"太"。后因以"维垣"为太师之代称。

㉙调燮（xiè）：犹言调和阴阳。古谓宰相能调和阴阳，治理国事，故以称宰相。

㉚从兹：从此。

㉛都俞：即都俞吁咈。《尚书·益稷》："禹曰：'都！帝，慎乃在位。'帝曰：'俞！'"又《尧典》："帝曰：'吁，咈哉！'"都、俞、吁、咈均为叹词。以为可，则曰都、俞；以为否，则曰吁、咈。后因用"都俞吁咈"形容君臣论政问答，融洽雍睦。赓（gēng）载：谓相续而成。

【译文】

"宣和年间，上元节赐观灯御筵，范致虚左丞进献《满庭芳慢》一首写道：'紫禁寒轻，瑶津冰泮，丽月光射千门。万年枝上，甘露惹祥氛。北阙华灯预赏，嬉游盛、丝管纷纷。东风峭，雪残梅瘦，烟锁凤城春。风光何处好，彩山万仞，宝炬凌云。尽欢陪舜乐，喜赞尧仁。天子千秋万岁，征招宴、宰府师臣。君恩重，年年此夜，长祝奉嘉辰。'皇帝《同韵赐范左丞序》写道：'上元节赐公师宰执观灯御筵，是遵照先例。爱卿初次在御前侍坐，进献了一首《满庭芳》词，朕依照该词的韵脚，创作了一首同韵词回赐。'词写道：'寰海清夷，元宵游豫，为开临御端门。暖风摇曳，香气蔼轻氛。十万钧陈灿锦，钓台外、罗绮缤纷。欢声里、烛龙衔耀，黼藻太平春。灵鳌擎彩岫，冰轮远驾，初上祥云。照万宇嬉游，一视同仁。更喜维垣大第，通宵燕、调燮良臣。从兹庆，都俞赓载，千岁乐昌辰。'"

御赐宴

庐陵《居士集》①："嘉祐八年上元夜②，赐中书、枢密院御筵于相国寺罗汉院③。国朝之制，岁时赐宴多矣。自两制已上皆与④，惟上元一夕，祗赐中书、枢密院⑤。虽前两府见任使相⑥，皆不得与。是岁昭文韩相、集贤曾公、枢密张太尉皆在假不赴⑦,惟余与西厅赵侍郎概、副枢胡谏议宿、吴谏议奎四人在席⑧。酒半相顾⑨,四人皆同时翰林学士⑩,相继登二府,前此未有也。因相与道玉堂旧事为笑乐⑪,皆引满剧饮⑫,亦一时之盛事也⑬。"

【注释】

①庐陵《居士集》:五十卷,宋欧阳修(号六一居士)撰。该书为诗文别集。庐陵,因欧阳修为庐陵人,代指欧阳修。

②嘉祐八年:1063年。

③中书:即中书省。官署名。魏晋始设,为秉承君主意旨、掌管机要、发布政令的机构。后逐渐成为全国政务中枢。唐宋以中书令为长官,任首席宰相;以中书侍郎为副长官,为固定编制的宰相;以中书舍人为核心官职,掌管省内机枢政务。枢密院:官署名。宋代最高军事机关。枢密院长官为枢密使和枢密副使,或为知枢密院事和同知枢密院事,时还增设签书枢密院事和同签书枢密院事。地位略低于宰相,与参知政事、门下侍郎、中书侍郎、尚书左右丞等副相统称执政,宰相与执政合称宰执。主管朝廷军事机要,即侍卫、边防、军马等政令,掌兵籍、虎符,得皇帝命令有调动兵马之权,但并不直接统领军队。与中书分掌军政大权,号称东、西"二府"。

④两制:内制和外制的合称。指翰林学士和中书舍人。

⑤祇:同"祗"。只,仅。

⑥两府:即"二府"。宋时因中书省、枢密院分掌文、武二权,故称。使相:唐代中期凡为宰相者必曰同中书门下平章事,故称加同中书门下平章事官衔的节度使为使相。宋初匡之,以亲王、留守、节度使加侍中、中书令、同平章事者皆谓之使相,实际上不主政事。

⑦昭文韩相:即韩琦(1008—1075),字稚圭,自号赣叟,相州安阳(今属河南)人。嘉祐六年(1061),韩琦自工部尚书、同平章事加昭文馆大学士,故称昭文韩相。北宋政治家、文学家。著有《安阳集》《谏垣存稿》等。集贤曾公:即曾公亮(999—1078),字明仲,号乐正,泉州晋江(今福建泉州)人。嘉祐六年(1061)以吏部侍郎、同平章事、集贤殿大学士正式拜相,故称集贤曾公。北宋政治家、文学家。与丁度承旨编撰《武经备要》。枢密张太尉:即张昇(biàn,992—1077),字杲卿,阳翟人(今河南禹州)。大中祥符八年(1015)进士,后官至枢密使、参知政事,以太子太师致仕。北宋政治家、文学家。在假:在假期中。

⑧赵侍郎概:即赵概(996—1083),字叔平,初名槩,南京虞城(今属河南)人。嘉祐间累官至枢密使、参知政事。以太子少师致仕。北宋政治家。著有《谏林》。副枢胡谏议宿:即胡宿(996—1067),字武平,常州晋陵(今江苏常州)人。嘉祐六年(1061)擢枢密副使。北宋政治家。著有《文恭集》。吴谏议奎:即吴奎(1010—1067),字长文,潍州北海(今山东潍坊)人。嘉祐七年(1062)迁左谏议大夫、枢密副使。北宋政治家。在席:出席。

⑨酒半:犹酒次。指宴饮间酒至数巡的时刻。

⑩翰林学士:官名。学士始设于南北朝,唐初常以名儒学士起草诏令而无名号。唐玄宗时,翰林学士成为皇帝心腹,常常能升为宰相。北宋翰林学士承唐制,仍掌制诰。

⑪玉堂:北宋太宗淳化年间,赐翰林"玉堂之署"四字,后遂用玉堂代称翰林院。

⑫引满:谓斟酒满杯而饮。剧饮:豪饮,痛饮。

⑬盛事:美事,大事。

【译文】

欧阳修《居士集》:"嘉祐八年元宵夜,皇帝在相国寺罗汉院为中书省和枢密院官员举办御赐宴席。本朝的制度,每逢重要节日多有皇帝赐宴。凡两制及以上官员均可参与,唯独上元节的御筵,仅限中书省和枢密院官员参加。即使曾任职于中书或枢密院、现仍保有"使相"头衔的官员,亦不得参与。这一年宰相韩琦、集贤殿学士曾公亮、枢密太尉张昇都在假期中不能赴宴,只有我与西厅侍郎赵概、副枢密使胡宿、左谏议大夫吴奎四人出席。饮酒过半相互一看,四人都是同年的翰林学士,相继升任宰相和枢密使,在以前从来没有过。因而相互说翰林院过去的事引以为乐,都斟酒满杯而豪饮,也是一时的美事。"

乘仙鹤

皇朝《岁时杂记》:"阙下前上元数月,有司砻治端楼^①,增丹雘之饰^②。至正月初十日,帘、幕、帷、幄、幔、绶及诸什物皆备^③。十四日登楼,近臣侍坐。酒行五^④,上有所令,下有所禀之事,皆以仙人执书乘鹤,以彩绳升降出纳^⑤。王都尉作《换遍歌头》云^⑥:'雪霁轻尘敛^⑦,好风初报柳。春寒浅、当三五^⑧。是处鳌山耸^⑨,金羁宝乘^⑩,游赏遍蓬壶^⑪。向黄昏时候^⑫。对双龙阙门前,皓月华灯射^⑬,变清昼^⑭。　　彩凤低衔天语^⑮。承宣诏传呼^⑯。飞上层霄^⑰,共陪霞觞频举^⑱。更渐阑^⑲,正回路。遥拥车佩珊珊^⑳,笼纱满香衢^㉑。指凤楼、相将醉归去^㉒。'"

【注释】

①砻(lóng)治:修整,治理。砻,本为磨砺,研磨,此处为修整。

②丹雘(huò):红色的涂漆。

③帘:帘子,遮蔽门窗的用具。幕:覆着在上面的帐幕。帷:围在四周的

帐幕。幄（wò）：帷幕。䪐（luán）：䪐带。古代服饰中的一种装饰性带子。绶（shòu）：丝带。什物：各种常用的器具。

④酒行五：指酒宴进行到第五轮（或第五巡）。行，量词。表示斟酒的遍数。

⑤出纳：传达君王的命令，反映群众的意见。

⑥王都尉：即王诜（shēn，约1048—约1104），字晋卿，太原（今属山西）人。北宋熙宁二年（1069）娶英宗女蜀国长公主，拜驸马都尉。北宋画家，存世作品有《渔村小雪图》《烟江叠嶂图》《溪山秋霁图》等。《换遍歌头》：词牌名。

⑦雪霁（jì）：雪后初晴。霁，指雨雪停止、天气放晴的意象。轻尘敛：雪覆盖了空气中的尘埃。

⑧当：值，正逢。三五：指正月十五。

⑨鳌山：宋代元宵节以彩灯堆叠成巨鳌背负仙山的造型，象征祥瑞与仙境。

⑩金羁宝乘：装饰华美的车马。金羁，金饰的马络头。宝乘，即宝车。

⑪蓬壶：即蓬莱山。古代传说中的海中仙山。晋王嘉《拾遗记·高辛》："三壶则海中三山也。一曰方壶，则方丈也；二曰蓬壶，则蓬莱也；三曰瀛壶，则瀛洲也。形如壶器。"

⑫向：临近。

⑬皓月：明月。

⑭清昼：白天。

⑮彩凤：即凤凰。衔：含着。天语：谓天子诏谕，皇帝所语。

⑯承宣诏：宣读诏书的宦官。

⑰层霄：云霄。

⑱霞觞（shāng）：犹霞杯。觞，盛满美酒的酒杯。

⑲更渐阑：指时间已至深夜，接近黎明。更，古代夜间计时单位，一夜分五更。渐阑，指时间渐晚，接近尾声。

⑳车佩：缀饰在车乘上的属件。珊珊：玉佩声。

㉑笼纱：即纱笼。用绢纱作外罩的灯笼。香衢：街道的美称。

㉒凤楼：指宫内的楼阁。

【译文】

本朝《岁时杂记》："朝廷在元宵节前数月，官吏修治端楼，涂红漆进行装饰。到正月初十日，帘、幕、帷、幄、幣、绶以及各种常用的器具都已齐备。皇帝正月十四日登上城楼，近臣在近旁陪坐。斟过五遍酒后，皇帝的诏令，下臣的奏请，都由仙人手持着乘坐仙鹤，用彩绳上升与下降来传达。驸马都尉王诜作《换遍歌头》道：'雪霁轻尘敛，好风初报柳。春寒浅、当三五。是处鳌山耸，金羁宝乘，游赏遍蓬壶。向黄昏时候。对双龙阙门前，皓月华灯射，变清昼。　　彩凤低衔天语。承宣诏传呼。飞上层霄，共陪霞觞频举。更渐阑，正回路。遥拥车佩珊珊，笼纱满香衢。指凤楼、相将醉归去。'"

飞金凤

《东京梦华录》："正月十六日，车驾登门作乐，纵万姓游赏。两朵楼相对，左楼相对郓王以次彩棚幕次①，右楼相对蔡太师以次执政、戚里幕次②。时复自楼上有金凤飞下诸幕次③，宣赐不辍④。诸幕次中，家妓竞奏新声，与山棚、露台上下，乐声鼎沸⑤。西朵楼下，开封尹弹压⑥，幕次罗列，罪人满前，时复决遣⑦，以警愚民⑧。楼上时传口敕⑨，特令放罪⑩。"

【注释】

①郓（yùn）王：即赵楷（1101—1130），初赐名赵焕。宋徽宗赵佶第三子，母为王贵妃。政和八年（1118），进封为郓王。以次：按次

序,含有按地位尊卑高低排列之意。彩棚幕次:临时搭起的彩色
帐篷。幕次,临时搭起的帐篷。

②蔡太师:即蔡京(1047—1126),字元长,兴化军仙游(今福建仙
游)人。崇宁元年(1102)为右仆射兼门下侍郎(右相),后又官
至太师。北宋宰相、书法家。执政:专指宰相以外的执政大臣。
宋代指参知政事、枢密使、枢密副使、签书枢密院事、知枢密院事、
同知枢密院事、尚书左丞、尚书右丞、中书侍郎、门下侍郎等,地位
仅次于宰相。戚里:帝王外戚聚居的地方。此借指外戚。

③时复自楼上有金凤飞下诸幕次:指皇宫城楼上时常有金凤造型的
装置从高处降落到官员们的临时彩棚中。

④不辍:不停止,连续不断。

⑤鼎沸:形容喧闹、嘈杂。

⑥开封尹:即开封府尹,开封府的最高长官。北宋曾于京都开封设
置府尹,以文臣充,专掌府事,位在尚书下、侍郎上,少尹二人佐
之,然不常置。弹压:压制,制服。

⑦时复:犹时常。决遣:审判发落。

⑧愚民:愚昧无知之人。

⑨口敕:皇帝口授诏令。

⑩放罪:赦罪开释。

【译文】

《东京梦华录》:"正月十六日,皇帝登上宣德楼门楼取乐,放任百姓
游览观赏。两座朵楼遥遥相对,左楼正对着郓王赵楷以下依次排列的诸
位亲王的彩色帐篷,右楼正对着太师蔡京以下依次排列的执政官、外戚
的彩色帐篷。皇宫城楼上时常有金凤造型的装置从高处降落到官员们
的临时彩棚中,不停地带来皇帝的赏赐。各个帐棚中,王公贵族家里的
歌妓竞相演奏新制的乐曲,与山棚上、露台下的演奏相互交融,乐声鼎
沸。西朵楼下面,开封府尹派军士严加防范,帐棚罗列,前面跪满罪犯,

不时进行审判发落,以此警示愚昧无知的人。城楼上时常传来皇帝口谕,特令赦罪开释某些罪犯。"

备御唤

《东京梦华录》:"宣和间,自十二月,于晨辉门外①,设主上看位一所②。前以荆棘围绕,周回约五七十步。都人卖鹌鹑骨饳儿、圆子、锤拍、白肠、水晶鲙、科头细粉、旋炒栗子、银杏、盐豉汤、鸡段、金橘、橄榄、龙眼、荔枝③,诸般市合④,团团密摆,准备御前索唤。直至上元,谓之'预赏'。"

【注释】

①晨辉门:宋徽宗扩建后的延福宫的东门。

②主上:古代臣子对皇帝的称呼。看位:即看棚,临时搭建的看台。

③鹌鹑骨饳(duò)儿:古代一种面食,因其形似鹌鹑,故称。圆子:丸子。水晶鲙(kuài):将切细的鱼、肉碎片配以佐料,经烹煮,冷冻后而成的半透明块状食品。科头细粉:以淀粉为原料制成的一种食品名。银杏:即白果。盐豉(chǐ)汤:月豆豉做的汤。橄榄:槟榔的别名。龙眼:又称桂圆。

④市合:集市聚集,开始买卖交易。

【译文】

《东京梦华录》:"宣和年间,从十二月起,在晨辉门外设置一个皇帝的看棚。前面用荆棘围绕,周围大概五七十步。京城中卖鹌鹑骨饳儿、圆子、锤拍、白肠、水晶鲙、科头细粉、旋炒栗子、银杏、盐豉汤、鸡段、金橘、橄榄、龙眼、荔枝的,各种物品纷纷开市,围绕着看棚紧密摆放,随时响应宫廷的即时采买需求。这样一直延续到元宵节,称为'预赏'。"

拆山楼

《岁时杂记》："正月十八夜，谓之收灯。诸神御殿献曲^①，彩楼最后，一曲毕，多就拆之。阙前山楼，十八日辇声归内，亦稍稍解去^②。晏相《正月十九日》诗云：'楼台寂寞收灯夜，里巷萧条扫雪天^③。'又云：'星逐绮罗沉晚色^④，月随歌舞下层台。千蹄万毂无寻处，只是华胥一梦回^④。'"

【注释】

①神御殿：即原庙。是古代帝王祭祀祖先的专用场所，用以供奉帝后遗像。《宋史·礼志十二》："神御殿，古原庙也，以奉安先朝之御容。"献曲：进献乐曲。

②稍稍：渐渐。

③里巷：街巷。

④"星逐绮罗沉晚色"几句：晏殊《元献遗文》也作《正月十九日京邑上元收灯日》。绮罗，指穿着绮罗的人。多为贵妇、美女之代称。层台，高台。千蹄万毂（gǔ），泛指车马。毂，车轮中心，有洞可以插轴的部分。此借指车。华胥，《列子·黄帝》："（黄帝）昼寝，而梦游于华胥氏之国。华胥氏之国在弇州之西，台州之北，不知斯齐国几千万里。盖非舟车足力之所及，神游而已。其国无帅长，自然而已；其民无嗜欲，自然而已……黄帝既寤，怡然自得。"此为梦境的代称。

【译文】

《岁时杂记》："正月十八夜，称为收灯。各个原庙进献乐曲，彩楼最后演奏，最后一支乐曲演奏完毕，大多就地拆除。宫阙之前的山楼，在十八日皇帝返回皇宫后，也渐渐拆除。丞相晏殊《正月十九日》诗写道：

'楼台寂寞收灯夜，里巷萧条扫雪天。'又写道：'星逐绮罗沉晚色，月随歌舞下层台。千蹄万彀无寻处，只是华胥一梦回。'"

州郡灯

　　《岁时杂记》："灯夕，外郡唯杭、苏、温华侈尤甚①。自非贫人②，家家设灯，有极精丽者。浙西大率以琉璃灯为主③。苏州卖药朱家灯烛之盛，号天下第一。以琉璃肖物之形④，如牡丹、莲花、曼陀罗⑤，又盆中莲荷、车舆、瓶钵、屏风、帐幔、挂衣、佛塔、转藏、鬼子母等像⑥，皆以琉璃为之。亦用云母石为灯及缯楮等⑦，品类繁夥⑧，而皆琉璃掩其名焉⑨。成都府灯山或过于阙前⑩，上为飞桥、山亭。太守以次⑪，止三数人⑫，历诸亭榭⑬，各数杯乃下，从僚属饮棚前。如京师棘盆处，缉木为垣⑭，其中旋植花卉⑮，旧日捕山禽杂兽满其中，后止图刻土木为之。蜀人性不兢⑯，以次登垣，旋绕观览。"

【注释】

①外郡：京都以外的州郡。杭：杭州。隋开皇九年（589）置，初治余杭县，后移钱唐县（今浙江杭州）。苏：苏州。隋开皇九年（589）改吴州置，治吴县（今江苏苏州）。温：温州。唐上元二年（675）分括州东境置，治永嘉县（今浙江温州）。华侈：豪华奢侈。

②自非：倘若不是。

③浙西：即两浙西路。北宋熙宁九年（1076）分两浙路置，次年废。南宋初复分两浙路为东、西两路。西路治临安府（治今浙江杭州）。

④肖物：谓刻画事物。

⑤曼陀罗:也称为"风茄儿"。在印度被视为神圣的植物,特栽培于寺院之间。为一年生有毒草本。全株有毒,花、叶、种子等均可入药,是麻醉性镇咳镇痛药。

⑥瓶钵:僧人出行所带的食具。瓶盛水,钵盛饭。帐幔:帷幕,床帐。拄衣:不详待考。转藏:佛教语。转动藏经的层龛,谓可以祈福。鬼子母:鬼子母神,又称为欢喜母、暴恶母或爱子母。原为婆罗门教中的恶神,护法二十诸天之一,专吃人间小孩,称之为"母夜叉"。被佛法教化后,成为专司护持儿童的护法神。

⑦云母石:一种矿石。因其耐高温、半透明及绝缘性,常被用作灯具的透光材料或隔热层。缯楮(chǔ):指帛和纸。楮,指纸。因楮皮可造纸,故有此代称。

⑧繁夥(huǒ):繁多,甚多。夥,众多,盛多。

⑨掩:掩盖。

⑩成都府:唐至德二载(757)以蜀郡为玄宗"驻跸"之地升为成都府,建号南京。上元元年(760)撤销京号,为剑南西川节度使治,治今四川成都。

⑪太守以次:太守按照官阶次序。

⑫止三数人:仅允许少数几人随行。三数,表示为数不多。

⑬亭榭:亭阁台榭。

⑭缉木为垣(yuán):用木材编排捆扎成矮墙或围栏。缉,通"辑"。指编织、编排或捆扎。

⑮旋:临时。

⑯性不兢:性情温和不争抢。

【译文】

《岁时杂记》:"元宵节晚上,京都以外的州郡只有杭州、苏州、温州的灯市尤其豪华奢侈。只要不是贫困人家,家家户户都会悬挂或摆放灯饰,有制作极其精美华丽的。浙江西路大都以琉璃灯为主。苏州卖药的朱家灯烛最为华美,号称天下第一。用琉璃材质仿造事物的形态,如牡丹、莲花、曼陀罗,又有盆中莲荷、车辆、瓶钵、屏风、帐幔、挂衣、佛塔、转藏、鬼子母等形象,都是用琉璃材质制作而成。也有用云母石制作的灯具以及丝绸裱糊灯架,或用纸制作灯面,灯具品类繁多,但都统称为琉璃灯。成都府的灯山或超过宫阙之前的灯山,灯山上为飞桥、山亭。太守按照官阶次序,仅允许少数几人随行,游遍各个亭阁台榭,各饮酒数杯就下来了,随从的同僚和部属都在棚前饮酒。成都灯会效仿京城搭建棘盆,用木材编排捆扎成矮墙或围栏,围栏内临时种植花卉,以前会捕捉山林中的禽鸟和各类野兽填满其中,后来停止这种做法,改用雕刻或绘制图案的土木模型来替代。蜀人性情温和,依次登上墙垣,环绕灯山游览观赏。"

公用灯

《岁时杂记》:"上元,诸官府前期堂厨公帑供诸厅灯[1],三省、枢密院[2],开封外供。旧日出于衙校及行户[3],后来但出公库[4]。天下莫盛于温州,熙宁前[5],温州供太守堂内绢灯至千盏。"

【注释】

①前期:指节日前期的筹备阶段。堂厨:原指政事堂的公膳房,此处可引申为官府内部的后勤或财政机构。

②三省:中书省、门下省、尚书省的合称。

③衙校:指地方官府的低级吏员或衙役,可能涉及地方税收、物资征调等职能。宋代地方财政一度依赖此类基层官吏的征派。行户:指商户,尤其是加入行会的商人。北宋开封商业繁荣,行会组织

（如酒行、米行）承担部分官需物资供应。

④公库：指中央财政系统，如三司（户部、盐铁、度支）统一管理的
国库。

⑤熙宁：宋神宗赵顼年号（1068—1077）。

【译文】

《岁时杂记》："元宵节，各官府预订政事堂的公膳房公款供给各厅
堂彩灯，中书省、门下省、尚书省、枢密院，现在由开封府供给。以前物
资依赖衙校从民间征调，或由行户承担，后来改由国库统一调配。熙宁
年之前，温州的繁华冠绝天下，仅州府衙署厅堂内悬挂的绢灯就达千盏
之多。"

竹棩灯

《岁时杂记》："上元灯棩之制①：以竹一本②，其上破之
为二十条，或十六条。每二条以麻合，系其稍而弯屈其中，
以纸糊之，则成莲花一叶。每二叶相压，则成莲花盛开之
状。爇灯其中③，旁插蒲棒、荷叶、剪刀草于花之下④。唯
都人能为，近瓯、浙间亦有效之者⑤。今禁城上团团皆植灯
棩⑥，犹用此制。"

【注释】

①灯棩（shuò）：用竹、纸、麻等材料扎糊而成，作莲花盛开之状。

②一本：一株。

③爇（ruò）：点燃。

④蒲棒：香蒲成熟的果穗。黄褐色，有绒毛，形状像棒子。剪刀草：
即慈姑苗。慈姑生水田中，其叶如剪刀形，故称。

⑤瓯(ōu)、浙：即瓯江、钱塘江。两江均在今浙江境内。借指浙江
　　一带。

⑥植：树立。

【译文】

《岁时杂记》："元宵节灯槃的制作方法：用一根竹子，从上劈开为二
十条，或者十六条。将两根竹条用麻绳并排扎合，将竹条的末梢固定，并
将中间部分弯曲成弧形，用纸覆盖在竹骨架上，则形成莲叶形灯片。每
两片竹制莲叶形灯片叠压组合，就变成莲花盛开的形状。在莲花灯内部
点燃灯火，莲花灯下面有蒲棒、荷叶、剪刀草等装饰，只有京城的人能制
作，近来浙江一带的人也有仿效制作的。如今宫城城墙上四周都树立灯
槃，仍用这种制作方法。"

衮球灯①

《岁时杂记》："上元衮灯，设机关于灯球之内，以安灯
盏②，大率用衮香球制度③。外郡多为之。太守观灯，使人
预于马前斡旋④，以运转无穷⑤，而其中初未尝动，其膏油不
泄⑥，其烽焰不阁云⑦。"

【注释】

①衮球灯：即利用回转仪原理制成的轮灯。相传起源于北宋，流行
　　于江浙。

②灯盏：油灯。

③衮香球：也称"木火通""香球"等。利用回转仪原理制成的香
　　炉。《西京杂记》卷一载："又作卧褥香炉，一名被中香炉。……为
　　机环转运四周，而炉体常平，可置之被褥，故以为名。"多据其用

途或支架所撑的物体而命名。制度：谓制作方法。宋朱彧《萍洲可谈》卷二："东坡在黄州，手作菜羹，号为东坡羹，自叙其制度。"

④斡（wò）旋：居中周旋。此指调度指挥。

⑤运转无穷：指灯会活动流畅无阻。

⑥膏油：灯油，代指灯火燃料。不滟（yàn）：不溢出、不外泄，形容灯油管理得当，燃烧稳定，灯火长明不灭，

⑦烽焰：指灯火或焰火的光辉。不阂（hé）云：灯火通明，穿透云层，形容灯会盛大辉煌，光照夜空。

【译文】

《岁时杂记》："元宵节衮灯，先在灯球内设置机关，以便安放油灯，大概是运用衮香球的制作方法。京都以外的州郡大多这样做。州郡太守在元宵节观灯时，提前安排侍从在仪仗队前方调度指挥，使灯会活动流畅无阻，表面灯饰看似运转不息，实则核心结构保持静止，灯油不外泄燃烧稳定，灯火通明，穿透云层。"

坐车灯①

《岁时杂记》："都人上元作坐车钓挂灯，大率仿灯笼、灯球之类②，但不可用火，特以饰车尔。其精纤华焕③，天下不能为。又用缯蜡刻名花④，以间厕之⑤。"

【注释】

①坐车：古代供人乘坐的一种小车。

②大率：通常，大都。

③精纤华焕：精美纤细光彩绚丽。

④蜡刻：宋代印刷术语。北宋绍圣间，开封发明以蜡刻印文字，称蜡刻，亦称蜡印，取其易于毕功，多用于急事传报。唯有时蜡不着

墨,印刷品容易失真。

⑤间厕:夹杂。

【译文】

《岁时杂记》:"京城人元宵节制作坐车的钓挂灯,大概仿制灯笼、灯球之类,但不能用火,只是装饰车辆而已。钓挂灯靖美纤细光彩绚丽,其他地方的人都不能制作。又在缯上蜡印名花,以夹杂其间。"

黄龙灯

《影灯记》①:"元夜,唐玄宗于常春殿临光宴②,为白鹭转花、黄龙吐水、金凫银燕、浮光洞、攒星阁③,皆灯也,奏《月分光曲》④。"

【注释】

①《影灯记》:书名。不详待考。

②常春殿:唐长安宫殿名。临光宴:唐玄宗在宫中举办的元宵灯宴。

③白鹭转花、黄龙吐水、金凫银燕、浮光洞、攒星阁:唐代元宵节宫灯名。

④《月分光曲》:乐曲名。

【译文】

《影灯记》:"元宵夜,唐玄宗在常春殿举办临光宴,开宴前命宫人在殿前点起白鹭转花、黄龙吐水、金凫银燕、浮光洞及攒星阁等各式花灯,命宫廷乐队演奏《月分光曲》。"

寺院灯

《东京梦华录》:"元夕,相国寺大殿前设乐棚,诸军作乐^①。两廊有诗牌灯^②，云‘天碧银河欲下来，月华如水浸楼台’^③，又云‘火树银花合，星桥铁锁开’^④。牌以木为之，雕镂成字，以纱绢幂之^⑤，于内密燃其灯，相次排定，亦可爱赏。资圣阁前安顿佛牙^⑥，设以水灯^⑦，皆系戚里、贵近占设看位^⑧。就中九子母殿又最为要闹^⑨，及东西塔院、惠林、智海、宝梵^⑩，竞陈灯烛，光彩争华，直至达旦。其余宫观寺院，皆放万姓烧香。如开宝、景德、大佛寺等处^⑪，皆设乐棚，作乐燃灯。惟禁宫观寺院^⑫，不设灯烛。次则葆真宫^⑬，有玉柱、玉帘窗隔灯^⑭。诸坊巷，马行诸香药铺席、茶坊、酒肆^⑮，灯烛各出新奇。惟莲花王家香铺灯火，又最出群^⑯。而又命僧道场打花钹^⑰，弄槌鼓^⑱，游人无不驻足。"

【注释】

①诸军作乐：指驻扎京城的禁军组成的乐队参与演出。

②诗牌：题上诗的木板。

③天碧银河欲下来，月华如水浸楼台：出自杨亿《上元》。天碧，青碧如天空之色。

④火树银花合，星桥铁锁开：出自苏味道《正月十五夜》。

⑤幂（mì）：覆盖。

⑥资圣阁：阁名。在相国寺。佛牙：指释迦牟尼火化后遗留下来的牙齿，佛教徒视为珍宝。

⑦水灯：漂浮于水面的灯。

⑧贵近：显贵的近臣。

⑨就中：其中。九子母：神话传说中能佑人生子的女神。要闹：热闹。

⑩东西塔院：东西塔，据宋人高承《事物纪原·相国寺》："东塔曰普满，唐至德二载建，开宝六年，太祖修。西塔曰广愿，元祐元年，僧

中惹立。"惠林、智海、宝梵：相国寺中的惠林禅院、智海禅院、宝梵禅院。

⑪ 大佛寺：即宝相寺，也称"宝相禅院"。在右掖门外瓷市子西。寺内慈尊阁有弥勒佛大像，故俗称"大佛寺"。

⑫ 禁宫观寺院：应指皇家后妃出家后所在的宫观寺院。

⑬ 葆真宫：又称"宝真宫"，皇家宫观，始建于徽宗政和五年（1115）四月。北宋末年，葆真宫是上元之夜张灯俟赏的宫殿之一。

⑭ 玉柱、玉帘窗隔灯：指以玉石材质或仿玉工艺制作的灯饰装置。

⑮ 铺席：店铺。

⑯ 出群：卓越出众。

⑰ 命僧道场：此指做道场。命，用，使。道场，请和尚或道士做法事。打花钹（bó）：花式击钹。表演者数人，根据表现内容的需要，边舞边击钹，不断变换队形。钹，俗称"镲"。击乐器。铜制，圆形，中间隆起部分大，正中有孔，两片相击发声，形制大小不一。

⑱ 弄槌（chuí）鼓：明人陶宗仪《说郛》引元人李东有《古杭杂记》中说："杭州市肆有丧之家，命僧为佛事，必请亲戚妇人观看。主母则带养娘随从。养娘首问来请者曰：'有和尚弄花鼓棒否？'请者曰：'有。'则养娘争肯前去，花鼓棒者，谓每举法乐，则一僧三四鼓棒在手，轮转抛弄。诸妇人竟观之以关乐。"槌鼓，击鼓。

【译文】

《东京梦华录》："元宵夜，相国寺的大殿前都搭设乐棚，驻扎京城的禁军组成的乐队演奏。大殿两廊悬有诗牌灯，上面写道'天碧银河欲下来，月华如水浸楼台'，又写道'火树银花合，星桥铁锁开'。诗牌灯用木板制作，木板上雕镂成文字，用纱绢覆盖，在诗灯牌内部密集点燃灯烛，按次序排列，这种排列方式也值得驻足欣赏。资圣阁前安顿着佛牙，设置水灯，都是外戚、显贵近臣占据看棚。其中九子母殿又最为热闹，另外还有东西塔院、惠林禅院、智海禅院、宝梵禅院，这些地方竞相陈列灯烛，光彩夺目，直到天明。其余的宫观寺院，都放百姓入寺烧香。如开宝寺、景德寺、大佛寺等地方，都设有乐棚，奏乐点灯。只有皇家禁地的宫观寺院，不设灯烛。其次就是葆真宫，有以玉石材质制作的灯饰。各坊巷，马行街上的香药店铺、茶坊、酒肆，灯烛各自做出新奇式样。只有莲花王家香铺的灯火，又最为出众。而且又请和尚做道场打花钹，弄槌鼓，游人无不停下脚步观看。"

大明灯

《僧史略》："《汉法本传》①，西域十二月三十日，乃中国正月之望，谓之'大神变月'②。汉明帝令烧灯③，以表佛法大明④。"

【注释】

①《汉法本传》：即《汉法本内传》，五卷。该书记述后汉明帝永平年间（58—75）佛教之传入并与道教抗衡之事。

②大神变月：即"神变月"。佛教术语，源自释迦牟尼佛在正月期间显神通降伏外道六师的传说。据《佛本行经》记载，佛陀于此时展现神迹，佛法得以弘扬，故称"神变月"。大神变月，底本作"大神农变月"，据《大宋僧史略》改。

③汉明帝：即汉明帝刘庄（28—75），字子丽。东汉第二位皇帝（57—75年在位）。

④表：彰显。

【译文】

《大宋僧史略》曰："《汉法本内传》，西域的十二月三十日，就是中国的正月十五，称为'大神变月'。汉明帝下令举办灯会，以彰显佛法大明。"

绕城灯

《涅槃经》^①:"正月十五日,如来阇维讫^②,收舍利罂^③,置金床上^④。天人散花奏乐^⑤,绕城步步燃灯三十里^⑥。"

【注释】

①《涅槃经》:全称《大般涅槃经》,亦称《大本涅槃经》或《大涅槃经》,大乘佛教经典。一般认为本经系2—4世纪间在古印度罽宾(今克什米尔)地区逐渐编集的。据说东汉时传入中国。

②如来:佛的别名。梵语的意译。如,谓如实。如来,即从如实之道而来,开示真理的人。又为释迦牟尼的十种法号之一。《金刚经·威仪寂静分》:"如来者,无所从来,亦无所去,故名如来。"阇(shé)维:梵语。指人死后火化。晋法显《佛国记》:"火然之时,人人敬心,各脱上服及羽仪伞盖,遥掷火中,以助阇维。"

③舍利:又名"舍利子"。梵语,意译"身骨"。释迦牟尼佛遗体火化后结成的坚硬珠状物。《魏书·释老志》:"佛既谢世,香木焚尸。灵骨分碎,大小如粒,击之不坏,焚亦不燋,或有光明神验,胡言谓之'舍利'。弟子收奉,置之宝瓶,竭香花,致敬慕,建宫宇,谓为'塔'。"后泛指佛教徒火化后的遗骸。罂(yīng):大腹小口的瓦器。

④金床:黄金打造的台座。

⑤天人:指仙女。散花:谓为供佛而散撒花朵。

⑥步步:每步。

【译文】

《涅槃经》:"正月十五日,如来火化完毕,弟子收奉舍利存入罂中,放置在黄金打造的台座上。仙女一边散花一边奏乐,并绕城以每步距离点燃一盏灯,共计三十里。"

张神灯^①

　　崔液《上元夜游》诗^②："神灯佛火百轮张^③,刻像图形七宝装^④。影里惟开金口说^⑤,空中似散玉毫光^⑥。"

【注释】

①神灯:神佛前所供的灯火。

②崔液:字润甫,小名海子,定州安喜(今河北定州)人。唐诗人。

③佛火:指供佛的油灯香烛之火。百轮张:指佛法显扬。轮,法轮,佛法的别称。

④刻像:石刻人像。七宝装:底本作"百宝装",据《艺文类聚》改。指用七种宝物装饰佛像。七宝,七种珍宝。佛经中说法不一,如:《法华经》以金、银、琉璃、砗磲、码磳、真珠、玫瑰为七宝;《无量寿经》以金、银、琉璃、珊瑚、琥珀、砗磲、玛瑙为七宝;《大阿弥陀经》以黄金、白银、水晶、琉璃、珊瑚、琥珀、砗磲为七宝;《恒水经》以白银、黄金、珊瑚、白珠、砗磲、明月珠、摩尼珠为七宝。图形:画像,图绘形象。

⑤金口:佛教语。谓佛之口舌如金刚坚固不坏。隋炀帝《宝台经藏愿文》:"前佛后佛,谅同金口。即教当教,宁殊玉牒。"

⑥玉毫光:佛光。

【译文】

　　崔液《上元夜游》诗写道:"神灯佛火百轮张,刻像图形七宝妆。影里惟开金口说,空中似散玉毫光。"

观舍利

　　《西域记》^①:"摩竭陁国^②,正月十五日,僧徒俗众云集,观佛舍利,放光、雨花③。"

【注释】

①《西域记》:即《大唐西域记》,十二卷,唐玄奘述,辩机撰文。记述玄奘去印度取经过程中亲历的或听闻的一百余个国家与城邦的概况,详述其地理位置、佛教古迹及有关历史传说、人物传记和当时佛教情况;对各地山川地形、城邑关防、交通道路、风土习俗、物产气候、政治文化等也多有记载。玄奘(?—664),通称"三藏法师""唐三藏",俗称"唐僧"。俗姓陈,名祎,洛州缑氏(今河南偃师)人。唐僧人、佛经翻译家、佛教理论家。

②摩竭陀国:又作"摩伽陀""摩竭提""摩揭陀"。印度十六大国之一,在今比哈尔邦巴特那及伽耶一带。

③放光:舍利显现灵异光芒,象征佛法威德与神圣性。

【译文】

《大唐西域记》:"摩竭陀国,正月十五日,佛教徒和普通民众聚集一处,观看如来佛祖的舍利,这时,或者大放光明,或者天降雨花。"

会群仙

《灵宝朝修图》①:"正月十五日,虚无自然元始天尊于八景天宫②,集会三界群仙③,汉祖天师、三天扶教辅元大法师、正一静应真君诞生之日④。"

【注释】

①《灵宝朝修图》:不详待考。

②虚无自然元始天尊:即玉清元始天尊,全称"玉清圣境虚无自然

元始天尊"，又称"玉清大帝"。元始天尊是道教最高天神，居三

清之首。八景：道教语，谓八采之景色。

③三界：指众生所居之欲界、色界、无色界。

④汉祖天师：即道教创始人张道陵。三天扶教辅元大法师：唐僖宗

　时，张道陵被封为"三天扶教辅元大法师"。正一静应真君：大观

　二年（1108），宋徽宗又加封张道陵为"正一静应真君"。

【译文】

《灵宝朝修图》："正月十五日，玉清元始天尊在八景天宫，召集三界

群仙聚会，为汉祖天师、三天扶教辅元大法师、正一静应真君张道陵庆贺

生日。"

拜章表①

《正一旨要》："正月十五日上元，十天灵官神仙兵马无

鞅数众②，与上圣高真、妙行真人同降人间③，较善赐福之

辰④，其日宜修斋醮，拜章表，请益寿算⑤。"

【注释】

①章表：即表章。拜表上章。

②灵官：道教的护法天神。无鞅数众：指无数的仙众。

③上圣高真：道家谓仙界上真，称为高真。妙行真人：元始天尊玉清

　圣境四大真人之一。《元始天尊说东岳化身济生度死拔罪解冤保

　命玄范诰咒妙经》说："……于会中有四大真人，名曰：大慈大悲

　金华真人、大慈大悲玉清真人、大慈大悲妙行真人、大慈大悲救苦

　真人。"人间：底本作"人门"，据《事林广记》改。

④赐福：赐以福泽。

⑤寿算：年寿，寿数。

【译文】

《正一旨要》："正月十五日上元节,十天灵官神仙兵马以及无数仙众,与上圣高真、妙行真人同降人间,考校善恶赐福的日子,这一天适宜修斋醮,拜表上章,请求增加年寿。"

诵道经

《修行记》①:"正月上元,七月中元,皆大庆之月,长斋诵《度人经》②,则福及上世③,身得神仙。"按:《度人经》云:"正月长斋,诵咏是经,为上世亡魂断地逮役④,度上南宫⑤。"

【注释】

①《修行记》:书名。不详待考。

②长斋:谓佛教徒长期坚持过午不食。后多指长期素食。《度人经》:全称《太上洞玄灵宝无量度人上品妙经》,又称《元始无量度人上品妙经》,六十一卷。该经由《元始洞玄灵宝本章》《元洞玉历章》及《元始灵书》组成。被明代《正统道藏》列为开篇经书,号称群经之首、万法之宗、一切法界之源头。作者不详。

③福:保佑。

④断地逮役:断除地府内连续不断的苦役。

⑤南宫:位于上天之南,据传是炼化灵魂,使之超度成仙或更生下凡投胎的处所。

【译文】

《修行记》:"正月有上元节,七月有中元节,都是大庆之月,整月长斋诵读《度人经》,就可保佑上世祖先,修身得道成为神仙。"按:《度人经》记载:"正月整月长斋,诵读《度人经》,可以为上世亡魂断除地府内连续不断的苦役,其魂神可超度飞上南宫。"

上元 中

【题解】

本卷《上元中》篇。本卷条目均为上元时俗节物，主要有上元诗文典故"出御诗""和御制""赏佳词""作句法""使故事""免文解""偷新曲"等；上元节日饮食"传黄柑""造面茧""咬焦䭔""作盘飨""饗珍果""货香药""卖节食"等；上元节日农桑生产"变蚕种"；上元宴饮娱乐"与民乐""徇人心""燕近臣""预赏灯""赐金瓯""观乐舞""纵出游""戴灯球""纸飞蛾""火杨梅""条篾戏""扑蛾戏"等；上元历史典故"宴元老""斥伶官""夺重关""挝叠鼓"等；上元祭祀祈福"祭蚕室""祠门户""赛紫姑""祷天女"等。

宴元老①

《玉壶清话》②："至道元年灯夕③，太宗御楼。时李文正昉以司空致仕于家④。上亟以安舆就其宅召至⑤，赐坐于御榻之侧⑥，敷对明爽⑦，精力康劲⑧。上亲酌御樽饮之⑨，选看核之精者赐焉⑩，谓近侍曰：'昉可谓善人君子也⑪。事朕两入中书⑫，未尝有伤人害物之事，宜其今日所享也。'又从容语及平日藩邸唱和之事⑬，公遽然离席⑭，历历口诵御诗七十余篇，一句不误。上谓曰：'何记之精邪？'公奏曰：'臣不敢妄。臣自得谢⑮，每晨起盥栉⑯，坐于道室⑰，焚香诵诗。每一诗，日诵一遍。间或却诵佛道书⑱。'上喜曰：'朕亦以卿诗别笥贮之⑲，每爱卿翰墨也楷秀⑳，老来笔力在否㉑？'公对曰：'臣素不善书，皆独犬宗讷所写尔㉒。'上即令以六品正官与之，除国子监丞㉓。"

【注释】

①元老：古时称天子的老臣。

②《玉壶清话》：又称《玉壶野史》，十卷，北宋僧人文莹撰。该书主要记载君臣行事、礼乐文章、四海见闻等。文莹，字道温，钱塘（今浙江杭州）人。北宋名僧。另著有《湘山野录》《渚宫集》等。

③至道元年：995年。至道，宋太宗赵光义年号（995—997）。

④李文正昉：即李昉（925—996），字明远，一作明叔，谥文正，深州饶阳（今河北饶阳）人。北宋初年名相、文学家。参与编写《太平御览》《文苑英华》《太平广记》等。司空：北宋政和二年（1112）前，司空为三公官之一。致仕：辞官退休。《公羊传·宣公元年》："退而致仕。"何休注："致仕，还禄位于君。"

⑤安舆：即安车。古代可以坐乘的小车。古车立乘，此为坐乘，故称安车。

⑥御榻：底本作"御楼"，据《玉壶清话》改。

⑦敷对明爽：底本作"数对明爽"，据《玉壶清话》改。指奏对明白干脆。

⑧康劲：形容其体魄强健、精神矍铄。

⑨酌：斟酒。樽（zūn）：古代盛酒的器具。

⑩肴核：肉类和果类食品。

⑪善人：有道德的人。君子：对别人的尊称。

⑫两入中书：指李昉曾两次入主中书省担任宰相（中书侍郎、平章事等职）。

⑬藩邸：藩王的宅第。此指宋太宗为晋王时所住宅第。唱和：以诗词互相酬答。

⑭遽（jù）然：突然，忽然。

⑮谢：辞去官职。

⑯盥栉（guàn zhì）：梳洗。

⑰道室：寺观。此指个人修行的场所。

⑱间或：偶尔，有时候。

⑲笥（sì）：盛衣物或饭食等的方形竹器。

⑳楷秀：底本作"楷字"，据《玉壶清话》改。意为端正秀丽。

㉑笔力：字、画、文章在笔法上表现的气势和力量。

㉒独（tún）犬：即豚犬。《三国志·吴书·吴主传》裴松之注引《吴历》："生子当如孙仲谋，刘景升儿子若豚犬耳！"后因以"独犬"蔑称不成器的儿子。宗讷：即李宗讷，字大辨，深州饶阳（今河北饶阳）人。李昉子。盖太宗居藩邸时，每有篇咏，令昉属和，前后数百章，皆宗讷缮写。太宗爱其楷丽，问知为宗讷所书，故有是命。

㉓除：任命官职。国子监丞：国子监的内部事务官。

【译文】

《玉壶清话》："至道元年元宵夜，宋太宗驾临宣德楼。当时文正公李昉以司空辞官退休在家。太宗马上用安车把他召来，赐坐在御榻旁边，李昉奏对明白干脆，精力康健有劲。太宗把御杯斟满酒让他饮用，挑选最好的肉类和果类赏给他，对左右侍从说：'李昉可以称为有道德的君子。辅佐我两次拜相，不曾有伤人害物的事情，他应当有今日的待遇。'又从容谈到自己任晋王时以诗词互相酬答的事，李昉突然离开席位，逐一背诵太宗诗七十多首，一句也不错。太宗问：'为何记得如此精确呢？'李昉启奏道：'我不敢乱说。我自从辞去官职，每天晨起梳洗，坐在道室，焚香诵诗。每首诗，每日诵读一遍。在诵读诗歌之余，偶尔诵读佛经或道家经典。'太宗高兴地说：'我也把你的诗用别的书箱贮存，每首诗都书写得端正秀丽，年老之后笔力还在吗？'李昉答道：'我一向不擅长书法，所有诗篇都是我犬子李宗讷代为书写的。'太宗立即赐予李宗讷六品正官，任国子监丞。"

称善人

《青琐高议》①："大丞相李公昉，尝谓子弟曰：'建隆年元夜②，艺祖御宣德门③。初夜④，灯烛荧煌⑤，箫鼓间作⑥，士女和会⑦，填溢禁陌⑧。上临轩引望⑨，目顾问余曰："人物比之五代如何⑩？"余对以："民物繁盛，比之五代数倍。"帝意甚欢，命移余席切近御座⑪，亲分果饵遗余⑫。顾谓两府曰："李昉事朕十余年，最竭忠孝，未尝见损害一人，此所谓善人君子也。"孔子曰⑬："善人，吾不得而见之也。"吾历官五十年，两立政地⑭，虽无功业可书竹帛⑮，居常进贤⑯，虽一善可称⑰，亦俾进用⑱，而又金口称为善人君子⑲，则吾不忝尔父也⑳。尔等各勉学问㉑，思所以起家㉒，为忠孝以立，则尔无忝吾所生也㉓。'"

【注释】

①《青琐高议》：《郡斋读书志》及《宋史·艺文志》均著录十八卷，今本二十七卷，宋刘斧编著。该书内容有志怪、传奇、纪传、琐事、异闻、议论等，涉及社会生活诸多方面。

②建隆：宋太祖赵匡胤年号（960—963）。

③艺祖：有文德之祖。《尚书·舜典》："归，格于艺祖，用特。"孔传：
"巡守四岳，然后归告，至文祖之庙。艺，文也。"孔颖达疏："才艺
文德，其义相通，故艺为文也。"后用以开国帝王的通称。此指宋
太祖赵匡胤。

④初夜：即初更。称晚上七时至九时。

⑤荧煌：闪耀辉煌。

⑥间作：交替、不时地出现。

⑦和会：和悦集会。

⑧填溢：充塞满溢。禁陌：京城中的道路。

⑨引望：引颈而望，远望。

⑩人物：人和物。五代：继唐之后的后梁、后唐、后晋、后汉、后周相
继统治中原，合称五代（907—960）。

⑪切近：靠近，接近。

⑫果饵：糖果饼饵等食品。

⑬孔子（前551—前479）：子姓，孔氏，名丘，字仲尼，春秋时期鲁国
陬邑（今山东曲阜）人。古代伟大的思想家、政治家、教育家，儒
家学派创始人。

⑭政地：处理政事的地方。此处借指帝王。

⑮竹帛：竹简和白绢。古代初无纸，用竹帛书写文字。此引申指记
载史事的典籍。

⑯居常：平常，日常。进贤：荐举贤能的人。

⑰一善：一种善行，一种美德。

⑱俾（bǐ）：使，把。进用：选拔任用。

⑲金口：特指帝王之口或帝王之言。

⑳不忝：不辱，不愧。

㉑勉：尽力。

㉒起家：兴家立业。

㉓无忝：不玷辱，不羞愧。《尚书·君牙》："今命尔予翼，作股肱心膂。缵乃旧服，无忝祖考。"孔传："无辱累祖考之道。"

【译文】

《青琐高议》："大丞相李昉曾对子侄说：'建隆年间元宵夜，太祖驾临宣德门。初更时分，灯烛闪耀辉煌，箫乐鼓乐一并演奏，男女欢会，堵塞了京城中的道路。太祖在窗前远望，回头问我："人和物与五代相比如何？"我回答："民物繁盛，是五代的数倍。"太祖非常欢喜，命令移动我的座位靠近他的座位，太祖亲自分糖果饼饵给我。回头对两府说："李昉侍奉朕十多年，尽心忠于君国，孝于父母，不曾见损害过一人，这就是所说的有道德的君子。"孔子说："有道德的人，我是不能看见了。"我先后连任官职五十年，经历两任皇帝，虽然没有功业可写进典籍，平常荐举贤能的人，虽有一种善行可以称道，也把他选拔任用，而又被圣上称为善人君子，我就不愧做你们的父亲。你等各自勉力学习，常想兴家立业之本，能忠于君国，孝于父母，你就不愧是我所生养。'"

与民乐

《东斋录》①："仁宗正月十四日御楼中，遣使传宣从官曰②：'朕非好游观，与民同乐耳。'翌日③，蔡君谟献诗云④：'高列千峰宝炬森⑤，端门方喜翠华临⑥。宸游不为三元夜⑦，乐事还同万众心。天上清光留此夕⑧，人间和气阁春阴⑨。要知尽庆华封祝⑩，四十余年惠爱深。'"

【注释】

①《东斋录》：即《东斋纪事》，五卷，宋范镇撰。作者《东斋记事序》

云："予既谢事，日于所居之东斋，燕坐多暇，追忆馆阁中及在侍从时交游语言，与夫里俗传说，因纂集之，目为《东斋记事》。其蜀之人士与其风物为最详者，亦耳目之熟也。至若鬼神梦卜，率收录而不遗之者，盖取其有戒于人耳。"范镇（1009—1088），字景仁，其先长安（今陕西西安）人，后迁蜀华阳（今四川成都）。宋文学家。

②使：内使。传宣：传令宣召。从官：指君王的随从、近臣。

③翌（yì）日：次日，明日。

④蔡君谟：即蔡襄（1012—1067），字君谟，谥忠惠，兴化军仙游（今福建仙游）人。北宋书法家、文学家、茶学家。著有《蔡忠惠公文集》《茶录》《荔枝谱》等。献诗云：即蔡襄《上元应制》。

⑤千峰：灯饰堆叠成峰。宝炬：花灯。森：排列耸立。

⑥端门：宫殿的正南门。翠华：天子仪仗中以翠羽为饰的旗帜或车盖。

⑦宸游：皇帝出巡。宸，北极星所在为宸，后借用为皇帝所居，引申为帝王的代称。

⑧清光：月光。

⑨和气：祥和之气。阁：留住。

⑩华封祝：即"华封三祝"。《庄子·天地》："尧观乎华，华封人曰：'嘻，圣人。请祝圣人，使圣人寿。'尧曰：'辞。''使圣人富。'尧曰：'辞。''使圣人多男子。'尧曰：'辞。'封人曰：'寿、富、多男子，人之所欲也。女独不欲，何邪？'尧曰：'多男子则多惧，富则多事，寿则多辱。是三者非所以养德也，故辞。'"成玄英疏："华，地名也，今华州也。封人者，谓华地守封疆之人也。"后因以"华封三祝"为祝颂之辞。诗人写这首诗时，宋仁宗已在位四十余年了。

【译文】

《东斋纪事》："宋仁宗正月十四日驾临宣德楼，派内使传令宣召近臣说：'我不是喜欢游览观赏花灯，只是与民同乐而已。'第二天，蔡襄进献诗作写道：'高列千峰宝炬森，端门方喜翠华临。宸游不为三元夜，乐事还同万众心。天上清光留此夕，人间和气阁春阴。要知尽庆华封祝，四十余年惠爱深。'"

徇人心①

皇朝《岁时杂记》："观《景龙文馆》列叙唐中宗时灯夕侈靡之甚②，比于今兹③，十倍百倍，乃知本朝诸圣④，特徇民心，与人同乐耳。故于旧制不废，亦未尝加新焉，非有意于自逸⑤。"

【注释】

①徇：顺从，曲从。

②列叙：依次叙述，按照顺序排列。侈靡：奢侈浪费。

③今兹：此时，现在。

④圣：对帝王的尊称。

⑤自逸：身心安适。此指贪图享乐。

【译文】

本朝《岁时杂记》："阅读《景龙文馆记》，书中依次叙述唐中宗时元宵夜奢侈浪费程度，相比于现在，胜过十倍百倍，才知道本朝诸位皇帝，特意顺从民心，与民同乐而已。因此旧制没有废止，也没有增加新制，不是有意贪图享乐。"

燕近臣①

王明清《挥麈录》②："徽宗宣和七年十二月二十一日，

就睿谟殿张灯③,预赏元宵,曲燕近臣④,命左丞王安中、中书侍郎冯熙载为诗以进⑤。安中赋五言一百韵,熙载赋七言四十四韵。"

【注释】

①燕:通"宴"。宴饮。

②王明清《挥麈录》:二十卷,宋王明清撰。该书主要记载北宋、南宋之际的政治、军事、典制及社会情况,较为真实地反映了当时社会的真实情况。王明清(1127—?),字仲言,汝阴(今安徽阜阳)人。宋笔记作家、诗论家。另著有《玉照新志》《投辖录》《清林诗话》等。

③睿谟殿:北宋汴京皇家延福宫内殿名。

④曲燕:即曲宴。小宴,不同于正式宴会。宋时内苑留臣下赐宴称为"曲宴"。

⑤王安中(1076—1134):字履道,号初寮,中山曲阳(今属河北)人。元符三年(1100)进士,宣和初年(1119)拜尚书右丞,迁左丞。宋文学家。著有《初寮集》。冯熙载(1075—1123):字彦为,谥文节,衢州西安(今浙江衢州)人。徽宗大观元年(1107)进士,宣和元年(1119),迁中书侍郎。

【译文】

王明清《挥麈录》:"宋徽宗宣和七年十二月二十一日,在睿谟殿张挂灯笼,提前放灯供人观赏,小宴近臣,命尚书左丞王安中、中书侍郎冯熙载作诗以进献。王安中作一首五言诗一百韵,冯熙载作七言诗四十四韵。"

斥伶官①

　　《渑水燕谈》②："元祐中③,上元,驾幸凝祥池,宴从臣。教坊伶人以先圣为戏④,刑部侍郎孔宗翰奏⑤:'唐文宗时,尝有为此戏者,诏斥去之。今圣君宴犒群臣⑥,岂宜尚容有此!'诏付伶官于理。或曰'此细事⑦,何足言'者,孔曰:'非尔所知。天子春秋鼎盛⑧,方且尊德乐道⑨,而贱伎乃尔亵慢⑩,纵而不治,岂不累圣德乎?'闻者惭而叹服⑪。"

【注释】

①伶官:乐官,掌管音乐的官吏。

②《渑(shéng)水燕谈》:即《渑水燕谈录》,一卷,北宋王辟之撰。该书属于笔记文中的史料笔记,所记大都是北宋开国到宋哲宗绍圣年间的杂事。王辟之(1031—?),字圣涂,齐州临淄(今山东淄博)人。北宋笔记作家。渑水,古水名,源出今山东淄博东北,西北流至博兴县东南入时水。

③元祐:宋哲宗赵煦年号(1086—1094)。

④伶人:伶工,乐人。先圣:专指孔子。

⑤孔宗翰(?—1088):字周翰,曲阜(今属山东)人。孔子四十六代孙。曾官至刑部侍郎。

⑥宴犒:设宴犒赏。

⑦细事:琐碎的小事。

⑧春秋鼎盛:比喻正当壮年。春秋,指年龄。鼎盛,正当旺盛之时。

⑨方且:尚且,还要。尊德乐道:尊尚道德,乐行仁政。

⑩而贱伎乃尔亵(xiè)慢:底本作"而贱工乃尔亵礼",据《渑水燕谈录》改。乃尔,竟然如此。亵慢,怠慢无礼。

⑪叹服：赞叹佩服。

【译文】

《渑水燕谈录》："元祐年间，元宵节，皇帝驾临凝祥池，宴请侍从之臣。教坊乐人以先圣孔子为戏，刑部侍郎孔宗翰上奏：'唐文宗时，曾经有以先圣孔子为戏的，诏令斥责并使之离开。今天圣君设宴犒赏群臣，难道还能容忍有这种事！'诏令交付伶官处理。有人认为'这等小事，哪里值得说？'孔宗翰说：'不是你知道的事理。天子正当壮年，方且尊尚道德，乐行仁政，然而贱伎竟然如此怠慢无礼，如果放纵而不进行整治，难道不连累天子的德行吗？'听到的人深感羞愧而又赞叹佩服。"

出御诗

《岁时杂记》："祖宗朝，以时和岁丰①，与民同乐，多出御诗，或命近臣属和②。神宗因馆伴高丽使毕仲衍有诗③，乃即其韵赓之④，以赐仲衍及丽使。名士词人佳句，传于时者不一。杨、刘、丁、钱数巨公连句⑤，至今榜清福院⑥。礼部唱和中，形容景色⑦，尤为详备焉。熙宁中，宋次道龙图撰集《岁时杂咏》⑧，而上元诗尤多。"

【注释】

①时和岁丰：指时局稳定，农业丰收。亦指太平盛世。时，时事，指社会现状。

②属和：即唱和。以诗词互相酬答。

③馆伴：古指招待使者的小吏，名为馆伴，实来监视行动。毕仲衍（1040—1082）：字夷仲，睢阳（今河南商丘南）人。元丰二年（1079）使辽，以秘阁校理同知太常礼院、官制局检讨官。

④赓：继续，连续。此指唱和。

⑤杨、刘、丁、钱：即宋初杨亿、刘筠、丁谓、钱惟演。杨亿（974—
1020），字大年，建州浦城（今属福建）人。宋文学家，著有《杨文
公谈苑》《武夷新集》等。另与刘筠、钱惟演等人唱和诗，合编成
《西昆酬唱集》。刘筠（971—1031），字子仪，大名（今属河北）
人。宋文学家，著有《肥川小集》《刑法叙略》等。丁谓（966—
1037），字谓之，后更字公言，苏州长洲（今江苏苏州）人。宋文
学家，著有《丁谓集》《虎丘录》《刀笔集》等。钱惟演（962—
1034），字希圣，杭州临安（今浙江杭州）人。宋文学家，著有《家
王故事》《玉堂逢辰录》等。巨公：大师。连句：即联句。每人各
吟一句或数句而成的诗篇。

⑥榜：张贴。

⑦形容：描写，刻画。

⑧宋次道龙图：即宋敏求。宋神宗熙宁中，除史馆修撰、集贤院学
士，加龙图阁直学士。撰集：编集。

【译文】

《岁时杂记》："本朝太祖、太宗时期，因时局稳定，农业丰收，皇帝与
民同乐，作了许多诗句，又命近臣以诗词互相酬答。宋神宗因馆伴高丽
使臣毕仲衍有诗作，于是就续用其韵唱和，用来赏赐毕仲衍及高丽使臣。
名士词人的佳句，在当时传诵也不相同。杨亿、刘筠、丁谓、钱惟演诸公
的连句，至今仍张贴在清福院内。在礼部官员的诗歌唱和活动中，对自
然景物的描写，尤为细致、全面。熙宁年间，龙图阁直学士宋敏求编集
《岁时杂咏》，而关于上元节的诗特别多。"

和御制

《松窗诗话》①："大观初年②，京师以元夕张灯开宴。时

再复湟、鄯③，徽宗赋诗赐群臣④，其颔联云⑤：'午夜笙歌连海峤⑥，春风灯火过湟中⑦。'席上和者皆莫及。开封尹宋乔年不能诗⑧，密走介求援于其客周子雍⑨，得句云：'风生阊阖归来早⑩，月到蓬莱夜未中。'为时辈所称⑪。子雍，汝阴人，曾受学于陈无己⑫，故有句法⑬。则作文为诗者，可无师承乎⑭？"

【注释】

①《松窗诗话》：书名。不详待考。

②大观初年：1107年。大观，宋徽宗赵佶年号（1107—1110）。

③湟：湟州。北宋元符二年（1099）置，治所在邈川城（今青海乐都南湟水南岸）。宣和元年（1119）改为乐州。鄯：底本作"部"，误，当为"鄯"。鄯州，原为隋朝西平郡。唐武德二年（619）置鄯州，治所湟水（今青海乐都）。贞观中，增置都督府。天宝元年（742），改称西平郡。乾元元年（758），复为鄯州。上元二年（761），陷于吐蕃。遂废。开元二十一年（733）后，陇右道采访使治于鄯州。北宋元符二年（1099）以青唐城（今青海西宁）复置鄯州，属秦凤路。

④徽宗：即宋徽宗赵佶（1082—1135），北宋第八位皇帝（1100—1125年在位）。北宋书画家、词人，著有《宣和宫词》等。

⑤颔联：律诗中的第二联。

⑥海峤（qiáo）：近海山地。

⑦湟中：古地名。指今青海湟水两岸地区。

⑧宋乔年（1047—1113）：字仙民，安州安陆（今属湖北）人。崇宁中，赐进士第。历任提点京西北路刑狱、开封府尹等职。

⑨走介：派遣仆役。周子雍（1079—1135）：汝阴（今安徽阜阳）人。

曾学诗于陈师道,诗歌清新洒脱,颇有才名。宋徽宗大观元年
(1107)子雍寓居京师开封府尹宋乔年家。

⑩阊阖(chāng hé):传说中的天门。《楚辞·离骚》:"吾令帝阍开关
兮,倚阊阖而望予。"王逸注:"阊阖,天门也。"

⑪时辈:当时有名人物。

⑫受学:指从师学习。

⑬句法:句子的结构方式。此指作诗。

⑭师承:师徒相传学术或技艺的系统。

【译文】

《松窗诗话》:"大观初年的元宵夜,京城里张灯结彩,开设宴席。当时再度收复湟州、鄯州,宋徽宗赋诗赐给群臣,其中第二联写道:'午夜笙歌连海峤,春风灯火过湟中。'宴席上应和的诗都比不上。开封府尹宋乔年不会作诗,他悄悄派遣仆役求援于宾客周子雍,最终得到诗句:'风生阊阖归来早,月到蓬莱夜未中。'为当时有名人物所称颂。周子雍,汝阴人,曾跟陈师道学习,因而善于作诗。由此看来,能写文章、赋诗的人,怎么可能没有名师传授呢?"

赏佳词

《本事词》:"康伯可上元应制作《瑞鹤仙》①,太上皇帝称赏'风柔夜暖'已下至末章②,赐金甚厚。词云:'瑞烟浮禁苑③。正绛阙春回④,新正方半⑤。冰轮桂华满⑥。溢花衢歌市⑦,芙蕖开遍⑧。龙楼两观⑨。见银烛、星球灿烂。卷旗亭,尽日笙歌,盛集宝钗金马。　　堪羡。绮罗丛里⑩,兰麝香中⑪,正宜游玩。风柔夜暖,花影乱,笑声远⑫。闹蛾儿满路⑬,成团打块⑭,簇着冠儿斗转⑮。喜皇都、旧日风光,太平

再见。'"

【注释】

①康伯可：即康与之，字伯可，又字叔闻，号退轩、顺庵，洛阳（今属河南）人，居滑州（今河南滑县）。高宗建炎初上《中兴十策》，名振一时。著有《昨梦录》等。应制：应诏，奉皇帝的诏命。《瑞鹤仙》：词牌名。《清真集》《梦窗词集》并入高平调。双片，一百零二字，前片七仄韵，后片六仄韵。此调始见于周邦彦词。王明清《玉照新志》言，其父王铚云："美成以待制提举南京鸿庆宫，自杭徙居睦州，梦中作长短句《瑞鹤仙》一阕。"

②太上皇帝：指宋高宗赵构（1107—1187），字德基。南宋开国皇帝（1127—1162年在位）。绍兴三十二年（1162），赵构将皇位禅让给养子赵眘，自己作为太上皇帝退居德寿宫，颐养天年。

③瑞烟：祥瑞的烟气。多为焚香所生烟气的美称。禁苑：指宫廷。

④绛（jiàng）阙：宫殿寺观前的朱色门阙。亦借指朝廷、寺庙、仙宫等。绛，深红色。

⑤新正方半：指正月十五元宵节。新正，农历新年正月。

⑥冰轮桂华：代指月亮。

⑦花衢：即花街。指妓院。

⑧芙蕖（qú）：荷花的别名。代指莲花灯。

⑨龙楼：借指太子所居之宫。两观：宫门前两边的望楼。

⑩绮罗丛：富贵者丛集之处。亦指繁华浮艳的生活环境。

⑪兰麝香：兰与麝香。指名贵的香料。

⑫笑声远：一本作"笑声喧"。

⑬闹蛾儿：古代一种头饰。剪丝绸或乌金纸为花或草虫之形。

⑭成团打块：聚集成群。《水浒传》第四六回："挨不过了，不免信步寻上山来，只见一群老鸦成团打块在古墓上。"

⑮斗转：乱转。

【译文】

《本事词》："康与之元宵节应诏作《瑞鹤仙》，太上皇帝赵构对'风柔夜暖'以下至末章大加称赞，赏赐金钱丰厚。词写道：'瑞烟浮禁苑。正绛阙春回，新正方半。冰轮桂华满。溢花衢歌市，芙蕖开遍。龙楼两观。见银烛、星球灿烂。卷旗亭，尽日笙歌，盛集宝钗金马。　　堪羡。绮罗丛里，兰麝香中，正宜游玩。风柔夜暖，花影乱，笑声远。闹蛾儿满路，成团打块，簇着冠儿斗转。喜皇都、旧日风光，太平再见。'"

作句法

《韵语阳秋》①："应制诗非他诗比，自是一家句法，大抵不出于典实富艳尔②。如夏英公《上元观灯》诗③，与夫王岐公《应制上元》诗④，二公虽不同时，而二诗如出一人之手，盖格律当如是也。若作清癯平淡之语⑤，终不近尔。夏英公诗云：'鱼龙曼衍六街呈⑥，金锁通宵启玉京⑦。冉冉游尘生辇道⑧，迟迟春箭入歌声⑨。宝坊月皎龙灯淡⑩，紫馆风微鹤焰平⑪。宴罢南端天欲晓⑫，回瞻河汉尚盈盈⑬。'"王岐公诗见《侯鲭录》。

【注释】

①《韵语阳秋》：又名《葛常之诗话》《葛立方诗话》，二十卷，南宋葛立方撰。阳秋，即"春秋"，晋人避简文宣郑太后阿春讳，改"春"为"阳"。该书是一部大型诗话，为评论唐宋诗人及作品的专著。葛立方（？—1164），字常之，丹阳（今属江苏）人，徙湖州吴兴（今浙江湖州）。南宋诗论家、词人。

②典实富艳：典故史实，美盛华丽。

③夏英公：即夏竦（sǒng，985—1051），字子乔，谥文庄，江州德安（今属江西）人。庆历七年（1047）入朝拜相，旋即改授枢密使，封英国公。皇祐元年（1049），进封郑国公。世称"夏文庄公""夏英公""夏郑公"。北宋文学家，著有《夏文庄集》等。

④王岐公：即王珪。

⑤清癯（qú）：清瘦。癯，瘦。

⑥鱼龙曼衍：古代百戏杂耍名。由艺人执持珍异动物模型表演，有幻化的情节。鱼龙即所谓猞猁之兽，曼衍亦兽名。《隋书·音乐志中》："鱼龙漫衍之伎，常陈殿前，累日继夜，不知休息。"六街：唐京都长安的六条中心大街。北宋汴京也有六街。此指京城大街。《资治通鉴·唐睿宗景云元年》："中书舍人韦元徼巡六街。"胡三省注："长安城中左、右六街，金吾街使主之；左、右金吾将军掌昼夜巡警之法，以执御非违。"

⑦玉京：指京都。

⑧游尘：浮扬的灰尘。辇道：指皇帝车驾所经的道路。

⑨春箭：春天的漏箭。古代以铜壶滴漏计时，壶内置箭，刻节，浮于水上，以计昼夜昏明。

⑩宝坊：对寺院的美称。月皎：月色皎洁。龙灯：画龙的灯。

⑪紫馆：道院或传说中神仙所居之处。这里借指楼观。鹤焰：烛火。因烛台竦立如鹤，故称。

⑫南端：宫殿南边正门。《文选·张衡〈东京赋〉》："启南端之特闱，立应门之将将。"薛综注："端门，南方正门。"

⑬河汉：指银河。盈盈：清澈，晶莹。

【译文】

　　《韵语阳秋》："应制诗非其他诗可比，自是一种诗文句法，大抵不出于典故史实，美盛华丽而已。如英国公夏竦《上元观灯》诗与岐国公王珪《应制上元》诗，二公虽不是同时代之人，然而两首诗如同出自一人之手，大概诗的格律应当如此。如果作清瘦平淡的语句，终究不会相近。英国公夏竦诗写道：'鱼龙曼衍六街呈，金锁通宵启玉京。冉冉游尘生辇道，迟迟春箭入歌声。宝坊月皎龙灯淡，紫馆风微鹤焰平。宴罢南端天欲晓，回瞻河汉尚盈盈。'"岐国公王珪的诗见《侯鲭录》。

使故事

《侯鲭录》："元丰中，元夕，上御楼观灯，有御制诗。时王禹玉、蔡持正为左右相[1]，持正问禹玉云：'应制上元诗，如何使故事[2]？'禹玉曰：'鳌山、凤辇外不可使[3]。'章子厚笑曰[4]：'此谁不知？'后两日，登对[5]，上独赏禹玉诗妙于使事。诗云[6]：'雪消华月满仙台[7]，万烛当楼宝扇开[8]。双凤云中扶辇下[9]，六鳌海上驾山来[10]。镐京春酒沾周宴[11]，汾水秋风陋汉才[12]。一曲升平人尽乐，君王又进紫霞杯[13]。'是夕，以高丽进乐，又添一杯。"

【注释】

①王禹玉：即王珪。蔡持正：即蔡确（1037—1093），字持正，泉州晋江（今属福建）人。嘉祐四年（1059）进士，元丰五年（1082）拜相，任右仆射兼中书侍郎。

②使故事：此指诗文中引用典故。

③凤辇：皇帝的车驾。

④章子厚：即章惇（1035—1106），字子厚，号大涤翁，建宁军浦城（今福建浦城）人。北宋政治家、书法家。

⑤登对：谓上朝对答皇帝询问。

⑥诗云：此诗即王珪《恭和御制上元观灯》。

⑦华月：皎洁的月光。仙台：《初学记》卷十一引晋司马彪《续汉官志》："尚书省在神仙门内。"后因称尚书省为"仙台"。

⑧宝扇：帝后等用的扇状仪仗。

⑨辇下：犹言在皇帝车舆之下。代指京城。

⑩六鳌：神话中负载五仙山的六只大龟。相传渤海之东，有一深壑，中有岱舆、员峤、方壶、瀛洲、蓬莱五山，乃仙圣所居之地。然五山皆浮于海，常随潮波上下往还。"帝恐流于西极，失群圣之居，乃命禺彊使巨鳌十五，举首而戴之。迭为三番，六万岁一交焉。五山始峙而不动。而龙伯之国有大人，举足不盈数步而暨五山之所，一钓而连六鳌，合负而趣归其国，灼其骨以数焉。于是岱舆、员峤二山流于北极，沉于大海，仙圣之播迁者巨亿计。"事见《列子·汤问》。

⑪镐京：西周国都。故址在今陕西西安西南沣水东岸。周武王既灭商，自酆徙都于此，谓之宗周，又称"西都"。此借指京都。春酒：冬酿春熟之酒，亦称春酿秋冬始熟之酒。《诗经·豳风·七月》："为此春酒，以介眉寿。"毛传："春酒，冻醪也。"孔颖达疏："此酒冻时酿之，故称冻醪。"马瑞辰通释："春酒，即酎酒也。汉制，以正月旦作酒，八月成，名酎酒。周制，盖以冬酿经春始成，因名春酒。"周宴：此用周朝的宴会喻指宋朝的宴会。

⑫汾水秋风：汉武帝曾游汾水，写下《秋风辞》。陋汉才：指汉武帝才华浅陋，比不上大宋皇帝。

⑬紫霞杯：盛满美酒的酒杯。这里借指美酒。

【译文】

《侯鲭录》："元丰年间，元宵夜，皇帝驾临宣德楼观赏花灯，有作诗。当时王珪、蔡确为左右丞相，蔡确问王珪：'应皇帝诏命所作上元诗，如何使用典故？'王珪说：'鳌山、凤辇外不可使用。'章惇笑着说：'这谁不知道?'过后两日,上朝对答皇帝询问,皇帝唯独欣赏王珪诗中巧妙引用典故。诗写道:'雪消华月满仙台,万烛当楼宝扇开。双凤云中扶辇下,六鳌海上驾山来。镐京春酒沾周宴,汾水秋风陋汉才。一曲升平人尽乐,君王又进紫霞杯。'当夜,因高丽国进献音乐,又添加一杯酒。"

免文解①

《本事词》:"连仲宣者②,信之贵溪人也③。少不事科举④,留意觞咏⑤。宣和间,客京师⑥。适遇元宵,徽宗御宣德楼,锡宴近臣⑦,与民同乐。仲宣进《念奴娇》词,称旨⑧,特免文解。词曰:'暗黄著柳⑨,渐寒威收敛⑩,日和风细。□□端门初锡宴,郁郁葱葱佳气⑪。太一行春⑫,青藜照夜⑬,夜色明如水。鳌山彩结,恍然移在平地。　　曲盖初展湘罗⑭,玉皇香案⑮,近雕栏十二⑯。夹道红帘齐卷上,两行绝新珠翠。清跸声乾⑰,传柑宴罢⑱,闪闪星球坠。下楼归去,觚棱月衔龙尾⑲。'"

【注释】

①文解:入京应试的证明文书之类。科举乡试中式称举人,考中举人即由地方官给予文解发解入京,参加中央考试。

②连仲宣:贵溪(今属江西)人。宣和中,特免文解。

③信:信州。唐乾元元年(758)分饶、衢、建、抚四州地置,治今江西上饶。

④不事:不从事。科举:隋唐以来封建王朝分科目考试选拔文武官吏后备人员的制度。亦指这种考试。

⑤觞(shāng)咏:谓饮酒赋诗。

⑥客:旅居。

⑦锡:赐予。

⑧称旨:符合上意。

⑨暗黄:清淡的黄色,指嫩黄的柳叶在柳枝上初萌。

⑩寒威:严寒的威力。

⑪郁郁葱葱:气旺盛貌。佳气:美好的云气。古代以为是吉祥、兴隆
的象征。

⑫行春:谓官吏春日出巡。《后汉书·郑弘传》:"弘少为乡啬夫,太
守第五伦行春,见而深奇之,召署督邮,举孝廉。"李贤注:"太守
常以春行所主县,劝人农桑,振救乏绝。"

⑬青藜(lí)照夜:借指帝王的顾慕。《三辅黄图·阁》:"刘向于成帝
之末,校书天禄阁,专精覃思。夜有老人,著黄衣,植青藜杖,叩
阁而进。见向暗中独坐诵书,老父乃吹杖端,烟然,因以见向,授
五行、洪范之文。恐词说繁广忘之,乃裂裳及绅以记其言,至曙而
去。请问姓名,云:'我是太乙之精,天帝闻卯金之子,有博学者,
下而观焉。'"后因以"青藜"指夜读照明的灯烛。

⑭曲盖:仪仗用的曲柄伞。湘罗:湘地所产丝织品。

⑮玉皇:指皇帝。香案:放置香炉烛台的条桌。

⑯雕栏十二:曲曲折折的栏杆。雕栏,雕花彩饰的栏杆。十二,言其
曲折之多。

⑰清跸(bì):旧时谓帝王出行,清除道路,禁止行人。声乾:形容仪
仗队伍行进时肃穆的声响逐渐停歇。乾,表示结束,消散。

⑱传柑:北宋上元夜宫中宴近臣,贵戚宫人以黄柑相赠,谓之"传柑"。

⑲觚(gū)棱:宫阙屋脊的棱角。龙尾:此指屋脊上所塑龙形之尾。

【译文】

《本事词》:"连仲宣,信州贵溪人。年少时不参加科举,留意饮酒赋
诗。宣和年间,旅居京城。刚巧遇上上元宵节,徽宗驾临宣德楼,赐宴近臣,

与民同乐。连仲宣进献《念奴娇》词，符合皇上旨意，特赦免其解试。词写道：'暗黄著柳，渐寒威收敛，日和风细。□□端门初锡宴，郁郁葱葱佳气。太一行春，青藜照夜，夜色明如水。鳌山彩结，恍然移在平地。曲盖初展湘罗，玉皇香案，近雕栏十二。夹道红帘齐卷上，两行绝新珠翠。清跸声乾，传柑宴罢，闪闪星球坠。下楼归去，觚棱月衔龙尾。'"

预赏灯

　　《复雅歌词》："景龙楼先赏①，自十二月十五日便放灯，直至上元，谓之预赏。《东京梦华录》云：'景龙门在大内城角宝箓宫前也②。'万俟雅言作《雪明鸜鹊夜慢》云③：'望五云多处春深④，开阆苑、别就蓬岛⑤。正梅雪韵清⑥，桂月光皎⑦。凤帐龙帘萦嫩风⑧，御座深、翠金间绕。半天中、香泛千花，灯挂百宝。　　圣时观风重腊⑨，有箫鼓沸空，锦绣匝道⑩。竞呼卢、气贯欢笑⑪。暗里金钱掷下，来侍燕、歌太平睿藻⑫。愿年年此际，迎春不老。'"

【注释】

①景龙楼：即景龙门。汴京旧城北门之一，在大内城角宝箓宫前，古称酸枣门。

②宝箓（lù）宫：宋徽宗崇信道教，自称教主道君皇帝。为了大办道事斋醮，在景龙门和晨晖门（延福宫东门）之间，紧靠大内建起了上清宝箓宫。《宋史·徽宗纪》："（政和六年）夏四月乙丑，会道士于上清宝箓宫。"

③《雪明鸜（zhī）鹊夜慢》：词牌名。双调长词，分上下片，押仄韵。鸜鹊，即鸜鹊观。本为汉宫观名。后泛指宫苑的高楼。

④五云：五色祥云。此指皇帝所在地。

⑤阆（làng）苑：阆风之苑，传说中仙人的住处。此指宫苑。蓬岛：即蓬莱山。

⑥梅雪：指盛开的白色梅花。

⑦桂月：指月亮。传说月中有桂树，故称。

⑧凤帐：绣有凤凰图案的帷帐。龙帘：绣有龙纹的帘幕。萦：缠绕，环绕。嫩风：指初春的微风。

⑨重腊：重视腊八节。

⑩匝道：环行道路。此指装饰华美的街道或仪仗队列。

⑪呼卢：一种古代赌博。犹今之掷骰子。古时赌博，削木为骰子，一面涂黑，画犊；一面涂白，画雉。共五子。五子全黑叫做"卢"，是头彩。投掷时，希望得卢，连连呼它，所以称为"呼卢"。

⑫侍燕：亦作"侍宴"。宴享时陪从或侍候于旁。睿藻：指皇帝或后、妃所作的诗文。

【译文】

《复雅歌词》："景龙楼先观赏花灯，自十二月十五日就放灯，直到元宵节，称为预赏。《东京梦华录》记载：'景龙门在皇宫城角宝箓宫前面。'万俟咏作《雪明鹁鸪夜慢》写道：'望五云多处春深，开阆苑、别就蓬岛。正梅雪韵清，桂月光皎。凤帐龙帘萦嫩风，御座深、翠金间绕。半天中、香泛千花，灯挂百宝。　圣时观风重腊，有箫鼓沸空，锦绣匝道。竞呼卢、气贯欢笑。暗里金钱掷下，来侍燕、歌太平睿藻。愿年年此际，迎春不老。'"

赐金瓯①

《复雅歌辞》："万俟雅言作《凤皇枝令》忆景龙先赏②，序曰：'景龙门，古酸枣门也。自左掖门之东，为夹城南北道③，北抵景龙门。自腊月十五日放灯，纵都人夜游。妇女游者，珠帘下邀住④，饮以金瓯酒。有妇人饮酒毕，辄怀金瓯，左右呼之，妇人曰：“妾之夫性严⑤，今带酒容，何以自明⑥？怀此金瓯为证耳。”隔帘闻笑声曰：“与之。”'其词云："人间天上。端楼龙凤灯先赏。倾城粉黛月明中⑦，春思荡。醉金瓯仙酿。　　一从鸾辂北向⑧。旧时宝座应蛛网。游人此际客江乡⑨，空帐望⑩。梦连昌清唱⑪。'"

【注释】

①金瓯（ōu）：酒器。

②《凤皇枝令》：词牌名。现存万俟咏词作《凤皇枝令》为双调，分上下片，各七句，押仄韵。

③夹城：两边筑有高墙的通道。

④珠帘下：此指有权势的宦官。

⑤性严：性情严厉。

⑥自明：自证清白。

⑦倾城：全城，满城。粉黛：傅面的白粉和画眉的黛墨。此指美女。

⑧一从：自从。鸾辂（luán lù）：天子王侯所乘之车。《吕氏春秋·孟春纪》："天子居青阳左个。乘鸾辂，驾苍龙。"高诱注："辂，车也。鸾鸟在衡，和在轼，鸣相应和。后世不能复致，铸铜为之，饰以金，谓之鸾辂也。"北向：指徽、钦二帝被金人掳去北行。

⑨江乡：多江河的地方。这里指南宋偏安江南水乡。

⑩帐望：同"怅望"。惆怅地看望或想望。

⑪连昌清唱：指元稹《连昌宫词》。连昌宫约唐代皇帝行宫之一。故址在今河南宜阳西十九里。此借唐喻宋。

【译文】

《复雅歌词》："万俟咏作《凤皇枝令》回忆景龙宫预赏花灯，序写道：'景龙门，就是古酸枣门。自左掖门向东，为夹城的南北通道，向北抵达景龙门。自腊月十五日放灯，任由京都的人夜行出游赏灯。妇女出游赏灯，被有权势的宦官邀请停留，饮一杯酒。有位妇人饮酒完毕，就把酒杯藏在怀里，随从大声呼叫，妇人说："我丈夫性情严厉，今天我面带酒色，如何自证清白？怀里的酒杯作为证据而已。"隔着珠帘听到笑声说："给她。"'《凤皇枝令》词写道：'人间天上。端楼龙凤灯先赏。倾城粉黛月明中，春思荡。醉金瓯仙酿。　　一从鸾辂北向。旧时宝座应蛛网。游人此际客江乡，空帐望。梦连昌清唱。'"

传黄柑

《诗话》①："上元夜登楼，贵戚宫人以黄柑遗近臣，谓之传柑。东坡《上元侍饭端楼》诗云：'归来一盏残灯在②，犹有传柑遗细君③。'又《上元夜有感》云：'搔首凄凉十年事④，传柑归遗满朝衣⑤。'又《答晋卿传柑》云⑥：'侍史传柑玉座傍⑦，人间草木尽天浆⑧。'又《上元》词云：'挤沉醉、金荷须满⑨。怕明年此际，催归禁籞⑩，侍黄柑宴。'"

【注释】

①《诗话》：书名。不详待考。

②残灯：将熄的灯。

③细君：古称诸侯之妻，后为妻的通称。《汉书·东方朔传》："归遗细君，又何仁也！"颜师古注："细君，朔妻之名。一说：细，小也。朔辄自比于诸侯，谓其妻曰小君。"

④搔首：以手搔头。焦急或有所思貌。

⑤朝衣：君臣上朝时穿的礼服。

⑥晋卿：即王诜，字晋卿。

⑦侍史：古时侍奉左右、掌管文书的人员。玉座：代称帝王。

⑧天浆：喻指甘美的饮料、浆汁。

⑨拼（pīn）：舍弃，不顾惜。沉醉：大醉。金荷：即金荷叶。金制莲叶形的杯皿。宋胡仔《苕溪渔隐丛话后集·山谷上》："山谷云：'八月十七日，与诸生步自永安城，入张宽夫园待月，以金荷叶酌客。'"

⑩禁籞（yù）：古代帝王的禁苑。

【译文】

《诗话》："元宵夜登上城楼，皇帝的内外亲族、妃嫔、宫女以黄柑赠送左右侍从，称为传柑。苏轼《上元侍饭端楼》诗写道：'归来一盏残灯在，犹有传柑遗细君。'又有《上元夜有感》诗写道：'搔首凄凉十年事，传柑归遗满朝衣。'又有《答晋卿传柑》诗写道：'侍史传柑玉座傍，人间草木尽天浆。'又有《上元》词写道：'拼沉醉、金荷须满。怕明年此际，催归禁籞，侍黄柑宴。'"

夺重关①

《笔谈》②："狄青宣抚广西③，时侬智高守昆仑关④。青至宾州⑤，值上元，大张灯烛。首夜享将佐⑥，次夜宴从军官⑦，二鼓后⑧，青称疾辄起⑨，令孙元规暂主席⑩，数使人劳坐客⑪。至晓，各未敢退。忽有驰报⑫，是夜三鼓，青已夺昆仑矣。"

【注释】

①重关：险要的关塞。

②《笔谈》：即《梦溪笔谈》，二十六卷，又《补笔谈》三卷、《续笔谈》一卷，共三十卷，宋沈括撰。该书采用笔记形式撰写，内容包括天文、历法、数学、物理、化学、生物、地理、地质、医学、文学、史学、考古、音乐、艺术等。沈括（1031—1095），字存中，杭州钱塘（今浙江杭州）人。北宋科学家，另著有《沈氏良方》《忘怀录》等。

③狄青（1008—1057）：字汉臣，谥武襄，汾州西河（今山西汾阳）人。北宋时期名将。狄青出身寒门，年少入伍，因面有刺字，善于骑射，人称"面涅将军"。皇祐五年（1053）领兵夜袭昆仑关，平定侬智高之乱，此后迁升枢密使。宣抚：即宣抚使。官名。唐德宗后，派朝官巡视经过战乱及受灾的地区，称宣慰安抚使或宣抚使。宋代宣抚使为镇抚一方之军政长官，职位高于安抚使。

④侬智高（1025—1055）：北宋广南西路羁縻广源州（今越南高平省广渊）侬峒人。庆历元年（1041）建立大历国，后徙安德州（今广西靖西），改称南天国。皇祐四年（1052）起兵反宋，建立大南国，自立为"仁惠皇帝"。皇祐五年（1053），被狄青兵败于昆仑山，流亡大理后被杀。

⑤宾州：唐贞观五年（631）分南方、南尹二州置，治岭方县（今广西宾阳）。

⑥享：宴请，以酒食待客。将佐：指高级军官。

⑦从军官：一般军官。

⑧二鼓：二更时分。

⑨称疾：借口有病。

⑩孙元规：即孙沔（996—1066），字元规，北宋会稽山阴（今浙江绍兴）人。皇祐中，曾随狄青平定侬智高叛乱，授枢密副使。主席：主持宴席。

⑪劳：慰劳。

⑫驰报：疾驰传报。

【译文】

《梦溪笔谈》："狄青任广西宣抚使，当时侬智高据守昆仑关。狄青抵达宾州，正好是元宵节，狄青下令到处点起灯烛。第一夜宴请高级军官。第二夜宴请一般军官，二更以后，狄青借口有病起身入内，命令孙沔暂时主持宴席，并多次派人慰劳座中客人。直至拂晓，座中客人都没敢退席。忽然有军士疾驰传报，今夜三更，狄青已经夺取昆仑关了。"

挝叠鼓①

《后汉书》："祢衡善击鼓②，被魏武谪为鼓吏③。正月十五日，因大会宾客，阅试音节④，衡乃扬枹作《渔阳掺挝》⑤，蹀躞而前⑥，渊渊有金石声也。"《文士传》云⑧："衡击鼓作《渔阳掺槌》，蹋地来前，蹀躞足脚⑨，容态不常⑩，鼓声甚悲。易衣毕⑪，复击鼓三槌而去。至今有《渔阳三槌》，自衡始也。"《杨文公谈苑》云⑫："祢衡作《渔阳掺挝》，古歌曰：'边城宴开《渔阳掺》，黄尘萧萧白日暗⑬。'"东坡诗云："叠鼓谁掺《渔阳挝》⑭。"宋子京诗云："波生客浦扬舻远，润逼渔挝作掺迟⑮。"唐李义山《听鼓》诗云："欲问《渔阳槌》，时无祢正平⑯。"又《口占》诗云："必投潘岳果⑰，谁掺祢衡挝。"掺，七鉴切，三挝鼓也。所谓《渔阳掺》者，正如《广陵散》是也⑱。

【注释】

①挝（zhuā）：打，敲打。叠鼓：小击鼓，急击鼓。

②祢衡（173—198）：字正平，平原郡般县（今山东乐陵）人。东汉末年名士，恃才傲物，和孔融交好。孔融向曹操推荐祢衡，但是祢

衡称病不肯去,曹操封他为鼓手,想要羞辱祢衡,却反而被祢衡裸
身击鼓而羞辱。后来因为和江夏太守黄祖言语冲突而被杀。

③魏武:即魏武帝曹操(155—220),字孟德,一名吉利,小字阿瞒,
一说本姓夏侯,沛国谯县(今安徽亳州)人。东汉末年权相,三国曹
魏的奠基者。建安二十五年(220)其子曹丕代汉称帝后,追尊曹
操为太祖武皇帝,葬于高陵。谪:贬降,降职。鼓吏:掌鼓的官吏。

④阅试:审查考核。音节:乐声的节奏。

⑤扬枹(fú):指举起鼓槌。枹,鼓槌。《渔阳掺挝》:亦称《渔阳参
挝》。鼓曲名。掺,通"叁",即三。三挝,指鼓曲的曲式为三段
体,犹如古曲中有三弄、三叠之类。此曲为祢衡所创。取名渔阳,
是借用东汉时彭宠据渔阳反汉的故事。彭宠据幽州渔阳反,攻陷
蓟城,自立为燕王,后被手下的人杀死。祢衡击此鼓曲,有讽刺曹
操反汉的意思。

⑥蹀躞(dié xiè):缓行小步貌。

⑦渊渊:形容鼓声深沉。金石声:钟、磬之类乐器发出铿锵、清越的
声音。

⑧《文士传》:我国最早的文人传记专著。约成书于东晋后期。

⑨蹋:踩着。驮(sà):底本作"鼓",据《后汉书》改。《说文》:"驮,
马行相及也。"《方言》:"驮,马驰也。"

⑩容态不常:底本作"□能□常",据《后汉书》改。

⑪易衣:更换衣服。

⑫《杨文公谈苑》:十五卷,该书是由杨亿口述、黄鉴笔录、宋庠整理
而成的笔记。初名《南阳谈薮》,后由宋庠重加整理,去其重复,
分为二十一门,改题作《杨文公谈苑》)。

⑬萧萧:象声词。常形容马叫声、风雨声、流水声、草木摇落声、乐器
声等。

⑭叠鼓谁掺《渔阳挝》:出自苏轼《兴龙节侍宴前一日,微雪,与子由

同访王定国，小饮清虚堂。定国出数诗，皆生，而五言尤奇。子由
又言：昔与孙巨源同过定国，感念存没，悲叹久之。夜归，稍醒，各
赋明日朝中以示定国也》。

⑮波生客浦扬舲（líng）远，润逼渔挝作掺迟：出自宋祁《喜雨》。扬
　舲，扬帆。

⑯祢正平：即祢衡。

⑰投潘岳果：也作"果掷潘河阳""掷果潘郎""掷果盈车"等。《白
　氏六帖事类集》："晋潘岳，字安仁，至美，每行于道，群妪常掷果
　满车中。"后以此形容貌美男子受人欢迎，或妇女爱慕俊俏男子。

⑱《广陵散》：琴曲名。《晋书·嵇康传》："康顾视日影，索琴弹之，
　曰：'昔袁孝尼尝从吾学《广陵散》，吾每靳固之，《广陵散》于今绝
　矣！'"后亦称事无后继、已成绝响者为"广陵散"。

【译文】

《后汉书》："祢衡擅长击鼓，被魏武帝曹操贬为掌鼓的官吏。正月十
五日，魏武帝因为要大宴宾客，审查考核乐声的节奏，祢衡于是举起鼓槌
作《渔阳掺挝》鼓曲，小步向前，鼓声深沉发出铿锵、清越的声音。"《文
士传》记载："祢衡击鼓作《渔阳掺槌》，祢衡踏步向前，脚步急促动作狂
放不羁，姿态异常，鼓声甚是悲壮。祢衡更衣后再次击鼓三槌，昂然离
去。至今有《渔阳三槌》，自祢衡开始。"《杨文公谈苑》说："祢衡作《渔
阳掺挝》，古歌写道：'边城宴开《渔阳掺》，黄尘萧萧白日暗。'"苏轼有诗
写道："叠鼓谁掺《渔阳挝》。"宋祁有诗写道："波生客浦扬舲远，润逼渔
挝作掺迟。"唐李商隐《听鼓》诗写道："欲问《渔阳槌》，时无祢正平。"
又《口占》诗写道："必投潘岳果，谁掺祢衡挝。"掺，七鉴切，就是三通击鼓。
所说的《渔阳掺》，正如《广陵散》一样成为绝响。

观乐舞

　　《明皇杂录》①："唐玄宗每赐宴设酺会②，则上御勤政殿③。金吾及四军兵士④，未明陈仗⑤，盛列旗帜。太常陈乐⑥，卫尉张幕⑦。府县教坊，大陈山车旱船⑧，寻橦走索⑨，飞剑角抵⑩，戏马斗鸡⑪。又令宫女数百，饰以珠翠，衣以锦绣，自帷中出，击雷鼓为《破阵乐》《太平乐》《上元乐》⑫。又引大象、犀牛入场，或拜或舞，动中音律⑬。每正月望夜，又御勤政楼，观作乐，贵臣戚里，官设看楼⑭，夜阑⑮，即遣宫女于楼前歌舞以娱之。"洪舍人《容斋随笔》云："唐开元、天宝之盛，见于传记歌诗多矣，而张祜所咏尤多⑯，皆他诗人所未尝及者。如《正月十五夜灯》云：'千门开锁万灯明，正月中旬动帝京。三百内人连袖舞⑰，一时天上著词声⑱。'"

【注释】

　　①《明皇杂录》：二卷，别录一卷，唐郑处诲撰。该书记玄宗朝朝野杂事，兼及肃、代二朝史事。郑处诲（？—867），字延美，一作廷美，河南荥阳（今属河南）人。唐文学家。

　　②酺（pú）会：聚会饮食。

　　③勤政殿：唐玄宗用于处理朝政、举行国家重大典礼的地方，建于开元八年（720），位于长安城兴庆宫西南角。

　　④四军：即北衙四军。皇帝禁军。唐代，羽林、龙武、神武、神策四军为皇帝禁军，因在皇宫之北，故称。

　　⑤未明陈仗：天未亮陈列仪仗。

　　⑥太常：职官名。掌理宗庙礼乐。陈：陈设。

　　⑦卫尉：职官名。秦置，汉时九卿之一，掌宫门警卫。隋唐时改掌军

器仪仗帐幕之事。张幕:设置帷幕。

⑧山车:指装饰华丽、形似山峦的车驾,可能用于游艺巡游或承载表演者。《资治通鉴·唐肃宗至德元年》:"初,上皇每酺宴,先设太常雅乐坐部、立部……又以山车、陆船载乐往来。"胡三省注:"山车者,车上施棚阁,加以彩缯,为山林之状。"旱船:即民间歌舞"跑旱船",也叫采莲船、船灯、花船、荡湖船等。旱船是用竹、木扎成船形骨架,再蒙绸布糊彩纸。将其套系在舞者腰间,腹前饰以假腿,望去如坐船状。表演者两手扶船,以轻快平稳的小碎步跑动,似船行于水面之上。

⑨寻橦:又称都卢寻橦、缘橦、缘竿、爬竿等,是指古人以竿木为支柱的一种体育运动项目,古代百戏之一。《文献通考》:"缘橦之伎众矣,汉武帝时谓之'都卢'。都卢,国名,其人体轻而善缘也。"

⑩飞剑:即掷剑。角抵:古代两人相抵较量气力的一种技艺表演。类似现代摔跤。

⑪戏马:驰马取乐。斗鸡:使鸡相斗以决胜负的游戏。

⑫雷鼓:大鼓,以声大如雷,故称。《破阵乐》:原名《秦王破阵乐》,也称为《破阵子》《十拍子》,李世民所作。本为唐初军中乐舞,后发展为大型武舞曲,远近闻名,曾更名为《七德舞》。《太平乐》:亦称《五方狮子舞》。唐教坊中乐舞曲目。舞蹈时由五人饰狮子,一百四十人歌唱。《上元乐》:唐代舞蹈,唐高宗所作。以"上元"为名,象征天地人和。舞曲有《上元》《二仪》《三才》《四时》《五行》《六律》《七政》《八风》《九宫》《十州》《得一》《庆云》等。此舞修入雅乐,用于郊庙祭祀。

⑬音律:指音乐的律吕、宫调等。泛指乐曲,音乐。

⑭看楼:供观乐或瞭望的楼。

⑮夜阑:夜深。

⑯张祜(约785—约852):字承吉,清河(今属河北),一作南阳(今属

河南)人,寓居姑苏(今江苏苏州)。唐诗人,著有《张祜诗集》。

⑰ 内人:宫中的女伎。唐崔令钦《教坊记》:"伎女入宜春院,谓之'内人',亦曰'前头人',常在上前头也。"

⑱ 天上著词声:形容歌舞声直冲云霄,仿佛传到天界,暗喻乐声如仙乐般动听。

【译文】

《明皇杂录》:"唐玄宗每次赐宴聚会饮食,就会驾临勤政殿。金吾以及北衙四军兵士,天不亮时就列队布置仪仗,大量陈列象征皇家威仪的军旗、仪仗旗队。太常寺负责礼乐,卫尉负责设置帷幕。府县的教坊,组织大规模的山车旱船,寻橦走索,飞剑角抵,戏马斗鸡等游戏。又令宫女数百人用珠翠装饰,衣着锦绣,自帷幕中走出敲击雷鼓,演奏《破阵乐》《太平乐》《上元乐》。又有引着大象、犀牛入场,或者行礼或者跳舞,动作与音乐节奏、旋律高度契合。每到元宵夜,皇帝又驾临勤政楼,观看奏乐,贵臣外戚,在官府设置的看楼观看,夜深,就派遣宫女在楼前歌舞以娱乐。"舍人洪迈《容斋随笔》记载:"唐开元、天宝年间的盛况,传记诗歌记载很多,其中张祜所作诗歌尤其多,都是其他诗人所未曾涉及的内容。如《正月十五夜灯》诗写道:'千门开锁万灯明,正月中旬动帝京。三百内人连袖舞,一时天上著词声。'"

进寿礼

《唐·萧皇后传》①:"穆宗贞献皇后萧氏②,生文宗。文宗立,上尊号曰'皇太后'。初,太和中③,懿安太皇太后居兴庆宫④,宝历太后居义安殿⑤,后居大内,号'三宫太后'。开成中⑥,正月望夜,帝御咸泰殿⑦,大燃灯作乐,迎三宫太后,奉觞进寿⑧,礼如家人。"

【注释】

①《唐·萧皇后传》：即《旧唐书·后妃传》所载穆宗贞献皇后萧氏传记。

②穆宗：即唐穆宗李恒（795—824），原名李宥。唐代第十三位皇帝（820—824年在位）。贞献皇后萧氏（约800—847）：姓萧，闽（今福建）人。16岁时服侍建安王李恒，生子李昂，穆宗即位后被册封为妃。太和元年（827），文宗李昂即位，尊为皇太后。大中元年（847）死，谥贞献。

③太和：唐文宗李昂年号（827—835）。

④懿安太皇太后：底本作"懿安太皇后"，误。懿安太皇太后，即懿安皇后（779—848），本姓郭氏，华州郑县（今陕西渭南）人。唐宪宗李纯之妻，唐穆宗李恒生母。一生历经唐代七代皇帝，五朝居于太后之尊，所谓"七朝五尊"。兴庆宫：唐代长安城中的皇宫。因其位于西内太极宫和东内大明宫以南，故又称"南内"。

⑤宝历太后：即恭僖皇后王氏（？—845），越州（今浙江绍兴）人。唐穆宗李恒为太子时，王氏是其侍妾。元和十五年（820），穆宗登基，王氏被册封为妃。长庆四年（824），唐穆宗驾崩，其子李湛继位，是为唐敬宗。敬宗尊生母王氏为太后。宝历三年（827），唐文宗李昂继位。王太后号称"宝历太后"，后来王太后迁徙义安宫，改称为"义安太后"。义安殿：宫殿名。唐长安兴庆宫便殿之一。

⑥开成：底本作"禁城"，据《新唐书》改。

⑦咸泰殿：宫殿名。唐长安大明宫便殿之一。

⑧奉觞（shāng）：举杯敬酒。进寿：谓向客人或尊者敬酒。

【译文】

《旧唐书·萧皇后传》："唐穆宗李恒贞献皇后萧氏，生唐文宗李昂。唐文宗李昂即位，上尊号为'皇太后'。起初，太和年间，懿安太皇太后住在兴庆宫，宝历太后住在义安殿，皇太后住在大内，号称'三宫太后'。开成年间，正月十五夜，唐文宗驾临咸泰殿，大摆灯烛演奏音乐，迎接三宫太后，举杯向三宫太后敬酒，礼节如同家人。"

偷新曲

《明皇实录》①："明皇幸上阳②，新番一曲③。明夕，正月十五日，潜游④，忽闻酒楼上有笛奏前夕新番曲，大骇之⑤。密捕笛者诘问⑥，且云：'其夕于天津桥上玩月⑦，闻宫中奏曲，爱其声，遂以爪画谱记之⑧。'即长安少年李谟也⑨。"元稹《连昌宫词》云："李谟擪笛傍宫墙⑩，偷得新番数声曲。"

【注释】

①《明皇实录》：史料中有关《明皇实录》的说法有多种：《崇文书目》："《明皇实录》一百卷，令狐峘撰。"《通志》："《明皇实录》五卷，元载等撰；《明皇实录》二十卷，张说撰。"实录，中国的一种史书体裁。按年、月、日记述皇帝的个人事迹以及同他有关的材料。此段资料的出处待考。

②上阳：即上阳宫。唐宫殿名。在今河南省洛阳城西洛水北岸。唐高宗时建，武则天时大事兴修，常居于此。玄宗时，被谪宫人多居此地。

③新番：即新翻。新改编。

④潜游：指唐明皇微服私访，秘密出宫游玩。

⑤大骇：大惊。

⑥密捕：秘密逮捕。诘问：追问，责问。

⑦天津桥：古浮桥名。故址在今河南洛阳西南。隋炀帝大业元年

（605）迁都，以洛水贯都，有天汉津梁的气象，因建此桥，名曰天津。玩月：赏月。

⑧爪：指甲。

⑨李谟：长安（今陕西西安）人。唐宫廷乐工，善吹笛。唐卢肇《逸史》："谟开元中吹笛为第一部，近代无比。"

⑩抴（yè）笛：按笛奏曲。宫墙：指宫廷的围墙。

【译文】

《明皇实录》："唐明皇李隆基驾临上阳宫，新改编了一首曲子。第二天晚上，就是正月十五日，唐明皇微服私访，忽然听到酒楼上有人用笛子演奏前夜新改编的曲子，大惊。派人秘密逮捕吹笛人追问，吹笛人说：'那夜在天津桥上赏月，听到宫中演奏乐曲，喜爱这个乐曲，于是就用指甲在物体表面刻画，记下了曲谱。'吹笛子的人就是长安少年李谟。"元稹《连昌宫词》写道："李谟抴笛傍宫墙，偷得新番数声曲。"

争驰道

《杨妃外传》："开元十载上元日①，杨家五宅夜游②，与广宁公主骑从争西市门③。杨氏奴鞭公主衣，公主堕马④。驸马程昌裔扶主⑤，因及数挝⑥。主泣奏，上令决杀杨家奴⑦，昌裔停官⑧。于是杨氏转横⑨。时谣云：'生女勿悲酸，生男勿喜欢。'又曰：'男不封侯女作妃，君看女却为门楣⑩。'"近代诗人亦有"固应生女作门楣"之句⑪。

【注释】

①开元十载：722年。

②杨家五宅：《旧唐书·杨贵妃传》："（杨贵妃）有姊三人，皆有才

貌，玄宗并封国夫人之号：长曰大姨，封韩国；三姨，封虢国；八姨，封秦国。并承恩泽，出入宫掖，势倾天下。……玄宗每年十月幸华清宫，国忠姊妹五家扈从，每家为一队，著一色衣，五家合队，照映如百花之焕发。"

③广宁公主：唐玄宗李隆基的女儿。骑从：骑马的随从。此指广宁公主一家。

④堕马：从马上摔下来。

⑤程昌裔：大唐名将程咬金的玄孙。

⑥挝（zhuā）：击，敲打。

⑦决杀：打杀。多指将犯人打死。

⑧停官：停职。

⑨横（hèng）：豪横，放纵。

⑩男不封侯女作妃，君看女却为门楣：唐陈鸿《长恨歌传》："男不封侯女作妃，看女却为门上楣。"后以"门楣"指能光大门第的女儿。

⑪固应生女作门楣：出自陈与义《侯处士女挽词》。

【译文】

《杨妃外传》："开元十载元宵灯会，杨国忠兄妹五家深夜出游，与广宁公主一家在西市门发生争执。杨家家奴挥鞭打到广宁公主身上，公主从马上摔下来。驸马程昌裔下马去扶公主，因而也被鞭子抽打数次。广宁公主向父皇李隆基痛哭上奏，玄宗下旨将杨家家奴乱棍打死，程昌裔削职为民。于是杨家开始转而放纵。当时民谣说：'生女勿悲酸，生男勿喜欢。'又说：'男不封侯女作妃，君看女却为门楣。'"近代诗人也有"固应生女作门楣"的诗句。

纵出游

《唐书·列传》①："中宗庶人韦氏②，嗣圣初③，立为皇后。初,帝幽废④,与后约:'一朝见天日,不相制⑤。'至是与武三思升御床博戏⑥,帝从旁典筹⑦,不为忤⑧。景龙三年⑨,帝亲郊⑩,后亚献⑪。明年,正月望夜,帝与后微服过市⑫,徜徉观览⑬。纵宫女出游,皆淫奔不还⑭。"

【注释】

①《唐书·列传》:即《新唐书·后妃列传》。

②韦氏(？—710):唐京兆万年(今陕西西安)人。中宗为太子时,选为妃。嗣圣元年(684)立为后。旋中宗被废,随赴贬所。及中宗复位,干预朝政,使武三思掌权,以女安乐公主嫁三思子崇训。后临淄王李隆基(玄宗)引兵入宫,乱兵杀之。

③嗣圣:称新继位的皇帝。

④幽废:幽禁废黜。

⑤相制:相互制约。

⑥武三思(？—707):并州文水(今山西文水)人。唐代外戚大臣,女皇武则天的侄子。升:登上。御床:皇帝用的坐卧之具。博戏:赌输赢、角胜负的游戏。

⑦典筹:计算筹码。

⑧忤(wǔ):忤逆。

⑨景龙三年:709年。

⑩亲郊:帝王亲出郊祀。

⑪亚献:古代祭祀时献酒三次,第二次献酒称"亚献"。

⑫微服:为隐藏身份,避人注目而改换常服。古代多指帝王将相或其他有身份的人而言。

⑬徜徉(cháng yáng):安闲自得。

⑭淫奔:谓男女私相奔就,自行结合。多指女方往就男方。《诗

经·王风·大车序》：“礼义陵迟，男女淫奔。”孔颖达疏：“男女淫
奔，谓男淫而女奔之也。”

【译文】

《新唐书·后妃列传》：“中宗庶人韦氏，中宗刚继位时，被册立为皇
后。当初，中宗被幽禁废黜，与皇后相约：‘一旦重见天日，不相互制约。’
至是皇后韦氏与武三思在御床玩赌输赢、角胜负的游戏，皇帝在旁边计
算筹码，不认为这是忤逆。景龙三年，皇帝亲自去郊祀，引皇后为第二次
献酒的人。第二年，元宵夜，皇帝与皇后身穿便服经过闹市，安闲自得四
处观览。放任宫女外出游览，大都与人私奔不再回来。”

造面茧

《天宝遗事》：“每岁上元，都人造面茧。以官位高下，
散帖茧中①，谓之‘探官茧’。或赌筵宴②，以为戏笑③。”详
见《人日》。

【注释】

①帖：写着字的小纸片。

②筵宴：宴会，酒席。

④戏笑：玩笑。

【译文】

《开元天宝遗事》：“每年元宵节，京城的人都制造面茧。以官职品级
的高下，写在小纸片上放进茧中，称为‘探官茧’。或用来赌酒席，以为
玩笑。”详情见《人日》。

咬焦𥽪

《岁时杂记》："京师上元节,食焦𥽪①,最盛且久,又大者名柏头焦𥽪。凡卖𥽪,必鸣鼓②,谓之'𥽪鼓'。每以竹架子出青伞,缀装梅红缕金小灯球儿③。竹架前后,亦设灯笼。敲鼓应拍,团团转走,谓之'打旋'。罗列街巷,处处有之。"

【注释】

①焦𥽪(duī):宋代元宵节的重要节令食品,油炸后呈焦黄色而得名。𥽪,古代的一种面食,现代称麻圆、麻团、珍馓、油堆、芝麻球等。

②鸣鼓:敲鼓。

③缀装:伞面和竹架上悬挂装饰物。梅红缕金:灯笼以梅红色为底色,用金丝线镂刻花纹,体现精巧工艺和节日喜庆色彩。

【译文】

《岁时杂记》："京城的人元宵节,吃焦𥽪,最为盛行而且历史悠久,又有大的叫柏头焦𥽪。凡是卖焦𥽪,一定敲鼓,称为'𥽪鼓'。每个卖焦𥽪的都用竹架子支出一把青色伞,上面装饰点缀梅红色缕金的小灯笼。竹架前后,也放置灯笼。卖焦𥽪的人按节奏敲击鼓点,围着竹架旋转行走,这种表演化销售称为'打旋'。这种景象罗列街巷,到处都有。"

作盘餐

《岁时杂记》："京师上元日,有蚕丝饭①,捣米为之,朱绿之②,玄黄之③。南人以为盘餐④。"

【注释】

①蚕丝饭：宋代元宵节时重要节令食品。实际上就是很细的米粉，状如今日之米线。不过这种米粉在加工之时用天然颜料染了色，有红、有绿、有黑、有黄，下锅煮出来，盛到盘子里，五彩缤纷，很喜庆。

②朱绿：红色和绿色。

③玄黄：黑色和黄色。

④盘餐：盛于盘中的食物或菜肴。此指将染色的米制食品盛于盘中，作为元宵节特色饮食。

【译文】

《岁时杂记》："京城元宵节，有蚕丝饭，捣米为粉制作，染上红绿黑黄各种颜色。南方人将其作为元宵节特色饮食。"

鬻珍果①

《岁时杂记》："京师贾人预畜四方珍果②，至灯夕街鬻。以永嘉柑实为上味③，橄榄、绿橘④，皆席上不可阙也⑤。庆历中⑥，金柑映日果不复来⑦，其果大小如金橘，而色粉红。嘉祐中，花羞栗子⑧，皆一时所尚。又以纸帖为药囊，实干缕木瓜、菖蒲、咸酸等物⑨，谓之'下酒果子'。"

【注释】

①鬻（yù）：卖。

②贾人：商人。畜（xù）：贮存。

③永嘉：隋开皇九年（589）以永宁县改名，治今浙江温州。柑：柑橘。上味：上等美味。

④橄榄:又名青果,即橄榄树果实。呈椭圆形,可生食,也可制蜜饯。

绿橘:橘的一种。皮色青绿,比一般柑橘小,早熟。

⑤阙:缺乏。

⑥庆历:宋仁宗赵祯年号(1041—1048)。

⑦金柑映日果:珍果名。不详待考。

⑧花羞栗子:珍果名。不详待考。

⑨干缕木瓜:即木瓜干。将木瓜经过晾晒脱水而形成的果干。

【译文】

《岁时杂记》:"京城商人提前贮存四方珍果,到元宵夜市集售卖。以永嘉柑橘为上等美味,橄榄、绿橘,都是宴席上不可或缺的。庆历年间,金柑映日果不再有,其果大小如金橘,而颜色粉红。嘉祐年间,花羞栗子,都是一时的喜好。又用纸帖为药囊,装满木瓜干、菖蒲、咸酸等物,称为'下酒果子'。"

货香药①

《岁时杂记》:"京师上元,有独体朱砂丸、龙脑丸、橄榄丸、梅花丸、药丁香②,又以药丁香为字及花,皆谓之'宵夜果子'。又货茶丁香③,今行在三省大门前④。金葫芦张家卖独体朱砂圆,每帖一百贯⑤。"

【注释】

①香药:香料药物的简称。

②独体朱砂丸:中医方剂名。主治小儿慢惊风,小儿疝气等。龙脑丸:中医方剂名。具有开窍醒神、清热止痛功效,主治咽喉肿痛等症状。橄榄丸:中医方剂名。具有止渴润喉之功效。梅花丸:中

医方剂名。久服可杜外患，兼除宿恙。**药丁香**：中药名。具有温中降逆、散寒止痛等功效。

③**茶丁香**：即丁香茶。宋代伪茶名。丁香是生长在我国北方的一种落叶灌木或小乔木，似茶而实非茶。有取其嫩叶制成茶，而其实与茶形似而性实异。正是这种相似性，在宋代实行茶叶专卖制度下，走私者常以丁香叶掺杂茶中，制成伪茶，以假乱真，以牟取暴利。

④**三省**：指中书省、门下省、尚书省。

⑤**贯**：旧时用绳索穿钱，每一千文为一贯。

【译文】

《岁时杂记》："京城上元节，有独体朱砂丸、龙脑丸、橄榄丸、梅花丸、药丁香，又用药丁香刻成字及花，都称为'宵夜果子'。又卖丁香茶，如今商行在三省大门前。金葫芦张家卖独体朱砂圆，每帖一百贯钱。"

卖节食

《岁时杂记》："京人以菉豆粉为科斗羹①，煮糯为丸②，糖为臛③，谓之'圆子'。盐豉、捻头、杂肉煮汤④，谓之'盐豉汤'。又如人日造茧⑤，皆上元节食也。"

【注释】

①**菉（lù）豆**：绿豆的别名。

②**煮糯为丸**：煮糯米做成丸子。

③**糖为臛（huò）**：糖水为汤。臛，肉羹。此为汤。

④**盐豉（chǐ）**：食品名。即豆豉。用黄豆煮熟霉制而成。常用以调味。**捻头**：即馓子。一种油炸的面食。

⑤**人日**：正月初七日。

【译文】

《岁时杂记》:"京城的人用绿豆粉做成科斗羹,煮糯米做成丸子,糖水为汤,称为'圆子'。用豆豉、馓子和杂肉一起煮汤,称为'盐豉汤'。又如人日那天制作面茧,都是元宵节的食品。"

戴灯球

《岁时杂记》:"都城仕女,有神戴灯球、灯笼,大如枣栗①,加珠茸之类②。又卖玉梅、雪梅、雪柳、菩提叶及蛾、蜂儿等③,皆缯楮为之。"古词云"金铺翠、蛾毛巧。是工夫不少、闹蛾儿拣了蜂儿卖。卖雪柳、宫梅好"云云④,又云:"灯球儿小,闹蛾儿颤。又何须头面⑤。"

【注释】

①枣栗:枣子与栗子。

②珠茸:疑为"珠珥",即缀珠的耳饰。

③玉梅:用白色绢纱制作的梅花。宋代元宵节时,京城与各大城市夜游风盛。妇女喜以银妆出行,以迓夜光。玉梅即为妇女常用的白色头饰。雪梅:即玉梅。雪柳:宋代妇女在立春日和元宵节时插戴的一种绢或纸制成的头花。菩提叶:一种用纸或罗绢制成的菩提树叶形状的饰物,呈鸡心形。宋代妇女在元宵节前后插在头上作为饰物。此处也可能是指用菩提叶刳成的灯笼。蛾:即闹蛾,亦称夜蛾、蛾儿,宋代妇女的一种头饰。用丝绸或乌金纸为花或草虫之形,然后用色彩画上须子、翅纹而成。蜂儿:用与夜蛾同样制作工艺,做成蜜蜂形象的头饰。

④"金铺翠、蛾毛巧"几句:出自宋无名氏《失调名·其七》。

⑤"灯球儿小"几句：出自宋无名氏《木兰花·其八》。

【译文】

《岁时杂记》："京城的仕女，有佩戴彩灯、灯笼，只有枣栗般大小，装饰缀珠的耳饰之类。商人们又卖玉梅、雪梅、雪柳、菩提叶及闹蛾、蜂儿等应景饰物，都是用帛和纸制作。"有古词写道"金铺翠、蛾毛巧。是工夫不少，闹蛾儿拣了蜂儿卖。卖雪柳、宫梅好"等等，又写道："灯球儿小，闹蛾儿颤。又何须头面。"

纸飞蛾

《岁时杂记》："都人上元，以白纸为飞蛾，长竹梗标之[①]，命从卒插头上[②]，昼日视之，殊非佳物。至夜，稠人列炬中[③]，纸轻竹弱，纷纷若飞焉。又作宜男蝉[④]，状如纸蛾，而稍加文饰。又有菩提叶、蜂儿之类。"

【注释】

①竹梗：竹子的枝茎。标：树木的末梢。

②从卒：随从士卒。

③稠人：众人。

④宜男蝉：用萱草做成蝉形，让孕妇佩带以乞求生子。宜男，萱草的
　　别名。

【译文】

《岁时杂记》："京城的人过元宵节，用白纸制作飞蛾，用竹子枝茎的末梢贯穿，命令随从士卒插在头上，白天看，确实不是好的饰物。到夜里，在众人和众多灯笼中，纸轻竹弱，纷纷若飞。又制作宜男蝉，形状如同纸蛾，而又稍加以纹彩修饰。还有菩提叶、蜂儿之类的饰物。"

火杨梅

《岁时杂记》：“京城上元节，以熟枣捣炭，丸为弹，傅之铁枝而点火，谓之‘火杨梅’。亦以插从卒头上。又作莲花、牡丹灯碗，从卒顶之。”

【译文】

《岁时杂记》：“京城元宵节，用干枣磨粉、捣炭为屑，将枣粉、炭屑拌在一起做成弹丸，附着在铁枝上点火，称为‘火杨梅’。也可以插在随从士卒头上。又制作莲花、牡丹灯碗，随从士卒用头顶着。”

打簇戏①

《海录碎事》：“魏氏旧俗②，以正月十五日夜为打簇戏，能中者赏帛。”

【注释】

①打簇：亦称“打竹簇”。北朝时的一种游戏。参与者用石头或武器击打用竹子捆扎成的“簇”（即竹靶），命中者可获布帛等赏赐。

②魏氏：即北魏（386—534），鲜卑族拓跋珪建立的政权，也是南北朝时期北朝第一个王朝。

【译文】

《海录碎事》：“北魏旧有习俗，在正月十五日夜玩打竹簇游戏，能打中的赏赐锦帛。”

扑蛾戏

《杂志》^①："荆邸鱼轩^②，上元日卒，彻乐^③，教坊伶人戏为《扑灯蛾》^④。"

【注释】

①《杂志》：即《嘉祐杂志》。

②荆邸：荆王府邸。鱼轩：古代贵族妇女所乘的车。用鱼皮为饰。此代称夫人。

③彻乐：指因丧事停止一切礼乐活动。

④戏为：表演。《扑灯蛾》：此处指一种戏曲或曲艺表演形式，可能包含舞蹈、念白或音乐元素。

【译文】

《嘉祐杂志》曰："荆王府邸的夫人，在元宵节去世，停止一切礼乐，因而停止一切庆典礼乐，教坊的乐人表演《扑灯蛾》。"

变蚕种

《集正历》^①："正月十五日，浴蚕种了^②，绷小绳子挂搭一七日^③。令春气少改变色，却收于清凉处，着一瓮盛，须去瓮底一寸，以草盖覆。贵得清凉处，令生迟也。"

【注释】

①《集正历》：《宋史·艺文志》"五行类""历算类"均著录有《阴阳集正历》三卷。

②浴：浸洗。

③绷（bēng）：用绳子编织，捆绑。此处可能指用细绳编织的蚕架或蚕區。

【译文】

《集正历》："元宵节，要浸洗蚕种了，将浸泡后的蚕种放在用细麻绳编织的蚕架或蚕區上挂晾七天，蚕种在初春气候中卵壳颜色发生轻微改变，七天后将蚕种移至阴凉干燥处保存，用瓮盛好，必在瓮底覆盖一寸草。蚕种最喜欢清凉，可以延缓出蚕的时间。"

祭蚕室

《续齐谐记》："吴县张诚之^①，夜见一妇人，立于宅东南角，举手招诚，诚就之。妇人曰：'此地是君家蚕室，我即地之神。明日正月半，宜作白粥泛膏于上^②，以祭我，当令君蚕桑百倍。'言讫，失之。张如其言，为作膏粥^③。年年祭之，大得蚕焉。或云其神降于陈氏之家，云蚕神也。世人正月半作膏粥，由此故也。今俗效之，谓之'粘钱财'。"《壶中赘录》云："今人正月半作粥祷，加以肉，覆其上，登屋食之，咒曰^④：'登膏糜，挟鼠脑^⑤。欲来不来，待我三蚕老^⑥。'则以为蚕禳鼠。"

【注释】

①吴县：春秋时吴国都城。秦置县，治今江苏苏州。

②膏：脂油。

③膏粥：上浮油脂的白粥，古人于农历正月十五日用以祭祀蚕神。

④登屋食之，咒曰：底本缺，据《太平广记》补。

⑤挟鼠脑：底本作"采鼠朏"，据《太平广记》改。

⑥三蚕老：养蚕的长老，养蚕的地方官。

【译文】

《续齐谐记》："吴县人张诚之，夜晚看见一妇人，站在屋子的东南角，举手招呼张诚之，张诚之就过去了。妇人说：'这个地方是你家的蚕室，我就是这儿的地神。明日元宵节，你应当制作膏粥，来祭祀我，我会让你家的蚕产丝多百倍。'说完，就消失了。张诚之按照她的话，制作了膏粥。从此年年祭祀，蚕丝大丰收。也有人说神降于陈姓人家，说是蚕神。世人元宵节作膏粥，就是因这件事的缘故。如今习俗都仿效制作膏粥，称为'粘钱财'。"《壶中赘录》曰："如今的人元宵节制作膏粥祈祷蚕神，再添加肉，覆盖在上面，爬上屋供奉给神，口里祝告说：'登上膏粥，抓住老鼠的头。老鼠呀看你还想不想来，等着三蚕老收拾你吧。'这是在为蚕除去鼠患。"

祠门户①

《玉烛宝典》："正月十五日，作膏以祠门户。"又《荆楚岁时记》云："今人州里风俗②，正月望日祭门③。先以杨柳枝插门，随枝所指向，以酒脯、饮食及豆粥、糕糜祭之④。"

【注释】

①祠门户：在门前祭祀。祠，祭祀。门户，单扇曰门，双扇曰户，指房屋的出入处。

②州里：乡里，本土。

③祭门：祭祀门神。

④酒脯：酒和干肉。后亦泛指酒肴。糕糜：即米糕。用米粉等制成。

【译文】

《玉烛宝典》："元宵节，制作膏粥在门前祭祀。"又有《荆楚岁时记》

记载：“如今的人乡里风俗，元宵节祭祀门神。先用杨柳枝插在门上，随杨柳枝随风飘动所指方向，便用酒肴、饮食及豆粥以及米糕祭祀。”

赛紫姑①

《异苑》②：“世有紫姑神，古来相传是人家妾，为大妇所嫉③，每以秽事相役④。正月十五日，感激而卒⑤。故世人以其日作其形，于厕间或猪栏边迎之，亦必须净洁，祝曰：‘子胥不在，曹姑亦归去，小姑可出。’戏捉者觉重，便是神来，奠设果酒⑥，亦觉面辉辉有色⑦，便跳蹀不住⑧。能占众事，卜蚕桑。又善射钩⑨，好则大舞，恶则仰眠。平昌孟氏恒不信⑩，躬往试捉⑪，便自跃穿屋，永失所在。子胥是其婿，曹姑即其大妇也。”又《时镜洞览记》曰⑫：“帝喾女将死⑬，云：‘生平好乐，正月十五日，可来迎我。’”二说未知孰是。又沈存中《笔谈》云：“旧俗，正月望夜迎厕神，谓之紫姑。亦不必正月，常时皆可召之。”李义山诗云：“消息期青鸟，逢迎冀紫姑⑭。”又云：“昨日紫姑神去也，今朝青鸟使来赊⑮。”又云：“身闲不睹中兴盛，羞逐乡人赛紫姑⑯。”刘伟明诗云⑰：“大奴听响住屋隅，小女行卜迎紫姑⑱。”又欧阳公词云：“应卜紫姑神⑲。”

【注释】

①赛紫姑：即迎紫姑。一种民间习俗。紫姑，原为侍妾，因大妇悍妒而于元宵节自杀。后人便在元宵节前夕或元宵夜，用衣衫披在扫帚上当作紫姑，在厕所或猪栏边持咒以迎紫姑降临。此时可以问

些能用数目字回答的问题。多为村妇的游戏。赛,行祭礼以酬神。

②《异苑》:十卷,南朝宋刘敬叔撰。该书为志怪小说集,记录都是各种奇闻异事。刘敬叔,彭城(今江苏徐州)人。南朝宋小说家。

③大妇:旧称正妻为大妇,妾为小妇。

④秽:肮脏。役:使唤。

⑤感激:愤激,恼恨。

⑥奠:进献。

⑦辉辉:明亮。

⑧跳躞(xiè):跳跃而行。躞,行走。

⑨射钩:即藏钩。古代的一种游戏。相传汉昭帝母钩弋夫人少时手拳,入宫,汉武帝展其手,得一钩,后人乃作藏钩之戏。射,猜。

⑩平昌:郡名。三国魏置,后废。晋时复治,治所在今山东安丘西南。

⑪躬往:亲自前往。

⑫《时镜洞览记》:书名。不详待考。

⑬帝喾(kù):姬姓,名俊。五帝之一。生于高辛(今河南商丘),故号"高辛氏"。

⑭消息期青鸟,逢迎冀紫姑:出自李商隐《圣女祠》,原诗为"消息期青雀,逢迎异紫姑"。青鸟,传说中西王母的使者。

⑮昨日紫姑神去也,今朝青鸟使来赊:出自李商隐《昨日》。赊,语气词,表示猜测。

⑯身闲不睹中兴盛,羞逐乡人赛紫姑:出自李商隐《正月十五夜闻京有灯恨不得观》。中兴,指当时唐武宗对外打败回鹘,对内平定藩镇之乱,出现中兴盛况。

⑰刘伟明:即刘弇(yǎn,1048—1102),字伟明,号龙云,吉州安福(今属江西)人。北宋文学家,著有《龙云集》等。

⑱大奴听响住屋隅(yú),小女行卜迎紫姑:出自刘弇《次韵和彭道原元夕》。大奴,身材高大的奴仆。《汉书·昌邑哀王刘髆传》:

"过弘农,使大奴善以衣车载女子。"颜师古注:"凡言大奴者,谓奴之尤长大者也。"屋隅,屋角。行卜,指问卜、算卦。

⑲应卜紫姑神:出自欧阳修《蓦山溪》。

【译文】

《异苑》:"世上有位紫姑神,民间长期流传她本是人家的小妾,为正妻所嫉恨,长期被迫从事肮脏低贱的劳作。正月十五日,她悲愤交加而死。因此人们都在这一天制作她的画像,在厕所或猪圈边迎候,厕所或猪圈边的环境也必须清洁,祝祷说:'子胥不在,曹姑亦归去,小姑可出。'在游戏中抬动紫姑偶像的人若感到重量增加,便说明神灵已降临,祭祀时摆放瓜果酒肉后,神像面容光彩焕发,并持续跳动。紫姑能占卜各种事情,占卜当年的蚕桑是否丰收。又善于猜藏钩占卜,若为吉兆紫姑神会欢快地手舞足蹈,若为凶兆,紫姑神会仰面躺下。平昌郡一位姓孟的人始终不相信紫姑神的灵验,便亲自前往尝试捕捉紫姑神,紫姑神突然跳跃穿透屋顶,永远消失了。子胥是她夫婿,曹姑就是子胥的正妻。"又有《时镜洞览记》记载:"帝喾的女儿将死,说:'生平喜欢音乐,正月十五日可来迎我。'"两种说法不知谁对。又有沈括《梦溪笔谈》记载:"旧俗,元宵夜迎厕神,称为紫姑。也不必在正月,平时都可以召之。"李商隐有诗写道:"消息期青鸟,逢迎冀紫姑。"又有诗写道:"昨日紫姑神去也,今朝青鸟使来赊。"又有诗写道:"身闲不睹中兴盛,羞逐乡人赛紫姑。"刘弇有诗写道:"大奴听响住屋隅,小女行卜迎紫姑。"又欧阳修有词写道:"应卜紫姑神。"

祷天女

《三仙杂录·序》云①:"天圣壬申②,正月几望③,予以守职遐裔④,太夫人思江西燃灯之盛⑤,忽忽有不乐之色⑥。亟遣僮稚蠲洁隅馆⑦,沿袭旧俗,祷赛紫姑⑧,以豁太夫人之幽郁⑨。于时漏板初惊⑩，月华微明，人祝神以诚，神凭物以应，降之筵几⑪。俟乎指踪⑫，移晷聚观⑬，乃云篆盘飧中数十字⑭，悉无能解之者。因请从其俗，贵使情接，于是去篆从隶，顾予从容而呼曰：'我，天之令女也。令女乃三仙谦以自呼⑮，名隶仙籍，慎无以神命我。以君世积余庆⑯，骨气稍异⑰，因来耳。'酒肴盈簋⑱，虽设之且不歆⑲；六会神丁⑳，纵召之亦不至。往来自若，聚散为常。骇乎篆隶各精㉑，音律俱善㉒。伎乃巨细㉓，无问不能，谓吉凶之由人，谓善恶之由积。抚弦扣铁㉔，无郑卫之淫㉕；赓歌和诗㉖，有《风》《雅》之妙㉗。乘兴则绘素㉘，多暇则奕棋㉙。不泄者阴机㉚，不谈者丹灶㉛。挥筝以握，不以指；治病以水，不以金石草木。多才多艺，举无与偕㉜。信乎天仙之尤㉝，固不可臆度而究乎万一也㉞。《漫录·观灯》二诗云㉟：'无种新莲万万根㊱，齐争春气纵黄昏。那堪更上高楼望，疑撮流星撒九门㊲。'其二曰：'天翁留下上元辰㊳，处处依时气节新㊴。万点红莲银烛市㊵，月中烟里乱星匀。'"

【注释】

①《三仙杂录》：书名。不详待考。

②天圣壬申：即天圣十年（1032）。天圣，宋仁宗赵祯年号（1023—1032）。

③正月几望：正月十四。几，近。

④守职：忠于职守。遐裔：边远之地。

⑤太夫人：称谓。旧时尊称自己的母亲为太夫人。

⑥忽忽：形容心神恍惚、若有所失的状态。不乐之色：直接表现情绪

低落。

⑦僮稚:年轻的仆从。僮,指未成年的仆役或童仆。稚,意为年幼。

蠲(juān)洁:清洁。隅馆:馆舍角落。

⑧祷赛:指通过特定仪式祭祀紫姑的行为。祷,祈祷。赛,指迎神赛会。

⑨豁:排遣,消散。幽郁:忧郁。

⑩漏板:古代报更用的铜板。初惊:指漏板声初次响起。

⑪筵几:坐席与几案。古代礼敬尊长或祭祀行礼时的陈设。

⑫俟:等待。指踪:发踪指示。比喻指挥。《史记·萧相国世家》:"夫猎,追杀兽兔者,狗也;而发踪指示兽处者,人也。"

⑬移晷(guǐ):日影移动。犹言经过了一段时间。晷,日影。

⑭篆:篆书。盘飧(sūn):盘中的饭食。飧,熟食。

⑮自呼:自称。

⑯余庆:指行善积德,造福子孙。

⑰骨气:指体貌气质。

⑱盈:充盈。簋(guǐ):古代盛食物的器具,圆口,两耳。

⑲歆(xīn):飨,嗅闻。古指祭祀时鬼神享受祭品的香气。

⑳神丁:天神的使者。

㉑骇:惊骇。

㉒音律:泛指音乐理论与创作能力,如琴艺、作曲、音韵研究等。

㉓伎:技艺,才能。巨细:大小。

㉔抚弦:拨弄琴弦。指弹琴。扣:敲击。

㉕郑卫之淫:原指春秋战国时郑、卫等国的民间音乐,儒家认为这两个诸侯国的音乐不是正统的雅乐。后泛指淫靡的音乐或靡丽的文风。《礼记·乐记》:"魏文侯问于子夏曰:'吾端冕而听古乐,则唯恐卧;听郑卫之音,则不知倦。敢问古乐之如彼,何也?新乐之如此,何也?'"

㉖赓歌和诗:酬唱和诗。

㉗《风》：指《诗经》中的《国风》。《雅》：指《诗经》中的《大雅》《小雅》。

㉘乘兴：趁着兴致。绘素：指以素绢或素纸作画。

㉙奕棋：下棋。古代多指下围棋。

㉚阴机：机巧，机谋。

㉛丹灶：炼丹用的炉灶。此应指道家法术。

㉜举无与偕：强调某人的才华或成就在同类中无人匹敌。偕，并列，匹敌。

㉝尤：特异，卓绝，引申为超凡脱俗的存在。

㉞臆度：主观推测。

㉟《漫录》：书名。不详待考。

㊱无种新莲：指莲花灯。

㊲九门：禁城中的九种门。古宫室制度，天子设九门。《礼记·月令》："（季春之月）田猎、罝罘、罗网、毕翳、餧兽之药，毋出九门。"郑玄注："天子九门者：路门也、应门也、雉门也、库门也、皋门也、城门也、近郊门也、远郊门也、关门也。"后用以称宫门。此指京城。

㊳天翁：谓天公。

㊴依时：指顺应自然节令或传统节气。气节新：既可能指节气更替带来的自然新气象，也可引申为节日中人们焕发的精神面貌。

㊵红莲：指元宵节悬挂的莲花灯。银烛：形容灯火如银色烛光般璀璨，或直接指代灯烛。

【译文】

《三仙杂录·序》记载："天圣十年，正月十四，我在边远之地任职，母亲想念江西元宵灯会的盛况，神情恍惚中流露出失落和不悦之色。我急忙派遣小僮去打扫馆舍角落，依照旧有习俗，通过特定仪式祭祀紫姑，以排遣母亲的忧郁之情。初夜时分，漏板声响，月色微明，人们以诚心向神明祈祷，神明感知诚意后，借助祭物显灵，降临于供奉的案席之上。等待某种天象或神秘指引的出现，经过一段时间后众人聚集围观，在盛放食物的器皿中发现数十个云篆文字,但无人能解读其含义。因而请求神明顺应当地书写习俗,神明接受了我的请求,放弃篆书改用隶书,回头对我从容说道:'我是天帝的令女。令女是仙家对自己的谦称,其名已列入仙班,但请切勿以神明的名义称呼我。因为你世代行善积德,体貌气质稍有异常,因此而来。'祭祀时摆满酒食的器皿,神灵也不来享用;多次召唤神灵,神灵也不降临。来去自由洒脱,聚散习常态。惊叹她精通篆书、隶书两种书体,又深谙音乐理论和演奏技艺。才能高超,没有做不到的事情。说吉凶是由人的行为决定,善恶是由长期行为积累的结果。抚弄琴弦击打金石乐器,没有淫靡之音;酬唱和诗,有《国风》《大雅》《小雅》的精妙。随兴进行书画创作,闲暇时以围棋消遣。修炼时严守精气不泄的阴机,不随意谈论炼丹的奥秘。弹奏古筝时握拳发力,不单纯依赖手指拨弦;治病用水,不用金石草木。多才多艺,举世无双。天仙中的佼佼者确实如此,其才能深不可测,即使竭力揣测,也只能窥见其万分之一。《漫录》所载《观灯》其一写道:'无种新莲万万根,齐争春气纵黄昏。那堪更上高楼望,疑撮流星撒九门。'其二写道:'天翁留下上元辰,处处依时气节新。万点红莲银烛市,月中烟里乱星匀。'"

卷十二

上元 下

【题解】

本卷《上元下》篇,条目均为上元时俗节物。"幸西凉""游广陵"记叶法善上元夜作法,与唐玄宗到西凉府、广陵观赏花灯之事;"生真人",记农历正月十五为道教祖师张道陵生日;"遇道士"记沈道士正月十五尸解升仙而去之事;"打专僧",记阿专师正月十五升天之事;"尚公主",记陈太子舍人徐德言与妻乐昌公主正月十五破镜重圆之事;"会美妇",记太学生江致和上元夜巧遇美妇一事;"约宠姬",记张生与一美妇因上元夜车前鸳鸯灯结缘一事;"惑妖女",记京师士人元夕夜巧遇异妇之事;"偿冤鬼",记龚球遭到因果报应事;"见怪物",记翁起予与二少年入城观灯路途中见怪物事;"拔鬼嫔",记青城山道士李若冲诵经超度张丽华事;"偿前冤",记郑爟因前生怪事导致夫妻分离,最后死在无锡县某寺庙之事;"入蒌堂",记临邛李生元宵节遇女鬼事。另有上元岁时卜筮"犯天使""视月人""修竿影""卜饭箕"等;上元诗文典故"题纨扇""作俗诗"等。

幸西凉①

《广德神异录》:"开元初,唐玄宗于正月望夜上阳宫大陈影灯,精巧似非人力。道士叶法善在圣真观②,上促召来。

既至,潜引法善观于楼下③,人莫知之。法善谓上曰:'影灯之戏,天下固无与比,然西凉府今夕之灯,亦亚于此④。'上曰:'师顷尝游乎⑤?'法善曰:'适自彼回,便蒙急召。'上异其言,曰:'今欲一往,得否?'法善曰:'此易事尔。'于是令上闭目,约曰:'不可妄视,误有所视,必当惊骇。'依其言,闭目距跃⑥,身在霄汉⑦,俄而足已及地⑧。法善曰:'可以观矣。'既视,灯烛连亘十数里⑨,车马骈阗⑩,士女纷委⑪,上称甚善。久之,法善曰:'观览毕,可回矣。'复闭目,与法善腾空而去。俄顷⑫,还故处,而楼下歌吹犹未终⑬。法善至西凉州,将铁如意质酒⑭。翌日⑮,上命中官⑯,托以他事,使于凉州,因求如意以还,验之非谬。"

【注释】

①西凉:即凉州,西汉武帝置,为十三刺史部之一。东汉治陇县(今甘肃张家川回族自治县)。三国魏文帝复置,移治姑臧县(今甘肃武威)。

②叶法善(614—720):字道元,别字太素,括州括苍(今浙江丽水)人。从其曾祖起三代为道士,得传阴阳、符箓、摄养之术。先天二年(713),拜鸿胪卿,封越国公,仍为道士,住长安景龙观。卒后玄宗亲为其撰碑铭。唐代有关叶法善神异故事甚多。圣真观:道观名。在今河南洛阳。

③潜:悄悄。

④亚:次,次于。

⑤顷:近来,刚才。

⑥距跃:跳跃,跳越。

⑦霄汉:云霄和天河,指天空极高处。

⑧俄而：片刻，须臾。俄而，底本作"而"，据《太平广记》补。

⑨连亘：连绵。

⑩车马骈阗（pián tián）：车马聚集很多。形容非常热闹。骈阗，稠密，纷至沓来。

⑪士女纷委：成年男女众多。纷委，盛多貌。

⑫俄顷：片刻，一会儿。

⑬歌吹：歌舞演奏。

⑭铁如意：铁制的如意。质：抵押。

⑮翌（yì）日：明日。

⑯中官：宦官。

【译文】

《广德神异录》："开元初年，唐玄宗于元宵夜在上阳宫观看花灯，花灯做工精巧似乎不是人力所为。道士叶法善在圣真观，皇上催促命人把他召来。法善来到后，玄宗悄悄领他在楼下观看，周围的人都不知道。法善对皇上说：'花灯的盛况，天下没有能与之匹敌，然而西凉府今夜的花灯，也仅次于这里。'皇上说：'法师曾去游玩过吗？'法善说：'刚从那里回来，便蒙受皇上紧急召见。'皇上听了这话感到惊异，说：'今天我想去看看，可以吗？'法善说：'这事很容易。'于是让皇上闭上眼睛，约定说：'不要往别处看，怕看到什么不该看的，必定受到惊吓。'皇上依照他的话，闭上眼睛跳跃，身体冲上云霄，一会儿脚就已着地。法善说：'可以观看了。'放眼看去，灯烛连绵十数里，车马拥挤，男女纷杂，皇上连连称好。看了很久，法善说：'观赏完，可以回去了。'于是又闭上眼睛，与法善一起腾空而去。一会儿，就回到原处，而楼下的歌舞演奏还没有结束。法善到西凉州，将铁如意抵押换酒喝。第二天，皇上命宦官借办理别的事情，出使凉州，因而索取铁如意还与法善，证实法善带他去凉州的事不假。"

游广陵①

《幽怪录》②:"开元十八年正月望,明皇谓叶仙师曰:'四方此夕,何处极盛?'对曰:'天下无逾广陵③。'帝欲一观,俄而虹桥起于殿前④,师奏:'桥成,慎无回顾。'于是帝步而上,太真及高力士、乐官从行⑤,直造云际⑥,俄顷已到广陵。士女皆仰望,曰:'仙人现于云中。'帝大悦。师曰:'请敕伶官奏《霓裳》一曲⑦,可回矣。'后数旬,广陵奏曰:'上元夜,有仙人乘彩云自西来,临孝感寺⑧,奏《霓裳羽衣》一曲,曲终而去。初元朝礼之晨⑨,而庆云现⑩;小臣践修之地⑪,而仙乐陈⑫。'上览表,大悦。"

【注释】

①广陵:郡名。西汉元狩二年(前121)置,治广陵县(今江苏扬州西北蜀冈上)。

②《幽怪录》:即《玄怪录》,原十卷,今本一卷,牛僧孺撰。宋代因避赵匡胤始祖玄朗之讳,改名《幽怪录》。该书记述南朝梁至唐大和年间神奇鬼异之事。牛僧孺(780—843),字思黯,谥文简,一说谥文贞,安定鹑觚(今甘肃灵台)人。唐文学家,"牛李党争"中牛党的领袖。

③逾:越过,超过。

④虹桥:桥形弯曲似虹,故称。

⑤太真:杨贵妃号。从行:随行。

⑥造:前往,到。云际:云端。

⑦《霓裳》:乐曲名,唐代《霓裳羽衣曲》的略称。

⑧孝感寺:寺名。在今江苏扬州。

⑨初元：皇帝登极改元，元年称"初元"。朝礼：参拜，朝拜。

⑩庆云：五色云。古人以为喜庆、吉祥之气。

⑪小臣：臣子在君王前的自称。践修之地：指官员履行职责的场所（如祭祀、修礼之地）。

⑫仙乐：仙界的音乐。

【译文】

《幽怪录》："开元十八年元宵节，唐明皇问叶法善：'今晚各处花灯，什么地方最热闹？'叶法善回答说：'天下花灯没有超过广陵的。'明皇想去观看一下，突然间在宫殿前面起了一座虹桥，法善上奏：'桥已建成，上了桥千万不要回头看。'于是皇帝迈步上桥，杨贵妃及高力士、乐官随行，直到云端，一会儿，就已到广陵上空。广陵的男女都仰望天空，说：'仙人出现在云中。'明皇非常高兴。法善说：'请敕令乐官演奏《霓裳羽衣》一曲，就可以回去了。'过了几十天，广陵来人上奏说：'元宵夜，有仙人乘彩云自西来，临近孝感寺，演奏《霓裳羽衣》一曲，演奏完就离开了。在新帝即位或重要典礼的清晨，天空出现五色祥云；在小臣履行职责的场所，有来自天上的仙乐奏响。'明皇看了奏表，非常高兴。"

生真人①

《汉天师家传》②："真人讳道陵，字辅汉，姓张氏，丰邑人③，留侯子房八世孙也④。母初梦天人自北斗魁星降至地⑤，长丈余，衣绣衣，以薇蘅之香授之⑥。既觉⑦，衣服居室，皆有异香，经月不散，感而有孕。于后汉光武建武十年甲午正月望日⑧，生于吴地天目山⑨。时黄云覆室⑩，紫气盈庭⑪，室中光气如日月，复闻昔日之香，浃日方散⑫。"

【注释】

①真人：道教所说修行得道的人，多用作称号，如太乙真人、玉鼎真人。

②《汉天师家传》：书名。有关道教天师张道陵的传说。

③丰邑：丰县古称。西汉置，治今江苏丰县。《史记·高祖本纪》："高祖，沛丰邑中阳里人。"

④留侯子房：即张良（？—前186），字子房，颍川城父（今河南郏县）人，一说沛郡（今安徽亳州）人。秦末汉初杰出谋臣，西汉开国功臣，政治家，被册封为留侯，与韩信、萧何并称为"汉初三杰"。

⑤天人：仙人。北斗魁星：北斗七星中的前四颗星，即天枢、天璇、天玑和天权组成斗形，故名魁星，或称斗魁。

⑥薇蘅：又名杜蘅、杜若。一种香草。

⑦觉：睡醒。

⑧建武十年：34年。建武，汉光武帝刘秀年号（25—56）。

⑨天目山：山名。在今浙江杭州西北部临安境内。

⑩黄云：祥瑞之气。

⑪紫气：紫色的霞气，古代以为祥瑞之气。附会为帝王、圣贤等出现的预兆。

⑫浃（jiā）日：古代以干支纪日，称甲至癸十日为"浃日"。所以借指十天。

【译文】

《汉天师家传》："真人名讳道陵，字辅汉，姓张，丰邑人，留侯张良的八世孙。真人母亲起初梦见仙人从北斗魁星降到此地，身长一丈多，穿锦绣衣服，传授薇蘅之香。等到醒来，衣服居室都有异香，整月不散，感应而有身孕。在后汉光武帝建武十年元宵节，真人出生在吴地的天目山。当时祥瑞之气覆盖室内，紫气充满庭院，室中的光辉如同日月，又闻到以前的香味，十天方才散去。"

遇道士

　　《郡阁雅谈》①：“沈道士②，筠州高安人③，故吏部郎中彬第三子也④。性孤僻，形貌秀彻⑤。初名有邻，弃妻入道，居玉笥山⑥，易名庭瑞⑦。遇深山古洞，竟日不返⑧。严寒风雪，常单衣危坐⑨。或绝食经月，或纵酒行歌⑩。缘峭壁⑪，升乔木⑫，若猿猱之状⑬。骨肉相寻，便却走避⑭。忘情世俗⑮，人莫测之，往往为同道者困⑯。雍熙二年正月内⑰，于玉笥山，先不食七日，至上元日早辰，辞道侣⑱，归所居院集仙亭，念‘人生几何’，赋毕，无病而终。遗言于弟子，将画《土宿》一帧、《度人经》一卷随葬⑲。后二年，二月十二日，有阁皂山僧昭莹于山门数里相遇⑳。阁皂山去玉笥山一百六十里㉑。僧昭莹问所往，云：‘暂到庐山寻知己。’留下《土宿》一帧及《度人经》一卷、五言诗一首为别，云：‘南北东西路，人生会不无㉒。早曾依阁皂，却又上玄都㉓。云片随天阔，泉声落石孤。何期早相遇㉔，药共煮菖蒲。’后昭莹到玉笥山，话及，方知沈道士已亡。其说途中相遇，遂出所留《土宿》及《经》《诗》示人，众皆骇异㉕。遂往坟上看，见土交横坼裂㉖，阔及尺余，至今不敢发。质其文，验其事，即尸解而去㉗。”

【注释】

①《郡阁雅谈》：一卷，宋潘若冲撰。该书为作者于宋太宗时在郡斋中常与僚佐话及唐代至宋初时“野逸贤哲异事佳言，辄疏之于书”，故名。潘若冲，或作“若同”。太宗时人，曾官郡守、赞善大夫。

②沈道士：即沈廷瑞（？—985），初名有邻，后易名廷瑞，筠州高安

（今江西高安）人。有道术，性嗜酒，常纵酒行歌，游于守宰之门，时称为沈道者。

③筠州：唐武德七年（624）改米州置，治今江西高安。以地产筼筜得名。

④吏部郎中彬：即沈彬（864—961），字子文，一作子美，筠州高安（今江西高安）人。唐末应举不第，曾南涉湖湘，寻仙访道，擅长诗，与僧虚中、齐己为诗友。

⑤秀彻：清秀明达。

⑥玉笥（sì）山：道教名山，位于今江西吉安以北约七十公里处的峡江县境内。汉武帝南巡时，路过此山，天降玉笥，遂称玉笥山。

⑦易名庭瑞：宋阮阅辑《诗话总龟》卷四十四"沈道士"条作"易名廷瑞"。

⑧竟日：终日，整天。

⑨危坐：古人以两膝着地，耸起上身为"危坐"，即正身而跪，表示严肃恭敬。后泛指正身而坐。

⑩纵酒：毫无节制地饮酒。行歌：一边走路一边唱歌。

⑪缘：攀缘。

⑫升：登，上。乔木：高大的树木。

⑬猿猱（náo）：泛指猿猴。

⑭走避：躲避，逃避。

⑮忘情：淡漠不动情。

⑯同道：志同道合。亦指志同道合的人。

⑰雍熙二年：985年。雍熙，宋太宗赵光义年号（984—987）。

⑱道侣：指一起修行、修炼的同伴。

⑲《土宿》：即土星。一帧：一幅。量词。

⑳阁皂山：山名。在今江西樟树东，周回绵亘二百余里。道教以为七十二福地之一。《云笈七签》卷二七："七十二福地……第三十

六阊皂山，在吉州新淦县，郭真人所治处。"清顾祖禹《读史方舆纪要·江西五·临江府》："阊皂山，府东三十里，山形如阊，色如皂。有峰六、岭四、岩二、原五，其余泉石池塘之胜，参差不一。相传为神仙之府。"昭莹：宋僧人。山门：寺院的大门。

㉑去：距离。

㉒不无：犹言有些。

㉓玄都：传说中神仙居处。《海内十洲记·玄洲》："上有大玄都，仙伯真公所治。"

㉔何期：犹言"岂料"。表示没有想到。

㉕骇异：惊异。

㉖交横：纵横交错。坼（chè）裂：裂开，撕裂。

㉗尸解：谓道徒遗其形骸而仙去。

【译文】

《郡阁雅谈》："沈道士，筠州高安人，是已故吏部郎中沈彬三儿子。性情孤僻，形体相貌清秀明达。原名有邻，舍弃妻子出家为道，居住在玉笥山，改名庭瑞。遇见深山古洞，从早到晚不回家。天气严寒大风大雪时，常常只穿单衣正身而坐。有时整月不进食，有时毫无节制地饮酒边走边唱。攀爬陡峭山壁，登上高大乔木，动作如猿猴般敏捷轻盈。至亲前来探访时，便刻意回避。不为世俗情感所困，令人难以揣测，即使同为修道者往往也对他的行为感到困惑。雍熙二年正月在玉笥山，先是绝食七天，到元宵节早晨，辞别一起修炼的同伴，返回自己所居寺院的集仙亭，念'人生几何'，念完，无病而终。临终前交待弟子，将画的《土宿》一幅、《度人经》一卷随葬。过后二年，二月十二日，有阊皂山僧人昭莹在山门数里与他相遇。阊皂山距离玉笥山一百六十里。僧人昭莹问他去哪里，他说：'暂且到庐山寻访知己。'留下《土宿》一幅及《度人经》一卷、五言诗一首分别，诗写道：'南北东西路，人生会不无。早曾依阊皂，却又上玄都。云片随天阔，泉声落石孤。何期早相遇，药共煮菖蒲。'

后来昭莹到了玉笥山，谈到沈道士，方才知道沈道士已经去世。昭莹说曾在途中与沈道士相遇，于是拿出道士所留《土宿》及《度人经》、五言诗让人看，大家都很惊异。于是就到坟上看，见坟土纵横交错裂开，宽一尺多，至今不敢打开。验证文字，检验这件事情，沈道士就是尸解升仙而去。"

打专僧

《广古今五行志》①："侯景为定州刺史日②，有僧名阿专师，在州下，闻有会社、斋供、嫁娶、丧葬之席③，或少年放鹰走狗、追随宴集之处④，尝在其间。斗诤喧嚣⑤，亦曲助朋党⑥。如此多年。后正月十五日，触他长幼，恶口聚骂⑦，主人欲打杀之⑧，市徒救解而去⑨。明旦捕觅，见阿专骑一破墙喜笑。捕者奋杖欲掷，前人复遮。阿专云：'汝等何厌贱我⑩，我舍汝去。'以鞭击墙，口唱叱叱⑪，所骑之墙，忽然升天，见者无不礼拜⑫。须臾，映云而灭。经一年，闻在长安，还如旧态，后不知所终。"

【注释】

①《广古今五行志》：即《广古今五行记》，三十卷，窦维鋈撰。窦维鋈（xiǎn），唐京兆始平（今陕西兴平）人。好学，以撰著为业，另撰有《吉凶礼要》。

②侯景（503—552）：字万景，南北朝时怀朔镇（今内蒙古固阳西南）人，或云雁门（今山西代县）人，羯族。东魏时，官至司徒、南道行台，拥众十万，专制河南，后降梁。于天清二年（548）袭据寿春（今安徽寿县）。勾结梁临贺王萧正德作乱，围建康（今江苏南京），次年，破台城。他先后立萧纲、萧栋为帝。既而自立，国号

汉,建元太始。荆州刺史湘东王萧绎遣王僧辩、陈霸先击平之,他在逃亡时为部下所杀。定州:北魏天兴三年(400)改安州置,治卢奴县(今河北定州)

③会社:指集会、结社之意。斋供:寺庙中供应的斋食。

④放鹰走狗:放苍鹰,纵猎狗。指打猎活动。宴集:宴饮集会。

⑤斗诤(zhèng):斗争,搏斗。喧嚣:吵闹,喧哗。

⑥曲助:无理,不公正。

⑦恶口:恶毒的语言。

⑧打杀:打死。

⑨救解:伸手援助,使脱离危险或困难。

⑩厌贱:厌恶鄙视。

⑪叱叱(chì):吆喝。

⑫礼拜:信教者向神行礼致敬。

【译文】

《广古今五行志》:"侯景任定州刺史的时候,有个僧人名叫阿专师,经常在定州城内活动,凡是听到有什么集会、祭典、嫁娶、丧葬之类的宴席,或者年轻人打猎活动、追随宴饮集会,没有他不在场的。在打架斗殴争强起哄的场面,他也总是帮助同伙推波助澜。就这样过了许多年。后来有一年元宵节,在一个聚会中,有人因长幼座次冒犯了他,他立即用恶毒的语言大骂,主人想打死他,后被那帮市井之徒援救脱离困境。第二天到处搜寻抓捕他,见他正跨坐在一堵破墙上嬉皮笑脸。抓捕他的人举起木棍就要往他身上扔,前面的人急忙拦住。阿专师说:'你们为何厌恶鄙视我,我舍弃你们走了。'他用鞭子敲打破墙,嘴里大声吆喝,只见他骑的这堵墙忽然升到天界,看见的人都向他行礼致敬。一会儿,映照着云彩不见了。过了一年,听说阿专师在长安,还是原来的样子,后来就不知道他的下落了。"

尚公主

  《本事诗》："陈太子舍人徐德言之妻^①，后主叔宝之妹^②，封乐昌公主^③，才色冠绝^④。时陈政方乱，德言知不相保^⑤，谓妻曰：'以君才容^⑥，国亡必入权豪之家^⑦。傥情缘未断，犹冀相见，宜有以信之^⑧。'乃破一镜，人执其半，约曰：'他时必以正月望日，卖于都市，我当以是日访之。'及陈亡，果入越公杨素之家^⑨，宠嬖殊厚^⑩。德言流离辛苦，仅能至京，以正月望访于都市。有苍头卖半镜者^⑪，大高其价，人皆笑之。德言直引至其居，具言其故，出半镜以合之，仍题诗曰：'镜与人俱去，镜归人不归。无复嫦娥影，空余明月辉。'公主得诗，悲泣不食。越公知之，怆然改容^⑫。即召德言至，还其妻，仍厚遗之^⑬。因与饯别^⑭，仍三人共宴，命公主作诗以自解^⑮，诗曰：'今日何迁次^⑯，新官对旧官^⑰。笑啼俱不敢，方信作人难。'遂与德言归江南，竟以终老。"

【注释】

①陈：即陈朝（557—589），史称南陈或南朝陈。陈武帝陈霸先于永定元年（557）代南梁所建立，定都建康（今江苏南京）。太子舍人：古代官名，初设置于秦朝，执掌东宫宿卫，后来也兼管秘书、侍从之职。徐德言：南朝陈诗人。后被南朝后主陈叔宝的妹妹乐昌公主招为驸马，并在后来演绎了一段"破镜重圆"的爱情佳话。

②后主叔宝：即南陈后主陈叔宝（553—604），字元秀，小字黄奴，吴兴长城（今浙江长兴）人。南朝陈皇帝（583—589年在位）。

③乐昌公主：南朝陈后主陈叔宝之妹，才华出众，容貌超群，嫁太子

舍人徐德言为妻。

④才色:才华和姿色。冠绝:无与伦比。

⑤相保:相互保护。

⑥才容:才貌。

⑦权豪:权贵豪强。

⑧信:信物,凭据。

⑨杨素(544—606):字处道,弘农郡华阴(今陕西华阴)人。开皇
　八年(588),以信州总管率领水军统军灭亡陈朝,拜荆州总管,进
　封越国公。

⑩宠嬖(bì):犹宠幸、宠爱。

⑪苍头:指奴仆。《汉书·鲍宣传》:"使奴从宾客浆酒霍肉,苍头庐
　儿皆用致富。"颜师古注引孟康曰:"汉名奴为苍头,非纯黑,以别
　于良人也。"

⑫怆(chuàng)然:悲伤的样子。改容:动容。

⑬厚遗:厚加馈赠。

⑭饯(jiàn)别:设酒送别。

⑮自解:自己解说。

⑯迁次:窘迫,尴尬。

⑰新官:后夫,新夫。对故夫而言。

【译文】

《本事诗》:"陈朝太子舍人徐德言的妻子,是陈后主叔宝的妹妹,被封为乐昌公主,才华和姿色无与伦比。当时陈朝政局遭受战乱,德言知道不能相互保护,对妻子说:'以你的才貌,亡国后一定会进入权贵豪强的家。如果情缘未断,仍然希望相见,应该有一信物相验。'于是打破一面镜子,每人拿一半,约定说:'将来一定要在元宵节,到都市售卖,我当在这天去寻访。'等到陈朝灭亡,乐昌公主果然进入越公杨素的家,很受宠爱。德言流亡身心劳累困苦,仅能到京城,在元宵节寻访于都市。有

奴仆在售卖半面镜子，大大抬高镜子的价格，人们都在讥笑他。德言一直把他引到自己居住的地方，告诉他其中的缘故，拿出另一半镜子合在一起，于是题诗道：'镜与人俱去，镜归人不归。无复嫦娥影，空余明月辉。'乐昌公主得到诗，痛哭不已不再进食。越公杨素知道这事，悲伤动容。立即召徐德言到来，把妻子还给他，并厚加馈赠。因而与乐昌公主设酒送别，仍是三人共同赴宴，命公主作诗自我解说，诗写道：'今日何迁次，新官对旧官。笑啼俱不敢，方信作人难。'于是与德言回江南，一直生活到老。"

后人作词嘲之，寄声《新水令》云①："冒风连骑出金城②，闻孤猿韵切③，怀念亲眷④。为笑徐都尉⑤，徒夸彩绘⑥，写出盈盈娇面⑦。振旅阗阗⑧。睹讶阆苑神仙⑨。越公深羡骖万马⑩，侵凌转盼⑪。感先锋⑫，容放镜，收鸾鉴一半⑬。归前阵⑭，惨怛切⑮，同陪元帅恣欢恋⑯。二岁偶尔，将军沉醉连绵⑰，私令婢捧菱花⑱，都市寻偏⑲。新官听说邀郎宴，因命赋悲欢。孰敢？做人甚难。梅妆复照⑳，傅粉重见㉑。"秦少游有诗云㉒："金陵往昔帝王州，乐昌主第最风流。一朝隋兵到江上，共把凄凄去国愁。越公万骑唱箫鼓，剑推玉人天上去。空携破镜望红尘，千古江枫笼辇路㉓。"又《调笑令》云："辇路。江枫古。楼上吹笙人在否？菱花半璧香尘污，往日繁华何处。旧欢新爱谁为主。啼笑两难分付㉔。"又东坡词云："若为情绪，更问新官，向旧啼㉕。"

【注释】

①《新水令》：曲牌名。南北曲都属双调，北曲较常用，一般用作双

调套曲的第一曲。

②连骑:形容骑从之盛。金城:京城。《文选·张协〈咏史〉》:"朱轩曜金城,供帐临长衢。"刘良注:"金城,长安城也。"

③孤猿:孤猿哀鸣是古典诗词中常见的意象,象征孤独、凄凉。韵切:指猿声凄切哀婉,如音乐般萦绕不绝。

④亲眷:相亲相爱的人。

⑤徐都尉:指徐德言。

⑥徒夸彩绘:仅依赖色彩技巧,未能传神。

⑦盈盈:仪态美好貌。

⑧振旅:谓整队班师。《诗经·小雅·采芑》:"伐鼓渊渊,振旅阗阗。"毛传:"入曰振旅,复长幼也。"孔颖达疏引孙炎曰:"出则幼贱在前,贵勇力也;入则尊老在前,复常法也。"阗阗:众多、旺盛貌。高亨注:"阗阗,兵势众盛貌。"

⑨睹讶:即讶睹。表达目睹奇景时的惊叹。阆苑:阆风之苑,传说中仙人的住处。

⑩骤万马:形容军队疾驰,气势磅礴。

⑪侵凌:侵犯欺凌。转盼(xì):犹转眼。喻时间短促。

⑫先锋:战时率领先头部队迎敌的将领。

⑬鸾鉴:即鸾镜。一半:二分之一。亦以表示约得其半。唐李白《短歌行》:"麻姑垂两鬓,一半已成霜。"

⑭前阵:先头部队。

⑮惨怛(dá):忧伤,悲痛。

⑯元帅:主帅,统率全军的首领。《左传·僖公二十七年》:"(晋)作三军,谋元帅。"恣:放纵。

⑰沉醉:大醉。

⑱菱花:指菱花镜。亦泛指镜。唐李白《代美人愁镜》诗之二:"狂风吹却妾心断,玉箸并堕菱花前。"

⑲都市：都城中的集市。偏：通"遍"。

⑳梅妆："梅花妆"的省称。

㉑傅粉：搽粉。

㉒秦少游：即秦观（1049—1100），字少游，又字太虚，别号邗沟居
　　士、淮海居士，世称"淮海先生"，高邮（今属江苏）人。北宋文学
　　家、婉约派词人，著有《淮海集》《劝善录》《逆旅集》等。

㉓"金陵往昔帝王州"几句：出自秦观《调笑令·乐昌公主》。金
　　陵，古地名。今江苏南京。帝王州，帝王居住的地方。亦用指京
　　都。南朝齐谢朓《入朝曲》："江南佳丽地，金陵帝王州。"主第，
　　公主的住宅。隋，底本作"随"，据《淮海词》改。玉人，对亲人或
　　所爱者的爱称。红尘，指繁华之地。辇路，天子车驾所经的道路。
　　此指乐昌公主被掳北上之路。

㉔"辇路"几句：出处同上。吹笙，喻饮酒。璧，底本作"襞"，据《淮
　　海词》改。香尘，芳香之尘。多指女子之步履而起者。旧欢新
　　爱，旧欢指徐德言，新爱指杨素，以两个人皆善待乐昌公主故也。
　　分付，表示，流露。

㉕"若为情绪"几句：出自苏轼《诉衷情·送述古迓元素》。

【译文】

后人作词嘲讽，寄声《新水令》写道："冒风连骑出金城，闻孤猿韵
切，怀念亲眷。为笑徐都尉，徒夸彩绘，写出盈盈娇面。振旅阗阗。睹讶
阆苑神仙。越公深羡骤万马，侵凌转盼。感先锋 容放镜，收鸾鉴一半。
归前阵，惨怛切，同陪元帅恣欢恋。二岁偶尔，将军沉醉连绵，私令婢捧
菱花，都市寻偏。新官听说邀郎宴，因命赋悲欢。孰敢？做人甚难。梅
妆复照，傅粉重见。"秦观有诗写道："金陵往昔帝王州，乐昌主第最风
流。一朝隋兵到江上，共把凄凄去国愁。越公万骑唱箫鼓，剑推玉人天
上去。空携破镜望红尘，千古江枫笼辇路。"又有《调笑令》词写道："辇
路。江枫古。楼上吹笙人在否？菱花半璧香尘污，往日繁华何处。旧欢

新爱谁为主。啼笑两难分付。”又有苏轼词写道:“若为情绪,更问新官,向旧啼。”

会美妇

《古今词话》:“崇宁间①,上元极盛,太学生江致和在宣德门观灯②。会车舆上遇一妇人③,姿质极美④,恍然似有所失。归,运毫楮⑤,遂得小词一首。明日,妄意复游故地⑥。至晚,车又来,致和以词投之。自后屡有所遇,其妇笑谓致和曰:‘今日喜得到蓬宫矣⑦。’词名《五福降中天》⑧:‘喜元宵三五,纵马御柳沟东⑨。斜日映朱帘,瞥见芳容。秋水娇横俊眼⑩,腻雪轻铺素胸⑪。爱把菱花,笑勾粉面露春葱⑫。　　徘徊步懒⑬,奈一点、灵犀未通⑭。怅望七香车去⑮,慢辗春风⑯。云情雨态⑰,愿暂入阳台梦中⑱,路隔烟霞,甚时许到蓬宫?’”

【注释】

①崇宁:宋徽宗赵佶年号(1102—1106)。

②太学生:在太学中就学的学生,后世称为“监生”。

③车舆:车辆。

④姿质:形貌。

⑤毫楮(chǔ):指毛笔和纸。

⑥妄意:心存侥幸或抱着希望。

⑦蓬宫:即蓬莱宫。指仙人所居之宫。唐白居易《长恨歌》:“昭阳殿里恩爱绝,蓬莱宫中日月长。”

⑧《五福降中天》:词牌名,又名《五福降中天慢》。定格为双调,八

十六字,前后段各八句四平韵,以江致和词《五福降中天·喜元宵三五》为代表。

⑨御柳沟:流经皇宫的河渠,因广植杨柳,又名杨沟。

⑩秋水:比喻明澈的眼波。唐白居易《宴桃源》词:"凝了一双秋水。"俊眼:秀美的眼睛。

⑪腻雪:滑润的雪花。

⑫春葱:喻女子细嫩的手指。

⑬徘徊:流连,留恋。

⑭灵犀:旧说犀角中有白纹如线直通两头,感应灵敏。因用以比喻两心相通。唐李商隐《无题》诗之一:"身无彩凤双飞翼,心有灵犀一点通。"

⑮七香车:用多种香料涂饰或用多种香木制作的车。亦泛指华美的车。

⑯慢辗春风:指七香车迎着春风缓缓驶过。

⑰云情雨态:喻男女欢会之情。

⑱阳台梦中:男女欢合的梦境之中。阳台,战国楚宋玉《高唐赋》序:"昔者先王尝游高唐,怠而昼寝,梦见一妇人,曰:'妾巫山之女也,为高唐之客。闻君游高唐,愿荐枕席。'王因幸之。去而辞曰:'妾在巫山之阳,高丘之岨。旦为朝云,暮为行雨。朝朝暮暮,阳台之下。'"后遂以"阳台"指男女欢会之所。

【译文】

《古今词话》:"崇宁年间,元宵节花灯极为盛大,太学生江致和在宣德门前观灯。看到车子里有一位妇人,形貌非常美丽,江致和一见便恍恍惚惚若有所失。回到家,拿起笔和纸,便写得一首小词。第二天,他又心怀侥幸故地重游。到晚上,妇人车辆又来,致和把写好的词赠给她。从此以后又多次遇到,这妇人笑着对致和说:'今日我们二人真是喜赴蓬莱宫了。'江致和写的小词,词牌名《五福降中天》,词写道:'喜元宵三五,纵马御柳沟东。斜日映朱帘,瞥见芳容。秋水娇横俊眼,腻雪轻铺素胸。爱把菱花,笑勾粉面露春葱。　　徘徊步懒,奈一点、灵犀未通。怅望七香车去,慢辗春风。云情雨态,愿暂入阳台梦中,路隔烟霞,甚时许到蓬宫?'"

约宠姬

《蕙亩拾英集》①:"近世有《鸳鸯灯传》②,事意可取③,第缀缉繁冗④,出于闾阎⑤,读之使人绝倒⑥。今一切略去,掇其大概而载之云⑦:天圣二年元夕⑧,有贵家出游,停车慈孝寺侧⑨。顷而有一美妇人,降车登殿,抽怀袖间,取红绡帕裹一香囊⑩,持于香上,默祝久之⑪,出门登车,掷之于地。时有张生者,美丈夫贵公子也,因游偶得之,持归玩,见红帕上有细字书三章⑫,其一曰:'囊香著郎衣⑬,轻绡著郎手⑭。此意不及绡,共郎永长久。'其二曰:'囊里真香谁见窃⑮,丝纹滴血染成红。殷勤遗下轻绡意⑯,好付才郎怀袖中⑰。'其三曰:'金珠富贵吾家事,常渴佳期乃寂寥⑱。偶用至诚求雅合⑲,良媒未必胜红绡⑳。'又章后细书云:'有情者得此物,如不相忘,愿与妾面。请来年上元夜,于相篮后门相待㉑,车前有鸳鸯灯者是也㉒。'生叹咏之久㉓,作诗继之。其一曰:'香来著吾怀,先想纤纤手。果遇赠香人,经年何恨久。'其二曰:'浓麝应同琼体腻,轻绡料比杏腮红㉔。虽然未近来春约,也胜襄王魂梦中㉕。'其三曰:'自得佳人遗赠物,书窗终日独无寥㉖。未能得会真仙面,时赏囊香与绛绡㉗。'翌岁元宵,生如所约,认鸳鸯灯,果得之。因获遇乾明寺㉘,妇人乃贵人李公偏室㉙,故皆不详载其名也。"

【注释】

①《蕙亩拾英集》：书名。不详待考。

②《鸳鸯灯传》：传奇小说，北宋无名氏撰。

③事意：用意。

④第：但是。缀缉：犹编辑。繁冗：谓文章烦琐冗长。

⑤闾阎：泛指民间。

⑥绝倒：佩服之极。

⑦掇：摘取。

⑧天圣二年：1024年。天圣，宋仁宗赵祯年号（1023—1032）。

⑨慈孝寺：《汴京遗迹志》："慈孝寺，在雷家桥西北，故驸马都尉吴元扆宅也。天圣二年十二月，诏建寺，奉真宗神御。初议名慈圣，时太后号有此二字，改赐今名。"

⑩红绡（xiāo）帕：红色薄绸的手帕。香囊：盛香料的小囊。佩于身或悬于帐以为饰物。

⑪默祝：默默地祝告。

⑫细字：小字。章：诗、文、歌曲的段落。

⑬郎衣：宋时称贫家男子娶妻时所穿的绢衣。宋庄季裕《鸡肋编》卷下："贫家终身布衣，惟娶妇服绢三日，谓为郎衣。"

⑭轻绡：一种透明而有花纹的丝织品。《汉书·元帝纪》"齐三服官"颜师古注引李斐曰："春献冠帻缝为首服，纨素为冬服，轻绡为夏服，凡三。"

⑮窃：这里是拾取的意思。此句暗用"韩寿偷香"的典故。《晋书·贾谧传》、南朝宋刘义庆《世说新语·惑溺》载：晋韩寿仪表堂堂，风流潇洒，贾充任他为司空掾。贾充的小女儿贾午从窗棂中偷看到仪态俊美的韩寿，心生爱慕之情。贾午便叫侍婢牵线搭桥，与韩寿两人互赠厚礼，时时幽会。后来贾午盗取皇帝赐给父亲的西域进贡香料给韩寿，贾充手下的官员与韩寿在一起饮宴

时,闻到一股浓郁芬芳的气味,就告诉了贾充。贾充料定,一定是
女儿与韩寿私通。于是,贾充拷问贾午身边的侍婢,侍婢忍受不
住,就把经过情形一五一十地说了。贾充秘而不宣,就把女儿贾
午嫁给韩寿为妻。

⑯殷勤:情意深厚。

⑰才郎:有才学的郎君。

⑱佳期:《楚辞·九歌·湘夫人》:"登白薠兮骋望,与佳期兮夕张。"
　　王逸注:"佳,谓湘夫人也……与夫人期歃飨之也。"后用以指男
　　女约会的日期。寂寥:空虚无形,空无人物。《老子》:"有物混成,
　　先天地生,寂兮寥兮,独立而不改。"王弼注:"寂寥,无形体也。"

⑲雅合:正好相合。

⑳良媒:好媒人。

㉑相篮:即"相蓝",宋汴京(今河南开封)大相国寺的省称。蓝,梵
　　语"僧伽蓝摩"的略称。意即僧院,后因以称佛寺。

㉒鸳鸯灯:谓一组两盏并悬的灯笼。

㉓叹咏:吟咏。

㉔杏腮:指杏花。形容女子白里透红的脸。

㉕襄王魂梦:战国宋玉《神女赋》:"楚襄王与宋玉游于云梦之浦,使
　　玉赋高唐之事。其夜王寝,果梦与神女遇,其状甚丽,王异之。"
　　后遂以"襄王魂梦"为男女欢合之典。

㉖无寥:无聊,空闲而烦闷。

㉗绛绡:红色绡绢。绡为生丝织成的薄纱、细绢。

㉘获遇:能够遇到。获,得以,能够。乾明寺:《汴京遗迹志》:"乾明
　　寺,在安业坊席箔巷西,毁于金兵。"

㉙偏室:指妾。

【译文】

《蕙亩拾英集》:"近世有《鸳鸯灯传》,故事用意可以采纳,但是写得

烦琐冗长,出自民间,读后使人佩服之极。现在删去所有琐碎细节,仅摘取主要内容加以记载:天圣二年元宵节,有贵家出来游赏,在慈孝寺一旁停车。一会儿有一位美妇人,下车登殿,从怀里抽取红绡帕裹一香囊,将香囊置于祭台前默默祝告很久,出门登车,将红帕扔在地上。当时有位张生,是位美男子贵公子,因为出游偶尔拾得,带回家把玩,看见红帕上有小字写了三首诗,第一首写道:'囊香著郎衣,轻绡著郎手。此意不及绡,共郎永长久。'第二首写道:'囊里真香谁见窃,丝纹滴血染成红。殷勤遗下轻绡意,好付才郎怀袖中。'第三首写道:'金珠富贵吾家事,常渴佳期乃寂寥。偶用至诚求雅合,良媒未必胜红绡。'又在诗后用小字写道:'有情人得到此物,如不能相忘,愿意与妾见面。请明年元宵夜,在大相国寺后门相见,车前悬挂鸳鸯灯的就是。'张生吟咏很久,作诗酬答。第一首写道:'香来著吾怀,先想纤纤手。果遇赠香人,经年何恨久。'第二首写道:'浓麝应同琼体腻,轻绡料比杏腮红。虽然未近来春约,也胜襄王魂梦中。'第三首写道:'自得佳人遗赠物,书窗终日独无寥。未能得会真仙面,时赏囊香与绛绡。'第二年元宵节,张生如约前往,通过辨认鸳鸯灯,果然找到了对方。张生在乾明寺偶遇的妇人,实为权贵李公的妾室,因此都不详细记载她的名字。"

惑妖女

《夷坚甲志》[①]:"宣和间[②],京师士人元夕出游[③],至美美楼下[④],观者阗咽[⑤],不可前。少驻步,见美妇人举措张皇[⑥],若有所失[⑦]。问之,乃曰:'我逐队观灯,适遇人极隘[⑧],遂迷失侣[⑨],今无所归矣。'以言诱之,欣然曰:'我在此稍久,必为他人掠卖,不若与子归。'士人喜,即携手还舍。如是半年,嬖宠殊甚[⑩],亦无有人踪迹之者[⑪]。

【注释】

①《夷坚甲志》：即《夷坚志》正集甲志卷。

②宣和：宋徽宗赵佶年号（1119—1125）。

③京师：京城。这里指北宋京城汴梁（今河南开封）。士人：男子的通称。元夕：道家以正月十五日为上元，上元之夜即元夕，也称元宵。宋时元宵节张灯三日，唯汴梁自正月十四至十八日，一连五日。除灯彩外，还有歌舞百戏，十分热闹。

④美美楼：一说为二美楼，可能为汴京观灯地标。

⑤阗（tián）咽：堵塞，拥挤。唐卢照邻《行路难》诗："春景春风花似雪，香车玉舆恒阗咽。"

⑥举措张皇：举动慌张的样子。

⑦若有所失：好像丢了什么似的。形容心神不定的样子。

⑧隘：狭窄。此指人多。

⑨失侣：失去伴侣。此指与伙伴失散。

⑩嬖（bì）宠殊甚：特别宠爱。

⑪踪迹：按行踪影迹追查、追寻。

【译文】

《夷坚甲志》："大宋宣和年间，京城有个士人元宵节时出门游玩，走到美美楼下，观灯的人群十分拥挤，无法前行。士人稍稍停步，看见一位美妇人举动慌张，心神不定的样子。于是便问她，她说：'我随着队伍观灯，恰好遇到人群拥挤的地方，就与伙伴走失了，如今没有地方去了。'士人以言语引诱她，那妇人高兴地说：'我在此地呆得稍久，必定为他人劫掠贩卖，不如与你一起回家。'士人很高兴，随即二人手拉手回家去了。这样过了半年，士人对美妇特别宠爱，也没有人来寻找妇人。

"一日，召所善友与饮，命妇人侍酒，甚款①。后数日，友复来，曰：'前夕所见之人，安从得之？'曰：'我以金买之。'友曰：'不然，子宜实告我。前夕饮酒时，见每过烛后，色必变，意非人类，不可不察。'士人曰：'相处累月矣，焉有是事。'友不能强，乃曰：'葆真宫王文卿法师善符箓②，试与子谒之③。若有祟④，渠必能言⑤。不然，亦无伤也⑥。'遂往。

【注释】

①款：款待，殷勤招待。

②葆真宫：北宋都城汴京的皇家宫观之一，每年元宵之夜皇室与达官贵人游乐，这里是赏灯的热闹场所。王文卿（1093—1153）：字述道，建昌军南丰（今属江西）人。宋初著名道士，神霄派创始人。符箓（lù）：道士、巫师所画的一种图形或线条，相传可以役鬼神，辟病邪。

③谒（yè）：拜见。

④祟：迷信说法指鬼怪或鬼怪害人。

⑤渠：代词，他。

⑥无伤：没有什么损失。

【译文】

"有一天，士人邀请友人聚饮，命妇人陪酒助兴，款待极为殷勤周到。过了几天，友人又来，说：'上次晚上所见妇人，你从哪里得到的？'士人说：'我花钱买的。'友人说：'不是这样，你应该实话告诉我。上次晚上饮酒时，我见她每过灯烛后，脸色必变，料想不是人类，不可以不审慎明察。'士人说：'我与她共同生活了好几个月，哪有这等事。'友人不能勉强，于是说：'葆真宫王文卿法师善于符箓之法，试着与你一起去拜见他。如果有鬼怪，他必定会说。不然，也没有什么损失。'于是一同前往。

"王师一见，惊曰：'妖气极浓，将不可治。此祟绝异，非寻常鬼魅比也①。'历指坐上他客曰②：'异日当为左证③。'坐者尽恐。士人已先闻友言，不敢复隐，备告之。王师曰：'此物平时有何嗜好？'曰：'一钱箧极精巧④，常佩于腰间，不以示人。'王师即朱书二符授之，曰：'公归，俟其寝，以一置其首，一置箧中。'士人归，妇人已大骂曰：'托身于君，许久不能见信，乃令道士书符，以鬼待我，何故？'初尚设辞讳⑤，妇人曰：'某仆为我言，一符欲置我首，一置箧中，何讳也！'士人不能辨，密访仆，仆初不言，始疑之。至夜，伺其睡，则张灯制衣，将旦不息⑥。士人愈窘，复走谒王师。王师喜曰：'渠不过能忍一夕，今夕必寝，第从吾戒⑦。'是夜，果熟睡。如教施符。天明，无所见，意谓已去。

【注释】

①鬼魅：鬼怪。

②历：遍，一个一个地。

③异日：将来，日后。左证：证人，证据。

④钱箧（qiè）：盛钱的小箱子。即钱包。箧，小箱子，藏物之具。大曰箱，小曰箧。

⑤辞讳：原为退避，辞别。这里指隐瞒。

⑥将旦：拂晓，天将亮时。不息：不停止。

⑦第：文言连词，但是。

【译文】

"王文卿法师一见，大惊道：'你身上妖气太重，将要不可治。这个鬼怪独特不凡，不是寻常鬼怪可比的。'王文卿法师遍指座上其他的客人说：'日后当为我作证人。'座上的客人都很惊恐。士人已先听友人说过，不敢再隐瞒，把事情经过全部告诉了王文卿法师。王文卿法师问：

'这个怪物平时有什么喜好?'士人说:'她有一个精巧的小钱包,常佩带于腰间,不给别人看。'王文卿法师立即用朱笔书写了两道符交给士人,说:'你回去,等她睡了,把一道符放置在她的头上,一道符放置在小钱包中。'士人回到家,妇人大骂道:'我与你共同生活,时间这么久还不能得到信任,你竟让道士写符,把我当鬼看待,这是为什么?'士人起初还想隐瞒,妇人说:'你的仆人跟我说,一道符欲放置在我头上,一道符放置在小钱包中,你还有什么可隐瞒的!'士人不能分辨,就暗中问仆人,仆人此前并没有说过,这才开始怀疑。到了夜里,妇人伺候他睡觉后,便点着灯烛制作衣服,到天将亮也没停止。士人越发窘迫,又前往拜见王文卿法师。王文卿法师高兴地说:'她不过能忍一晚,今晚必睡,但是你一定按我说的做。'这天晚上,妇人果然睡得很沉。士人按照王文卿法师吩咐施符。天亮时,妇人不见了,士人以为她已经走了。

"越二日①,开封遣狱吏逮王师下狱②,曰:'某家一妇人,瘵疾三年③,临病革④,忽大呼曰:"葆真宫王法师杀我!"遂死。家人为之沐浴⑤,见首上及腰间箧中皆有符,乃诣府投牒⑥,云王以妖术取其女。王具述所以,即追士人并向日坐上诸客证之,皆同,遂得免。'王师,建昌人⑦。"

【注释】

①越二日:过了两天。

②开封:指开封府,京城汴梁的地方行政机构。凡京城地方的一切狱讼都归其掌管。

③瘵(zhài)疾:疫病。亦指痨病。

④病革(jí):病势危急。革,通"亟"。危急。

⑤沐浴:古丧仪之一。即为死者洗澡净身。沐是洗头,浴是洗身。

⑥诣：前往。投牒：呈递诉状。

⑦建昌：东汉永元十六年（104）分海昏县置，治今江西奉新县西。属豫章郡。以其户口昌盛，因以为名。南朝宋元嘉二年（425）移治今永修县西北艾城。两宋隶属南康军。

【译文】

"过了两天，开封府派遣狱吏抓捕王文卿法师将之关入监牢，说：'某家的一个妇人，患疫病三年，临病危时，忽然大叫道："葆真宫王法师杀我！"于是就死了。家人为她沐浴时，发现头上及腰间小钱包中都有符箓，于是前往开封府呈递诉状，说王文卿法师用妖术害死了他女儿。王文卿法师一一陈述事情原委，官府当即追问士人并向那天座中的客人求证，说法都与王文卿法师一样，于是得到赦免。'王文卿法师，建昌人。"

偿冤鬼

《青琐高议》："宣和间，有龚球在京城，元夜，闲随青毡车①。有一妇人下车，携青囊②，其去甚速。球逐至暗处，曰：'我李太保家青衣③，今夕走耳。君能容我，愿为侍人④。'球与携手同行，妄指一巷云⑤：'吾所居也，汝且坐此，吾先报家人，然后呼汝。'球携囊入巷，从他衢而去。囊中皆金珠，售获千缗⑥。往来为商，钱益增羡⑦。一夕，泊舟山阳⑧，并舟一妇，似识而不忆。妇曰：'子何在此？子携我青囊去，坐待至晓，为街吏所擒⑨，付狱穷治⑩，竟死狱中。诉于阴府⑪，得与子对。'妇人忿然登舟⑫，球如醉扶卧，为一吏摄至阴府⑬。王者召吏云：'球命禄虽已尽⑭，但王氏受重苦，合令球于人世偿之⑮。'球乃再苏，遍体生疮，臭秽不可近⑯，日夜号呼，手足堕地而卒⑰。"

【注释】

①闲随:闲暇跟随。青毡车:以青色毛毡为篷的车子。

②青囊:此指青色布袋。

③太保:职官名。青衣:婢女。

④侍人:此指做小妾。

⑤妄:胡乱。

⑥缗(mín):用于成串的铜钱,每串一千文。

⑦钱益增羡:钱财更增加盈余。此指钱财更加丰厚。

⑧泊舟:停船靠岸。山阳:古县名。东晋义熙九年(413)置。《太平寰宇记》:"以境内有地名山阳,因名。"今江苏淮安。

⑨街吏:掌管巡察街道的官吏。

⑩穷治:彻底查办。

⑪阴府:阴间,冥府。

⑫忿然:愤怒。

⑬摄:拘捕。

⑭命禄:禄食运数。星相家指人与生俱来的富贵贫贱、生死寿夭的运数。

⑮合:应当。

⑯臭秽:又臭又脏。

⑰堕地:掉落地上。

【译文】

《青琐高议》:"宣和年间,有个叫龚球的人在京城,元宵夜,闲暇跟随青色毛毡为篷的车子。有一位妇人下车,携带青色布袋,行走非常快速。龚球追逐到暗处,妇人说:'我是李太保家婢女,今夜逃出来。你如果能收留我,情愿做小妾。'龚球与妇人携手同行,龚球胡乱指一条街巷说:'这是我的住处,你暂且坐在这里,我先去通报家人,然后再来叫你。'龚球拿着青色布袋进入街巷,从其他道路离开。青色布袋中都是金银珠宝,龚球卖掉获得了千缗银子。龚球以此开始经商,钱财更加丰厚。一晚,在山阳停船靠岸,并排的船上有一位妇人,似曾相识却又想不起是谁。妇人说:'你为何在这里? 你把我青色口袋拿去,我坐等到天亮,被掌管巡察街道的官吏捉拿,交付监狱彻底查办,竟然惨死在狱中。我上诉到阴间,阎王让我找你对质。'妇人愤怒登船,龚球如同醉酒一样躺倒,被一狱吏拘捕到阴间。阎王召狱吏说:'龚球禄食运数虽然已没有了,但王氏受苦太重,应当让龚球在人世间偿还。'龚球于是再次苏醒,浑身长满疥疮,又臭又脏不能靠近,日夜哀号哭喊,手脚烂掉跌落地上而死。"

见怪物

《夷坚丁志》:"翁起予商友家于建安郭外①,去郡可十里②。上元之夕,约邻家二少年入城观灯。步月松径③,行未及半,遇村夫荷锄而歌④。二少年悸甚⑤,不能前,但欲宿道傍民舍。翁扣其故⑥,一人曰:'适见青面鬼持刀来。'一人曰:'非也。我见朱鬣豹裈持木骨朵耳⑦。'翁为证其不然。明旦,方入城。其说青面者不疾而卒,朱鬣者得疾还,死于家。翁独无恙。"

【注释】

①建安:东汉建安初分侯官县置,以年号得名。治今福建建瓯南松溪南岸。郭外:城外。

②可:大约。

③松径:松间小路。

④荷锄:扛着锄头。

⑤悸:害怕。

⑥扣：探问。

⑦朱鬣（liè）：马的红色颈毛。此指红毛。裈（kūn）：裤子。骨朵：像

　　长棍一样的古代兵器，用铁或硬木制成，顶端瓜形。

【译文】

《夷坚丁志》："翁起予，字商友，家住在建安城外，距离郡城大约十里地。元宵夜，翁起予约邻居家两个少年进城观赏花灯。他们走在月光下的松间小路上，还没走到一半，遇见一个农夫扛着锄头在唱歌。两个少年特别害怕，不能再往前走，只想去道路旁边民舍借宿。翁起予寻问原因，一人说：'我刚才看见一个青面鬼持刀走来。'一人说：'不对。我看见一个红毛穿着豹皮裤手持木骨朵的鬼。'翁起予告诉他们只是一个扛着锄头的农夫。第二天早晨，他们才到城里。其中说是青面鬼的少年没得病就死了，说是红毛鬼的少年回来得了病，死在家中。只有翁起予平安无事。"

拔鬼嫔①

《道经应验》②："蜀王孟昶时③，于青城山丈人观折麻姑坛④，偶石城令献一女曰张丽华⑤，纳之丈人观侧⑥。忽一夕，迅雷暴雨⑦，猛风电火⑧，腾空散落，张氏遂殒命⑨，葬于山下。后数年，有丈人观道士李若冲，是夜醮回⑩，憩于山前。俄顷，竹阴间有一女子号泣而出，诣若冲前，云：'独卧经秋坠鬓蝉⑪，白杨风起不成眠⑫。沉思往日椒房宠⑬，泪湿衣襟损翠钿⑭。'言讫，复泣而退。若冲亟还⑮。是夜偶上元令节，三官考校罪福之辰⑯。若冲窥殿上有衣冠朱履之士⑰，皆面北立，有奏对⑱。殿下廊庑间列罪人⑲。中有一女子，为狱卒絷于铁柱⑳，杖之痛号，若冲察之㉑，若山前见

者。俄而有人以剑指若冲云:'今夕上元,天官泊五岳丈人校勘罪目^㉒,不宜久立。'若冲乃潜避^㉓。达旦^㉔,具白其师唐洞卿^㉕,师曰:'汝知之否? 此乃张丽华也。昔宠幸于此^㉖,亵渎高真^㉗,致获斯罪。既以诗告汝,汝当救拔。'若冲曰:'何术可救?''但转《九天生神章》^㉘,焚金篆白简^㉙,可免斯苦,即自托生^㉚。'偶值临邛牧田鲁俦设黄箓^㉛,若冲遂置简书疏^㉜,转经至一卷,往彼醮所,适丁忏罪烧简之时^㉝,若冲遂即焚之。明旦,复至山前,竹阴间有一冢,乃张丽华坟。其地上有沙字四句曰:'符吏匆匆扣夜扃^㉞,旋凭金简出幽冥^㉟。蒙师荐拔恩非浅^㊱,更乞生神九卷经^㊲。'"

【注释】

①拔:拯救,搭救。

②《道经应验》:书名。不详待考。

③孟昶(chǎng,919—965):本名孟仁赞,字保元,邢州龙冈(今河北邢台)人。五代十国时期后蜀末代皇帝(934—965年在位)。

④青城山丈人观:青城山山门前的建福宫即为丈人观。王象之《舆地纪胜》:"永康军:丈人观,在青城山,即建福宫也。"折:折取或参拜。道教语境中,折,或为"折节"(屈尊参拜)之意,暗指孟昶对麻姑坛的祭祀或求仙活动。麻姑坛:即麻姑仙坛。麻姑,传说中的古代仙人。

⑤偶:携带。张丽华:后蜀后主孟昶的妃子。后因为孟昶觉得"丽华"二字显得俗气,而改为"太华"取高贵之意。

⑥纳:娶。

⑦迅雷:犹疾雷。

⑧电火:闪电。

⑨殒（yǔn）命：丧失生命。

⑩醮（jiào）：醮事。道士设坛做法事以超度亡魂或祈天禳灾。

⑪鬓蝉：即蝉鬓。古代妇女的一种发式。两鬓薄如蝉翼，故称。

⑫白杨：汉宫观名。汉扬雄《羽猎赋》："然后先置乎白杨之南，昆明灵沼之东。"李善注引服虔曰："白杨，观名也。"成眠：入睡。

⑬椒房：汉皇后所居的宫殿。殿内以花椒子和泥涂壁，取温暖、芬芳、多子之义。《三辅黄图·未央宫》："椒房殿在未央宫，以椒和泥涂，取其温而芬芳也。"

⑭翠钿（tián）：古代妇女贴在两额旁的妆饰。

⑮亟还：急忙返回。亟，疾速。

⑯考校：考查比较。

⑰朱履：红色的鞋。古代贵显者所穿。

⑱面北立，有奏对：面北立，道教尊北方为"玄天"，是玉帝居所紫微垣的方位，神灵面北表示向最高神述职或执行天律。奏对，指神灵将考校结果上奏天庭，等待裁决。

⑲廊庑：堂前的廊屋。

⑳絷（zhí）：拴，捆。

㉑徐：慢慢地。

㉒洎（jì）：到。五岳丈人：青城山的别名。在今四川都江堰市西南。相传轩辕黄帝遍历五岳，封青城山为"五岳丈人"，故又名为丈人山。校勘：核实，比较核对。罪目：罪名。

㉓潜避：隐避，躲避。

㉔达旦：整整一夜，直到天明。

㉕具白：全部告诉。具，完备，齐全。唐洞卿：李若冲的师父。

㉖宠幸：指帝王对后妃、臣下的宠爱。

㉗亵渎：轻视怠慢。高真：得道成仙的人。

㉘转：诵，念。《九天生神章》：即《洞玄灵宝自然九天生神章经》，又

名《三宝大有金书》。该书是道教灵宝派核心经典之一,其内容
融合了宇宙生成论、神灵信仰以及修炼方法。

㉙金箓:道教谓天帝的诏书。白简:犹玉简。道教祭告神祇的文书。

㉚托生:投胎,鬼魂转生于世。

㉛牧:古代州的长官。田鲁俦(chóu):前蜀宦官。黄箓:指道士所
做道场。道士设坛祈祷,所用符箓,皆为黄色,故称。

㉜书疏:撰写疏文(向神明陈情的文书)。

㉝忏罪烧简:仪式中焚烧疏文以忏悔罪业、传递祈愿的环节。

㉞符吏:道教指守护符箓的神官。扃(jiōng):关门。

㉟金简:金质的简册。常指道教仙简或帝王诏书。幽冥:指阴间。

㊱荐拔:道教仪式中的"超度",通过斋醮、诵经等方式救度亡魂脱
离苦难,使其转生善道。

㊲生神九卷经:即《九天生神章》。

【译文】

《道经应验》:"孟昶为蜀王时,当时正在青城山丈人观麻姑坛进行祭
祀,携带石城县令进献的女子张丽华,孟昶将张丽华安置在道观旁的别
院。忽然一天夜晚,雷电交加,狂风暴雨,风暴中夹杂闪电四处散落,张
丽华因此丧命,遗体被安葬于山脚。过后数年,有丈人观的道士李若冲,
当夜做醮事回来,在山前休息。一会儿,竹林中有一个女子号啕大哭而
出,到若冲跟前,说道:'独卧经秋坠鬓蝉,白杨风起不成眠。沉思往日椒
房宠,泪湿衣襟损翠钿。'说完,又哭泣而退。若冲急忙返回道观。当夜
恰巧是元宵节,是三官大帝考核人间善恶、裁定罪福的日期。若冲窥探
到大殿上有穿红鞋的贵人,都面朝北站立,神灵将考校结果上奏天庭,等
待裁决。大殿下堂前的廊屋里排列着罪人。其中有一个女子,被狱卒捆
在铁柱上,被棍子打得痛苦哀号,若冲慢慢地观察,好像是山前所看见的
女子。突然有人用剑指着若冲说:'今晚元宵,天官到青城山核实罪名,
不宜长久站立。'若冲于是躲避。到天明,李若冲把事情全部告诉他的

师父唐洞卿,师父说:'你知道吗? 这就是张丽华。以前被蜀王孟昶宠爱,轻视怠慢得道成仙的人,以致获得这个罪名。既然用诗告诉你,你应当解救她。'若冲说:'什么方法可以解救?''只诵《九天生神章》,焚烧金箓玉简,就可以免除这个痛苦,她就能自己投胎转世。'恰逢临邛长官田鲁俦举办黄箓斋醮法会,李若冲随即在简牍上书写超度所需的疏文,诵念经文完成某一卷时,李若冲前往斋坛,正逢焚烧疏文以忏罪的仪式环节,李若冲当即焚烧疏文。第二天早晨,再次来到山前,竹林间有一座坟,就是张丽华的坟。在地上有用沙子写的四句诗:'符吏匆匆扣夜扃,旋凭金简出幽冥。蒙师荐拔恩非浅,更乞生神九卷经。'"

偿前冤

《夷坚丁志》:"郑毅夫内翰侄孙爟①,为林才中大卿婿②,成亲五年,生一男一女,伉俪甚睦③。郑因入京,遇上元节,先一日,将游上清宫④,偶故人留饭,食牛脯甚美⑤。暮方至宫。才观灯,郑忽觉神思敞罔⑥,亟归,已发狂妄语⑦,手指其前,若有所见,曰:'吾前生曾毒杀此人,当时有男子在旁,见用药,亦同为蔽匿⑧。旁人,乃今妻也。'呼问林氏,亦约略能记忆。中毒者责骂之颇峻⑨,林氏曰:'本非同举意⑩,何为及我?'其人曰:'因何不言?'自是郑生常如病风⑪,数欧詈厥妻⑫,无复平时欢意⑬,不能一朝居。林卿命其女仳离归家⑭,冤随之不释⑮,遂为尼。郑讫为废人,后亦出家,着僧服,死于无锡县寺⑯。"

【注释】

①内翰:唐宋称翰林为内翰。爟:音 guàn。

②林才中:人名,不详待考。大卿:宋代俗称中央各寺的正职长官为大卿。宋赵与时《宾退录》卷三:"世俗称列寺卿曰大卿,诸监曰大监,所以别于少卿、监。"

③伉俪(kàng lì):夫妻。

④上清宫:祭祀大罗灵宝天的道观,为宋太宗所建。南宋王应麟《玉海·至道上清宫》:"上清宫,在朝阳门内。端拱元年二月,太宗取晋邸太祖所赐金帛建官,为民祈福,命杨继宏主其役。至道元年正月丙辰,宫成,总千二百四十二区,御书额金填字赐之。"

⑤牛脯:牛肉干。脯,肉干。

⑥神思:神志。敝罔:失意貌。

⑦妄语:胡言乱语。

⑧蔽匿:隐瞒,隐藏。

⑨责骂:指责谩骂。峻:严厉。

⑩举意:决定。

⑪病风:常像得了疯病一样。

⑫欧詈(lì):打骂。欧,通"殴"。詈,骂,责备。

⑬欢意:欢乐的意兴。

⑭仳(pǐ)离:离婚。

⑮冤:冤孽。此指郑燧中毒后的冤孽或因果业障。不释:未能消解。

⑯无锡县:西汉置,治今江苏无锡。

【译文】

《夷坚丁志》:"翰林学士郑獬的侄孙郑燧,为林才中大卿的女婿,结婚五年,育有一子一女,夫妻二人十分和睦。郑燧因为有事要进京,恰好碰上元宵节,提先一天,将游玩上清宫,偶然碰上老友留下吃饭,所吃牛肉干美味异常。至傍晚才抵达上清宫。郑生刚开始观灯,忽感精神涣散,陷入迷乱,郑生急忙返回家,已出现精神异常胡言乱语的状态,手指指向前面,好像看见什么似的,说:'我前生曾毒死这个人,当时还有个男人在旁边看见我下药，也一同隐瞒这件事。这个旁人，就是我现在的妻子。'把林氏喊来一问，也大概能记起一些。中毒的冤鬼指责谩骂很严厉，林氏说：'原本不是和他同谋，为什么要牵扯到我？'那冤鬼说：'你当时为什么不揭发？'郑生自此常像得了疯病一样，频繁打骂妻子，夫妻间再无往日的和睦感情，不能在一起共同生活。林才中大卿命女儿离婚归家，但冤孽未能消解，最终出家为尼。郑燨从此成了废人，后来也出家，穿着僧服，死在无锡县的一座寺院里。"

入菆堂①

《夷坚丁志》："邛州李大夫之孙②，元夕观灯，惑一游女③，随其后不暂舍。女时时回首微笑，若招令出郭④。及门外，又一男子同途，适素所善者⑤，以为得侣，窃自喜。徐行至江边，男子忽舍去，女不从桥过，而下临水滨。李心犹了然⑥，颇怪讶⑦，亟往呼之。女从水面掩冉而返⑧，逼李之身⑨，环绕数四⑩，遂迷不顾省⑪，乃携手凌波而度⑫，径入山寺中，趋廊下曲室⑬。屋甚窄，几压其背，不胜闷⑭，极大声呼。寺僧罔知所谓，秉炬来访。盖谁家妇菆堂，李踞卧于上⑮，如欲入而未获者。僧识之，曰：'此李中孚使君家人也⑯。'急扶掖诣方丈⑰，灌以药，到明稍苏。送之归，凡病弥月乃愈⑱。"

【注释】

①菆（zōu）堂：指停放灵柩场所。

②邛州：南朝梁置，治蒲阳县（今四川邛崃东南）。隋大业初省。唐武德元年（618）复置，显庆三年（658）移治今四川临邛。大夫：

古代官职,位于卿之下,士之上。

③游女:游荡的女子,可能指妓女、女鬼或孤魂野鬼。

④招令:引诱。郭:内城叫城,外城叫郭。

⑤素:以往,先前。善:熟识。

⑥了然:明白。

⑦怪讶:惊讶,诧异。

⑧掩冉:形容轻柔飘动的姿态,如草木随风摇曳。

⑨逼:逼近,迫近。

⑩数四:犹三四。表示为数不多。

⑪不顾省:意为不再顾及自身处境或无法清醒思考。

⑫凌波:比喻美人步履轻盈,如乘碧波而行。

⑬趋:快步走。曲室:密室。

⑭不胜:不能忍受。

⑮踞卧:踞,指蹲坐或盘踞的姿态,带有不雅之意。此指李生以怪异姿势躺卧在灵柩上。

⑯李中孚:《续资治通鉴长编》:"礼宾副使李中孚等转资,有差候。"使君:对官吏、长官的尊称。

⑰扶掖:搀扶。

⑱弥月:整月。

【译文】

《夷坚丁志》:"邛州李大夫的孙子,元宵夜观赏花灯,被一游荡的女子所迷惑,紧跟着女子不舍。女子不时回头朝他微笑,仿佛引诱他跟随自己出城。到了城门外,又遇有一个男人同行,那男人正好是他本来就熟识的,李生认为路上有了同伴,心里暗自高兴。缓慢前行到江边,那男人忽然离开,女子不从桥上过,而直接下到水里去了。李生心里明白,但很诧异,赶紧跑过去叫她上来。那女子从水面轻盈返回,逼近李生的身体,反复绕行,李生神志被迷惑不再清醒,两人携手踏水而行,直接进入山中寺庙,快步进入廊下的密室。房屋极其狭窄,低矮的屋顶几乎压在他的背上,令其无法忍受憋闷,于是放声大叫。寺里僧人不知何故,手持火把前来查看。这是某户人家停放妇人灵柩的场所,李生以怪异姿势躺卧在灵柩上,就像试图进入灵柩却未成功。僧人认识李生,说:'这是李中孚使君家里人。'急忙挽扶到方丈屋中,把汤药灌下去,到天明才稍稍清醒。僧人把李生送回家,病了整整一个月才好。"

问禄寿

《前定录》[①]:"韦泛,大历初[②],罢润州金坛县尉[③],客游吴兴[④],维舟于兴国佛寺之水岸[⑤]。时正月望夕,士女繁会[⑥]。泛方寓目[⑦],忽然暴卒,经宿而苏。云见一吏持牒,云:'府司追[⑧]。'遂与同行。约数十里,忽至一城,兵卫甚严[⑨]。既入,所见多是亲旧,方悟死矣。俄见数骑呵道而来[⑩],中有一人,衣服鲜华,容貌甚伟。泛视之,乃故人也,惊曰:'君何为来此?'曰:'为所追。'其人曰:'嘻!误矣。所追者非君也,乃兖州金乡县尉韦泛也[⑪]。'遽敕吏以送归。泛恃其故人[⑫],因求知禄寿。其人不得已,密令一吏引于别院,立泛门外。吏入,持一丹笔书左手以示之[⑬],曰:'前扬复后扬,后扬五年强,七月之节归玄乡[⑭]。'泛既出,前所追吏亦送之。既醒,具述其事。沙门法宝好异事[⑮],尽得其实,因传之。泛后六年,调授太原阳曲县主簿[⑯]。秩满[⑰],以盐铁使荐为扬子巡官[⑱],在职五年。建中元年六月二十八日[⑲],将趋选[⑳],以暴疾终于广陵旅舍[㉑],其日乃立秋日也。"

【注释】

①《前定录》：一卷，钟辂撰。该书为唐代志怪小说集。其内容或写术士看相，或述鬼神托梦，或叙魂游地府，说明万事皆有灵验，一切莫不前定。钟辂，大和二年（828）进士，为崇文馆校书郎。

②大历：唐代宗李豫年号（766—779）。

③罢：罢免。润州：隋开皇十五年（595）置，以州东润浦得名。治延陵县（今江苏镇江）。金坛：唐垂拱四年（688）以金山县改置，治今江苏常州金坛区。县尉：官名。位在县令之下，主管治安。

④客游：在外寄居或游历。吴兴：三国吴宝鼎元年（266）分吴郡、丹阳郡置，治乌程县（今浙江湖州）。

⑤维舟：系船停泊。水岸：水边陆地。

⑥繁会：指热闹的聚会或集会。

⑦寓目：过目，观看。

⑧追：追命，索命。

⑨兵卫：防卫。

⑩呵道：指为权势者开路。

⑪兖州：西汉武帝元封五年（前106）置，为十三刺史部之一。东汉治昌邑县（今山东金乡西北）。南朝宋元嘉三十年（453）移治瑕丘城（隋置县，宋改瑕县，金改嵫阳县，今山东济宁兖州区）。金乡：东汉分东缗县置。盖因穿山得金得名。治今山东嘉祥县南阿城埠。北魏移治东缗故城，即今山东金乡县。

⑫恃：依仗。

⑬丹笔：红笔。

⑭玄乡：指阴间。

⑮沙门：佛门弟子。

⑯调授：调任官职。阳曲县：西汉置，属太原郡，治今山西定襄县东南侍阳。主簿：古代官名，是各级主官属下掌管文书的佐吏。

⑰秩满：官员任职期满。

⑱盐铁使：古代官名。唐代中叶以后特置。以管理食盐专卖为主，兼掌银铜铁锡的采冶。为握有财权的重要官职。扬子：唐永淳元年（682）置，治今江苏邗江南扬子桥附近。巡官：职官名。唐宋时为节度、观察诸史的僚属，位居判官、推官之次。

⑲建中元年：780年。建中，唐德宗李适年号（780—783）。

⑳趋选：赴京选官。

㉑暴疾：突然发病。

【译文】

《前定录》："韦泛，在大历初年，被罢去润州金坛县尉，到吴兴游历，系船停泊在兴国佛寺水边。当时正值元宵夜，男女百姓纷纷集会。韦泛刚要观看，忽然得急病去世，过了一夜苏醒过来。说看见一个吏卒手持公文，说：'官府索命。'于是就和他同行。走了约数十里，忽然来到一座城市，防卫很严。进城后，所见大多是亲朋故旧，这才明白自己死了。忽然看见几名骑马的人呼喝开道而来，中间有一个人衣服鲜艳华丽，相貌魁伟。韦泛一看，原来是老朋友，对方大惊道：'你为何来到这里？'韦泛说：'我是被阴差追捕至此。'那人说：'嘻！弄错了。阴差追捕的不是你，是兖州金乡县尉韦泛。'立即命令吏卒把他送回去。韦泛依仗是老朋友，趁机请求对方透露自己的官运和寿命。那人没有办法，秘令一名官吏将韦泛带到其他院子，让韦泛站立在门外等候。吏卒进去，手持一枝红笔在韦泛左手上写道：'前扬复后扬，后扬五年强，七月之节归玄乡。'韦泛出来，以前追捕韦泛的那个阴差又送他回来。醒来后，韦泛详细叙述这件事。佛门弟子法宝热衷于搜集奇闻异事，把这件事都真实记录下来，并将其传播后世。韦泛六年后，调任到太原旧曲县任主簿。任职届满，盐铁使又推荐韦泛为扬子巡官，在职五年。建中元年六月二十八日，韦泛准备赴京选官，因突发疾病死在广陵旅舍，那天正好是立秋。"

助醮钱

《夷坚甲志》："福州左、右司理院①，每岁上元，必空狱设醮，因大张灯，以华靡相角②，为一郡最盛处，旧皆取办僧寺③。绍兴庚午④，侍郎张公渊道作守⑤，命毋扰僧徒⑥，狱吏计无所出⑦，耻不及曩岁⑧，相率强为之⑨。前一夕，左司理陈爟⑩，梦朱衣吏⑪，著平上帻⑫，揖庭下⑬，曰：'设醮钱已符右院关取⑭。'明日，有负万钱持书至⑮，取而视，乃闽清令以助右院者⑯。方送还次⑰，群吏曰：'今夕醮事，正苦乏使，留之何害？'陈亦悟昨梦，乃自答令书，而取其金。醮筵之外，其费无余。是虽出于一时之误，然冥冥之中⑱，盖先定矣。"

【注释】

①左、右司理院：官署名。宋太宗太平兴国四年（979）改司寇院置，掌各州刑狱，设司理参军领之。

②华靡：华美奢侈。相角：争胜，互斗。

③取办：置备，置办。

④绍兴庚午：即绍兴二十年（1150）。绍兴，宋高宗赵构年号（1131—1162）。

⑤侍郎张公渊道：即张宗元，字渊道。南宋绍兴间累历广西、福建安抚使，官至兵部侍郎。

⑥毋扰：不要打扰。

⑦狱吏：管理牢狱的官吏。计无所出：想不出什么办法。

⑧曩（nǎng）岁：往年。

⑨强：竭力。

⑩陈爟（guàn）：字世明，台州临海（今属浙江）人。终武昌军掌书记。

⑪朱衣吏：古代贵族大官出行时，在前引导的从官。因身着朱衣，故
　　称为"朱衣吏"。

⑫平上帻（zé）：魏晋以来武官所戴的一种平顶头巾。至隋，侍臣及
　　武官通服之。唐时因制，为武官、卫官公事之服，而天子、皇太子
　　乘马则服之。

⑬揖：拱手行礼。

⑭关取：领取。

⑮负：带着。

⑯闽清：五代梁乾化元年（911）由梅溪县改名，治今福建闽清。

⑰次：此指公衙。

⑱冥冥之中：人所无法预测，人力无法控制等不可理解的状况。亦
　　即一般所称的命运。

【译文】

《夷坚甲志》："福州左、右司理院，每年元宵节，必定要放空监狱，设
坛祭祀神灵，因而左、右司理院都要张挂大量灯笼，以华丽奢侈相互争
胜，这里是全郡最热闹的地方，过去都是由佛教寺院来置办。绍兴二十
年，侍郎张渊道任福州太守，下令不要打扰僧徒，管理牢狱的官吏想不出
什么办法，他们为今年不如往年而感到羞耻，但又得竭力操办此事。元
宵节前一天夜里，左司理陈爟，梦见一个身穿红衣、戴平顶头巾的官吏，
在厅堂下拱手行礼，说：'设坛祭祀神灵的钱已下令到右司理院领取。'
第二天，有人带着很多钱手持书信而来，取来打开一看，这笔钱是闽清县
令本欲资助右司理院的款项。刚送走使者回到公衙，他的下属就说：'今
晚设坛祭祀神灵，正苦于没钱使用，留下这些钱有什么坏处？'陈爟也想
起昨晚的梦境，于是以官方名义书信回复闽清县令，留下这笔钱用于醮
事开支。这些钱设坛祭祀神灵、摆设宴席后，没有什么剩余。这些钱虽
然出于闽清县令一时操作之误，然而冥冥之中，大概早已注定了。"

得宝石

　　《夷坚丙志》：“德兴县新建村居民程氏①，屋后二百步有溪，程翁每旦必携渔具往，踞磻石而坐②，施罔罟焉③。年三十时，正月望夜，梦人告曰：‘明日亟去钓所，当获吞舟鱼④。’觉而异之，鸡鸣便往。久无所睹，自念：‘梦其欺我软？’忽光从水面起，照石皆明。掬水濯面⑤，澄心谛观⑥，但有大卵石白如雪，光耀灿烂，一举网即得之。持以归，妇子皆惊曰⑦：‘尔遍身安得火光？’取置佛卓上⑧，一室如昼。妻窥之，乃如乾红色⑨，顷刻化为带，长三尺，无复石体，益惊异。炷香欲爇间⑩，大已如楹⑪，其长称是⑫。惧而出，率家人列拜⑬。俄闻屋中膈膊声⑭，穴隙而望⑮，如人抛掷散钱者。妻持竹畚入⑯，漫贮十余钱，方持待，已满畚矣。小儿女用他器拾取，莫不然。良久，遍其所居。或掷诸小塘，未移时已满⑰。其物在室中连日，翁拜而祷曰：‘贫贱如此，天赐之金，已过所望，愿神明亟还，无为惊动乡间⑱，使召大祸。’至暮，不复见。程氏由此富赡⑲。每岁，必正月十六日设斋，饭缁黄⑳，名曰龙会斋。翁颇能振施贫乏㉑，里人目为‘程佛子’㉒。绍兴二十九年㉓，寿八十三而卒，其孙亦读书应举㉔。”

【注释】

①德兴县：五代南唐升元中置，属饶州。治今江西德兴。

②踞：指蹲坐或盘坐的姿态。磻（pán）石：盘石，大石。

③施：展开、布设的动作。罔罟（wǎng gǔ）：指渔猎的网具。

④吞舟鱼：能吞舟的大鱼。

⑤掬（jū）水：双手捧水。濯（zhuó）面：洗脸。

⑥澄心：静心。谛观：审视，仔细看。

⑦妇子：妻子儿女。

⑧佛卓：指佛像前的桌子。用于放置供佛之物。

⑨乾红色：深红色。

⑩炷香欲爇（ruò）间：指焚香刚开始或香即将点燃的短暂时间。炷香，焚香。欲爇，表示即将点燃。

⑪楹：堂屋前部的柱子。

⑫其长称是：指长度也按比例增长到与柱子相当的程度。称是，意为与之相称。

⑬列拜：依次叩拜。

⑭腷（bì）膊：象声词。唐韩愈、孟郊《斗鸡联句》："腷膊战声喧，缤翻落羽翟。"

⑮穴隙而望：通过墙壁或门窗的缝隙窥视。穴，指孔洞。隙，指缝隙。

⑯畚（běn）：畚箕。用竹、木或薄铁皮等做的盛东西的器具。

⑰移时：一会儿。

⑱无为：不用。乡间：乡亲，同乡。

⑲富赡（shàn）：资财丰富。

⑳缁黄：指僧道。僧人缁服，道士黄冠，故称。

㉑振施：施舍财物救济贫民或灾民。

㉒里人：同里的人，同乡。目为：看作。

㉓绍兴二十九年：1159年。绍兴，宋高宗赵构年号（1131—1162）。

㉔应举：参加科举考试。

【译文】

《夷坚丙志》："德兴县新建村的程姓居民，屋后二百步有条小溪，程老头每天早晨都携带渔具到溪边，蹲坐在盘石上，设置渔网捕鱼。程老头三十岁时，元宵夜，梦见有人告诉他说：'明日及早去钓鱼的地方，应能钓到可吞舟的大鱼。'程老头醒来感觉很奇怪,鸡一打鸣就到溪边去了。时间过了很久什么也没看到,心想:"梦不会骗我吧?"忽然水面升起一道强光,把溪边的石头都照亮了。程老头双手捧水洗了洗脸,静心审视水面,只见有一块大卵石像雪一样白,光彩耀眼,程老头一提网便得到了这块大卵石。程老头把大卵石带回家,妻子儿女都大惊说:'你全身怎么有火光?'把大卵石放在佛像前的桌子,满屋如同白天一般明亮。程妻暗中观看,大卵石是深红色,片刻转化为带状物,长三尺左右,不再是石头形体,更加惊异。程老头拿出香正要点燃时,大卵石已像柱子一样大和长了。程老头害怕跑出屋去,带领家人依次叩拜。突然听到屋中有膈膊响的声音,从洞孔中望去,好像有人在抛掷散钱。程妻拿着竹畚进入屋里,随意装了十多个钱,刚准备端起,发现竹畚装满了。程老头的儿子、女儿用其他器皿拾取,也都是这样。过了很久,屋里到处都是钱。有人拿钱扔到一个小池塘中,不一会儿池塘也堆满了钱。大卵石所变之物在屋里停留了数日,程老头一边叩拜一边祈祷说:'我程某贫苦微贱成这个样子,上天恩赐的金钱,已经超过我的期望,希望神灵快快返回,不要惊动乡亲给我召来大祸。'到傍晚,大卵石所变之物不再出现。程家由此变得富裕。每年,必在正月十六日设斋,招待僧人和道士,名为龙会斋。程老头又很爱施舍财物救济贫民,同里的人将他称作'程佛子'。绍兴二十九年,程老头八十三岁时去世,他的孙子也读书参加科举考试。"

犯天使

《影灯记》:"梁邺①,上元后,忽发变如血②。卜曰:'元夜食牛肺,犯天枢巡使③,祷谢可免④。'"

【注释】

①梁邺:人名。不详待考。

②血：喻红色。

③天枢：北斗七星第一星，象征中枢、天道秩序，亦指代天神或星官。
　巡使：指巡视人间、监察善恶的神灵或星官。

④祷谢：谓祷请鬼神等免去灾难。汉王充《论衡·感虚篇》："然则
　天地之有水旱，犹人之有疾病也。疾病不可以自责除，水旱不可
　以祷谢去。"

【译文】

《影灯记》："梁邺，元宵节后，头发忽然变成红色，占卜说：'元宵夜吃
牛肺，冒犯天枢巡使，祷谢可以免去。'"

视月人

《神仙传》①："尹思，字少龙，安定人也②。晋元康五年
正月十五夜③，遣儿视月中有异物否，儿曰：'今年当大水。
月中有一人，披蓑带剑④。'思出视之，曰：'非也。将有乱
卒⑤。'儿曰：'何以知之？'曰：'月中人乃带甲伏矛，当大乱
三十年，复小清耳⑥。'后果如其言。"

【注释】

①《神仙传》：十卷，晋葛洪撰。该书是记述神仙事迹的传记。

②安定：西汉元鼎三年（前114）分北地郡置，治高平县（今宁夏固原）。

③晋元康五年：295年。元康，西晋惠帝司马衷年号（291—299）。

④披蓑：披着蓑衣。

⑤乱卒：士卒叛乱。

⑥小清：政局动乱后出现的初步安定。

【译文】

《神仙传》："尹思,字少龙,安定郡人。晋元康五年正月十五晚上,尹思打发小儿看看月亮中有没有怪异的东西,小儿看后说:'今年会发大水。月亮中有一个人,披着蓑衣佩带宝剑。'尹思出来看了看,说:'不对。今年将有士卒叛乱祸害百姓。'小儿问:'你怎么知道的?'尹思说:'月亮中的那人身披铠甲手持长矛,预示天下有将近三十年的大乱,然后社会才能初步安定。'后来发生的事果然和尹思说的一样。"

候竿影

王仁裕《玉堂闲话》："上元夜,立一杖竿于庭中。候月午①,其影至七尺,大稔②;六尺、八尺,小稔;九尺、一丈,有水;五尺,岁旱;三尺,大旱。"

【注释】

①月午:月至午夜。即半夜。

②大稔(rěn):大丰收。

【译文】

王仁裕《玉堂闲话》："元宵夜,在庭院中立一杖竿。等到半夜,杖竿的影子长七尺,今年大丰收;影子长六尺、八尺,今年小丰收;影子长九尺、一丈,今年有水灾;影子长五尺,今年有旱灾;影子长三尺,今年大旱。"

卜饭箕①

《稽神录》："江左有支戬者②,好学为文。正月望日,俗取饭箕,衣以衣服,插箸为觜③,使画粉盘,以卜一岁休咎④。

戬见家人为之,即戏祝曰:'请卜支秀才他日至何官?'乃画粉成'空'字。后戬仕至检校司空⑤,果如其卜。"

【注释】

①饭箕:淘米或盛米、盛饭用的竹器。道士用以扶乩(又称扶箕)。

②江左:即江东。因长江在安徽境内向东北方向斜流,就以此段江为标准确定东西和左右。大致范围包括今苏南、皖南、浙北、赣东北。支戬(jiǎn):五代时余干(今属江西)人。其家世为小吏,而戬独好学,能文章。仕吴。

③觜(zuǐ):同"嘴"。

④休咎:吉凶。

⑤检校司空:官名。唐代设此官,为散官,无职事;诏除,而非正式加官。

【译文】

《稽神录》:"江东有个人叫支戬,喜欢写文章。元宵节,当时的风俗是取日常使用的饭箕,给它披上衣服,上面插一根筷子象征嘴,在撒有粉末的盘子上移动饭箕让筷子划出痕迹,以占卜一年的吉凶。支戬看见家里人都在忙着预测自己的吉凶,随即开玩笑地说:'请占卜支秀才将来能当什么官?'只见筷子在面粉上写一'空'字。后来支戬当了检校司空,果然和占卜的一样。"

偷灯盏

《琐碎录》:"亳社里巷小人①,上元夜偷人灯盏等,欲得人咒诅②,云吉利。都城人上元夜一夕亦如此,谓之'放偷'③。得匙者尤利④,故风俗于此日不用匙。一云,偷灯者生男子之兆。"又《本草》云："正月十五日灯盏，令人有子。夫妇共于富家局会所盗之⑤，勿令人知，安卧床下，当月有娠⑥。"

【注释】

①亳（bó）社：殷社。古代建国必先立社。殷都亳，故称。《春秋·哀公四年》："六月辛丑，亳社灾。"杜预注："亳社，殷社，诸侯有之，所以戒亡国。"亳，城邑名。在今河南商丘一带。里巷小人：寻常百姓。

②咒诅：咒骂。

③放偷：金元时农历正月十六日不禁偷窃谓之"放偷"。

④匙：钥匙。古人认为元宵节偷得钥匙的人会获得好运，预示新的一年将会开启财富之门。

⑤富家局会所：指富贵人家举办灯会、宴饮等活动的场所。

⑥有娠（shēn）：妇女怀孕。

【译文】

《琐碎录》："殷社寻常百姓元宵夜偷别人的灯盏等，想得到别人的咒骂，说这样吉利。京城人元宵夜这一晚也是这样，称为'放偷'。能偷得钥匙的更为吉利，因此风俗在这一天人们不使用钥匙。一种说法，偷灯是能生男孩的预兆。"又有《证类本草》记载："正月十五日的灯盏，可以使人怀孕生子。夫妇俩共同在富家局会所偷灯盏，不让其他人知道，把偷来的灯盏安放在床下，当月就能怀孕。"

题纨扇①

《侯鲭录》："韩康公上元召从官数人②，出家妓侍饮。

其专宠者曰鲁生③，偶中蜂螫④。少顷，持扇就东坡乞诗，诗中有'窗摇日影鱼吹浪，舞罢花枝蜂绕衣'之句⑤，上句记姓，下句书蜂事。"

【注释】

①纨（wán）扇：用细绢制成的团扇。

②韩康公：即韩绛（1012—1088），字子华，谥献肃，开封雍丘（今河南杞县）人。宋仁宗庆历二年（1042）进二。宋哲宗即位后册封康国公，以司空、检校太尉致仕。

③专宠：独得宠幸、眷爱。

④蜂螫（shì）：蜂尾刺人。螫，毒虫咬刺。

⑤窗摇日影鱼吹浪，舞罢花枝蜂绕衣：出自苏轼《韩康公坐上侍儿求书扇上二首》其一，原诗为"窗摇细浪鱼吹彐，手弄黄花蝶透衣"。

【译文】

《侯鲭录》："康国公韩绛元宵节召集几个属下官吏宴饮，使家中所蓄养的歌妓在一旁侍候。其中有个独得宠幸的家妓叫鲁生，偶然被蜜蜂毒刺刺中。过了一会儿，鲁生手持扇子靠近苏轼乞求题诗，诗中有'窗摇日影鱼吹浪，舞罢花枝蜂绕衣'的句子，上句记家妓的姓，下句写蜜蜂螫人的事情。"

作俗诗

《提要录》："舒州兵曹田太靖①，轻儇子也②。好作诗，庸俗秽野③，至自制序，镂板④。首云：'田氏，太原人。国初勋臣之族⑤，家世能诗，至太靖尤工。'《上元》一绝云：'元宵灯火照楼台，车马骈骈去又来⑥。田郎试向楼上望⑦，灯前好个阿孩孩⑧。'"

【注释】

①舒州:唐武德四年(621)改同安郡置,治怀宁县(今安徽潜山)。
　兵曹:古代管兵事等的官员。汉代为公府、司隶的属官。唐代为
　府、州设立的"六曹"(或"六司")之一,在府称"兵曹参军",在州
　称"司兵参军"。田太靖:太原(今属山西)人。曾官舒州兵曹。

②轻獧(juàn):轻狂褊急。獧,通"狷"。

③秽野:肮脏,污秽。

④镂板:亦作"镂版"。谓雕版印刷。

⑤勋臣:功臣。

⑥骈骈(pián):联缀并行貌。

⑦田郎:田太靖自称。

⑧阿孩孩:小孩儿。

【译文】

《提要录》:"舒州兵曹田太靖,是一个轻狂褊急的人。他喜欢作诗,
诗写得庸俗肮脏,他自己写了序言,准备雕版印刷。首先写道:'田氏,
太原人。立国之初为功臣之家,家里人世代都能作诗,到田太靖尤其擅
长。'《上元》一绝写道:'元宵灯火照楼台,车马骈骈去又来。田郎试向
楼上望,灯前好个阿孩孩。'"